大專用書

法國史

吳圳義 著

三民書局 印行

國立中央圖書館出版品預行編目資料

法國史／吳圳義著 .-- 初版 .-- 臺北
市：三民，民84
　　　面；　　公分
含索引
ISBN 957-14-2242-8（平裝）

1.法國-歷史

742.1　　　　　　　　　　84007392

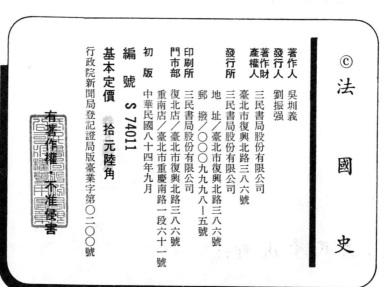

ⓒ 法 國 史

著　作　人　吳圳義
發　行　人　劉振強
著作財產權人　三民書局股份有限公司
發　行　所　三民書局股份有限公司
　　　　　　地址／臺北市復興北路三八六號
　　　　　　郵撥／○○○九九九八一五號
印　刷　所　三民書局股份有限公司
門　市　部　復北店／臺北市復興北路三八六號
　　　　　　重南店／臺北市重慶南路一段六十一號
初　版　中華民國八十四年九月
編　　　號　S 74011
基本定價　拾元陸角
行政院新聞局登記證局版臺業字第○二○○號

有著作權‧不准侵害

ISBN 957-14-2242-8（平裝）

閻 序

閻沁恒

國立政治大學歷史系教授吳圳義博士最近完成一部新著《法國史》，將交由三民書局出版問世。忝為他的多年同事和好友，除了高興之外也表示了衷心的祝賀之意，但是這樣的反應仍有意猶未盡之感，所以才想到提筆寫幾句話，敍述我對於作者治學精神的欽佩和讀完書稿後的一些心得。

圳義兄和歷史學正式結緣，是從他考取史學門的公費留學考試，負笈法國巴黎第七大學攻讀歷史學博士學位開始。一位擁有英國文學學士學位和新聞學碩士學位的青年學者從此便專心一致的獻身於歷史的鑽研工作，而且所以能在教學與研究方面都獲得傲人的成果，當然個人治學的興趣和勤奮的精神是必不可少的。不過如果不是各種機緣巧合，也許就會另有發展，所以我寧願相信他的確是與歷史有緣。

圳義兄是為人謙遜、才氣內蘊、教學認真、潛心研究的良師，也是孳孳不倦的學者典型。二十年前，在他學成回國之後，即應政大歷史系的禮聘擔任教職，以後就堅守這一崗位而從未有二心。中間有幾年對於他的研究與著述工作略有影響，是在擔任了兩個任期系主任的期間，他的貢獻多在系務的規劃與發展方面。政大歷史系自創立迄今，已有二十七年，於人才的培育與學術風氣的倡導，頗獲史學界的肯定，這當然是所有任教老師誨人不倦和歷屆同學努力學習共同締造的成績，而歷任系主任的任事有方及盡心盡力的表現，對於一個學系的成長與茁壯還是能產生相當的催化作用，圳義兄對系務的推展應是功不可沒。

近年我使用的研究室和圳義兄毗鄰，除了常常可能見面的場所外，

早晚相遇的機會也很多，因此彼此協助、互通有無的交情更見深厚，而能有如此一位及時相助的朋友，個人工作的勇氣和安全感也增加許多。唯一對我感受困擾和威脅的憾事是他常有新著出版，而他的鄰室主人我卻只能自嘆弗如，望塵莫及。他的《戴高樂與現代法國》、《清末上海租界社會》、《西洋上古史》、《邱吉爾與戰時英國》等書都有幸拜讀，優美流暢的修辭、獨具的創意與見解、豐富的想像與逼真的情境、精細的選材與間有的幽默，使讀者完全免除閱讀之苦，而享受到讀書之樂。史家著史的理想——既要真善也要美，在圳義兄的著作中已有充分的發揮。

國別史提供的知識比斷代史較有系統而詳細很多，對於學習歷史家和需要這方面知識的人都很重要，但過去常被忽略，有關的書籍每感匱乏。近年史家撰寫國別史的風氣漸盛，出版界的有識之士也多願出版此類書籍，的確是可喜的事。圳義兄的《法國史》計分十八章共三十餘萬字，自古代高盧及羅馬人的征服一直寫到最近的密特朗時代，內容除政治及軍事史之外，對於社會、經濟、文化、宗教的發展與變遷，都有適當的篇幅敘述和分析。由於他對法國歷史長久的研究和多次到法國蒐集相關的史料與論著，使本書的內涵更為豐富，可讀性更為提高，讀後受到的裨益也就更多。

羅馬史家李維寧願寫出辭藻優美、引人入勝的史書；法儒伏爾泰嘗譏諷史家之作冗長無趣、難以卒讀。圳義兄的文句，讀之如行雲流水，但不刻意追求華麗。本書內容擇精取要，裁剪得法，沒有某些史學工作者貪多不化、以量取勝的作風。我欽佩像圳義兄這樣典型的學者，也非常喜歡閱讀與採用他寫的書，相信與他熟識的人和讀過他的著論者或者也會心有同感。

自 序

　　法國除了有享譽國際的香檳酒、白蘭地酒和各式各樣的葡萄酒之外，其語文曾在國際外交舞臺風光一時，其烹飪一直是世界各地的老饕們津津樂道。在一般人心目中，法國人是一個浪漫的民族，法國也是革命的搖籃。到底是何種地理環境和歷史背景孕育了上述種種特質？這些疑問無形中成為負笈法國，以及撰寫一部法國史之原動力。

　　要了解法國歷史之發展，首先須對其自然條件有清晰之認識。法國氣候溫和，農業的發展條件優越。羅亞爾河和塞納河，皆自東而西，成為法國文化發源地。唯德、法兩國間，缺一可靠的天然屏障，徒增許多軍事衝突。

　　在此一得天獨厚的地區，首先進入其歷史舞臺的是高盧人。西元一世紀，凱撒的征服，使最早稱為高盧的此一地區，首次出現一統的局面，而其居民則稱為高盧·羅馬人。

　　羅馬帝國末期，法蘭克人入侵高盧，並建立「法蘭克王國」，這是今日所稱「法國」或「法國人」之起源。此後，法國逐漸在歐洲具有舉足輕重的地位。查理曼、路易十四、拿破崙皆有過稱霸歐洲的豐功偉業。然而，在人類歷史之發展過程中，扮演更重要角色的應是伏爾泰、孟德斯鳩、盧梭等啟蒙運動時期的偉大思想家，以及隨之而來的法國大革命。

　　法國大革命使資產階級取得政治的主控權，君主專制為所謂的民主政治所取代。革命的火花四射，其威力甚至遠播至中國。大革命後，法國在「第一共和」和「第三共和」之間，有過「復辟」和「帝國」的插曲，但此後，民主共和的體制就再無爭議。

今日的法國已邁入「第五共和」。「第五共和」爲戴高樂主導建造的，其政治體制與以前的四個共和差異甚大。行政權，尤其是總統的權力已不再受制於立法權。然而，在一九八一年密特朗當選總統後，法國曾出現兩次前所未有的「左右共治」。法國現今憲政體制之利弊得失及其歷史發展，似乎可爲我國修憲者之借鏡。

自凱撒征服高盧之後，法國已有將近二千年之歷史。除了王朝之盛衰更替之外，本書著重於其政治、經濟、社會、文化、宗教等方面之介紹和分析，期能給予讀者較完整之面貌。在西方國家中，法國一直以其悠久之歷史和豐富的文化內涵自豪。本書有意呈現其多方面的特質，然而，其內容之更加充實則有待方家之不吝指教。

本書在撰寫期間，政大傳播學院首任院長，歷史系所前主任閻師沁恒鼓勵有加，稿成之後，在政大中文系服務的老友朱教授自力代爲潤飾，謹此一併誌謝。

吳圳義

1995 年 6 月 15 日

於政大歷史系

法國史

目　次

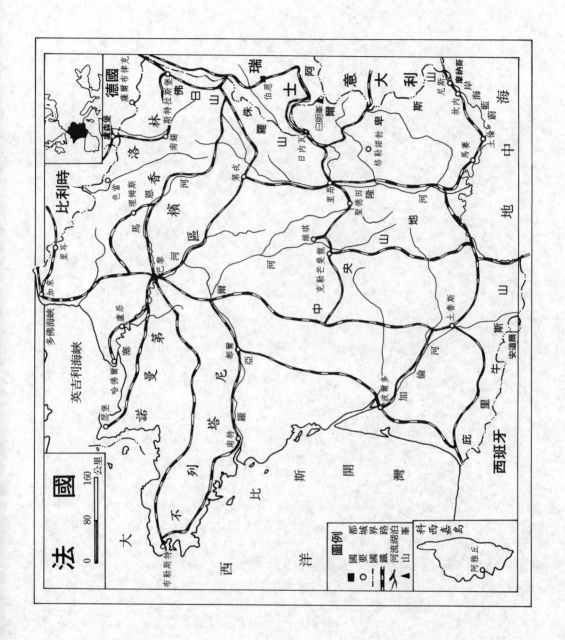

法 國

第一章　高盧與羅馬人的征服

第一節　地理環境

　　今日的法國從北到南約一千公里，從西到東大約也是相等的距離，其外形類似一個正六角形。國土南濱地中海，西北臨大西洋，國界大都有天然山脈和河川爲屏障，內地雖地形複雜，但交通方便。全國面積約五十五萬平方公里，居全世界第三十七位，人口則居第十三位❶。

　　在歐洲，法國的版圖僅次於俄國。除了西班牙之外，與其所有鄰國比較，法國仍是個人口稀少的國家。以一九七一年元旦的統計數字爲例，那時法國的人口總數爲五千一百萬，占歐洲總人口的百分之七，而一八五〇年則占百分之十三。人口密度爲每平方公里九十二人，居歐洲第十四位❷。

---

❶ Georges Duby, *Histoire de la France, naissance d'un nation, des origines à 1348,* (Paris: Larousse, 1970), p. 11，根據《大英百科全書》(光復書局譯)，一九八八年，法國總人口爲五千六百一十萬七千人。

❷ Marcel Baleste, *L'économie française*, (Paris: Masson et cie, 1972), p. 10.

疆界

法國的政治疆界是利用天然的地形界限，法國西部和北部海岸線，爲一天然的國界，必須跨出大西洋和英吉利海峽，方能見到更廣大的世界；南部的海岸線也是國界，這是法國與前中東和北非殖民地經濟和文化交流的要衝。

法國在西南部和東南部的國界，係由山脈所構成。大體上，與西班牙的邊界是庇里牛斯山脈。阿爾卑斯山脈伸入東南部，爲法國與意大利的天然疆界，最高峯白朗峯 (Mount Blanc)，高達四千八百一十一公尺，山間往來通道甚多，南端低入地中海。東部與瑞士交界爲侏羅山脈 (Les Jura)，它是阿爾卑斯山脈的一支，多石灰岩褶曲山脊。最富爭議性的天然國界就是萊因河，它分割了語言和文化近似的法國亞爾薩斯和德國的巴登 (Baden)。後來歐洲共同體 (The European Community) 的出現，萊因河反而成爲影響該河谷盆地經濟發展的主要障礙。

法國與比利時之間，幾無天然屏障，因此極易遭受外敵之侵犯。

山脈與河川

法國內地地形各自有別，但都不足以破壞其領土的完整性和統一性。全國幾近百分之六十二的土地海拔不及二百五十公尺，僅百分之七的土地在海拔一千公尺以上，而大部分的高山多位於邊界附近。除了阿爾卑斯山脈、侏羅山脈、庇里牛斯山脈之外，尚有佛日山脈 (Les Vosges) 和中央山地 (Le Massif Central)。

佛日山脈位於法國東北部，東側爲萊因河谷，與德國爲界。中央山地位於法國南部，斷層作用顯著；有死火山分布，南側較陡，北側有小平原，東側多東北—西南走向山谷，西部爲高原地形。

塞納河 (La Seine)、羅亞爾河 (La Loire)、加倫河 (La Garonne)

和隆河（La Rhône）爲法國四大河川。塞納河源出東部高原，支流做扇狀排列，西北流注入英吉利海峽，水位變化甚小，航道很便利。羅亞爾河源自中央山地，西注比斯開灣（Bay of Biscay），水位變化甚大。

　　加倫河出自庇里牛斯山，經土魯斯（Toulouse）轉向西北，納庇里牛斯山和中央山地之水，注入比斯開灣。隆河源自瑞士境內的阿爾卑斯山，水位不穩。河口有三角洲，沼澤很多。

資源及土地利用

　　法國農業人口約占總人口數的三分之一。農業採小農制。小麥爲主要農產品，以巴黎盆地產量最多；其次爲甜菜、馬鈴薯、大麥、玉米、燕麥；稻米、烟草也有栽培。果樹和蔬菜栽培頗多，其中以葡萄最爲著名。葡萄園分布甚廣，南部波爾多的紅葡萄酒、北部亞爾薩斯的白葡萄酒、科格那（Cognac）的白蘭地酒，以及香檳地區（Champagne）的香檳酒，均舉世聞名。除了葡萄外，法國也出產蘋果、桃、李等水果。

　　法國的畜產以牛最多，其次爲羊、馬、豬等。漁產以大西洋和英吉利海峽一帶爲主要漁場。地中海漁產不多。不列塔尼半島（la Bretagne）沿岸，漁港甚多。

　　礦產以鐵爲主，其次爲褐煤、煤、鋁土、天然氣及硫磺。煤田分布於北部比利時和法國邊境，以及洛林與中央山地等處，但產量不及德國。阿爾卑斯山和庇里牛斯山水力資源豐富。鐵砂出自洛林，鋁土出自波爾多及庇里牛斯山。

地理區域

　　法國雖是一個完整的地理單位，但其境內仍有許多不同的區域，如阿爾卑斯山區、隆河谷地和地中海沿岸地區、庇里牛斯山區、中央山地、阿奎丹盆地、西部地區、東部地區、巴黎盆地及法國北部地區。這些地

區皆有其地理、經濟和社會方面的特色，但亦具有共同的特色，且是構成法國不可或缺的一部分。

阿爾卑斯山區為法國地勢最高之地區。部分高山仍有活動的冰河，在冬季時常被大片的雪原所覆蓋。植物生長和土地利用正反映出地形的起伏。農村和可耕地正好位於結霜谷地的上方。在較低山麓附近及其上方為森林區。在樹木生長線和頂峯之間則是夏季牧草地。此一地區在冬夏兩季提供豐富的觀光資源，有多處冬季滑雪場。

阿爾卑斯山區最富饒的天然資源是水力，隨之而來的是水力發電及相關的化學和冶金工廠。

隆河谷地介於中央山地與侏羅山和阿爾卑斯山之間，為南北部走廊通道。走廊北起第戎(Dijon)南至地中海岸。法國第三大城里昂(Lyon)位於隆河和蘇因河(La Saône)的匯流處，為南北交通要衝，往昔以編織和買賣絲綢為主，如今已成為現代工商業活動中心。

在蒙特利馬(Montélimar)以南，隆河谷地平原形成一個獨特的地中海型氣候區，盛產葡萄、冬麥、桃子及其他水果，而且還推廣種植稻米。隆河河谷將法國地中海沿岸分成兩個部分。東側阿爾卑斯山的山脊和盆地，皆東西走向，農業不發達，但因海岸景色秀麗，成為法國最重要的休閒娛樂中心，如尼斯(Nice)即為一例。

隆河以西的地區為位於中央山地與地中海沿岸之間的隆多克(Languedoc)，內陸是覆蓋著矮灌木林的石灰岩荒地，沿海低地平原迄今幾乎全用來栽種供釀製低級酒的葡萄。馬賽為地中海沿岸最大城市。

庇里牛斯山區為法國與西班牙之間的天然壁壘。山脈較低的西端，是巴斯克人(Les Basques)居住的地方，面迎來自大西洋潮溼多雨的西風，圍有籬笆的青草地和叢林是法國西部的典型寫照。多雨地帶一直延伸至庇里牛斯山中部，當地山峯皆被冰雪刻蝕，地形複雜，風景秀麗。高地上的牧草可供四處遷徙的牛、羊群食用。綿延長達七十二公里的秀

麗山峯成爲國家公園，而今觀光業已成爲當地最重要的經濟活動。

庇里牛斯山中許多湖泊和河流，藉由複雜的水力發電系統而連成一氣。礦產資源有鉛和鋅，同時也是世界雲母礦藏最豐富的地區之一。

庇里牛斯山東側除較低的坡地外，皆以地中海型矮灌木林爲特色。坡地上種植橄欖和葡萄。

中央山地位於法國中、南部，大部分由花岡岩及受熱變質的耐蝕岩石構成此一廣大山區的基底。位於中央山地西側的利慕桑（Limousin）地區，平坦的地表逐漸向東緩緩升起，雨量充沛，牧牛業發達，且又具水力發電價值。利慕桑是法國的主要鈾礦產地，並蘊藏大量瓷土，是利摩日（Limoges）瓷器工業的基礎。

中央山地的東北部土壤肥沃，通常以生產小麥、甜菜和優良的葡萄品種爲主。東部邊緣較高，產煤。

阿奎丹盆地的氣候夏熱多暖，類似地中海沿岸地區，但較長的春季和初夏的陣雨，帶來盆地內夏季多雲的天空及產量豐饒的糧食作物，除大量種植小麥外，也適合種植玉米。以產紅葡萄酒著名的波爾多和盛產白蘭地酒的科格納，皆在此一地區。

西部地區大部分位於阿奎丹盆地以北，巴黎盆地以西。此一地區屬於大西洋沿岸，爲法國的牛乳和其他乳酪產品、豬肉及家禽的主要產地。漁業爲不列塔尼當地人民的主要經濟活動。

東部地區，東起德國邊境，西迄巴黎盆地邊緣。在以萊因河爲界的亞爾薩斯平原內，爲法國最接近歐洲心臟的地區。亞爾薩斯平原上的鄉間人口密集，將寬闊田地分成許多小田地，半木造房屋形成的擁擠村落，以及民族語言等，皆與德國西南部萊因河畔的低地區相近似。

巴黎盆地內的平原和低矮臺地，占全法國總面積五分之一。巴黎爲此一地區之中心，位居馬恩河（La Marne）與賽納河交會處。河中有小島，古代羅馬大道經此，爲全國交通中心。

塞納河與羅亞爾河之間，土壤乾燥肥沃，為小麥主要產地。塞納河與馬恩河之間，水道紛歧，土壤溼潤，為牧草、果樹、蔬菜、小麥和甜菜栽培區，農牧並盛。盆地東北區，地形切割甚烈，河谷與臺地紛歧，形勢險要。理姆斯（Reims）一帶，盛產香檳酒。

巴黎盆地西北部，煤田分布甚廣，工業頗盛，以鋼鐵和紡織為主，尤其是里耳（Lille）的毛紡織更享盛名。農業也很發達，人口較密，沿岸並多港口如布倫（Boulogne）、勒亞佛（Le Havre）等。諾曼地半島之開恩（Caen）有鐵礦。蘇麥河（La Somme）河谷乳農業發達。盧昂（Rouen）位於塞納河口，為巴黎之外港。

第二節　史前時代

史前時代係指塞爾特人（Celtes）抵達高盧之前的那段時間。此一為時長達數千年，甚至數萬年的歷史，直到一個多世紀前，布些（Jacques Boucher de Perthes, 1788-1868）❸在索姆河河谷和其他許多先驅者在庇里牛斯山和貝利果（Le Périgord）的洞穴中之發現，方逐漸呈現在世人眼前。

漫長的史前時代可依自然現象和人類活動之主要特色，區分為兩大時期：

⑴舊石器時代——此時正值冰河時期，漁獵為生的原始部落，演進十分緩慢；

⑵新石器時代和銅器時代——此時為後冰河時期，定居的農業生活已成型。

---

❸ 布些原為海關關員，後來對史前之研究發生興趣，其主要發現為，一八六三年在 Abbeville 附近找到一個人類頷骨化石。他是最早從事塞爾特文明之科學研究的學者之一。

在這兩大時期之間，有一中間階段，稱之爲中石器時代，其間漁獵經濟逐漸過渡到農業經濟。

舊石器時代

冰河期和間冰期，從時間方面來看，在法國和其餘的歐洲，皆能與舊石器時代配合。然而，法國石器時代的原始文明，較歐陸其他地區發達。

在最後冰期（玉木冰期）有許多寒帶大型動物，如猛獁象、披毛犀、馴鹿等。在冰河期結束時，這些野獸大多消失。一個較溫和與較潮溼的氣候，有利森林野獸之發展，如今日法國尚能見到的山豬、猞猁、狼等。不久前狼的絕種，可說是自一萬年前玉木冰期寒帶野獸的消失之後，對法國野獸之打擊最重要的事件。

在爲期甚長的時間裏，舊石器的人類維持一種漁獵的生活；但其對宇宙的控制及其對外在世界之調適，日漸進步。起初，進步相當緩慢，隨之有顯著的加快。火和器具爲此一征服的工具。

人類最初不會製造火，只能採集自然火，再加以保存。自莫斯特時期（Moustérien）❹起，幾乎到處皆可發現火的痕跡。尼安德塔人（l'homme de Néandertal），如同在他們之後的舊石器時代後期的人類，知道在所居住的洞穴中，維持一種以大小類似的石塊圈在外圍的爐火。他們以木材、骨髓，或者在無木材的大草原上則以不會發光的動物骨頭，做爲火爐的燃料。此後，人們能夠利用石頭敲擊或鑽木來取火。火可以防止野獸的侵犯，又是熱和光之來源，因此成爲一種防衛和生存的工具。

---

❹ 亦即歐洲舊石器時代中期，其名稱源自法國西北部一個小村莊 Le Moustier。削石器最早在此發現。

火把一直是人類照明之物。在拉斯寇（Lascaux）❺洞穴發現的木頭碎片爲刺柏的樹枝，這種木頭能產生烈火，但無烟。在舊石器時代後期，方有將火移到石燈的想法。在法國中部多爾頓河（Dordogne R.）流域的羅榭爾（Laussel）發現的石彫之一，即代表一位裸婦手中持著一件物品，那可能是一盞燈。

器具是人類成功的基本要素。最初只是一塊礫石經別的礫石敲落幾個碎片所製成。在法國很難找到此種非常原始的「石器文化」（pebble-tool culture）。石器的製造愈來愈精細、鋒利。此類石器在法國出土的數量很多，足以做爲對法國人的祖先所使用的石器，進行精確和詳細的分類。

有跡象顯示，莫斯特時期已經有人使用獸骨（包括鹿骨）做爲器具。自舊石器時代晚期開始，獸骨、象牙和鹿角等做成的工具和武器，形式各異，技術方面也大爲進步，有時還十分複雜。

一九六一年在普羅旺斯地區鄰近地中海沿岸的瓦隆內（le Vallonet）的洞穴，發現一些卵石的碎片和五件礫石做成的工具，以及故意打破的獸骨，證明此一時期在法國已有人類的足跡，其時間均等於更新世南方猿人之同代人。

與民德冰期（la glaciation de Mindel）同時代的亞伯維爾文化（L'-abbevillien）❻，擴展範圍有限，後人所知也不多。隨著這些微不足道的痕跡之後，突然出現許許多多保存著大量獸骨和器具的遺址，這些屬於亞秀爾文化（L'acheulien）❼的文明，也在西歐和非洲大爲擴展。亞秀爾

---

❺ 拉斯寇在法國中部的多爾頓河（Dordogne R.）沿岸有個名叫蒙地奈克（Montignac）的小鎮附近。

❻ 亞伯維爾文化爲一早期舊石器文化，以石製雙面手斧爲其特色。此種石器最早在法國北部小鎮亞伯維爾（Abbeville）被發現，故以其名名之。

❼ 亞秀爾文化爲一早期舊石器文化，其石器有手斧，以及可以兩面使用的切割刀，因爲石器的邊緣經多重切割而成，所以較長、較直，也較鋒利。此種石

時期的結束，剛好在玉木冰期的初期。

莫斯特文化層，於最後冰河期，亦即玉木冰期之初出現，並在往後的五萬年期間，逐漸發展。莫斯特人向亞秀爾人借用技術和生活方式。

尼安德塔人的原始特性，因爲在法國發現許多相關的且通常十分完整的遺址，後人對其莫斯特文化瞭解甚多。尼安德塔人，在人類歷史中首次採用葬禮，以示對死者之尊敬或畏懼。

在舊石器時代晚期的二萬年期間，法國土地上的表現特別出色。最令人震驚和感興趣的是，在洞穴和其他遺址中，發現許多繪畫和彫刻。技術的發明持續下去。大小石頭薄片，此後用來製造器具；但以往使用的石頭碎片，仍經常可見到。

刮具、鑿子和錐子，在舊石器時代中期已經存在，但爲數甚少。到了晚期，不但數量大增，而且樣式很有變化，經常綜合兩種功能在一個器具上。

骨器的利用也出現在舊石器時代晚期。一旦石針缺乏，骨針就開始發展，並且呈現多樣化。骨頭、象牙和鹿角可以做成標槍頭、箭、魚叉等。

如同往昔，人類的擴展經常受地理限制，亦即不可抗拒的氣候因素所支配，例如舊石器時代晚期的人們，曾避免越過巴黎盆地(Le Bassin parisien)的黃土平原。在這兩萬年期間，羅亞爾河和加倫河之間爲法國唯一經常有人類居住的地區。多爾頓河和威吉爾河(la Vézère)的河谷，成爲法國古文明的主要搖籃。

約在西元前一萬年，冰河時期結束，寒帶動物消失。十分充沛的雨量伴隨著大地回春，森林取代了草原。在這幾千年裏，人們以獵、漁和採集維生。儘管野獸隨著時間而演化，其獵獲物並無基本上的改變。武

器最早在法國北部小鎮聖·亞秀爾（St.-Acheul）被發現，故以其名名之。

器和器具使人們能夠捕獲、屠殺、剝皮和切割這些野獸。這些野獸，供給人們生存所需之肉類，製造武器和器具之骨骼、象牙和鹿角，製造衣物之皮毛等等。鳥類、大松雞、野鴨和雷鳥等之捕捉，可以補充食物之不足，其羽毛和骨頭尚有實際用途。人們也捕捉鱒魚、鮭魚和白斑狗魚。唯有在後冰期，中石器時代的獵人才以軟體動物佐食。蝸牛、蚵和其他海中貝類的殼，經常大量堆積在住處。

自舊石器時代中期起，人們不再過著經常隨著獵物遷徙的游牧生活。他們至少會有一段時間，定居在洞穴或其他簡陋住所。至於衣服方面，由多爾頓河流域的加比尤（Gabillou）岩洞的一個浮彫可知，人們穿著帶有帽子的厚衣服，如此方能抵擋酷寒。

根據在墳墓發現的人類骨骸，莫斯特時期的一位男性，亦即尼安德塔人，活到四十餘歲。在舊石器時代晚期，「老人」很少活到六十歲。婦女比男人壽命短，無疑地乃因懷孕和生產的危險所致。嬰兒的死亡率很高。

婦女似乎乃享有社會生活。自莫斯特時期起，婦女如同孩童般，其埋葬方式與男人並無兩樣，而且自舊石器時代後期開始，擁有同樣的飾物，貝殼和牙齒做成的項鍊或手環。

法國最早，甚至全世界最早的藝術，出現於歐里納文化（Aurigna-cian Culture）。歐里納人在舊石器時代晚期就會在平面上作畫，並刻出動物輪廓和雌性生殖器形狀。這些舊石器時代晚期的石器製造者和藝術創造者，被稱為克羅馬儂人（Cro-magnon Man）。他們身高約一百八十公分，頭部很大，下巴健壯，眼窩深陷，是接近冰河，征服多天的最早人類。

舊石器時代的藝術，自西元前三萬三千年至八千年盛行於法國和西班牙。在人們居住的洞穴裏的牆壁上，發現以實用器物為主題的壁畫。有時在山丘旁的洞穴裏也可以發現壁畫。這些洞穴並非供居住之用，而是

舉行各種儀式和神奇葬禮的場所。

一九四〇年發現的拉斯寇洞穴（Lascaux Cave）最為著名。該洞穴的壁面，繪有三百餘幅動物畫，地下層中埋藏有無數石刀、石斧，以及骨角製成的槍、角叉、針等。拉斯寇洞穴位於石灰岩的臺地上。此處可以俯視多頓河支流維吉爾河溪谷。進入洞窟，首先可見到岩壁上繪有一隻長五公尺半的龐大歐洲野牛。在洞內岩壁上出現的動物尚有犀牛、野馬和馴鹿等。

色彩至今仍然鮮艷的壁畫，所用的黑墨是錳礦粉加木炭而成，紅色與褐色則是黃土粉調油脂而成的。調好這些顏料後，用手指、木棒或是紮羽毛以為筆，將之繪到岩壁上，也有含在口中，或利用管子噴到岩壁的。在各種顏色中，藍色和綠色未曾出現過。

中石器時代

隨著阿濟爾工業（L'industrie azilienne）❽的出現，舊石器時代文明的最後曙光熄滅。冰河時期結束，法國的氣候轉趨溫和。最初潮溼，隨之感覺到更熱更乾燥。人們不須費很大的力氣去適應。然而，在布滿大部分法國的森林裏，中石器時代的人們，並未見到人口和文化應有的發展。自普羅旺斯或阿奎丹的石灰岩洞穴，至楓丹白露的砂地，一群為數不多的人們追獵鹿、山豬，撿拾蝸牛和貝殼，還有捕魚。

如果漁產或獵物多的地區並無岩洞可供棲身之時，人們就在池塘或河川岸邊、沙丘上、大西洋岸，搭起臨時住所。在中石器時代三、四千年期間所使用的器具，一般說來，還是繼續舊石器時代晚期已開始的「迷你化」之趨勢。此時期，人們似乎已造出弓箭用之箭頭。這些漁獵者，

---

❽　阿濟爾工業，為一中石器時代文化，以小燧石尖和鹿角魚叉為其特色。阿濟爾人為食物採集者，且已馴養狗。此類器物最早在法國南部的阿濟爾（Mas d'Azil）被發現，故以其名名之。

如同其前輩，根本不理會陶藝。他們也不知道農業。

他們在各地區以捕食維生，而非生產者。然而，他們已有馴養的狗陪伴，一起去打獵。在洛特（Le Lot）和在不列塔尼發現的羊和牛的牙齒，有人認為是家畜飼養之始。

在不列塔尼的厄迪克（Hœdic）和德維克（Téviec）兩個小島上，中石器時代的人們對死者的埋葬已很虔誠。死者通常還有食物、工具、貝殼做成的飾物等陪葬，甚至以整付鹿角做為皇冠，表示對死者之尊崇。

整體言之，法國的中石器時代並未產生燦爛的文明，人口方面亦無顯著進展。平均壽命很低：除了一個例外，此時期發現的所有德維克的人皆在三十歲以前就死去。慢性風溼症、佝僂病、牙齦炎，以及石箭所造成的傷，使得短暫的壽命更加黯淡無光。與克羅馬儂人比較，顯得又瘦又小又弱。

然而，中石器時代的人們還是不斷在進化。工具的改變無疑地反映出漁獵的新技術。早期畜牧的痕跡，成堆炭火的痕跡令人聯想到燻烤所釣的魚。魚的保存和畜牧，亦即肉類的供應，在在顯示出，中石器時代的人已未雨綢繆。

新石器時代

在新石器時代，有兩股主要的文明影響著法國：其一，約在四千年前，來自多瑙河流域，進入亞爾薩斯，帶來農業、養豬、養牛、黑色磨光石斧，以及有條紋的陶器；另一則來自東地中海沿岸，進入普羅旺斯和隆多克，帶來養羊、石矢和十分漂亮的陶器。這兩股文化潮流的擴散，造成中石器時代生活方式的逐漸消失。

法國新石器時代從西元前四千年至二千年，對現代世界產生清晰的視覺震撼的是存在法國的五、六千處巨石群。法國全境皆有巨石的遺跡，但以不列塔尼地方最多，其次是巴黎附近和庇里牛斯山麓。

巨石遺跡周圍有許多人合葬的痕跡。這些遺跡為當地部族祭拜守護神的地方，也是祭壇、神殿、寺院的原始構築物。不列塔尼的卡納克 (Karnak) 遺跡，是世界著名的最大規模之史前巨石構築物，約有三千個巨石排列著，共七公里之遙，為全境集中祭拜的地方，據推測可能是聖地。此種巨石型態稱為群集巨石。

另一種單一立石，體形較大。出現在不列塔尼某些單獨聳立的巨石，高度超過三公尺。在洛克馬里亞給 (Locmariaquer) 的布里潔 (Brisé) 巨石，未毀壞前更高達三十公尺。法國南部有較矮的彫像石，這些巨石曾被刻成特殊形狀，主要表現出陰性特徵，因而被視為女神。這是西歐最早的著名石彫。

墓穴是第三種法國巨石遺跡。大部分墓穴通常由大石牆圍成，屋頂則由其他石壁築成。以上各種巨石遺址，代表法國歷史上最早期、最富藝術性的建築實驗。

新石器時代的三千年期間，經歷無數文化群體的組成、奮鬥和消失。這三千年所經歷之事物，遠超過舊石器時代的五千年，然而，我們對於新石器時代人類的生活，所知還是甚少。

到了新石器時代中期，在人口最眾地區，農業或畜牧的墾殖已漸取代原來的自然景觀。野獸仍然是鹿、山豬等。狼、狐狸和熊成為被獵對象，不僅因為對人類有害，也為取得其皮毛。捕魚提供食物之補充。因此，生產的經濟並未排除祖傳的漁獵活動。

中石器時代開始的馴養家畜，到新石器時代早期已成為一種永久性的財產。在法國，有些群體以農業為主，但有些則注重畜牧。農業技術方面，一般所知甚少，而畜牧則以豬為最重要，最易飼養。

在新石器時代的社會，榮譽和財富的分配方面似乎並未顯示太大的不平等。在人口方面，法國領域上的居民稀少，住宅似乎非常分散。每平方公里人口密度約二點二人。在二十歲以前死亡者，約占百分之五十

七。

約在西元前二千年或更早，金屬加工的知識由幾個群體帶進法國，刺激第一次地方性資源利用。然而，對青銅冶金的衝擊則來自中歐。青銅工業的出現和發展，取代了零散於各處的黃銅生產。從亞爾薩斯出土的史前遺物，可以勾勒出一幅有農耕、家畜和冶金的安定社會景象。沿著大西洋岸，此時期的冶金工業正發展中，尤其是利斧的製造更受重視。

第三節　羅馬征服前之高盧

不管是在舊石器時代或新石器時代，使用的工具皆為石器。新石器時代的農耕社會，所用工具精巧許多，但依然以石器為主。後來，金屬器具發明了。此一發明來自西南亞的先進農業社會。

當青銅文明將結束之際，一股來自西列西亞（Silésie）和勃蘭登堡（Brandebourg）廣大人潮湧入法國。這些新來者帶來前所未知的禮儀：他們為死者舉行火葬，然後將骨灰放入甕中再埋入土中。西元前一千二百年左右，此種民族的衝擊開始發生，其起點似乎是多瑙河流域，而定居在法國的過程還是以相當和平的方式去完成。青銅時代的舊習俗並未全消失；死者有時也用土葬。

鐵器時代第一期

西元前九百年左右，高盧出現一種新的文明，其特徵為使用一種未曾見過的金屬——鐵，史家稱之為霍斯泰德文化(Hallstatt Culture)❾。

---

❾ 霍斯泰德為鄰近 Salzburg 的一個奧地利山中的史前小村莊。該地區的人民為早期塞爾特人，住木屋，飼養牛、羊、豬。在當地二千餘墳墓內挖掘出青銅和鐵的器物。儘管整個時期人們所用的飾物皆由青銅製成，但是武器和工具漸由鐵取代。此一鐵器文化後來傳到中歐和西歐。

　　一八七五年左右，在布艮第（Bourgogne）挖掘到的此一時期的墳
內遺物，是法國境內首次出現。法國東北部的布艮第、亞爾薩斯和法蘭
西·孔德（Franche-Comté）等三地區所發現的上述墳地特別多。這些
墳地葬有死者的軀體或藏有骨灰的甕。

　　鐵的出現並未使青銅消失。在霍斯泰德初期，人們仍然使用青銅劍。
大鐵劍模仿青銅劍，只不過其外形較大，有時甚至超過一點一公尺。自
第六世紀起，人們不再使用此種大劍，而以薄刃匕首取代之，其長度約
四十公分。攻擊性武器也包括標槍尖，其形狀與青銅時代無大差別。弓
箭十分稀少。

　　某些霍斯泰德墳地埋葬有車輛的殘餘。此類墳地不多，在全法國只
找到十五處，大都集中在布艮第、亞爾薩斯和法蘭西·孔德。在波亞都
（Poitou）地區也發現兩處。

　　一九五三年在維克斯（Vix）的一處墳地發現的車輛最為完整。該墳
埋葬一位三十歲左右的女性。由其陪葬物之豐，可知在當時的塞爾特社
會，某些婦女占有非常高的社會地位。

　　在住宅方面，建築十分粗糙。地基的整理很仔細，屋頂無疑地是使
用茅草。石頭尚未被利用為建材。

　　死者以其生前使用之首飾和武器陪葬。在青銅器時代為數甚多的黃
金，此時卻顯得很稀罕，因為地層表面的金礦大部分已開採殆盡。所有
黃金首飾皆來自有車輛陪葬的墳地。這些飾物的製作精良，足以證明當
時金匠的手藝已很高超。

　　在青銅器時代，高盧與北海地區有重要的商業來往。愛爾蘭曾運送
為數甚多的黃金飾物到高盧。在鐵器時代第一期，高盧與地中海世界間
之貿易頻繁。高盧進口的以青銅瓶和陶瓶為主。在普羅旺斯沿海一帶出
現許多希臘陶器，因此可以證明此一地區已相當希臘化；在高盧內陸，
此類產品則十分稀少。

史家對於貿易的瞭解非常有限。貴重飾物和金屬瓶來自意大利各地，大致上毫無疑問；然而，高盧以何物來交換，則毫無所知，或許是一些無法留下任何痕跡的糧食產品。

在鐵器時代第一期，陶器爲數甚多。在墳墓中所發現的陶瓶，有時是具特殊用途的器皿，有時可能只爲葬儀之用。

鐵器時代第二期

西元前四百五十年左右，高盧受到來自東方的民族之入侵，隨之而來的是新的風俗習慣。當這些可以稱爲「塞爾特人」的民族來到香檳地區（Champagne）時，發現當地人口密度很小。他們以人多取勝，喧賓奪主，很輕鬆地就定居在此一土壤並不十分肥沃，但容易耕種的地方。

青銅器時代後期與鐵器時代第一期之間，有一種過渡和傳承性質❿；然而在許多地區，尤其是在法國東部，鐵器時代第一期和第二期就有斷層。葬儀不同，平坦的墳墓取代突起的墳地。

自西元前第五世紀中葉起至基督教興起時的鐵器時代第二期，亦稱爲「拉田時期」（période de La Tène）⓫。

塞爾特人屬於印歐族（Indo-Européens），性情相當粗暴，其所以粗暴，乃生活方式使然。他們屬於農耕畜牧時代，除農業外也很喜歡逐水草而居的游牧生活。他們放牧馬、牛、羊，到處遷徙。印歐各部族都很蠻橫，也頗富男性氣概，思想非常直率，相信太陽就是神，雷就是神的號令。

塞爾特人入居之後，今日法國的基本人種結構已經完成。其後雖然

---

❿ 古霍斯泰德之早期的青銅劍，與青銅器時代後期的劍只有些微差別，很顯然具有傳承關係。

⓫ 拉田位於瑞士的紐沙特湖（le lac de Neuchâtel）湖邊，爲一重要商業中心，有大商店和大棧倉。拉田文化以其出色的裝飾性藝術風格著稱。

有法蘭克人（Francs）和諾曼人（Normands）等徙入，但彼此只是種族不同，在系統上還是印歐語系，所以基本上仍是一致的。

兩個不同系統民族的統一，就是兩個不同文化的統一。印歐民族強烈地相信人類的力量，富有積極果敢的氣質；地中海民族則深信神，具有堅定的宗教心。二者之統一，正是果敢的氣質與堅定的宗教心之結合。

此時，羅馬人已在意大利半島奠定隆盛的文明與強大的軍事力量。但意大利半島的波河曾於西元前第四世紀初被來自阿爾卑斯山西邊的塞爾特人侵略❷。羅馬人稱這些野蠻人爲高盧人（Gaulois），稱西邊邊疆爲高盧地方（Gallia）。這就是人們指古代法蘭西爲高盧（Gaule）之由來。

關於西元前第四和第三世紀高盧人的服飾，人們所知甚少。然而，自第二世紀起，文明世界的史家開始提到高盧人；某些人還盡量描繪這些蠻族所穿的衣服。一般說來，高盧人穿一種褲腳用線束起的長褲，上身穿緊身衣，某些人還外套大衣。婦女通常穿短袖長衫。

如同其他蠻族，高盧人喜歡穿戴珠寶。不管是銅或黃金做成的耳環，並不多見。手環則十分普遍，甚至男人也與女人一樣戴著手環。部落首領戴很簡單的金手環，銅手環則有多樣的裝飾物，在此一時期，當地製造的玻璃手環也已出現。

自鐵器時代第一期結束起，珊瑚曾被用來做爲某些首飾的裝飾之用，但其應用仍很保守。搪瓷的利用也是此一時期的創新。

陶器通常協助考古學家去確定一種文明。墳墓中最能發現陶器。在拉田文化初期，香檳地區的墳墓，有爲數甚多的陶製容器出土。其量之多甚至引不起十九世紀盜墓者之興趣。此種陶器之特色爲瓶子的外形生硬、腳部小、頸口大。陶土細緻，顏色深，而且仔細的磨光。

---

❷　André Aymard & Jeannine Auboyer, *Rome et son Empire*, (Paris: PUF, 1967), p. 28.

如同大部分史前時代的文明，高盧人也是以其墓中之陪葬物讓後人瞭解其生活梗概。在拉田文化初期，香檳地區有一萬多個較富有者之墳墓，其陪葬物中之傢俱相當一致，但其配置方式則有很大的差距。

高盧的錢幣爲塞爾特藝術另一重要表現方式。部落首領鑄造的最早高盧錢幣，並非爲商業用途，而是爲其本身之威望，因此盡可能使之酷似。每一民族，在自己的錢幣上，常會顯示其個性，但高盧的錢幣卻在形式上相當一致。

在宗教方面，最初，神的觀念並未個別化。在新石器時代，地母神（terre mère）的觀念支配整個信仰。對於奇異之物，如巨石、形狀類似人或其他動物之石頭、某些林中之樹等，皆成膜拜之對象。高盧各地皆有以人爲犧牲去奉獻給神。在凱撒（Gaius Julius Caesar, 102-44 B.C.）征服之時，高盧已有眞正的宗教性建築。

在高盧的社會，「督依德」（druides）的地位相當特殊。雷維格（André Lévêque）認爲他們身兼祭司、醫生和法官三種角色❸。周浮亞（René Joffroy）認爲，除了祭司、醫生和法官三種角色，他們還是思想家、科學家和教育家❹。

「督依德」是高度智慧之意。此一階級的高盧人，被認爲是繼承原住民地中海人之宗教的祭司。他們除了負祭祀之任務外，並在部族間排難解紛，爲部族內之仲裁者。他們還負責教育青年，在政治、教育、文化和宗教等方面，皆擁有絕對的權力。在宗教上，他們相信靈魂不滅。此一靈魂不滅之信仰，爲高盧社會第二階級的貴族階級，亦即武士團所以能視死如歸，勇不可當的主要原因。祭司階級是從貴族階級的子弟中挑選出來，而施以嚴格的教育。第三階級爲一般農民，他們必須服從祭

---

❸ André Lévêque, *Histoire de la civilisation française,* (New York: Henry Holtz Co., 1956), p. 5.

❹ Georges Duby, op. cit., p. 103.

司和貴族。最後一個階級是奴隸階級。奴隸在高盧的社會並未受到嚴苛之對待。

高盧人與此時歐洲所謂的蠻族相同，是一個個性剛強的族群。他們具有一個致命性的缺點，那就是容易激動，喜歡鬥爭，終年忙於部族間的戰鬥。因此，即使面臨強敵襲擊，也無法團結抵禦，終於爲凱撒所乘，遭到被征服的命運。

在羅馬征服前，在高盧定居的民族相當多元化，但彼此之間卻存在很高的文化一致性。高盧人爲大量食肉的民族，他們飼養大批的豬，將肉醃或燻，以便能保存久些。高盧人不太做麵包，但卻對牛奶和乳酪等乳類製品甚爲欣賞。

三餐和宴席很講究。啤酒，古代文人不太喜歡，但消耗量卻很大。高盧的貴族特別喜歡葡萄酒，甚至不惜以一個年輕的奴隸去交換一桶葡萄酒，而且經常喝得酩酊大醉，又鬧又唱。

高盧生產的穀類很充裕，蔬菜卻不多。高盧人以手藝精巧著名。在鐵器時代第一期，已能製造四輪車；自西元前第五世紀起，開始生產輕便的兩輪車，亦即戰車。

在高盧人的發明中，首先值得一提的是桶。他們利用較輕較實用的木桶，取代笨重易碎又容量小的陶瓶，來裝飲料。高盧人還發明肥皂，以油脂和鹼製成。他們還知道以較具韌性的鋼鐵來鑄劍。

第四節　高盧・羅馬人（Les Gallo-Romains）

凱撒征服高盧

高盧人的最大敵人爲來自東北方的日耳曼人。西元前五十八年，四十餘萬日耳曼人渡過萊因河來到高盧。以往，高盧邊境屢遭日耳曼人的

騷擾，雙方有過激烈的戰鬥。此次，日耳曼人的大軍背後，還有婦孺和家畜，其目的是要將整個部族徙入高盧。面對此一情況，高盧各部族才覺得團結之重要。然而為時已晚，強敵壓境，村莊被毀，婦孺遭殺，被迫只好向羅馬求援。

率軍進入高盧的就是野心勃勃的凱撒。羅馬的軍團是組織嚴密的戰鬥軍團，訓練有素，士氣高昂，武器精良。他們所使用之武器，絕非高盧人或日耳曼人的武器所能比擬。高盧人的劍在戰鬥中很容易彎曲。在凱撒麾下的兵力有四個軍團，約二萬四千人。

凱撒進入高盧，先擊潰日耳曼民族中勢力最強大的蘇耶夫人（Les Suèves）和葉爾維特人（Les Helvètes）⑮。為掃蕩萊因河對岸的其他部族，他下令在大河上架橋。自搬運木材至大橋完成，僅費時十日。此事充分證明羅馬軍團之訓練有素與技術高超。大軍渡河，即掃蕩森林中的日耳曼人。目的達成回來時，過河後立即拆橋。

日耳曼人已被逐出高盧，但羅馬大軍卻不肯撤走。凱撒自始即無撤軍之意。當初高盧人求援時，凱撒已認為這是天賜良機。他有一顆愛國心，想征服高盧全境，將此廣大肥沃的土地獻給羅馬。何況，此時羅馬已成為地中海霸權，而與羅馬結盟的馬沙里亞（Massalia）⑯之地愈發重要。為確保馬沙里亞的安全，羅馬人早就有意占據海港背後的土地。

高盧人於身受此次外族侵略後，方才喚醒自己的民族意識，發覺只要當初彼此團結一致，自己也能驅逐日耳曼人，而不致如此引狼入室。至此，他們改以凱撒為敵人，在全國各地燃起抗戰的怒火。高盧人是在自己的土地上，和妻子兒女一起奮戰。凱撒無法像擊退日耳曼人般的輕而易舉，終致陷入苦戰之中。高盧人的劇烈抗戰，自西元前五十四年起，

⑮ 葉爾維特人原為塞爾特人之一支。

⑯ 馬沙里亞為西元前六百年 Phocaea 的希臘人所建，經隆河河谷與北高盧和日耳曼地區，有商業來往。馬沙里亞即今日法國的馬賽。

持續了四年之久。

　　激起全高盧人聯合抗敵的是一位精力充沛、聰明能幹的年輕高盧領袖維辛潔多利克思（Vercingétorix）❶。凱撒曾在亞維勒（Arvernes）之首府潔果維（Gergovie）遭遇慘敗。然而，受到此一成功之鼓勵，維辛潔多利克思犯了在曠野與羅馬軍隊作戰的錯誤。在被擊敗後，他與其戰士們退守亞列西亞（Alésia）的堅固城堡內。經長期之圍困，維辛潔多利克思瞭解無法再繼續抵抗之後，獨自出城走到凱撒的營帳，不發一言，將武器擲在征服者的腳下。被監禁在羅馬的牢獄五年之後，凱撒最後將此一爭取祖國獨立的高盧勇士處死。

　　維辛潔多利克思戰敗後，高盧立即被征服，且由於凱撒高明的政治手腕，高盧也很快被綏靖。高盧人變成高盧‧羅馬人，放棄其原有之傳統和習俗，採用征服者之傳統和習俗。他們甚至放棄其塞爾特語。至少在上層階級，拉丁語成為通用的語言。

　　經過六年的羅馬軍隊壓境，十個月的集體抵抗，高盧已發生轉變，開始有了統一。維辛潔多利克思在亞列西亞的失敗，為高盧歷史重要的日子。它宣告高盧獨立的結束。凱撒的勝利，從日耳曼人手中奪得了高盧，並保持五個世紀之久；它促成此一地區的統一；它確定萊因河邊界為高盧人和日耳曼人之間的界限。同時，它還使塞爾特的高盧成為拉丁人的一省❶。

羅馬的和平

　　在兩個半世紀期間，高盧得到它並不太習慣的和平。由於羅馬前幾位皇帝的政策，高盧得以迅速重建。

---

❶　維辛潔多利克思為 Arvernes 地區（今之 Auvergne）的人，其父親曾統治過整個高盧，但後被其同胞處死，因為其父有稱王之野心。

❶　高盧於西元前五十一年或五十年，成為羅馬的一省。

　　凱撒的遇刺，儘管曾造成一些困擾，但是羅馬帝國還是於西元前四十三年建立呂迪蘭(Lugdunum)，亦即今日之里昂。這或許只是凱撒給予高盧一個首府的計劃之實現。普蘭克（L. Munatius Plancus）在元老院的授命下，來到高盧建立呂迪蘭羅馬軍事警備區。奧古斯都(Auguste) 正式使之成爲三高盧（Les Trois-Gaules）⑲的首府。

　　西元前十二年，奧古斯都派遣德魯索（Claudius Nero Drusus, 38 B.C.-9）爲皇帝之代表，到高盧做兩件相當重要之事：其一爲召開「高盧會議」(La Concile des Gaules)，一個由高盧六十個部族的代表組成的省區議會；另一爲「羅馬和奧古斯都祭壇」(L'autel de Rome et d'Auguste)之啓用，以便能從事帝國之祭祀。呂迪蘭因而成爲高盧的政治和宗教首都⑳。這議會或許可稱爲法國史上第一個「國會」。

　　爲安撫高盧人，屋大維曾親臨高盧達四次之多，其中停留時間最長的一次是西元前十六～十五年，在日耳曼人入侵後。他住在里昂。在西元前十年，爲平定萊因河邊界之騷亂，他第四次到高盧。

　　自凱撒征服高盧後一個多世紀，好戰粗野的高盧人已經變成農工商各有所專且愛好和平的高盧·羅馬人。在此一深遠的轉變中，第一世紀的三任皇帝：屋大維、克勞迪（Claude）和維士帕西安（Vespasien），扮演決定性角色。

　　奧古斯都繼承其養父凱撒之想法,征召年輕的高盧人參加羅馬軍團,因此將其好戰精神轉爲羅馬服務，使高盧成爲羅馬兵力儲藏庫。在軍中服役二十五年就可獲得羅馬公民權，因此能榮歸故里。

　　在行政區域方面，奧古斯都將高盧劃分爲四省：那彭省（La Nar-

---

⑲ 西元前二十七年奧古斯都將高盧分成四部分：La Narbonnaise 歸元老院管轄；另外 L'Aquitaine, La Celtique（Lyonnaise）和 La Belgique 構成皇帝直接管轄的三個省區，故稱三高盧。

⑳ Ferdinand Lot, *La Gaule*, (Paris: Fayard, 1967), pp. 211-212.

bonnaise），爲鄰近意大利的舊省區，以庇里牛斯山、阿爾卑斯山、地中
海爲界，在元老院管轄下，由一位駐紮在那彭（Narbonne）的總督
（proconsul）治理；阿奎丹省（L'Aquitaine）、里昂省（La Lyonnaise）
和比利時省（La Belgique）所組成的「三高盧」，歸皇帝管轄，每省各
有一位總督，但由一位皇帝的代表節制，里昂則爲其共同首府。由於奧
古斯都之努力，整個高盧變成一個城市文明的地區，這是羅馬化的一項
強而有力的要素。

　　高盧的發展，奧古斯都功不可沒。他使高盧人和羅馬人和好，創立
融合的條件。然而，他似乎並未使之付諸實現。西元十四年，奧古斯都
去世時，最常說的語言是塞爾特語，人民信仰的經常是高盧的宗教，高
盧的錢幣仍在流通。那是克勞迪讓高盧的羅馬化向前跨出一大步。

　　克勞迪於西元前十年在里昂誕生，在其統治期間，對於此一出生地
懷有特殊的感情。他很敬佩其叔公奧古斯都❷，繼續完成奧古斯都在高盧
的三項未完成的重要工作，亦即邊界的保護、經濟和居民的法律地位。

　　在東南的阿爾卑斯山邊界以及在北部和東北的萊因河邊界，克勞迪
建築道路、堡壘等，以鞏固邊防。在西北，征服不列塔尼，剷除督依德
敎之最後據點，去除高盧人羅馬化的最後障礙。西元四十七年，克勞迪
在元老院爲高盧人爭取到充分的公民權。此後，高盧人得以被選爲行政
官員，也能進入元老院。因此，我們可以說，在克勞迪之前，高盧地區
有高盧人和羅馬人；在克勞迪之後，高盧完全融入羅馬的文明，儘管仍
有高盧人，但已皆成爲高盧‧羅馬人。

　　維士帕西安及其子提特（Titus）和多米西安（Domitien）三位皇
帝在鄰萊因河邊界所建的長城（limes），使高盧有兩個世紀免於外敵之

---

❷　克勞迪之父 Drusus，與泰伯留（Tibère）爲兄弟，而泰伯留則爲奧古斯都之
　　義子和女婿。

侵略，並使其經濟得以迅速發展❷。它創造了在第二世紀達到最高峯的經
濟起飛之物質和精神條件。

高盧・羅馬人之生活

誠如史塔朋（Strabon, 63B.C.-A.D.20）所說，高盧人是戰士同時
也是農民。高盧・羅馬人大多數經常住在鄉村，但其領導精英則逐漸與
城市資產階級融合在一起。

鄉村生活仍占優勢。農村景觀和羅馬征服前之莊園，構成鄉村生活
的基本要素。莊園的心臟地區——別墅（villa），由莊主和管家使用的房
間、公共浴室，以及穀倉、食物貯藏室、馬廄、牛欄、羊棚和各種手工
業工場等建築物圍繞著一個中央庭院。小的莊園面積約二百六十公頃，
而在高盧西南部最大的莊園——夢莫林（Montmaurin），其面積約一千
五百公頃❷。

小地主和一般農民之房屋集合成為村莊（vici），有時在驛站周圍，
有時則在神廟或市集周圍。對於農民來說，羅馬時期最大的改變，就是
住的方面，高盧式簡陋小屋由堅固的房屋取代。

農業資源方面，在那彭省有果樹、蔬菜、牲畜，以及葡萄和橄欖。
在「三高盧」，種類更多：穀類有小麥、高粱和製啤酒的大麥；紡織用的
有亞麻和大麻；畜牧類有豬、馬、牛和羊，高盧因而生產肉類製品、乳
酪、皮革和羊毛，甚至還供應羅馬人宴席上名菜——鵝肝醬。

羅馬在所征服的各省區，皆建造和發展許多城市，但其中以高盧為
數最多。城市的建造，為了透過其建築來顯示羅馬之偉大和強盛，也為
了促進工商業活動，以及擴展文化到各省區和提供游手好閒之徒可消遣

---

❷ André Lévêque, op. cit., p. 8.

❷ Marcel Le Glay, "Les Gallo-Romains," from Georges Duby, *Histoire de la France (I)*, p. 123.

之處。城中的圓形劇場和競技場可容納好幾萬觀衆。

被工商業活動吸引到城市的人口，其成分相當複雜。在第二世紀極盛時期的里昂，百分之二十二的居民帶著希臘之姓氏。羅馬讓高盧城市化。自第一世紀起，每一民族皆有其一個或多個城市中心。呂德斯（Lutèce）❷之能發展，應部分歸功於凱撒。

高盧‧羅馬人中僅有商人和手工業者願意與羅馬人合作，因爲只有羅馬人才買得起在高盧生產的陶器製品。一般人民的宗教生活，除了祭司們消失之外，他們還是維持其原有塞爾特之神祇、信仰和儀式，人們不會去興建與塞爾特衆神廟同等地位的羅馬衆神廟。

內憂與外患

一九六年，高盧變成兩位被軍隊擁立的皇帝——阿爾畢納斯(Claudius Albinus) 和謝維勒（Septime Sévère）之鬥爭場所。一九七年，謝維勒獲得最後勝利。這是羅馬的高盧邁向衰微之起點。

在奧理略（Marc Aurèle）和柯莫德（Commode）統治時期，蠻族再度滲入高盧。二三三～二三四年，阿拉曼人（Les Alamans）開始大肆入侵。二五六～二五八年起，侵略帶給高盧很大的災難。

自第三世紀末起，一連串的內憂和外患，使高盧的情況很悲慘。大部分的城市被洗劫，鄉村被夷平。驚慌失措的居民四處逃難，擁有地產的貴族加強城堡的防衛，錢幣貶值，紀念性建築物被毀。

三世紀的軍事混亂是高盧崩潰瓦解的症狀而非原因。日耳曼人的入侵使各軍事要地毀損，這是高盧沒落的原因之一。法蘭克人和阿拉曼人不再滿足於劫掠，他們愈來愈想定居在羅馬帝國境內的美好土地上並自己耕作。

---

❷　呂德斯爲巴黎之前身。

從某一點來看，人烟稀少的鄉下可以適當吸收日耳曼人。他們偷渡入境或被迫進入帝國境內，隨之定居下來。然而，高盧·羅馬人因爲要負擔沈重賦稅和公共工程勞役，因此似乎不歡迎從東方來的移居者。信心動搖，城牆被毀，建築物被破壞，使恐懼不已的武裝農民成群結隊橫行於各公路。

直到戴克里先（Dioclétien）的鐵腕統治時期❷，混亂局勢才暫時停止。武裝農民受到管束，各省重新獲得整頓，賦稅重新開徵。此時，日耳曼人方知羅馬人仍有反擊能力。羅馬將其保護區擴大到萊因河中游的定居部落，同時也大規模重新修築防禦工事。四世紀初可說是中興時期。

華倫廷尼安一世（Valentinien I）與其同時即帝位的兒子格拉希安（Gratien）❷，爲羅馬最後頗具威嚴的皇帝。此後，羅馬統治高盧便近尾聲，不僅因爲以有限物資來控制萊因河流域是一種負擔，而且因在高盧的日耳曼人爲數衆多，已難分辨日耳曼人和羅馬人了。

四〇六年，汪達爾人（Les Vandales）、阿蘭人（Les Alains）和蘇耶夫人等民族橫掃萊因河流域，並越過高盧到西班牙。四五一年，高盧北部成爲法蘭克人的天下。

---

❷ 戴克里先於二八四～三〇五年在位。
❷ 華倫廷尼安一世於三六四～三七五年在位；格拉希安於三六七～三八三年在位。

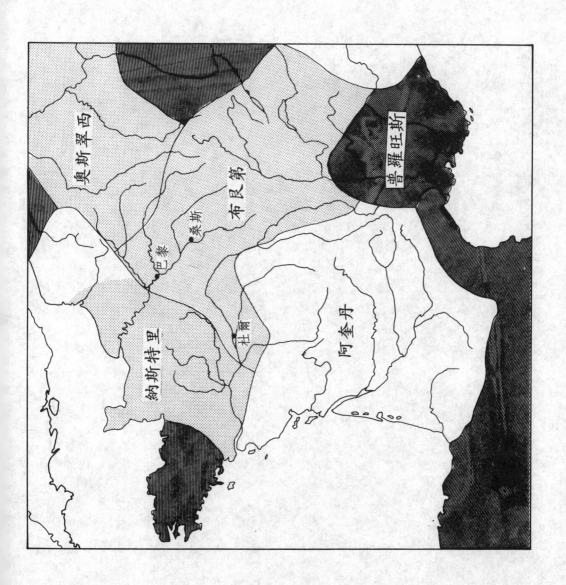

第二章 梅洛芬王朝與
法蘭克王國

第一節 克羅維統一高盧

四八一年，年僅十五歲的青年克羅維(Clovis)登上王位，領導著定居於杜爾內（Tournai）一支叫海濱法蘭克（Les Francs saliens）的小部族。經過三十年的南征北討，底定了泰半高盧，開創了梅洛芬王朝(La dynastie mérovingienne)❶之基業。

蠻族入侵高盧

在四○六年蠻族的大流竄中，阿拉曼人占據亞爾薩斯。汪達爾人、阿蘭人和蘇耶夫人奔往西班牙。高盧南部的羅馬人看到蠻族越過庇里牛斯山，都覺得很高興。

然而，他們尚未完全重整其破爛的家園之時，另一批來自東方的新侵略者又來到。西哥德王阿拉立克（Alaric）❷的妻弟及繼承者阿多爾夫

---

❶ 克羅維之祖父 Mérovée 曾於四五一年協助羅馬帝國擊敗入侵的匈奴王 Attila。克羅維所建立的王朝即以其祖父之名名之。Lucien Musset, *Les Invasions: Les vagues germaniques*, (Paris: PUF, 1969), p. 120.

❷ 阿拉立克於四一○年攻陷羅馬，大肆縱火搶劫三天後，率領西哥德人南下，想渡海到西西里島，然後到非洲，在那富庶之地永久定居。然而他的突然死亡，使此一計劃成爲泡影。

（Athaulf），放棄了已經殘破不堪的意大利半島，打算到仍被認爲富庶之地的高盧發財。阿多爾夫頗精政治之道，他以除去在瓦隆斯（Valence）的篡位者久溫（Jovin）❸，來討西羅馬皇帝洪諾留斯（Honorius）之歡心。皇帝爲感謝他，讓他的族人在那彭省定居。因未收到所答應的糧食，阿多爾夫毀約，並占領那彭、土魯斯和波爾多。

曾遭戰亂的高盧，自從西哥德人在高盧東南部定居後，似乎已逐漸安定。艾秀斯（Aetius）❹爲防止狄奧多立克一世（Theodoric I）到達地中海，將他擊敗於亞勒（Arles）和納彭，迫使這位西哥德王只好重新履行四一八年之條約。

在高盧東北部，一向對帝國很忠誠的法蘭克人，似乎也要效法其他蠻族。河濱法蘭克人（Francs ripuaires）攻占特列夫（Trèves）和科倫，但又被艾秀斯趕到右岸。海濱法蘭克人（Francs saliens）要向南發展，也被艾秀斯所敗。定居在巴拉丁那（Palatinate）的布艮第人，向西發展，卻被匈奴傭兵打敗，其國王根德（Gunther）也被匈奴人所殺。四四三年，艾秀斯將布艮第部落運到日內瓦和格勒諾伯（Grenoble）之間的地區，分配土地給他們。

四五〇年以後，匈奴侵略的目標從東方轉到西方來。此時，只有高盧和意大利兩個地區仍隸屬羅馬帝國，但又面臨新的侵略。匈奴王阿提拉（Attila）率領部族越過萊因河，循著四〇六年汪達爾人南侵的路線，摧毀麥次（Metz）、理姆斯，再轉至巴黎。

巴黎的居民獲悉阿提拉來襲，紛紛準備逃亡，意欲放棄巴黎。此時

---

❸ 久溫於 Honorius 統治時期，在布艮第人和阿蘭人之支持下稱帝，但兩年之後（四一三年）在瓦隆斯被殺。

❹ 艾秀斯（390-454），羅馬將軍，四三二年出任西羅馬帝國執政官，在往後的二十一年成爲帝國的最有權力者之一，先後擊敗入侵的西哥德人、布艮第人、法蘭克人和匈奴人。因遭皇帝華倫廷尼安三世（Valentinien III）之忌妒而被暗殺。

有位名叫傑內維耶夫（Généviève）❺的年輕牧羊女，起而阻止他們。她含淚告訴他們，阿提拉來襲不是天神的懲罰，神與虔誠的巴黎人同在，神必能拯救巴黎，不必害怕，要相信神。她的熱誠感動了巴黎市民，於是大家決心死守巴黎。然而，阿提拉卻突然轉而圍攻奧爾良（Orléans），最後在沙隆（Champs Catalaniques de Châlon）❻被羅馬與蠻族之聯軍擊敗，匈奴軍隊退至萊因河河谷❼。

　　暫時被艾秀斯所制的阿拉曼人和法蘭克人，將於第五世紀後半，逐漸擴展其領域。河濱法蘭克人從原居住的美因茲（Mainz）和波昂之間的萊因河山區，沿著萊因河向科倫發展。阿拉曼人定居在亞爾薩斯和瑞士東部。

克羅維征服高盧

　　在第五世紀蠻族入侵後，四個大的日耳曼民族分別盤據著高盧。南高盧在西哥德人和布艮第人的控制下。西哥德人於四一六年在阿奎丹定居後，將其勢力向北推展至羅亞爾河，向南推展至普羅旺斯地區。此外，他們還是西班牙的主人。

　　布艮第人於四四三年定居在阿爾卑斯山和侏羅山之間的隆河上流地區，然後逐步將其勢力推展至蘇因河和隆河河谷平原。西哥德人和布艮第人各自建立一個貌似強盛的大王國。

　　大部分的北高盧則在法蘭克人和阿拉曼人手中。法蘭克人有兩支：海濱法蘭克人（或稱西法蘭克人）和河濱法蘭克人（或稱東法蘭克人、萊因法蘭克人）。他們占據高盧西部。

---

❺　傑內維耶夫後來被封為聖女，成為巴黎的守護神。

❻　此一四五一年決戰之戰場，另有一說則為 Campus Mauriacus (Troyes)。

❼　Pierre Riché, *Les invasions barbares*, (Paris: PUF, 1968, Que sais-je?), pp. 54-55.

阿拉曼人則占領東部的亞爾薩斯等地。

在羅亞爾河以北，法蘭克王國以南地區的斯亞格留（Syagrius）所控制的地區，爲羅馬帝國在高盧一地之僅存碩果。他代表著古老的高盧·羅馬貴族階級。司瓦桑（Soissons）爲此一王國之首都。戴杜爾（Grégoire de Tours）在《法蘭克人之歷史》（*Histoire des Francs*）一書中提到，斯亞格留爲「羅馬人之王」（roi des Romains），然而，該書之譯者拉杜希（Robert Latouche）卻認爲斯亞格留未曾擁有此一頭銜，因爲自四七六年起，西羅馬帝國已不存在❽。

在高盧地區，西哥德人似乎勢力最強，然而最後統一高盧的卻是克羅維及其子。克羅維即位之前，海濱法蘭克之王皆安分守己，未向南求發展。四八一年，克羅維即王位後❾，就顯現出其萬丈的雄心和軍事的天才。四八六年，他很容易地就征服了「羅馬王」斯亞格留，而將王國南界推展至羅亞爾河。在第五世紀末和第六世紀初，克羅維也打敗了入侵河濱法蘭克王國的阿拉曼人於亞爾薩斯，並占領這兩個王國。

依照戴杜爾的看法，對阿拉曼人之戰的勝利，是克羅維一生的轉捩點。雙方對陣，發生激戰，而克羅維的軍隊有完全被殲滅之危險。此時，他向天發誓要改信天主教。因此，他於戰勝之夜（四九六年）接受天主教之洗禮❿。

克羅維之受洗，可能是受天主教王后克羅提爾德（Clotilde）和理姆斯主教雷米（Rémi）之影響，而且他本人也覺得信仰天主教對他的前途俾益匪淺。

---

❽　Grégoire de Tours, *Histoire des Francs*, t. 1, Traduite du Latin par Robert Latouche, (Paris: Les Belles Lettres, 1963), p. 115.

❾　Pierre Riché 在其 *Les invasions barbares* (p. 65) 一書中認爲克羅維在四八二年以十六歲之齡即王位。

❿　Grégoire de Tours, op. cit., pp. 119-120.

　　受洗後不久，克羅維就舉兵南征西哥德王國。因得到一些主教的支持，使他能夠於五〇七年於波迪葉（Poitiers）附近的烏依葉（Vouillé）一役，擊敗西哥德軍隊。阿拉立克二世（Alaric II）戰死。此役使克羅維直入西哥德王國首都土魯斯。

　　克羅維帶走阿拉立克在土魯斯的所有金銀珠寶。在獲得完全勝利之後，他回到杜爾（Tours），將無數寶物呈獻給聖馬丁（St. Martin）教堂⑪。

　　凱旋回到杜爾後，克羅維接到東羅馬帝國皇帝阿納斯塔斯一世（Anastase I le Silentiaire, 430-518）所賜的執政官頭銜。戴杜爾還說，皇帝也給克羅維皇權象徵的王冠。然而洛特（Ferdinand Lot）卻不同意此一說法⑫。

　　洛特說，阿納斯塔斯一世不可能給予一位蠻族領袖王冠，亦即取得奧古斯都之資格。因此，他也否定了一些學者所認爲的，克羅維對高盧‧羅馬人之權威取得了合法基礎⑬。

　　五〇九年，克羅維完成法蘭克人建立的其他小王國的統一工作。布艮第王國的地理位置和行政組織⑭，逃避了克羅維的合併。可是克羅維之

---

⑪　Ibid., p. 132; Robert Latouche, *Les Grandes Invasions et la Crises de l'Occident au V ͤ siècle*, (Grenoble: Editions Montaigne, 1946), pp. 166-167.

⑫　Ferdinand Lot, *La fin du monde antique et le début du moyen âge*, (Paris: Albin Michel, 1968), p. 346.

⑬　這些學者有：Abbé Dubos（*Histoire critique de l'établissement de la Monarchie française dans les Gaules*）; Ad. Hauck（*Kirchengeschichte Deutschlands*）; E. Lœning（*Geschichte des Deutschen Kirchenrechts*）; Bouché-Leclercq（*L'intolérance, 499*）。

⑭　四八五年繼位的 Gondebaud，是位以仁慈和聰明聞名的布艮第國王，他爲人民制訂羅馬法（lex romana Romanorum）和布艮第法（lex Burgondionum）以解決民間土地分配和司法等問題。

子於五二三年入侵布艮第王國，國王西即斯夢（Sigismond, 516-523）被捕後處死。但是西即斯夢的弟弟高德馬（Godomar）仍繼續抵抗至五三四年才被法蘭克人打敗而逃走。布艮第王國被希爾德貝（Childebert）、克羅德（Clotaire）和他們的姪兒狄奧德貝（Théodebert）所瓜分❶❺。

克羅維的繼承人，除了兼併布艮第王國外，還於五三七年占領高盧南部的普羅旺斯，使法蘭克人的勢力得以伸入地中海。他們隨之侵占嘉斯孔人（Gascons）在法國西南部的土地，把不列顛人驅趕至不列塔尼半島的最西端，並在萊因河以東建立法蘭克人霸權地位。

因此，法蘭克王國實際上擁有整個高盧，成為西歐的第一強國，與東方的拜占庭遙遙相望。

<h1 style="text-align:center">第二節　政治</h1>

王位的繼承與內爭

依照法蘭克傳統，遺產由諸子平分。王位和王國被視為一種私產，因此也不例外。克羅維於五一一年去世後，其王國分別由其四個兒子統治。此後，幾乎每代皆發生領土的分割和朝代的鬥爭。這種不斷重複的分割，並未產生一般人所想像的那種無政府狀態；各小王國的首都皆在北高盧，然後再配屬其他地區的土地，如阿奎丹、布艮第和普羅旺斯，如此方可避免區域化。

雖然各家族間有敵對的情形發生，可是各宮廷間的關係還是能維持。巴黎盆地為各法蘭克小王國的重心。總之，克羅維的兒子和孫子還能保持前兩代所征服的地區。

---

❺　Pierre Riché, op. cit., pp. 97-99.

　　自克羅維之後，高盧的政治重心已從地中海地區，移至塞納河和繆斯河（La Meuse）一帶。高盧北部有兩個法蘭克王國：奧斯塔西（Austrasie）和納斯特里（Neustrie）。自五六一年西吉貝爾一世（Sigebert I）❶將其在理姆斯之王宮遷至麥次以後，「奧斯塔西」此一名詞首次出現。奧斯塔西在高盧的東北部和東部，在繆斯河、塞納河和墨瀉爾河（La Moselle）之間。這是一個完全日耳曼化的地區。

　　在同一時期，另外一部分法蘭克王子忽視這個海濱法蘭克勢力的搖籃，而專門注意富庶但卻羅馬化的巴黎盆地。這個位於北海、繆斯河和羅亞爾河之間的地區，就是納斯特里。「納斯特里」一詞於第七世紀出現。

　　布艮第位於東南，阿奎丹則在西南。

　　法蘭克王國的歷史爲奧斯塔西和納斯特里之間的鬥爭史。在六三九年達哥貝（Dagobert）去世後，納斯特里維持霸權達半個世紀之久。六七七年，布艮第的強人歐丹（Autun）主教聖雷傑（Saint Léger）遇刺後，布艮第就被納斯特里合併❶。

　　然而，到六八一年，納斯特里的宮相（maire du palais）葉布羅恩（Ebroïn）被暗殺後不久，奧斯塔西的世襲宮相丕平二世（Pépin II de Herstal）於六八七年在德爾特里（Tertry）一地擊敗納斯特里的軍隊。丕平家族就將奧斯塔西和納斯特里合而爲一，並置於梅洛芬王朝最後幾位傀儡國王的名義下。第七世紀，奧斯塔西和納斯特里之間的鬥爭，並非人民或國家的敵對，而是家族間的仇視。

　　奧斯塔西和丕平家族的興起，伴隨著法蘭克王國的動搖。不列塔尼、阿奎丹、普羅旺斯和布艮第，相繼獨立。北部的佛里西亞人（Frisons）、

---

❶　西吉貝爾一世爲 Clotaire I 之第三子，五六一～五七五年爲奧斯塔西王國之國王。

❶　Gabriel Fournier, *Les Mérovingiens*, (Paris: PUF, 1969, Que sais-je?), pp. 14-18.

東部的阿拉曼人和撒克遜人、南部的阿拉伯人，威脅著邊境。

在丕平二世和鐵槌查理（Charles Martel）的領導下，法蘭克王國衰微的局面得以穩定。他們在萊因河邊界發動幾次征討，將佛里西亞人趕出河之北岸，將大部分的日耳曼民族收歸在法蘭克人的統治之下。王國並支持傳教士在這一帶傳教。從西班牙入侵的阿拉伯人，於七三二年在波迪葉被鐵槌查理擊敗。他將布艮第和普羅旺斯併入法蘭克王國。

梅洛芬的高盧爲當時西方世界的一大強國。此時法蘭克人想維持古羅馬世界疆土的統一。拜占庭皇帝阿納斯塔斯一世暗中支持克羅維的擴展政策，並正式承認其權力，使之與狄奧多立克對抗。幾十年之後，查士丁尼（Justinien）利用收復意大利的機會與狄奧德貝締結聯盟，因此法蘭克王子曾數次干預意大利事務。查士丁尼失敗後，拜占庭的皇帝仍對高盧之事務感興趣。

梅洛芬王朝內爭期間，許多王子避難到拜占庭。皇帝即利用這些機會來干預高盧。拜占庭皇帝摩利斯（Maurice）❶對抗倫巴人（Lombards）時，曾得奧斯塔西國王之助。到達哥貝時，仍維持與拜占庭的關係。然而，自第七世紀初葉之後，拜占庭在西方的地位逐漸降低，其外交問題只剩與教廷間的關係。

政治制度

法蘭克王國與其所取代之古羅馬帝國，二者之性質完全不同。羅馬的那種國家優於個人和官吏只不過是代表的觀念，對於梅洛芬的君王是相當陌生，也因此而爲日耳曼的王權絕對、繼承和祖產的觀念所取代。

談到梅洛芬王朝的政治制度，首先要從其國王和國王之隨從來瞭解。

---

❶ 摩利斯，其拉丁姓名 Flavius Mauricius，五八二年繼其岳父 Tibère II 爲皇帝，六○二年在一次兵變中與其六個兒子同被弒。

王權是新政權在第六世紀所設立的基本體制。高盧的征服，已經改變日耳曼的皇家組織。梅洛芬的國王不再只是一位權力只及於所屬部落的成員，並在和平時期還受自由人會議所限制的戰爭領袖。從此，所有高盧的居民，不論其出身，皆與海濱法蘭克人同是國王的子民。自由人會議也在克羅維統治時期消失。然而，這個王權卻完全與羅馬式公共行政制度不同。

國王對其所屬臣民擁有絕對的權力，絲毫不受任何法律的限制。對其命令唯一的拘束力，就是對引起騷亂的恐懼，有時是擔心受到上帝和聖徒的懲罰。王位是屬於王朝代表者的繼承權，這些代表者認為王國是私人的財產，而非一種最高的行政職位。在每次繼承時，王國的領土依繼承者人數的多寡平均分配。每個小王國各自成一個獨立自主的單位，並時常與其鄰國敵對。

國王在一個朝廷（palais）的輔佐下，治理全國。朝廷的組成分子為宮相、宮伯（comte de palais）、皇家法官（sénéchal）、掌酒官（bouteiller）、內侍（chambellan）和校尉（connétable）等管理內廷之官員。此外，尚有宮廷秘書和御林軍。這個朝廷並非一個真正的行政中心，更不像今日的中央政府，因為僕從的功能和行政的功能並未劃分。此一朝廷亦無固定的辦公處所，而是隨著國王到處移動。

在各地方，伯爵（comte）代表國王，其轄區有時是在帝國解體後高盧一地尚保存的舊行政區——城（cité），有時其範圍減少許多，或在日耳曼化地區取代「城」的「巴吉」（pagi）。

為了使王國各地區執行其命令，國王派駐各地的羅馬或法蘭克的伯爵，都擁有充分的權力，徵收名目不同的稅以充裕王庫，募集軍隊以與鄰國作戰，並主持法庭的辯論。伯爵是集國家和皇家職權於一身的全權代理人，其職權之執行通常透過當地仕紳之輔助。這些仕紳幫助伯爵傳達國王的命令和解決司法問題。在這種情況下，伯爵極易濫用權力。

在某些地區，公爵（duc）掌握數個伯爵轄區的軍事權。除了宮相，伯爵一職可說代表最高榮譽。被貴族獨占後，伯爵的職權逐漸脫離國王的掌握：六一四年，國王只好同意，伯爵從此在其轄區內遴選。

爲對伯爵有所制衡，國王在地方上另以主教爲其代理人。自第六世紀以後，國王漸習於干預主教的選舉，通常在宮廷的貴族中選擇主教候選人。這些人在未被任命之前，大部分是世俗貴族。擁有精神方面的重要職權，在人民之中的威望，以及其所累積之財富，凡此皆使主教成爲國王的眞正代理人。

梅洛芬王朝的主教，其權力也很大。主教通常出身高盧的羅馬家庭。在四七五～五七六年之間，出席大公會議的五百三十六位主教，只有二十八位是日耳曼的姓名❶。這些主教皆能獲得國王的信任和人民的擁戴。出身貴族的他們，是唯一擁有知識者，但更重要的是，他們擁有廣大的土地。

主教的財產因信徒的捐贈而不斷擴大，更加上免稅的特權，使之不受國王稅收之支配。主教的財富可用來維持所屬教士之開支、贖回俘虜、救濟貧民、建造教堂和有關公益之建築物，如堤防等。

司法、軍事和財政等制度，都受到日耳曼的影響。日耳曼人導入一種司法的新觀念，其基本原則並非像羅馬法中的酷刑，而是金錢的補償（wergeld）。這種金錢補償原則的目的有二：

(1)對破壞國王有責任維持的公共秩序與和平之罪犯，給予懲罰；

(2)防止私人復仇（faide）所引起永無終止的家族間之衝突。

罰款的數目則依被害者在社會上的價值而定。這種司法制度的主要機構是「馬勒斯」（Mallus），它是由伯爵在轄區內的自由人所指定的一小撮仕紳組成。在中央，有一個由朝廷大臣所組成的宮廷法庭負責。此

---

❶ Pierre Riché, op. cit., p. 100.

一法庭以宮伯爲主席，專門審判對國王之侵犯，或者朝臣間之爭論。審判的程序完全是日耳曼式，換句話說，並非蒐集犯罪的證據，而是由被告以賭咒等方式來自辯。

就如同日耳曼人一般，服兵役是每一自由人應盡的義務，並由他們自己提供裝備和保養，但是在服役期間，他們受到三倍賠償的保護。每年春天，國王透過伯爵徵集所需之兵員。閱兵大典就如同古日耳曼王國自由人大會之復古。

羅馬帝國的崩潰，公庫的觀念也隨之消失。國家的收入與國王的私產混淆不清。缺乏能幹的人才，再加上人民的反對，使國王無法維持羅馬的直接稅制度。梅洛芬國王的主要財政來源，爲其地產的開發、戰爭（戰俘、虜獲品、被征服人民的貢禮、結盟的代價）、皇家特權（鑄幣、司法）、市場稅和其他間接稅。王庫不僅包括錢幣、貴重金屬，而且還有無數的珍貴物品如珠寶、布料，或者武器等等。

第三節　經濟

農業的開發

如同羅馬統治時期的高盧，梅洛芬的高盧仍然爲廣闊的林地所掩蓋。森林爲國王和貴族狩獵之場所，對於農民，甚至城市居民，卻是食物（肉類、野果、蜂蜜）、煮飯和取暖、建築、玻璃和金屬製造、家畜，尤其是豬之放牧，所不可或缺。如同其史前時代之祖先一般，梅洛芬時代的人們，仍以打獵、採集和畜牧維生。日耳曼人，儘管人數不多，但他們占領高盧的土地之後，應有助於邊界地區之開墾。然而，工具的粗糙和人力的缺乏，以致無法深入原始林中開墾。

森林仍然是高盧‧羅馬或法蘭克貴族的大莊園之基本要素。羅馬式

的大莊園在高盧南部維持一段很長的時期。有城牆的莊園主之住宅，提供給其奴隸居住。耕地則交給佃農，以及獲得安頓的奴隸耕種。

高盧北部和東部的蠻族貴族，也以同樣方式，經營武力搶來或國王慷慨贈與的莊園。蠻族並未改變土地經營的方式，或許唯一的例外就是利用深耕犁來耕作西北平原的淤泥地，其他地區的農民仍然使用較落後的農具。他們也與高盧・羅馬人一般，以火燒地或任土地荒蕪數年，來培植地力。無論如何，農作物的收成非常少⑳。

除了大地主外，不管高盧南部或北部，皆有一個小地主階級，他們在幾個奴隸的協助下，親自經營其土地，爲典型的家庭耕作制。

貿易

在高盧的貿易發展方面，羅馬的影響力有決定性的作用。梅洛芬時代的工商業活動的演進，在許多方面皆可看出是羅馬帝國後期（二三五～四七六）的延續。

比利時史學家畢連（Henri Pirenne）假設，蠻族的入侵摧毀了羅馬帝國，但非古代的經濟。最初幾個世紀，以地中海爲中心的貿易仍然繼續存在於海洛芬王朝，直到回教徒於第七世紀征服地中海時爲止㉑。這個假設雖遭許多史學家的攻擊，但其意義仍極深遠。

那些不完整的資料顯示，地中海的商業並未在第五世紀突然中斷，高盧與東方仍有貿易存在。這種貿易雖逐漸減少，而且從未達到古羅馬的興盛狀態，但在梅洛芬王朝初期仍繼續維持。

事實上，在第六世紀，高盧從地中海地區輸入少量的奢侈品，如拜占庭的絲、印度的紅寶石和香料；同時也輸入日常用品，其中最主要的

---

⑳ Pierre Riché, "Les Temps Mérovingiens, VIᵉ-VIIᵉ siècle," from Georges Duby, op. cit., p. 182.

㉑ Gabriel Fournier, op. cit., pp. 22-25.

爲食用和照明用的油，埃及的紙草紙㉒和泡鹼㉓。朝聖者、商人和奴隸的
販賣，使東西方的貿易更爲興盛。馬賽爲東西方貿易的最重要港口，因
此成爲日耳曼各國王爭奪的焦點。

在大西洋方面，高盧與西班牙、英國和愛爾蘭之間，存有商業關係。
這種關係使愛爾蘭傳敎士得以擴展至西方基督敎世界。

梅洛芬王朝時，繆斯河和北海一帶，商業非常發達。這是此時期的
一大特色。促成第七世紀高盧北部和東北部商業發達的原因有二：

(1)英國的皈依基督，使她重新加入西方社會；

(2)柔然人（Avars）定居於東日耳曼地區和倫巴人的擴展，使穿越阿
爾卑斯山聯絡波羅的海和地中海的陸路向西移。

貨幣與貨幣的流通

一直到第七世紀末期，梅洛芬王朝的貨幣似乎或多或少是羅馬帝國
貨幣之延續，而與地中海世界所用的貨幣制度有關。黃金仍是本位貨幣。
定居在高盧的日耳曼國王雖然有一、兩位㉔想在貨幣方面另創一番獨特
的風格，但是大致說來，仍然是模仿當時拜占庭所採用的貨幣。

自第六世紀末期起，法蘭克王國貨幣的發行由一些私人鑄幣廠所控
制，鑄幣廠的所有人常將自己的姓名印在錢幣上。他們取代了金銀器商、
銀行家和錢莊老闆。在第七世紀，法蘭克的錢幣失去其統一性。貨幣的
發行由數百個私人工廠負責。這些工廠分散於各城市、堡壘、港口，甚
至存在於農莊，因此貨幣的形式各自不同，其中馬賽的錢幣形式最受重
視，也經常被模仿。這種錢幣存有許多拜占庭錢幣的特點，並普及其影

㉒　埃及尼羅河流域所產的紙草（papyrus）所製成的紙，爲第六世紀書寫的主要
材料。
㉓　泡鹼爲萊因河地區玻璃工業之用。
㉔　西哥德和布艮第國王。

響力於全國各地。

由於財富和零散錢幣的發現，後來得以推測貨幣流通的大致情況。在第六世紀，拜占庭的錢幣和高盧的錢幣被發現混在一起。這種現象可證明高盧和地中海地區有直接的商業關係。此外，在萊因河地區常發現東哥德的錢幣，但在高盧的其他地區卻甚少找到。此一現象可證明穿過阿爾卑斯山的道路之交通相當頻繁。

五七○～五八○年以後，這個通道因倫巴人占領意大利北部而告中斷。五七○～五七八年，馬賽爲高盧最繁榮的商業中心，其錢幣在佛里西亞 (La Frise) ㉕和英國皆可發現。從錢幣、劍和陶器的發現顯示，第七世紀以前的高盧成爲地中海地區、大西洋沿岸、繆斯河和萊因河谷地、北海沿岸國家的商業通道。

手工業與工業活動

高盧某些手工業產品的一致性和分布情形，顯示出這些工場並非只爲本地的消費而工作，而是有組織的生產，以供應較遠地區市場的需要。

在梅洛芬王朝時期，庇里牛斯山地區的大理石採石場和阿奎丹的彫刻工場，業務仍然發達。它們輸出石柱、石棺和柱頭到南高盧和巴黎盆地。在第六和第七世紀，阿奎丹的金銀器工場經常輸出腰帶環及其他首飾到高盧各地。

羅馬時代在高盧的商業和經濟占相當重要地位的陶器工業，並未突然消失。科倫的玻璃工業和長劍的製造，仍相當發達，並且輸往其他地區。這些皆可證明羅馬帝國的崩潰和蠻族王國的建立，並未使經濟立刻衰退和孤立。羅馬道路網和主要航道，繼續被利用。地中海貿易逐漸衰退，經濟生活重心的北移，只不過是繼續羅馬時代已存在的現象。

㉕ 佛里西亞爲今北海沿岸之荷蘭和德國地區。

第四節　社會

社會結構

　　雖然無法否認日耳曼的影響力，但是梅洛芬時代的社會在迅速的演變中，其結構仍然是羅馬帝國後期社會結構的延續。

　　奴隸爲社會結構的最底層，人數相當多。他們的工作不但在家庭生活，而且也在田裏和工場占很重要的地位。由於蠻族的侵略，奴隸的來源不致於斷絕。此外，尙有因犯罪或自願而淪爲奴隸。戰爭和人口販賣爲兩大主要來源。戰俘通常淪爲奴隸，而梅洛芬時代無數次的戰爭，正好供應高盧無數的奴隸。被販賣的奴隸，大部分來自高盧邊區、英國、日耳曼地區，第七世紀以後，也有來自斯拉夫國家。

　　奴隸的生活條件如下：

　　⑴世世相襲；

　　⑵猶如家畜般，由主人隨意處置；

　　⑶依日耳曼法律，奴隸得有某些司法人格；

　　⑷依其主人的社會地位，某些奴隸得因而成爲奴隸中的特權人物；

　　⑸在教會的幫助下，奴隸獲得某些權利，因而得以改善其生活條件。

　　在奴隸之上的自由人，人數最衆，但在司法方面並未形成一個一致的階級。就如同在古代社會，那些大地主和自耕農獲有充分的自由。另外，史學家和法學家所謂的半自由人，其中大部分是羅馬人後裔的農奴。農奴，雖然司法上是自由，但是世世代代依附於一塊田地。日耳曼後裔的「利得」(lites)，亦類似。

　　如果說梅洛芬時期的社會，像古代社會，是個奴隸的社會，它也是個貴族的社會。在羅馬時代後期的高盧，有成員位居政壇高位的家庭，

形成一個貴族階級(元老院階級)，其特權世世相襲。這些貴族以其生活
方式和思想，以彰顯與他人之差別。他們大致出身於大地主，生活於城
市和自己的莊園之間，並且彼此通婚和保持羅馬的文化。

在帝國崩潰後，他們至少在高盧南部繼續維持其社會威望至第七世
紀，甚至還更久。雖然被日耳曼人強迫分割一些土地，這些高盧的貴族
仍保有一部分，甚至全部的地產。此外，在整個第六世紀，這元老院階
級是文化的壟斷者。梅洛芬王朝的國王，皆從他們之中選出教會和行政
的高級官員，亦即主教和伯爵。

因此，在梅洛芬王朝的前幾代，高盧‧羅馬貴族由於財富、文化和
生活方式，而在當代社會起領導作用。某些日耳曼貴族因受被征服者文
化的引誘而羅馬化。此外，這個貴族階級與日耳曼貴族相處融洽。他們
同時在宮廷出現，且融合成為一個新的貴族階級。此為梅洛芬王朝的一
大特徵。

然而，在日耳曼的影響下，高盧‧羅馬貴族發生轉變，並產生新的
特性。一般說來，日耳曼的社會包含一個貴族階級。此一階級主要由武
士和國王的侍從組成。梅洛芬君主政體的組織，尤其是國王，習於召集
不同出身的人隨侍身側，使此種職務性的貴族階級自第七世紀起取代了
舊的元老院階級。最後提到某個人屬於元老院階級是在第七世紀初，但
這已是十分稀罕。

貴族階級從此由那些出身不同而在宮廷生活或擔任公職的人所組
成。他們如非替國王服務，就是國王的密友，而且接受國王的保護和賞
賜。因此，取代那世襲的舊元老院階級的是一個較為開放和較具流動性
的貴族階級，其地位和財產大部分出自掌握政治實權的國王或宮相所賜。

這個既乏祖蔭又缺才華的新貴族階級，一方面生活在自己的莊園，
以從事所喜愛的打獵等活動；一方面還得時常在宮廷裏活動，以獲得或
保有君王的恩寵。許多貴族到成年之時，就被送到王宮，接受完成教育，

參與年輕王子的活動，並擔任宮中的某些職務。在年輕時與皇族所建立的關係，使他們能隨之獲得中央政府的官職，或伯爵的職位，其中以在原籍已擁有廣大地產和家族名望的貴族，最有被重用的機會。

在第七世紀期間，這些貴族利用王室的衰微和王朝間的敵對，很容易從國王那裏取得新利益。六一四年，他們迫使克羅德二世(Clotaire II)頒布一道有利貴族的敕令。梅洛芬王朝的最後一個世紀，貴族出身的宮相，帶動進行王朝的敵對和鬥爭。這種貴族階級上昇最顯著的是在奧斯塔西，也是最日耳曼化的地區，那裏的丕平尼得家族（Pippinides）最後奪得政權。

城市生活

「城」曾經是羅馬時代高盧地區地方組織的要素；「市」(ville) 則為經濟生活的中心，更是行政和宗教的首府。在羅馬帝國後期，市已十分衰微，其原因有五：

(1)行政的改革，主要為賦稅的改革；

(2)帝國祭禮的荒廢；

(3)貴族大批遷至其鄉下莊園；

(4)蠻族入侵遭受損失；

(5)羅馬各省完善行政組織的消失。

由此可知，在第五世紀末期，市已經不再如幾個世紀前那麼富庶和繁華。城則以行政區域而得以殘存。梅洛芬君王保存城的傳統界址，做為地方行政的骨架，而賦予新的民政和軍事功能。

大部分羅馬時代的城，變成「伯國」(comté)。伯爵的權力並無都市的色彩；伯爵在最初只是一個巡迴的代理，猶如中國的「巡按」，他對整個城行使其權力，不讓市擔任行政首府的角色。

自羅馬帝國後期起，大部分的城已升格為主教區的首府。此種宗教

方面的功能，頗有助於傳統性的地方區域之保存。城的首府似乎逐漸成為主教的都市。

鄉村生活

如果說傳統的都市生活尚未完全消失，那麼社會幾乎可說是完全具有鄉村的特性。這並非是新事實，而是從羅馬帝國後期就已開始演變的結果。蠻族的入侵，並未破壞此種鄉村生活的基本結構。現以人口分布、地產和經營制度等方面，分別加以說明。

在人口分布方面，日耳曼民族的入侵和殖民，無疑地會改變以前人口分布的情形。然而，大體上土地的占有，仍然保存幾個世紀前已有的特色。

日耳曼民族的入侵，造成高盧鄉村物質方面的破壞。當時留下的資料，以及後人對鄉村建築物的挖掘，有時顯示出，在帝國後期，有些村莊突然遭到破壞，而被完全放棄，或變成貧窮。這種住宅的破壞，無疑地會伴隨著耕作的荒廢。

在梅洛芬時代，開墾的風氣很盛。開墾的工作，一部分是由新來的人去做，另一部分則由世俗或教會的大地主負責。他們在森林和荒地設立新的農業區。此外，無數的隱士及其弟子也在森林中闢出一片空地。

大體說來，鄉村人口的分布，仍是人口密集區和廣大荒漠區之間，成一十分明顯的對比。

在地產和經營制度方面，除了一部分以日耳曼人為主的地區之外，在高盧廣大的地區，舊式的農業結構並未起重大改變。新人則融入早已存在的結構中，最常見的改變，只不過是所有人的更替。

除了自由農之外，如同古代一樣，最普遍也最為人所知的地產和經營制度，就是大莊園制。每個大莊園的面積不一，但皆達數百公頃之多。大莊園兼具住宅和農業經營兩種作用，因此擁有建築物和已開墾或未開

墾的土地。

　　這些大莊園並非像長久以來人們所想像的那麼穩定。繼承和變動，不僅改變貴族的祖產，同時也改變莊園的結構，其中大部分被瓜分。

　　許多大莊園一方面包括住宅周圍或鄰近的大片已耕種土地，這些土地用於種穀類、葡萄和畜牧；另一方面包括耕作地外圍或較遠的荒地。

第五節　文化

　　梅洛芬文明中，在物質、藝術和知識方面，有許多事實，是上古時期文明的延長。

建築技術

　　有關民間建築方面的資料不多，但仍可相信古代技術並未完全放棄。許多古代的紀念物仍然存在，其中一部分如城牆和引水渠，仍經常得到保養。許多鄉下莊園，似乎建有柱廊和浴室。在高盧南部長期保留下來的捲邊瓦，可以證明這種瓦，從羅馬時代經梅洛芬時代和卡洛林時代（Les Carolingiens），不斷延續和改進。

　　由於廢墟的發現和當代人的描述，使後人能瞭解宗教建築的形態。許多教堂，尤其是主教座堂，仍利用古代建築技術──砌石建成的。

　　如果說藝術家並非像在羅馬時期致力於民間的建築，而是致力於宗教性的紀念物，他們的技術似乎是古代和地中海世界技術的延長。

　　所有當代的描述皆強調教堂的富庶和華麗。教堂的地板和牆壁底部，通常鑲有顏色的大理石，或是印花的角磚。大部分牆壁都布滿鑲嵌品和已褪色的圖畫。這些鑲嵌品和圖畫的技術和主題，皆是追隨古代鑲嵌品和圖畫的傳統。

　　在第六和第七世紀，流行於高盧南部以及羅亞爾河以北的庇里牛斯

山大理石工場的產品，亦具類似的特色。石棺和柱頭的製造和彫刻，爲上述大理石產品的兩個主要特徵。

語文和文學

儘管日耳曼語言在羅馬版圖內有所進展，高盧大部分居民仍忠於其傳統的語言。在第六世紀，高盧方言（gaulois）仍在某些地區和某些社會階層流行。然而，拉丁語不僅是知識階級的語言，而且是一種活潑、通俗和不斷演進的語言。

日耳曼人在高盧定居，也採用拉丁語。自第五世紀末和第六世紀初，日耳曼人習慣用拉丁文撰寫。在第六世紀後半期，戴杜爾未再提到譯員的出現。他同代的希爾貝利克（Chilpéric）國王，能以拉丁文寫詩。除了邊界地區外，日耳曼語對拉丁語的影響只限字彙方面。在某些日常生活方面，拉丁語採用法蘭克的許多名詞，尤其是有關戰爭、軍備、傢俱、動植物世界等。

除拉丁文外，日耳曼人還採用高盧·羅馬人書寫的習慣。梅洛芬的字體，不受新來者之影響，而是上古字體的延續。第六世紀最常用的字體是大寫字母。

大體說來，日耳曼人的入侵和建立王國，並未使古文化消失。在南高盧，古文化延續相當久，尤其是在布艮第王國和西哥德王國。維也納主教阿維特（Avit，五二五年去世）曾留下與當時主教和國王通信的書信集和一些詩。他採用的語文爲第五世紀拉丁文學所應用的語文。在這些地區，文法和修辭學校仍然開放，並且教授傳統的課程，一直到第六世紀初期才停止。在貴族家庭中，古文化繼續盛行至第七世紀中期。梅洛芬時代也受古文化影響。但是此一文化的水準不斷降低。

出身歐維那（Auvergne）貴族家庭的戴杜爾（五九四年去世）在未出任杜爾主教之前，曾留下聖徒傳和一部《法蘭克人史》（*Histoire des*

Francs)。與他同時的佛底那(Fortunat)，意大利人，但長期住在高盧，也是一位聖徒傳的作者和詩人。聖徒傳成爲當時最流行的文學作品。

金屬工藝

梅洛芬時期最突出的一項事實，就是金屬工藝技術的翻新。

日耳曼人所傳入的鋼鐵工業新技術，比羅馬人的技術高明甚多。梅洛芬時期的鋼鐵工人可造出種類甚多、品質精良的金屬製品。然而，他們生產的數量不多，因爲這是稀罕的產品，而且少量的金屬比較容易製造。某些雙刃長劍等攻擊性武器，爲此種技術的最高峯。

鑲金工在藝術和手工業活動方面，占相當重要的地位。在敎堂的傢俱中，可以發現許多此類作品如祭壇、十字架、聖瓶等物。

這種日耳曼人傳入的新技術，是爲適應可利用的金銀數量逐漸減少，因此必須充分加以利用。爲此，鑲金工常尋找與金銀外形與顏色類似的代替品如銅、白色的合金。另一方面，貴重金屬及其代替品，通常都是以最少的量獲得最大的效果，例如將金銀打成薄片或抽成細絲。

此時期首飾類最具特色的是種類繁多的簪（頭針）、耳環、腰帶環。

農村建築和傢俱

日耳曼人傳入住宅新形式和建築的新方法。日耳曼的住宅是由一些簡單的房子組成的。房屋的主要建材爲木柱，再配合藤支編成然後塗上泥巴的牆。從此，木材在建築方面逐漸取代羅馬時代所常用的石塊磚和其他質地較硬的材料。貴族以木材來造屋頂和牆壁。農民的房屋也常以輕便的木材做牆，而以茅草蓋屋頂。

在傢俱方面也有類似的演變。雖然陶器和玻璃並未消失，但從挖出的古物顯示，在日耳曼的影響下，其形式和技術有所改變，而且其數量相當有限，因爲這些東西常爲木器所取代。某些記載顯示，人們使用木

製的餐具。此外，科倫大教堂的一個皇家墳墓中發現木製的器物，可證明木材的應用並非僅限於窮人階級。

裝飾的主題

金屬藝術，尤其是鑲金工藝的發展和它對大理石彫刻所產生的影響，皆顯示著在嗜好方面有極大的演變。

藝術家和一般民衆逐漸喜愛的裝飾主題，顯示著與羅馬傳統幾乎有完全隔絕之現象。希臘羅馬以自然和人物爲主題的裝飾，變成十分稀少，就是那幾個受基督教啓示的圖像，也做得很差。當時最常用的主題，爲幾何圖形和動物的裝飾。

根據最近的研究，西亞和中東地區的文明，對梅洛芬藝術有決定性的影響，尤其是在動物圖形的裝飾和顏色的嗜好等方面。

新知識文化的形成

雖然書寫的文件仍保持著其威望，但是隨著行政的頹廢，在第七世紀後半期，世俗人士失去書寫的習慣，文件的親筆簽名逐漸不存在，文書人員從此逐漸從教士中去延攬。然而教會階層也無法避免此一頹廢，各階層的教士中有許多文盲。因此，書寫和所有知識上的活動，成爲教會階層，尤其是修士的專利品，因爲祭祀和禮拜式的需要，使他們必須懂得最起碼的知識和擁有一個圖書館。

自第七世紀起，抄寫坊(scriptoria)在修道院和主教署內大量增加。抄寫員都利用常用的羅馬寫法，但各抄寫坊各自獨立，因此產生許多不同的書寫方法。各個抄寫坊❷皆有自己的特色。在第八世紀後半期，方有人努力要使之回復到一致的書寫方法。卡洛林王朝的改革，要歸功於梅

---

❷　如在 Luxeuil, Corbie, Laon, Fleury-sur-Loire, Tour 等。

洛芬王朝後期主要的教會抄寫坊努力之成果。

第七世紀的抄寫坊，並未將其活動限制於抄寫的工作，而且還模仿愛爾蘭和英國的抄寫坊，將手稿著色和美化。海島的彩色插圖注重渦線（spirale）和交叉等線條方面，而高盧的藝術家較常以魚、鳥和人之四肢來裝飾字體。

大部分的抄寫和彩色插圖的工場，都在北高盧，由此可知這些地區的教士和修士都很注重知識的活動。

這些北方地區，成爲當時學術研究和知識文化復興的基地。古代文化，至少是南高盧貴族階層所保存的，已在第七世紀完全消失，而此種消失所留下的空隙，只待教會去補充。在同一時期，修士階層已在愛爾蘭和英國創造出一種與古代文化原則完全不同的新文化原則。在他們眼中，教育的基本目的，不再是對古代作者的認識，而是對聖經和禮拜式的研究，尤其是聖詩的習唱。貝德(le vénérable Bède)❷❼似乎是第七世紀末和第八世紀初，這種新文化的理論家和主要代表，他仇視世俗文學而全心全力爲宗教服務。

自第七世紀起，聖哥隆班（St. Colomban)❷❽及其門徒對修士的教育，也是以宗教爲主，而排斥古代文學的研究。在第七世紀後半期，當知識文化已達最低潮之時，北高盧的哥隆班派的修院，非僅在無知的世俗教士和一般人士中，是知識的避難所，更是中古時期新文化的中心。

---

❷❼ 貝德 (674-735) 英國修士和史學家，終身從事修院學校教育工作，爲中古前期英國本篤會最博學的修士，曾著《英國教會史》(*Historia Ecclesiatica gentis Anglorum*) 一書。一八九九年，教宗李奧十三 (Leo XIII) 追封他爲聖徒。此外，貝德的科學知識也很豐富。請參閱 Pierre Riché, *Education et Culture dans l'Occident barbare, 6e-8e siècle* (Paris: le seuil, 1962), pp. 634-635.

❷❽ 聖哥隆班 (540-615) 愛爾蘭修士。五七五年左右赴歐陸，相繼成立許多新修院。

第六節 宗教

第五世紀末期，基督教已經在高盧生根，這是古代的遺產之一。在以後的幾個世紀裏，仍存在著古代基督教的特色。

主教區和教區

主教區和鄉村教區等教會組織，在羅馬帝國後期就已相當發展。梅洛芬時期的教會大致上沿用帝國後期的行政體系。原則上，每一城市有一位主教領導該城的教士和信徒。省城的主教對該省的其他主教有優先權（首位權）。教會的行政系統因而為羅馬帝國的翻版。當帝國因蠻族的入侵而解體時，除了幾個邊境地區之外，主教和主教區的組織，實際上仍毫無改變的保存下來。另外一種宗教組織的基層單位，就是鄉村教區。起初，主教區和教區為一體之兩面，主教區內只有一個教區，由主教和其所屬教士管理，所有祝聖禮皆在城裏舉行。

第四世紀和第五世紀，鄉村傳教的進展，促使主教區發生變化。在當地民眾的要求和合作下，主教在其教區內最重要地點設立主教座堂的分支，但仍受主教監督。然而，各分支教堂亦有其轄區和教士。許多大的教區和教堂在帝國時代已存在，在第六和第七世紀，亦有新的出現，但數目卻有限（每主教區約有十五～四十個）。

禮拜堂

依照傳統習俗，公開禮拜式並非在單一的禮拜堂舉行，通常在由一組為儀式所需而設計的兩個或以上的禮拜堂舉行。彌撒在大教堂(basilique)，領洗則在大教堂隔鄰的受洗臺（baptistère）舉行。現存的波迪葉的受洗臺是典型的例子。

除上述的禮拜堂外，高盧的基督徒尚有其他的禮拜堂，供公開禮拜式之用，如聖徒的陵墓和私人祈禱所。前者模仿非教徒葬儀的建築物，爲紀念聖徒之用，如五五八年希爾德貝所建聖文森（St. Vincent de Paris）之十字架陵墓；後者建在私有土地，有時是爲收藏聖徒遺骸或紀念神跡之用。

私人祈禱所大部分爲了提供其所有人和鄰近居民禮拜之用，各由一位神父主持。梅洛芬時代，祈禱所的數目激增。有些由一般農民建造，但大部分則附屬於鄰近的教會。

教會組織

在梅洛芬王朝初期，教會組織已大致定型，然而，在政治和社會新條件的影響下，這些主要教會機構迅速演變。

對於世俗教會的勢力，國王和貴族都想將之收爲己用。第六世紀後半期開始，國王對主教的任命已成爲高盧各王國的一個普遍規則。雖然傳統習俗將這種權利保留給教會人士。主教和國王間的密切隸屬關係，使主教能在社會上擔任第一流角色，但也因而產生下列三種重要影響：

⑴教士登上主教寶座的例子愈來愈少。國王選擇新主教，通常不考慮宗教因素，而在其周圍親信挑出，如非有能力的行政人才，就是對國王忠誠的貴族，或是爲酬勞其功臣；

⑵各省首府的主教失去其重要性，顯然地，省城的主教仍繼續執行其傳統的職務，如主教的加冕，主教間糾紛的排解和省主教會議的召集。然而，領域的瓜分破壞了總主教區的完整，國王對主教的任命，使總主教無法在此方面擔任其理應擔任的首要角色；

⑶高盧的教會逐漸有脫離教廷控制的趨勢。

有好幾次，教宗嘗試加強與高盧之關係。在梅洛芬王朝初期，亞勒總主教受命爲教廷在高盧的代理人。五八五年馬公（Mâcon）大公會議，

授里昂總主教高盧教會的首座權。格列格里一世（Grégoire le Grand），這位首先將注意力轉向西方的教宗，想重振亞勒之教廷代理業務，派遣代表到高盧與梅洛芬各王國的行政和宗教當局接觸。但這些嘗試只是短暫性，因為教宗又忙於與拜占庭辦交涉而無法分身。法蘭克教會事實上完全脫離教廷而獨立。

換句話說，梅洛芬教會的國家色彩非常顯著。第六世紀所舉行的無數次大公會議，解決了教條和教規等問題，而主教的任命使國王與貴族能逐漸將教會置於其權力之下。

至於私人教會，自第六世紀前半期起，私人祈禱所的創辦人及其繼承者，擁有提名該祈禱所本堂神父之權。此一制度逐漸推廣及所有鄉村教會。當一個私人祈禱所升格為教區教會之時，其所有人以保護新教區為藉口，維持其提名本堂神父之特權。

自第七世紀起，保護的需要，在整個社會中保護教會的作法是相當普遍，這更有利於貴族對最古老教會之控制。在梅洛芬王朝末期，大部分的教區教會，就如同私人祈禱所已經成為私人財產的一部分，可以被贈與、販賣或繼承。

修院制度

來自東方的修院制度於第四世紀傳入西方後，開始在高盧發展。受聖馬丁影響的高盧西部和受聖翁若拉（St. Honorat）❷⑨和聖加西安（St. Cassien）❸⑩影響的高盧東南部，修院制度發展最為快速。早期的修院毫

---

❷⑨ 聖翁若拉於四二九年去世，他於四〇〇年左右在 Lérins 島上創立一座修院。四二六年被選為亞勒總主教。

❸⑩ 聖加西安（Jean Cassien, 360-435）宗教作家，四一五年左右在馬賽創立男女修院各一。晚年，將其在埃及各修院遊歷之回憶，以及個人沈思之所得，撰成 *Les Institutions* 和 *Les Conférences* 二書。

無組織。此一特性一直保存至梅洛芬王朝初期。

　　個人禁慾和遁世，在那些想逃避塵俗的人眼中，是最理想也是最常見的生活方式。第六世紀，在住宅區附近或在深山叢林中，隨時可發現一些隱士，然而，某些人卻能向其門徒要求遵守一些院規。最早，也最有成就的就是第六世紀三十年代的聖謝結（St. Césaire d'Arles）❸。

　　在第六世紀期間，此類修院不斷增加，其中最著名的是由某些大人物所創辦，如克羅維在巴黎設聖傑內維耶夫修院，拉德功（Radegonde）❸在波迪葉設聖十字（Ste-Croix）修院，西即斯夢在阿貢姆（Agaume）設聖摩利斯（St. Maurice）修院。除了在第六世紀已流傳很廣的聖謝結院規之外，其餘的規則只具有限的影響力，最多不超過創辦者的原主教區。

　　在整個梅洛芬王朝，特別是第六世紀末，修院得以迅速發展，並具有顯著特徵。當時不僅修院的數目大增❸，而且也盡力使這種宗教生活的形式能正常化、組織化。

　　在第六世紀末來歐陸定居的愛爾蘭修士聖哥隆班，對修院的發展有決定性影響。雖然與主教和奧斯塔西國王提葉利（Thierry）之爭執，使他不斷更換住所，最後移至意大利的波比歐（Bobbio），聖哥隆班和其門徒都具有相當大的影響力。一方面，在北高盧設立相當多哥隆班修院❸，為第七世紀的特徵之一；另一方面，所有這些修院的生活規範皆依聖哥隆班所撰的兩條規則。這些規則雖未對修院內部組織詳加規範，但卻決定一種生活方式和一種共同的精神狀態，最基本的是對院內最高權威者

---

❸　聖謝結（469-542）為高盧主教，曾主持好幾次大公會議。

❸　拉德功（518-587）為 Neustrie 國王 Clotaire I 之后，晚年過著清修生活。

❸　在一個半世紀期間，創立將近兩百個新的修院。

❸　如 Luxeuil, Faremoutiers, Jouarre, Fontenelle-Saint-Wandrille, Saint-Trond....。

——修院院長的絕對服從和一種十分嚴肅的個人修行。

第七世紀中葉，教宗准其具有主教教會的司法豁免權，更增加哥隆班修院的獨立性和特殊性。哥隆班修士對第七世紀的基督教具有相當大的影響力。在當時最活躍和最著名的主教中，有許多原是哥隆班修士，如盧昂的聖杜安（St. Ouen）等。這些具有傳教士熱誠和個人禁慾主義的哥隆班精神的修士，將其一部分活動用於傳教。

當哥隆班修院不斷在高盧北部設立之時，有一些採用聖本篤（St. Benoît de Nursie）院規的修院也在高盧出現。六二〇年左右，阿爾比（Albi）主教區內的一家修院首次採用該院規。源自拉丁的本篤院規的精神，與源自愛爾蘭的哥隆班院規的精神，完全不同。本篤院規注重在院長權威下的共同生活，經選舉產生而任期終身的院長，似乎是院規的守衛者和全體修士之父。以集體禱告和工作，尤其是手工之間的平衡，來取代個別的修行。這個院規於第七世紀後半期，經聖雷傑在歐丹大公會議公開讚許後，尤其是在六七二年左右，聖本篤的遺骸被移至佛勒里（Fleury-sur-Loire）之後，開始傳播。

這兩大院規之競爭，結果產生一些混合的院規，如在呂色伊（Luxeuil），哥隆班的第二代繼承者華爾貝（Walbert, 629-670）借用本篤院規之優點，來緩和哥隆班院規的偏激之處。

修院的發展，為梅洛芬時期幾個大的特徵之一。在基督教創立初期，甚至到第六世紀，最著名的聖徒是主教，但此後則為修士所取代。

虔誠的表現方式

梅洛芬時期，人們那種創新的虔誠表現方式，並非只是受日耳曼異端之影響。在個別的虔誠表現方式和宗教生活細分的影響下，信仰和禮拜式逐漸分道揚鑣，而在喪葬習俗方面，基督教與昔日異端的習俗完全斷絕關係。

　　對聖徒的祭祀和其他個別信仰的形式，這種傳統信仰方式，發展很快。一方面，聖徒遺物的尋求和擁有，變成教士和信徒永久關懷的事情。當代的文學，充滿著有關聖徒遺物的捐贈、購買、偷竊和其所導致神跡之記載。這些聖徒遺物的種類可說是形形色色，無奇不有，例如，聖徒的遺體，或這些遺體的一部分❸，與聖徒遺體有直接或間接接觸的許許多多不同物品，這些物品因這種接觸而保有神聖性❸。

　　另一方面，最著名聖徒遺物對信徒的吸引力，導致朝聖次數的增加，而成為最普遍的信仰方式之一。高盧地區的朝聖地大增，其中以杜爾的聖馬丁之墓最為著名。

　　聖徒遺物的祭祀，因此為西方最廣泛也最奇特的虔誠的表現方式之一，而東方的拜占庭卻寧願祭祀偶像。

　　在基督教傳播初期，聖徒比較少，但卻為整個西方基督教世界所皆知；在梅洛芬時期，大部分聖徒皆保存著地方色彩。只有幾個聖徒，為了政治因素，能為整個王國所祭祀。例如聖德尼（St. Denis）為梅洛芬王朝的保護神，因此成為全國性的聖徒，其祭祀之推廣，受到國王的鼓勵。聖彼得（St. Pierre）的祭祀，在梅洛芬王朝初期，所占的地位並不重要。自第六世紀末起，由於受到教廷支持的愛爾蘭修士之影響而逐漸推廣，後來又受以其為守護神之丕平王朝之影響。

　　聖徒遺物和聖徒祭祀之普遍，使個別虔誠的表現方式，取代早先集體的信仰方式。因此，高盧自第七世紀起，私人彌撒大增，而私人的懺悔也取代長久以來所習用的公開懺悔。

　　至於禮拜式，在這種使基督教逐漸失去其原始統一性的宗教氣氛下，全高盧的禮拜習俗也無法一致。全國統一禮拜式的觀念，對宗教當局來

❸　自第四世紀起，常將聖徒遺體分割。
❸　如墳上之植物，墓上之灰塵，墓中之衣物等等。

講相當陌生。每個主教區，甚至於每個教會，其禮拜式皆不相同。聖龐尼法斯(St. Boniface)想以羅馬的禮拜式來加以統一，但終歸失敗。最後矮子丕平（Pépin le Bref, 714-768）和查理曼（Charlemagne, ou Charles I le Grand, 742-814）繼續此項工作，而使之完成。

在喪葬習俗方面，基督教影響力的增加，使喪葬習俗發生深遠的轉變。一方面，教會雖未公開反對第六～第七世紀盛行的以傢俱陪葬的習俗，但這種習俗因不存在於基督教信仰中，而在第八世紀已很少發現，就是在舊的日耳曼墳中，亦是如此。

另一方面，基督教的影響深深地改變墳墓的位置和外形。早先某些重要世俗人物和教會人士在教堂周圍或教堂內埋葬的習俗，後來普遍推及至所有信徒。在梅洛芬王朝末期，墳墓都已聚集在教堂周圍。由於信徒都想被埋葬與聖地接近的地方，因此造成墳墓和屍體的重疊。

第三章　卡洛林王朝與
查理曼帝國

第一節　卡洛林王朝的興衰

鐵槌查理統一王國

七一三年，奧斯塔西傑出的宮相丕平二世去世時，法蘭克王國的紛亂可說已達極點。不只是納斯特里和奧斯塔西彼此分離，互相對立，就是阿奎丹也於六七五年獲得獨立。七〇〇年，阿拉曼人在格羅特夫里公爵（le duc de Grottfried）的領導下，宣布獨立；普羅旺斯也脫離中央政權之掌握；佛里西亞正醞釀著反叛。王國名存而實亡。

此時，鐵槌查理（Charles Martel, 約 688-741）❶這位充滿幹勁的人物脫穎而出。下列有利的情勢，使他能成為重掌大權的英雄：

(1)鐵槌查理頗有才略，並出身王國中最有勢力而財力又雄厚的家族，這個家族包辦著奧斯塔西宮相一職；

(2)缺乏與他對抗的一致力量；

(3)國王勢力早已消失；

---

❶ 鐵槌查理為奧斯塔西宮相丕平二世之私生子。

⑷王國的解體和回教徒等外患所構成的危機。❷

凡此，使他成爲一位「時勢」所造的英雄。由於身世有問題，使他必須先平服家族中的反動力量，接著強迫納斯特里和布艮第的宮相接受其指揮。七一七年起，他合併奧斯塔西、納斯特里、佛里西亞和杜林吉亞（Thuringia），以完成法蘭克王國的統一工作。隨之，他統率著強大而統一的軍隊，於七三二年❸在波迪葉附近打敗入侵的回教徒，因而獲得一致的擁戴，同時也解除法蘭克人的危機。此一勝利，使法蘭克人成爲基督教世界的保護者。

鐵槌查理時以國王自居，尤其是七三七年，當梅洛芬最後一位君王提葉利四世（Thierry IV）逝世後，他不再給予繼承者。當他本人於七四一年死後，王位正式虛懸，他的兩個兒子矮子丕平和卡羅曼（Carloman），以宮相名義分治整個王國。

矮子丕平建立新王朝

鐵槌查理在去世前一年，曾聽從大臣勸諫，將王國分給他的兩個兒子。然而，老式正統的觀念尚未消失。七四三年，他們以梅洛芬的希爾德利克三世（Childéric III）爲傀儡國王。七四七年，卡羅曼退隱修院，丕平成爲唯一的宮相。他的宗教、行政和幣制的改革，使他恢復王權，並從阿拉伯人手中取回那彭和葉呂（Elue）。

統一工作尚未全部完成之前，丕平就決定要取代克羅維家族。在取得貴族和教會的支持後，他於七五一年廢了希爾德利克三世，在司瓦桑被貴族擁立爲王，並受到聖龐尼法斯和一些其他主教的祝福。七五四年，教宗史蒂芬二世（Stephen II 或稱 Etienne II）來法蘭克王國尋求保護

---

❷ Jacques Bousard, *Charlemagne et son temps*, (Paris: Hachette, 1968), pp. 21-24.

❸ 另一說爲七三三年。

者時，又重新對丕平和其子查理❹和卡羅曼的祝福，並禁止法蘭克人再從其他家族推選國王。

因此，在第八世紀中葉，形成了一個影響力達到整個法蘭克王國和意大利的新王權。新王朝與教廷的結盟，導致教會國家之建立和丕平的干預意大利。在史蒂芬二世的請求下，丕平曾兩次進攻倫巴人（七五四〜七五五年；七五六年）。在其統治後期，丕平已成爲意大利的仲裁者❺。

有人認爲，丕平三世當了十七年國王僅是爲其繼承人查理曼鋪路，然而事實並非如此。丕平的成就很重要，因爲這些成就說明了歐洲的北進和拉丁教會在文化方面的重要性。

查理曼

七六八年丕平死後，法蘭克王國再度分裂。幼子卡羅曼分得法國南部和中部（包括阿奎丹東部）、亞爾薩斯和環繞奧爾良地區、巴黎和理姆斯。長子查理獲得剩下的其他土地，從阿奎丹的大西洋岸到杜林吉亞。但是卡羅曼於七七一年去世，王國再獲統一。

查理曼的一生和政績，比丕平更應屬於歐洲史而非法國史。直到七九〇年代，他依然馬不停蹄到各處奔走，春末夏初大部分時間都在打仗，秋冬季則住在萊因地區或巴黎東北角的亞爾丁（Les Ardennes）的某一行宮中。其中一次行動是七七八年他到羅亞爾河以南，並遠征西班牙，那知卻在庇里牛斯山的隆舍我（Roncevaux）遭到慘敗。《羅蘭之歌》（*La Chanson de Roland*）即爲歌頌其姪兒羅蘭在此役壯烈犧牲的英雄事蹟❻。

---

❹　亦即以後的查理一世，又稱查理曼。

❺　G. Fournier, *L'Occident, Fin du Ve-fin du IXe siècle*, (Paris: Armand Colin, 1970), p. 173.

❻　有關此役的法蘭克官方記載，請參閱 Ch.-M. de la Roncière, R. Delort &

查理曼南征北討，建立一個龐大帝國。八○○年，當教宗李奧三世
（Leo III）因遭受羅馬居民攻擊，而向查理曼求助之時，他經過在法蘭
克王國北部教會裏的多次磋商和祈禱之後，走訪羅馬。那年的聖誕節，
查理曼在聖彼得大教堂被教宗加冕爲皇帝❼。

帝國的分裂

查理曼於八一四年去世後，整個帝國給了他唯一僅存的兒子路易一
世（Louis I，或稱 Louis le pieux）。在查理曼去世前一年，路易已加
冕爲帝。起初，他的表現均不愧是查理曼的繼承人。後來由於他本性過
於敏感，以及無能應付反對的壓力，造成帝國的危機重重。他在八一七
年公布的法令中，明示其長子洛泰爾（Lothair）將繼承整個帝國，其他
兒子只能擔任附屬國國王。

路易一世的第一任妻子所生的三個兒子——洛泰爾、阿奎丹的丕平
和日耳曼路易（Louis, le germanigne），在其生前即一再聯合反對他。
他的第二任妻子生下禿頭查理（Charles le Chauve），帝國領土之爭，
更形複雜。

八三八年，阿奎丹的丕平死後，路易一世將土地重新分配。日耳曼
路易分到日耳曼地區，稱東法蘭克王國(約等於今日的德國)，禿頭查理
分到阿奎丹、布艮第以西的法蘭西亞（Francia）。

八四○年路易一世逝世後,洛泰爾繼承帝位,立刻宣布擁有全帝國土
地的主權。爲爭奪土地,三位皇子的軍隊,不停地互相攻伐將近兩年。有
相當數目的伯爵死於沙場上，尤其是八四一年的豐得努瓦(Fontenoy)

M. Rouche, *L'Europe au Moyen Age t. 1, 395-888*, (Paris: A. Colin,
1969), pp. 156-162.

❼ 加冕之詳情，請參閱 Robert Folz, *Le Couronnement impérial de Char-
lemagne*, (Paris: Gallimard, 1964), pp. 157-177.

一役死傷最爲慘重。另外，今日法國北部部分地區也同樣遭到浩劫。倖存的貴族們，對他們所效命的君主，以及未來的前景沒有信心，他們只要尋求一個不以軍事勝利爲基礎的措施。長久的談判，終於促使各方面接受八四三年在凡爾登（Verdun）所簽訂和約。土地的劃分遂告確定。

查理所分到的西法蘭克王國，比他在八三九年時被賜予的土地還小，因爲洛泰爾皇帝必須在北海和阿爾卑斯山之間建立一個「中間王國」。

西法蘭克王國爲今日法國的前身。八三五～八六五年間，此一王國經常受到北蠻之攻擊。八四五年以後，查理儘管時常被迫以金錢賄賂侵略者，但仍能保護軍事據點的安全。八五八～八六六年間，負責防守塞納河下游地區的「勇敢者」羅勃（Robert），爲貴族中少數能抵禦敵人入侵者之一，他同時也奠定日後「卡貝王朝」（Les Capétiens）之基業。

查理於八七五年由教宗加冕爲帝，就當代人而言，這表示他暫時成爲有權力的國君。此一舉動在西法蘭克王國並未受到歡迎。在查理死於八七七年遠征意大利之前，他的貴族們不斷要求他做一些讓步。帝位平靜地轉移給其子路易二世（Louis II, 877-879），但是路易在加冕典禮上強調，他的帝位是得自權臣的允諾。

在路易二世死後將近三年中，王國最後一次分裂爲二：由路易三世（Louis III）和卡羅曼統治。無論是八八二～八八四年單獨統治法蘭克的卡羅曼，或者是八八五年得到不少貴族忠心的東法蘭克統治者查理三世（Charles III），兩人皆無法改變分裂的局面，也無力消除北蠻不斷的威脅。八八八年二月，西法蘭克王國的王冠獻給歐多伯爵（Comte Odo，亦稱 Eudes）。他是「勇敢者」羅勃之子。

新國王擁有其祖先遺留下來的光榮、土地和權力，加上自己的土地和附庸。然而，他卻遭到理姆斯總主教富爾克（Fulk）的強烈反對。富爾克於八九三年爲路易二世僅存的兒子查理三世（Charles III）加冕。查理三世的孫子路易五世於九八七年駕崩，卡洛林王朝宣告壽終正寢。

第二節　政治

矮子丕平和兒子查理曼的努力，使西歐呈現新面貌。七六八年，當丕平去世時，依照其旨意和法蘭克的舊習俗，王國由查理曼和卡羅曼兩兄弟平分。三年後（七七一年）卡羅曼之死，使查理曼成爲北起威悉河（Le Weser）河口，南至庇里牛斯山脈，東起多瑙河，西至不列塔尼之廣大領域的唯一主人。

查理曼將統治此一地區達四十餘年，並完成鐵槌查理和丕平未竟之業。這成就顯示出其政治方面的特殊天才，並使四七六年就已消失的西方羅馬帝國的觀念復活。

丕平和查理曼的行政改革，皆爲重振國王的權威。雖然當時王權的莊嚴性無容置疑，但卻不被尊重。卡洛林王朝的前兩位君王所採取的主要措施有三：

(1)重新掌握對治理「城」的伯爵本人之控制權；

(2)恢復如鑄幣等皇家權利；

(3)中央權力的組織化和正常化。

伯爵制度的演進

在梅洛芬王朝時，伯爵可說是一方之霸主，從未遭巡視，亦未被控制。對其殘暴唯一的抵制，爲當地居民在主教的支持下，向國王提出控訴。這些皇家行政幹部，受宮相之保護。丕平和查理曼，因欲建立一個強而穩定的政府，故其改革的第一步，就是取得對伯爵的控制權。

在梅洛芬王朝時期，伯爵的出身不同，其中有法蘭克人、高盧人、羅馬人、貴族、自由人和獲得自由的奴隸；但是卡洛林的前幾位君王，卻只從法蘭克的貴族中選出伯爵。爲打破阿奎丹的獨立，丕平將這個地

區的伯爵，皆換上法蘭克的貴族。他們被當地人民視爲陌生人。丕平和查理曼不准這項職務流爲世襲，但其後裔卻又恢復丕平以前之習慣。

　　直到第九世紀中葉，伯爵在各方面，永遠代表國王，並擁有國王的一切權力。伯爵的職位，被認爲是王權的代表，因此享有自由人的三倍補償金之權利。他只附屬於國王，其轄區的居民對他毫無控制力。他擁有行政、司法、財稅和軍事等權力。在第八世紀末，查理曼在司法方面進行一些重要改革：在每一伯爵轄區，設立一個雙重的司法系統，那就是在伯爵法庭之外，另設立副官法庭（tribunal des centenarii）。

　　伯爵法庭重新改組：當伯爵採取職權內之控訴時，由伯爵獨自審判。當他要瞭解引起訴訟的控訴之時，身側就有許多陪審員協助。這些陪審員首先從鄉紳中選出，隨之由七位職業法官（scabini）取代。

　　在財稅方面，伯爵負責收集罰金解送國庫；他同時也徵收各種稅，如關稅、市場稅和其他過路稅等，這是僅存的幾種解送國王的稅。土地稅在梅洛芬王朝末期的混亂狀態中已消失了。

　　伯爵此時還負責徵集皇家軍隊所需之兵員，以保衛國家和其轄地。

　　就如同中古時期中期以前的所有行政官員一般，伯爵並無固定薪水。其收入的來源有下列幾種：

　　⑴所徵收罰金總數的三分之一；

　　⑵轄區地產的收益；

　　⑶國王所賜之土地或修院之收益。❽

　　伯爵因此成爲一位位尊祿厚的人物。

　　伯爵無法獨自處理如此廣泛而繁雜的職務，因此身側有下列助手：

　　⑴代表兼執行員（missus comitis）；

　　⑵副官（vicarii），伯爵任命而由人民同意；

---

❽　Jacques Bousard, op. cit., pp. 26-29.

⑶子爵（vicomte），可以代表的身分，執行伯爵的一切權力。

在查理曼統治時期，整個帝國大約有二百三十個伯爵轄區。

總而言之，這是一個替政府服務，但並不完善的工具。卡洛林國王因此面臨左右爲難的窘境：如爲適應地方需要而在當地貴族選出伯爵，則易形成地方派系和尾大不掉之勢；如使伯爵完全脫離地方色彩而受中央控制，則又易使之與當地居民陌生，甚至受當地居民仇視。

公爵和侯爵

王國的邊境地區，因軍事需要而以軍人出身的公爵或侯爵治理。公爵在羅馬帝國時期是一個大邊境地區的長官；在梅洛芬時期，則變成純粹軍事領袖。在第七世紀和卡洛林王朝時，公爵則與伯爵有同樣職權，只是公爵的轄區較廣，是國王爲對付侵略或反叛的需要，而暫時集合幾個「城」而成的。

有時，公爵是某個特殊民族的王子，如在巴伐利亞（Bavière）、杜林吉亞和阿拉曼。他們是國王的大臣之一，在自己的民族中行使皇家職權。他們與國王或皇帝之關係，只基於一種很不明確的契約。查理曼在其統治前半期，征服這些公爵，並合併其轄地，然後設法使其民族特性消失。

在侯爵統治的邊區，國王較能行使其權力。這些通常是晚近所征服的地區，有移民和基督教傳教士的活動。邊區的長官是伯爵出身，且必須是位優秀戰士，其權力也較伯爵大。在查理曼統治時期，設有侯爵的邊界有西班牙、不列塔尼、巴伐利亞❾、潘諾尼亞（Pannonie）❿、佛里烏（Frioul）⓫、史瓦比亞（Souabes）⓬等地。

---

❾　在今日德國南部，首府爲慕尼黑。
❿　在今日匈牙利東部。
⓫　在今日意大利和南斯拉夫交界。

巡按使

巡按使（Missi dominici）是中央派出代表國王，監督伯爵的官員。這種制度在查理曼以前就已存在，當時稱爲特使（Missi discurrentes）是宮相的屬員和特別代表。他們使主人的權威遍及各地。他們的地位高，權力大，活動區域並無特別限制，但任務卻有所規定和限制。王國居民逐漸習於借助他們，以獲得權利的維持，並且透過他們將意見傳達到中央。

自統治初期開始，查理曼就調整這種制度：巡按使從此變成政府的一個正常機構，直接與王權發生關係。當伯爵或主教的行政職務交給當地貴族成員時，巡按使的角色就特別重要，因爲在這些地方官員面前，他們是國王權力的正式代表。他們使中央權力優於地方權力的觀念，更爲發達。

與「特使」相反，巡按使的職權相當廣泛，他們負責糾正所有的不法和濫權。七七九年，在赫斯塔（Herstal）敕令中，首次提及巡按使。八○二年以後❸，此項職務有了新的轉變，某些特別的巡按使從此也有同樣的功能，但是期間和權力都有限制。

巡按使的任命也有改變：在第八世紀末，巡按使通常是從國王的直屬附庸（vassi dominici）如主教、修院院長和伯爵中遴選。自八○二年以後，查理曼或許已感覺到，在他和地方權力之間，須要有個媒介階級。因此，在帝國的階級制度又增加一個階級。巡按使從此不只監督著伯爵，同時也監督世俗和教會的最高級官員。此一制度本身之缺點，使之在兩、三代之後，走向窮途末路，其缺點有三：

---

❷　在今日德國西南部。

❸　請參考 Capitulaire général des "missi dominici," Gérard Walter, *VIIIe siècle les hommes Charlemagne*, (Paris: Albin, 1967)，pp. 328-343.

⑴負有此項使命的人員，其本身早已有相當繁重的職務；

⑵視察的次數增多；

⑶在卡洛林王朝末期的幾個昏庸統治者，所派遣的視察人員在巡查地區已負有任務，因此變成同一地區的行政和視察工作，同屬一人。此種混合，有助該地區實際上的獨立和形成封建社會的上層階級。

在查理曼時代，這些缺點皆能小心避免，因此巡按使制度能充分發揮其功能，使中央權力逐漸集中⓮。

皇家權利

卡洛林王朝國王的主要收入來自其廣大地產。這些地產一部分是歷代祖先留下的，另一部分是從梅洛芬國王那裏沒收來的。除了皇家地產外，稅是所有國家的主要收入來源。羅馬人曾廣泛地徵收地產和人頭等直接稅。

梅洛芬國王都不瞭解這種制度，而將稅收的原則和習俗所認可的剝削，混爲一談。最後在第七世紀的混亂時期，直接稅已不存在。

卡洛林國王不可能使之恢復。此外，他們對羅馬習俗的無知和他們日耳曼的王權觀念，使他們也不想恢復直接稅。因此，丕平和查理曼僅重新掌握住那兩種大家公認的收入來源：間接稅和鑄幣權利稅。

針對貨物的關稅和過路稅的徵收，相當受重視。此外，每年參加大會的自由人，都會帶給國王一份貢禮，這原是自發的，後來卻變成強迫性的習俗。

由於梅洛芬國王的漠不關心和王權的低落，使得鑄幣權完全脫離國王的掌握。錢幣的成色和重量，因各鑄幣廠而異。錢幣中貴重金屬的比例相當離譜，以致於黃金不再是貨幣的本位。貨幣制度之混亂已達極點。

⓮　Robert Folz, op. cit., p. 63.

在市場上，一般人都對法蘭克的貨幣毫無信心，而以拜占庭那十分穩定的貨幣，做爲交易的媒介，或者將錢幣熔化取出貴重金屬。卡洛林國王所採取的改革措施爲健全貨幣和實施銀本位制⑮，但未完全放棄金本位制。貨幣的重量和成分都經過檢驗和保證，並確定銀幣與金幣之比值。

丕平開始要求在錢幣上重新鑄上國王姓名，因此公家保證錢幣價值的觀念又恢復。隨之，他從事錢幣重量和成色的統一工作。他及兒子查理曼發行銀幣，並使之逐漸普及全高盧。這些改革都是有系統和具權威性，以一連串敕令促成的。

七五五年以前，丕平就已確定銅幣（sou）與銀幣（livre）之比值⑯，並將鑄幣者的利潤限制在五分之一以下。後來又發行一種新的銀幣，其重量逐漸增加。這種錢幣爲媒介的交易，甚至在法蘭克王國境外，亦可行。此後，金與銀的相對比值得到保證。這種健全的貨幣存在了一個世紀之久，但在某些地區如巴伐利亞，仍應用老式的稱金量銀。另一方面，金幣在帝國境內並未消失；在意大利仍維持相當長的時間。

丕平、查理曼和其繼承者對幣制改革的成功，使之成爲一個相當不錯的收入來源。

查理曼時代，司法是以國王之名行使的。長久以來，一般人都認爲國王是司法的泉源。人民參與司法審判的古老日耳曼傳統的存在，使國王或其代表之側，多一個顧問團協助其審判。在卡洛林王朝時代，司法組織只包括國王法庭和伯爵法庭。伯爵法庭最初在露天廣場舉行，八〇九年以後方在有遮蔽的地方舉行。查理曼時代司法方面重要演進，就是將違法事件分類，這是受羅馬法的影響而區分爲刑事案件和民事案件。然而，司法程序仍受各民族法律和古老日耳曼習俗之支配。這種司法組

---

⑮　G. Fournier, op. cit., p. 229.

⑯　20 sou = 1 livre.

織是王權的代表。

中央政府

中央政府是由君王與其朝廷成員的親密助手組成。朝廷包括所有幫助君王治理其王國的重要人物，以及那些逐漸演變成爲早期行政部門的機構。這些人物中最出色的是宮伯（comte de palais）。宮伯一職在梅洛芬王朝時已存在，只不過在聲勢日漸強大的宮相之側，顯得黯然失色。

改朝換代和宮相的消失，使宮伯變成朝廷之首要人物。宮伯的職務有二：提出控訴和國王不在時代爲主持國王法庭。在查理曼時代，他擁有一個整理判決案件的辦公室。後來，宮伯經常代替國王主持法庭，除了特別重要人物留給國王處理外，其餘的案件皆歸宮伯審判。因此，在國王法庭之外，又出現了永久性的宮伯法庭。宮伯變成處理世俗事務最主要的官員。

精神事務則歸皇家教堂負責。這是梅洛芬機構的延續，但查理曼卻略加變更。起初，皇家教堂保存聖馬丁的外衣（cappa capella），這是保護法蘭克王國的聖徒遺物。國王精神需求之服務，則由一位教士負責。梅洛芬王朝的宮相，以及隨後的卡洛林王朝，一直持有此一聖徒遺物。

在查理曼時期，此一負責國王精神需求之服務的單位變成有組織的機構，其主管由貴族階級的高級教士中選出❶，使之成爲王國中首要教會人士。他成爲有關精神方面最重要的顧問，主教任命的實際負責人，以及法蘭克教會的指導者。同時，他又是隸屬於王室教堂和組成王室文書處的教士之長官。

王室文書處不再像以往那樣，負責國王法庭判決書的發送，但是國王的法案，如恩賜或立法，還是由他們擬稿。掌璽大臣（Chancelier）

---

❶　例如在丕平和查理曼時，Fulrad 是國王的近親。

指揮書記和秘書，保管玉璽和皇家檔案。

除了上述職位外，內務處（Office de la Chambre）負責財務管理，其長官——內務大臣（Chambrier）將國王的收入集中在一起。他管理國王的私人財庫，這在當時，如同整個中世紀，與國庫並無多大差別。

宮廷的高級官員中，尚有一些人掌管國王的馬匹、飲食和圖書館等事宜。

上述各種職位，原則上很特殊，但是被選掌管各職位的並非他們有某種特殊才能，而是因為他們是君王的密友。他們可以擔任性質差別甚大的各種職務。例如一位宮伯，雖原任司法職務，但也可能被任命為大使或軍隊統領。他們皆為顯宦。因為權力仍是世襲的，國王因這些人在忠誠、精力和判斷方面有特殊優點而加以利用。在一個具有知識而又能幹的人還相當少的世界裏，一般人對於個人價值的信任比技術訓練超出甚多。

國王會議（Conseil du roi）成員的延聘，也是基於同樣精神。在中古時期，每個人都要接受建議才做出判斷和決定。為治理國家，國王需要其侍從的意見。他跟一小撮知情的人討論政治問題。這顧問的角色，並非交給負有特定任務的人，而是給那些國王針對某些事情可隨時請教的人，例如其友人、家人，或是臨時在宮廷的侍從。

此外，尚有一個貴族會議（Conseil des grands），每年春季召開會議，聽取他們的意見，並對他們下達命令。出席的貴族，分成兩個小型會議：其一由世俗貴族組成；另一由主教和修院院長等教會顯要組成。兩個會議分開討論，與國王保持聯繫，擬定所欲採取的政治措施和所將頒布的法律條文。後者將在全體會議通過和確認。

這些行政和政治機構的存在，顯示出國家觀念即將產生，並將取代日耳曼人及後來的梅洛芬時期的人，所熟知的祖產式的政府。此外，自

七五一～七五四年事件⑱以後，君主政體本身也深深發生變化。一種眞正的君主政體理論，即將出現。

七五一年，丕平利用梅洛芬王朝的衰微，在司瓦桑大公會議中自立爲王，並由聖龐尼法斯和在場主教加冕。七五四年七月二十八日敎宗史蒂芬二世又重複這皇家的祝福。依據日耳曼的舊觀念，王國只能隸屬於由貴族選出的一位皇室成員，此外再無其他條件。

然而，在這兩個事件之後，再加上一個宗敎因素，亦即君權神聖和上帝特別授權給國王去統治人民的觀念。丕平及其後裔之權力，因此建立在新的基礎上：選舉不再是貴族的一種自由選擇，而是一種單純服從的契約；敎宗的祝福和繼承給予王國一種神聖至高無上的性質。

查理曼更進一步改變這種權力的性質，對其臣民強調忠誠的個別承諾。八〇〇年以後，他恢復羅馬的威權觀念，亦即皇帝爲公衆福祉而代表全民去執行最高的權力。顯然地，第八世紀的社會，並不太關心司法的理論，但是君王爲確定其權威而採用的方法，在敎士的心目中，已無形中促成一個王國觀念的產生。這個王國由不同，而且似乎互相矛盾的因素組成，然而它卻延續了十個世紀之久。這個王國的產生，爲封建王國的雛型。

七八九年⑲，七九三年和八〇二年⑳連續三次，查理曼強調忠誠誓言的義務性。他要以這種莊嚴性和宗敎性的承諾，使他與其臣民發生聯繫。然而，就是因爲如此而恢復一種新的權力觀念，相互矛盾的觀念。從此時起，權力乃是基於宗敎的命令以及人與人之間的承諾。

奧古斯丁(Augustine)君權神授的理論，及其所產生的影響，即將

---

⑱　亦即丕平篡位和敎宗祝福。

⑲　詳情請參閱"Admonition générale, 23 mars 789," Gérard Walter, op. cit., pp. 29-309.

⑳　See note⑬。

繼續出現。上帝眞正的代表，亦即敎會領袖，將對王國加以審判和控制。查理曼之後，這種理論很快就發生作用：路易一世㉑將被主敎們廢廢立立；禿頭查理在沙旺尼葉 (Savonnières) 大公會議㉒上公開宣稱，他可以國王身分接受主敎們的審判。

查理曼當然不受這些理論的影響，他閱讀聖奧古斯丁的著作，但所有對他的權力有礙的，對他來說似乎無法忍受。很顯然，他尙有一種國家的普通觀念，雖然他認爲王國是上帝交付他的一項任務，但它總是一項祖產。查理曼所取的封號，以及他所頒布的法令，尤其是有關繼承方面的法令顯示出，國王或皇帝爲一國之主，這王國可能是整個法蘭克王國，或其中之一部分。皇帝只是帝國的指導者或統治者；帝國並非一種疆域，而是一種權力和尊嚴。全部基督敎人民，受上帝所託付之人的統治。

查理曼是一位聖經傳統中的敎士兼國王。大衞王 (King David) 爲其楷模。上帝之民（這與帝國二而爲一，因爲帝國中只有基督徒）由他統治，以確保和平和傳播敎義。

第三節　經濟

莊園經濟

在卡洛林時代，財富所擔任的角色相當重要，它可獲得權勢和榮譽。當時，一般人總是認爲高官顯宦之職位，應與在社會上之財富和地位相稱。因此，伯爵、修院院長和主敎，應以外在的榮華富貴來表現其職務

㉑　路易一世亦稱爲虔誠的路易 (Louis le pieux)。

㉒　有關沙旺尼葉大公會議請參閱 Louis Halphen, *Charlemgne et l'empire carolingien*, (Paris: Albin Michel, 1968), p. 321.

之尊嚴性。他們應該擁有權力和財富。此種觀念，使這些職務附帶著一筆為數可觀的捐贈。這些捐贈通常為地產。

雖然當時亦有動產存在，但尚未十分發達。以地產為主的財產，跟莊園經濟的關係極為密切。莊園經濟在羅馬帝國後期已經存在，在整個梅洛芬王朝繼續擴充和發展。卡洛林時期的莊園，透過第九世紀初期的文件，而為後人所知[23]。

莊園的面積相當廣，如里耳地區的阿那普（Annapes）皇家莊園，面積達一千一百公頃；巴黎附近的巴雷索（Palaiseau）是聖日耳曼·德·普雷（St. Germain-des-Prés）的財產，其面積大致相等。許多大莊園的面積，往往達到或超過法國現在鄉鎮的面積，其經營方式，大致類似。

莊園的土地區分為領主保留地和租佃地。前者由領主直接經營；後者由農民經營。耕作面積單位叫「曼斯」（manse），這種租佃地面積依土地的價值和生產力而略有不同，但最初計算時是以足夠保證一個農家的生活為標準。每位家長在取得租佃地之後，必須以勞役、金錢和收穫物，付給領主做為交換。後來為避免佃戶變更所造成的混亂，逐漸將這些勞役、金錢和收穫物的義務，附著於土地。隨之，由於人口的增加，使「曼斯」逐漸被瓜分。在第九世紀初期，已經發現有兩戶或三戶共同經營一個「曼斯」，並共同負擔必要的義務。

不論自由人或農奴，所有生活在莊園的佃戶，都以同樣方式耕種其土地，並且依照所負擔的義務協助保留地的經營、運輸、圍牆的建造和公共設施的保養。他們對於莊園鄰近的草原、沼澤、林地和河流，有使用權。農奴的家庭還須提供領主所需之家僕。這些家僕由領主提供吃和

---

[23]　例如 Le Capitulaire "de villis" (800-813); Inventaire du fisc d'Annapes (près de Lille); Un domaine de l'abbaye de Saint-Germain-des-Prés: la Celle-Yveline. See Ch.-M. de la Roncière, Robert Delort & Michel Rouche, op. cit., pp. 221-235.

住。女僕織布和照顧家禽，男僕具有手工技巧者負責修理農具。

就如同整個中古時期，農業的生產量都很少，然而整個莊園還是足夠維持領主、管理人員和農民的生活。一個共同生活的團體逐漸形成，其向心力由於鄉村教會的存在而加強。領主通常是鄉村教會的創立者和贊助人。

以經濟的觀點來看，莊園所扮演的角色不容忽視。但這是一種傾向於「封閉經濟」的經營方式。自從梅洛芬時代羅馬道路系統被破壞後，交通變成十分困難。對於一位擁有好幾處莊園的富豪，最好的生活方式是帶著通常人數眾多的隨從，輪流在所屬莊園做短暫的居留。法蘭克國王經常如此做，直到十六世紀，其繼承者仍繼續如此做。

然而，每個莊園仍會有一些剩餘的產品，供交易之用。這是卡洛林時期的商業，其活動範圍相當有限。莊園的手工業產品，尤其是布料，只限內部消費，或許還不敷所需。至於農產品的剩餘，可說甚少。要有存糧，相當不容易，因為每個人都趕緊將其收穫物分配給莊園的每個居民。

莊園產品的販賣只是季節性。邁向「封閉經濟」的努力，十分明顯。例如北高盧地區的修士，在最南部地區取得莊園，以生產葡萄酒。所有大領主都尋求自給自足的方式。在此種情況下，為何還有商業的存在？其原因有二：

　⑴修院的莊園眾多，其產品往往過剩，因此必須對外出售；

　⑵在莊園制度下，某些民生必需品如鹽等，無法到處皆有，因此必須向外處購買。❷❹

---

❷❹　Jacques Bousard, op. cit., pp. 61-62.

貿易

在卡洛林王朝初期，市集的數目相當多：十月九日的聖德尼（St. Denis）市集，自第七世紀初期達哥貝一世時就已存在；二月二十四日起連續八天的聖馬提亞（Saint Mathias）市集，於七七五年創立；這些市集常出現一些外國商人，尤其是英國商人。市集販賣酒、蜂蜜等物品。

由於社會的演變使土地都集中在一些大地主手中，因此有人認爲經濟將逐漸趨於封閉，眞正的商業將趨於衰微。然而，事實上卻存有一種與此一演變相反的徵象：那就是市集和市場的建立，以及過路稅的增加。

這些稅本來是屬於國家，但後來卻被領主所篡奪。大地主都盡量設法獲得在其土地上設立市場的權利。這些市場是否只爲屬於同一領主之不同莊園間的交易之用？答案很顯然是否定的，因爲在此一情況下，市場稅和過路稅的徵收將毫無意義。依照查理曼所頒布的提翁維爾（Thionville）敕令㉕，中央政府禁止對無貿易意圖的運送貨物之人課稅。因此，這些市場是爲輸出莊園剩餘農產品和手工業產品，並輸入自己沒生產但爲居民所需的物品。

由此可知，當時的商業仍然存在，而且也有城市的商業生活。

法蘭克王國的貿易，整體說來，毫無疑問是已衰微，尤其是從第九世紀中葉，當基督敎國家內部開始一個無政府狀態和長期戰爭的時期，貿易中心開始由地中海逐漸移至波羅的海。

此時期的對外貿易雖然活躍，但所影響的只是人民中的一小部分。就如同在整個中古時期，廣大農民對這種以奢侈品爲主的商業並不感興趣。國內的小麥和衣服的買賣等，對他們的影響較大。

㉕　Extrait du "Capitulaire de Thionville," see note ㉓, p. 238.

土地和租佃制

土地這種財富也代表權力。地產的社會分配正在演變。在法蘭克世界那種整個地產的羅馬觀念，開始爲租佃制所取代。租佃制原則上是一種可撤回的所有權，但在第九和第十世紀將變成土地所有的正常現象。

祖產，這種有充分所有權和免除所有義務的土地，並非漫無限制。諸子平分財產的習俗，因爲兒子人數眾多，通常使每人分得的財產，一代比一代減少。因此所有貴族階級成員，皆設法增加自己的財產，其途徑有二：與富有的女繼承人結婚，或者獲得君王的恩賜。

「恩賜」代表著所有構成恩寵的租佃，也就是一種給接受者的好處。這種租佃特別有利，因爲它不包括勞力和收穫物的償還，它只付出一點點與讓與物不成比例的租金。此種租金的唯一目的，只是表示這土地不屬於擁有者自己，而是屬於他的領主。

至於讓與的期限，原則上只限於受賜者去世爲止，但事實上，自第九世紀以後，恩賜常保存在同一家庭達兩、三代之久。

教會與修院之財產

修院的讓與經常做爲一種恩賜。修院的建立本爲修士祈禱和工作之場所，後來由於信徒們的贈與，使之很快變成擁有巨額地產的機構。因爲在管理方面比一般世俗領主精明，所以這些財產一般說來皆收益頗多。當這些修院在非基督教或居民甚少的地區設立時，就可擁有面積相當大的未耕地。在經過一番經營，它將成爲肥沃之地。修院的財產相當可觀。楓得內爾（Fontenelle）修院的財產目錄於七八七年由查理曼下令編造。這目錄顯示出，第七世紀末，在一任院長的管理下，該修院就曾收到一千件以上的贈與。在第九世紀初期，聖日耳曼・德・普雷修院的地產，超過三萬六千公頃。

依照十分古老的傳統，這些財產由每個修院院長負責管理，主教雖曾思染指，但總無法成功。某些修院由國王建立，國王爲其實際所有人。國王可將修院像一般土地一樣做爲恩賜，贈與他人。依照查理曼的敕令，這位受賜者被認爲是眞正院長，可隨意在修院居住，管理修院之財產。這些巨額財富是國王酬勞其親信之最好禮物。

世俗的修院院長中，大部分是伯爵，有些是皇帝或國王的親屬。在查理曼之後，修院集團㉖成爲大貴族家庭地產的主力。

第四節　社會結構

貴族

在梅洛芬王朝時期，並無我們所知的眞正貴族，亦即血親貴族。那時的貴族只不過是一種功能性貴族。在這個時期，職位和官銜是不世襲的。布勞區（Marc Bloch）指出，一個統治階級並不一定就形成一個貴族階級。他強調，在西歐，一個眞正貴族很遲才出現，其存在最早在十二世紀初期。無疑地，這是一個過分武斷的意見，因爲自一九三五年以後，有關此一題目的研究繼續在德、法兩國進行，其結果顯示，在第八世紀初期，特別是在奧斯塔西，存在著一些根深蒂固的貴族家庭。這些家庭擁有廣大地產，並世世相襲，同時還代代在朝中居高位。鐵槌查理出身的家庭，就是奧斯塔西的宮相家庭。

自查理曼時代以後，整個帝國的行政人員，大都由法蘭克人組成，同時隸屬於一個貴族階級，而在其執行職務的地區，生根發展。這個階

㉖　如第九世紀中葉 Robert le Fort，擁有在 Tours 的 St. Martin 修院，和在 Angers 的 St. Aubin 修院。

級以聯姻和大量生育，形成十一世紀絕大多數領主家族的基礎。這個貴族大部分來自塞納河和萊因河之間的奧斯塔西，亦即卡洛林王朝的發祥地。

地產──社會勢力的基礎

這些貴族家庭所擁有的巨額財產，包括祖產和修院。修院是給予這些家族中某個成員，並當做家產一般，通常世代相傳。

伯爵和主教構成法蘭克貴族的一部分，而且也從貴族家庭中選出。他們皆爲王國的官員。由於貴族階級所受的教育和階級的意識，因此很容易從其中挑選出伯爵和主教的合適人才。

主教區的財產與修院的財產大致類似。一個在同一席位上出現幾位主教的家族，就有意要將這項職位變成一項祖產。兩代以後，伯爵家庭已在其祖先最初擔任臨時性職位的城市裏根深蒂固。這些家庭，通常不但擁有頭銜和職務，而且也擁有整個主教區。

平民

地產事實上正是唯一眞正財產。它代表著社會勢力和尊嚴。那些無產階級常處於十分低微的地位，在王國中無足輕重。後人對當時城市居民所知甚少㉗，但卻開始瞭解農民階級。這些人生活於世俗和教會領主的莊園裏，其工作使整個王國的人民得以維持生活。

大致說來，農民的人數衆多，生活條件相當悲慘。從司法觀點來看，

㉗　在一九七〇年代，西歐史學家相繼出版一些有關中古時期一般平民，尤其是窮人或無家可歸者之研究成果，如 Robert Delort, *La vie au Moyen Age*, (Lausanne: Edita, 1972); Jean-Louis Goglin, *Les misérables dans l'Occident médiéval*, (Paris: Le Seuil, 1976); Michel Mollat, *Les pauvres au Moyen Age*, (Paris: Hachette, 1978).

農民被區分爲自由人和非自由人兩個截然不同的範疇。

自由農（pagenses）是完全自由的人，他們之中毫無奴隸或半自由人的跡象。他們可成爲地主或佃農。在上述兩種情況下，他們的自由人的地位將受到尊重，同時也須盡自由人的義務，亦即服兵役、盡司法上的義務、對君王表忠誠的誓言。

在自由人之中，某些仍附屬於土地，這就是佃農（colon）。他們隸屬於一位領主，負有軍事義務。

奴隸（servi 或稱 mancipia）爲非自由人。他們雖繼承羅馬奴隸之名，但其生活條件與古代的奴隸迥然不同。的確，一直到第十世紀還存在著眞正的奴隸，但人數已相當稀少。那種將人當做物品看待的古代奴隸觀念，已在多神教時期爲斯多噶派所打破。後來，基督教承認奴隸應擁有與司法上之自由人享有同樣的基本權利。此種精神，使古代奴隸觀念更加蕩然無存。

教會並未要求廢除奴隸制度，只是宣稱奴隸是一個人，主人無權處死他，或虐待他。最重要的是，奴隸所訂的契約，尤其是在婚姻方面，與自由人的契約有同等價值。此外，中古時期上半期的經濟與古代經濟完全不同，旣未具有招募奴隸階級的同樣來源，亦無維持像羅馬時期那一群奴隸的組織。上述兩種原因，一爲道德的，另一爲經濟的，已慢慢改變這個社會階級。

基督教西方世界的奴隸新形式，傾向於農奴制度。在卡洛林帝國，仍存在著由非自由人形成的家僕，但大部分的非自由人，都全家生活於主人讓給他們的土地上，然後再替主人工作，以爲交換。

自從查理曼統治時期開始，社會制度呈現兩種現象：其一爲，是土地而非人，負有服勞役的義務，土地的承租關係代替司法條件；另一爲，個人的附屬關係與土地的承租，比司法條件重要。

由於上述兩種觀念所形成的社會制度，除了透過與他們有附屬關係

的人，國王對於自由人毫無控制力。在君王和臣民之間已形成一連串媒介階級。在第九世紀末，這個社會階級化將逐漸完善。此時，國王將變成最高領主，而與他有直接關係的臣屬，人數十分有限。

在整個卡洛林王朝時期，這個新的社會結構逐漸形成。社會階級自上往下，皆以聯姻、家族和土地財產的累積而形成一個個集團。

第五節　宗教與文化

主教

教會是卡洛林社會的基本要素之一，教士是當時唯一受過教育的人。他們之中產生許多決定政治和文化演進的思想家，以及協助國王處理政務的最佳助手。在法蘭克王國，主教是兼有宗教和行政職務的官方人士。查理曼對於帝國的教會組織相當注意。雖然他是十分虔誠，而且也想以一個基督教國王的身分去治國，但是在他整個統治時期，卻將教會置於其保護之下。他的繼承者因無此魄力而使教會權力日增，最後甚至凌駕國王之上。

鐵槌查理對主教的任命，毫無章法[28]。至此地步，改革勢在必行。聖龐尼法斯首先發起的改革，由矮子丕平兄弟和查理曼使之實現。這些努力，在二十幾年期間使卡洛林帝國的教會組織階級化和更爲強大。

丕平兄弟在省城設總主教。查理曼繼續其父之業，然而其目的，非但要使教會組織成爲帝國宗教生活中心，而且是政府的一個機構。他不區分世俗權力和宗教權力；對他來說，法蘭克王國與基督教世界完全一

---

[28] 例如他讓里昂和維也納的主教職位懸缺好幾年，卻又讓其姪兒 Hugues 身兼巴黎、盧昂和 Bayeux 三個主教職位。

致；他身兼政治和宗教領袖。教會自然變成世俗事務與精神事務混在一起的代理人。

教會組織階級化，使國王易於控制全國的主教。透過這些主教，他對整個教會有絕對的控制力。對其省區之主教具有威權的總主教，須對皇帝負責，甚至在必要時，也須受巡按使之控制。此外，主教由他任命，任何選舉非得到他的同意，不得舉辦。這與教會法相違背，但行之已久的習慣，在當時任何人都不會覺得驚奇。

主教這種身兼宗教與民政官員的角色，是查理曼時期帝國行政的基本齒輪，同時也是社會上重要且必須的人物。因此，他們很少有時間從事對民眾的傳教工作。教會所有精神方面的活動，皆交給傳教士。

修院

修院是一種在整個中古時期，曾產生深遠影響的社會現象。在查理曼時期的所有特徵，一直保存了數個世紀之久。

查理曼時代產生的此種擴展，在精神、社會、經濟、藝術和文學等方面，有很重要的影響。第七世紀末，本篤會在高盧的發展速度，遠超過最早傳入的哥隆班修會。在第八世紀末，修院開始注重在院址地區的傳教活動，鄉村地區禮拜式的擴展，禮拜儀式的更新、研究和手工。

查理曼對於修院提出許多改革要求：每個修院的修士，應有明確的生活規範，最好採用聖本篤院規；強調誓言的遵守；反對修士四處流浪，以免引起混亂；確定修院與主教之關係；禁止修士從事商業活動和請求世俗審判；訂立修院內部組織章程。

在查理曼的努力之下，各處的院規漸趨一致，聖本篤院規亦因而漸居優勢。雖然盡全力在整個帝國精神方面的改革，查理曼本人仍然受當時習俗的影響，認為修院是知識文化中心和農業經營中心。他的精神方面的改革，就受阻於此種修院俗務。

　　當時，常有一位院長掌管數個修院，如阿爾昆（Alcuin）至少擁有六個修院。在這種情形下，院長常無法親自管理，尤其院長還須時時爲皇帝服務。此外，就如同他的祖先和繼承人，他時常任命俗人擔任修院院長。在他發給修院的指示中，可發現他將修士當做傳敎士使用。查理曼派遣他們到佛里西亞、薩克森（Saxe）和斯拉夫國家，進行傳敎工作。某些大修院負責在新征服地區或基督敎不盛行的地區，傳播基督敎。

　　由於這次改革使聖本篤院規居首要地位，並成爲西方唯一的修院院規：在八一一年查理曼曾在一次大公會議中建議是否要禁止其他院規。他說：「這種院規似乎是最好的。」這個建議不久就告實現。

　　查理曼對於我們來講，好像是一位過渡時期的組織者和先驅者。在路易一世統治時期，由於聖本篤‧達尼安（St. Benoît d'Aniane）㉙的努力，而使修院之改革終於大功告成。路易一世在敎士和修士圈，接受細心的敎育。當他還是阿奎丹王之時，在法國南部認識聖本篤‧達尼安。聖本篤‧達尼安對路易一世影響很大。他是國王的重要宗敎事務顧問，並協助國王在阿奎丹的修院推廣聖本篤院規。

　　登上皇帝寶座後，路易一世就交給他改革全帝國修院生活的使命。聖本篤‧達尼安想到處更新修院制度，嚴格執行聖本篤院規，並使此一院規朝向完美共同生活的追求以及透過祈禱和沈思而與上帝同在的生活。它取代聖哥隆班和英國聖本篤派的傳敎使命的理想，同時也取代在第八世紀使修院成爲文化中心的理想。

　　八一六或八一七年開始從事改革，但至八二一年聖本篤‧達尼安去世時，離完成尚有一段遙遠的距離。然而，方針已定，修士從此變成專

㉙　聖本篤‧達尼安原名爲 Witiza，出身西哥德貴族家庭。當他要放棄世俗世界從事修院生活之時，因爲對聖本篤派的創始人十分尊敬而改名爲 St. Benoît。由於傾慕基督敎之完美，他對當時修院的沒落頗覺驚奇。因此在他所繼承的祖產──Aniane 修院，嚴格地恢復聖本篤院規。

事祭祀儀式，而非佈道或傳教。同時，這種改革並非只侷限於修院生活，而是遍及所有教士。

卡洛林的文藝復興

第八世紀末和第九世紀，各種文化皆有驚人的發展，一般人稱之爲卡洛林的文藝復興。

第七世紀後半期，文化仍然十分衰微。第八世紀前半期，鐵槌查理所發動的南征北討，更使文化和教育中心被摧毀殆盡，無知變成普遍化。在梅洛芬時期，世俗貴族還懂得寫，但到了第八世紀，他們之中能親自簽名的，已是十分稀罕，只剩下某些教士還能夠寫。文化的衰微，引起思想的頹廢。

此次文化的再興，首應歸功於查理曼有計劃的指導[30]。他以立法、以在宮廷中養士、同時以親自督導學術研究等方式，來振興文化。這次文藝復興是持續的，漸進的。

在他統治初期，文化可以說只是修院的專利品。後來，由於立法的結果，其他的文化中心陸續開放，皇宮、大教堂和鄉村教堂鄰近，也有學校出現。

學校教育的課程內容分邏輯學和物理學兩大部門。邏輯學包括文法、修辭和辯論；物理學包括算術、幾何、音樂和天文學。這兩大部門的課程，成爲中古時期學術研究的基礎。對於阿爾昆，這些是智慧的七大支柱。

在皇宮中有幾位來自他處的學者，他們對這次的文藝復興貢獻甚大。比薩的彼得（Pierre de Pise）是位意大利的文法學家和詩人，他的教育

---

[30] Rosamond Mckitterich, *The Frankish Kingdoms under the Carolingians, 751-987*, (London & New York: Longman, 1983), p. 145.

可說是此時期拉丁文學研究的起點。副祭的保羅 (Paul Diacre) 是倫巴人的後裔，在法蘭克宮廷居留的四年期間，留下大批作品，如有關文法的論著、詩、羅馬史、倫巴人史、麥次主教史、聖格列格里(St. Grégoire le Grand)、聖本篤院規之評論等。阿爾昆，這位第八世紀末期最偉大的學者之一，曾修訂許多有關宗教方面的書籍。

至於建築方面，卡洛林時代可說是羅馬建築和原始中古建築的過渡時期，這是石塊技術和木材技術的混合。

卡洛林時期的文藝復興，不僅是人類史上十分光輝的一刻，而且是無窮盡演變的起點。

第四章 卡貝王朝

九八七年，于格·卡貝（Hugues Capet, 987-996）被貴族推選爲法國國王，建立了卡貝王朝（La dynastie capétienne）。一三二八年查理四世（Charles IV, 1322-1328）去世，卡貝家族直系後繼無人，卡貝王朝遂告結束。在卡貝王朝諸王統治的三個多世紀期間，法國在政治、經濟、社會、宗教和文化等方面，皆有莫大的變化。

第一節 王朝的興衰

卡貝王朝的始創

被選爲王的卡貝，對於那些擁有更重要領地的貴族，只有少許的權威。他的權力只及於自己的領地。爲保全其新榮銜，卡貝接受教會祝福和加冕禮。爲了確保王冠繼續在其家族手中，他提早爲其子羅勃二世（Robert the pieux, 996-1031）加冕，並與他共治。羅勃後來又將王位傳給其子亨利一世（Henri I, 1031-1060）。父死子繼的王位世襲制於焉形成。

卡貝王朝始創之時，法王名義上是王國的最高領主，但卻無實權。

事實上，在其諾曼第附庸❶之前，法王當時只不過是個微不足道的人物。法王的物質力量薄弱，其權威幾乎等於零，因爲其主要收入來源的領地與某些附庸的領地比較，顯得相當渺小。他的領地只是北至桑利斯(Senlis)和康匹彥(Compiègne)，南達奧爾良，而其間還有一些村莊並非其轄區。

卡貝王室甚至還無法完全控制其領地。于格・羅勃二世、亨利一世，或腓力一世 (Philippe I, 1060-1108)，皆不夠強大，因而無法對付其小附庸，更談不上對抗鄰近的伯爵和公爵❷。

然而，他們也有某些有利的條件：知道確保王位的繼承；爲法國唯一接受教會敷聖油者。加冕禮給予他們一種比其附庸更高的威望，而教士階級對他們的忠誠，甚至超越其領地界限。

亨利一世在執政初年，發現自己處於嚴重的困境之中。靠著他的勇敢渡過難關及其後之危機。事實上，諸侯發動的反國王之戰，始終無法被一般人認同。亨利的敵人也無法維持長久的團結。

亨利死後，其子腓力一世尙未成年。到一○六七年，國王受到法蘭德斯（Flandre）的鮑德溫一世（Baldwin I）之有力協助，並得到主教與巴黎盆地及鄰近地區世家大族的支持。腓力制定針對這地區強大諸侯

---

❶ 在十世紀初，卡洛林王朝的國王 Charles le Simple 爲結束斯堪地那維亞人的侵襲，割讓塞納河下游的土地給一位諾曼首領 Rollen。斯堪地那維亞人(亦稱諾曼人或北蠻)就在此定居。這是諾曼第（Normandy）一詞之由來。諾曼人很快就採用的封建組織，不但非常有系統的根植於此地，並且發揮其最高度的軍事效能。此外，諾曼人很容易吸收十世紀西歐的文化和當時盛行的行政技術。其軍事和行政價值，使這個小諾曼第變成歐洲一等政治勢力。諾曼第公爵雖爲法之附庸，但其實力則遠超過之。在丹麥人曾有過失敗經驗的英格蘭，他卻具備成功的條件，並成爲英格蘭強而有力的統治者。

❷ 一般人總是強調卡貝王朝的前四位國王相當軟弱，而君王權威在他們手中，顯得江河日下。請參閱 Georges Duby, "Les féodaux, 980-1075,"from Georges Duby, *Histoire de la France t. 1*, p. 258.

一個堅定而謹愼的政策，並減少對外的冒險行動，因而爲王權的迅速擴張和影響力奠定穩固的基礎。

卡貝君主政體的進展

有胖路易（Louis le Gros）之稱的路易六世（Louis VI, 1108-1137）深知要讓大附庸聽話，首先要整頓自己的領地。儘管其肥胖症日益嚴重，他還是在其統治時期，花費大部分時間，打擊阻礙領地內部流通的強盜領主。在主教的協助下，國王在波旁內（Bourbonnais）、歐維那和法蘭德斯等地，試圖安插一位他屬意的伯爵。他的毫不懈怠的努力，使他贏得很高的威望。

一一二四年，神聖羅馬帝國皇帝亨利五世（Henry V）設法入侵法國。法國貴族群集在國王周圍，皇帝只好知難而退。

一一三七年，路易六世去世，王位傳給其子路易七世（Louis VII, 1137-1180）。路易七世在其父生前，安排聘娶阿奎丹公國的女繼承人阿利葉諾（Aliénor）爲妻。王室的領地因此擴展至庇里牛斯山，卡貝王室的勢力似乎不斷在增長。可惜，這段婚姻並未維持下去。阿利葉諾將其領地帶給英王亨利二世（Henry II）。

路易七世不如其父之活躍。他遇到的對手英王亨利二世，相當難纏。然而，他至少還懂得讓卡貝王室繼續獲得人民之擁戴，尤其是利用協助農民擺脫農奴制度，以及協助城市資產階級得到各種權益。

腓力二世和聖路易的文治武功

路易七世之子腓力二世（Philippe Auguste, 1180-1223）在位時，領土的擴展超過巴黎盆地範圍。腓力是法國利用與英國國王鬥爭以奪回英王在法國屬地的過程中最具關鍵性的法王。英王約翰（John, 1199-1216）娶了安古蘭（Angoulême）的伊莎貝拉（Isabelle）給他帶來機

會，因爲伊莎貝拉已先許給約翰王的法國附庸。腓力既是這兩個男子的宗主，他立即譴責約翰，並根據封建法沒收約翰在法國的全部土地。到了一二〇四年，腓力已征服諾曼第及安茹 (Anjou)，而英王在法國的土地只剩下阿奎丹❸。

一二一四年是腓力二世最偉大的軍事勝利年。他敉平一場對卡貝王朝構成威脅的外敵之入侵。英王約翰聯合皇帝鄂圖四世 (Otto IV) 大舉進攻法國，由南北兩面夾擊。七月，鄂圖及其大軍在法國北方的布汶 (Bouvines) 與兵力單薄的法軍交戰，結果法軍獲勝，而約翰欲收復失地的希望完全破滅。此一軍事勝利，使法國人民產生統一與忠君的意識，也使法國在往後數十年免受英國和日耳曼的威脅。

腓力之子路易八世 (Louis VIII, 1223-1226) 在位時，法國領土亦略有擴張。他先後爲王室收復歐維那、波亞都和隆多克。

路易九世 (Louis IX, 1226-1270) 又稱聖路易。他與其祖父腓力二世形成強烈對比。腓力二世是位傑出政治人物，在外交上不能成功的，他便以武力取得。路易九世所關心的是道德和拯救靈魂的問題，將全部精力投入宗教關懷。

自腓力二世開始，王國的行政已有很大進步。聖路易表現出同樣的穩健、同樣的謹慎，以及同樣的剛強。

在法國首都巴黎，國王聽「朝廷」(Cour)之建議：昔日之朝廷 (Curia Regis) 聚集附庸，以向封建主提供建議，現已改變其特性。「朝廷」經常包括某些榮譽職，例如掌璽大臣，保持其皇家秘書長之角色；校尉(或稱陸軍統領)變成軍隊指揮官。

然而，由國王任命的顧問經常取代附庸。「朝廷」區分爲幾個專門化

---

❸ Guy Devailly, *L'Occident du Xe siècle au milieu du XIIIe siècle* (Paris: Armand, 1970), pp. 261-262.

的部門: 某些負責司法事務的, 在十四世紀初, 將組成「巴黎大理院」
(Parlement de Paris); 其他處理財政事務的, 將組成審計院(Cham-
bre des Comptes); 最後剩下那些特別負責政治事務的, 組成「國王會
議」。

國王透過其代理人, 出現在自己的領地。這些代理人在法國北部稱
「白依」(bailli), 在南部稱「謝內夏」(sénéchal)。他們逐漸取代以前
的附庸。在他們的指導下, 地方行政區域於焉形成, 並延續至法國大革
命時期。

母后布蘭絲 (Blanche de Castille) 和路易九世曾採用一種危險的
制度: 封邑制度(apanage)。傳統習俗希望國王的弟弟從皇家領域中獲
得一分可維持自己生活的地產。因此, 路易八世以遺囑分封其子以采邑:
羅勃在阿杜亞 (Artois), 阿爾風斯(Alphonse)在波亞都, 查理在緬勒
(Maine) 和安茹。聖路易善於利用弟弟為工具, 同化剛併吞的領地。
在采邑中採取的組織體制, 與王國的其餘部分相同。采邑永遠依賴著國
王的意願, 國王可隨時取回。此一理論, 在聖路易統治時期行得通, 但
到了十四和十五世紀, 將成為君王的一大威脅。

國王的意願「造成法律」的觀念, 開始在法國出現。此一意願, 在
所有王國的居民, 亦即一般臣民之上。無人能在國王之上, 他也不能向
任何人行臣服禮。因此, 當時社會盛行的封建規則就被破壞。

腓力四世的統治

腓力三世 (Philippe III le Hardi, 1270-1285) 和腓力四世
(Philippe IV le Bel, 1285-1314) 繼續擴充皇室的領域。腓力三世在
其叔阿爾風斯去世之後, 取回他的全部遺產。他也在西部獲得若干伯國。

腓力四世購進夏特爾 (Chartres), 以及庇里牛斯山腳下的畢構爾
(Bigorre)伯國, 合併里昂這個皇帝的城市, 並準備兼併香檳地區。最

後一項工作，在他死後方告完成。腓力四世積極維護國王爲本國之主，亦即「其王國之皇帝」的觀念。教宗或皇帝皆無權干預其政府。面對著有意要指導他，以及因不順從而想廢他的教宗龐尼法斯八世（Boniface VIII），腓力四世表現出強硬的態度。教宗於一三〇三年在阿那尼（Anagni）被卡貝王室的情報人員綁架，他不久之後就去世。

長期與英王在法蘭德斯和吉岩（Guyenne）❹對抗❺，腓力四世於一二九九年與愛德華一世（Edward I）正式和解。一三〇三年，英王娶腓力四世之妹。愛德華二世（Edward II）又於一三〇八年娶法王之女伊莎貝拉。這雙重婚姻，成爲一三二八年英、法兩國衝突之遠因。

腓力四世使王權更爲伸張。他以其在各省區的代表「白依」和「謝內夏」，負責法國的地方行政工作。這些官員向他支薪，並受「督察」（enquêteurs）之監督。

然而，他的統治以經常經費短缺著名。卡貝王室的偉大計劃所需之財源，比他們的領地所能供應的超出甚多。國王用盡一切手段籌錢。被課重稅的巴黎商人於一二九五年群起反抗。意大利籍和猶太人的銀行家，一樣受到橫征暴歛。在一番戲劇性的審判之後，法國的廟堂騎士團（Les Templiers）❻受到譴責，其財產被腓力四世沒收。

在十四世紀初，歐洲的金銀價格波動太快，使貨幣變成非常不穩定。腓力四世利用此種波動，圖利王庫，而不考慮所造成的經濟紛亂，以及

---

❹ 吉岩公國在一二五九年巴黎條約後才正式出現，其領域較原來的阿奎丹爲大。

❺ 詳情請參閱 Malcolm Vale, *The Angevin Legacy and the Hundred Years War,* (Oxford: Basil Blackwell, 1990), pp. 175-215.

❻ 廟堂騎士團爲中古時期三大騎士團之一，一一一八年由八位法國騎士在耶路撒冷所創。一三一二年四月，在腓力四世的壓力下，教宗 Clément V 下詔解散該騎士團。腓力四世因此事件獲得二十六萬鎊。另外 B. Chevalier 則說二十萬鎊。見其著作 *L'Occident de 1280 à 1492*, (Paris: A. Colin, 1969), p. 55。

在歐洲國家中法國的孤立。

長久以來，國王要求，且獲得民意的支持：每逢嚴重困難發生，他就召集王國的全部，或一部分代表，組成「三級會議」（Etats）。三級會議「同意」法學家擬訂的國王的議案。

卡貝王朝的結束

腓力四世的統治，令民衆難於負擔。因此，在他逝世時，爆發了一次被無法在國家中繼續扮演重要角色的封建分子所利用的叛變。

在位期間短暫，以及封建分子造成的困擾，使路易十世（Louis X, 1314-1316）、腓力五世（Philippe V, 1316-1322）和查理四世（Charles IV, 1322-1328），無法從事一種偉大的政策。他們以穩定皇家體制爲滿足。然而，王位的繼承，變成一項難題。這三個兄弟皆無男性繼承人：問題在於瞭解法國王位是否可傳給女性。貴族們的答案是否定的，他們的否定乃根據第六世紀海濱法蘭克的傳統，亦即「沙立克法」（loi salic）。因此，他們設法避免嫁給英國王室的卡貝公主們之王位繼承權。

一三二八年，查理四世的去世，造成一次更爲嚴重的危機，因爲他無後代，貴族們選舉腓力三世一支旁系的孫子輩瓦盧亞的腓力（Philippe de Valois）爲法國國王。此一情況將成爲百年戰爭的原因之一。

第二節　封建制度

封建制度之興起與發展

在西元一千年的人們，其生活不斷受到威脅。北歐人、匈牙利人❼和

---

❼　匈牙利人入侵的地區，主要在日耳曼地區和意大利北部。請參閱"Dossier sur

回教徒❽等入侵者，甚至是橫行鄉間的盜匪，到處殺人放火。誰能保護農民和市民的生命和財產？國王，亦即查理曼的繼承者？

面對著行踪不定的敵人，這些國王根本無能爲力。受威脅的居民，因而只好求助於當地似乎有足夠能力保護他們的人們。王權的式微，正襯托出擁有廣大莊園的富者權力之增長。他們變成「領主」，擁有一種往昔只屬於皇帝的權威。既然他們是唯一能提供安全保證的人，一般人民只好接受其支配。

「領主」通常是大地主。他們爲完成其提供安全保證之任務，必須擁有一批武士，尤其是自卡洛林王朝以後構成戰場主要武力的重武裝騎士。馬匹、兵器和裝備所費甚昂。對於一位向他行臣服禮(hommage)，並宣誓效忠他的人，領主將給予「采邑」(fief)，使之能維持一位武裝騎士之所需。此一封建契約包括下列兩個要件：

⑴地產要件——亦即領主以采邑之名，授予其附庸土地。在受封禮中，領主以代表授予采邑之一節木頭或一小袋泥土，交到附庸手中；

⑵個人條件——透過臣服禮，附庸變成領主的人。他必須在領主有事，例如嫁女兒、封長子爲武士或領主被俘時，給予協助；隨領主作戰；以及提供意見給領主做爲處理各種事務之參考。另一方面，領主則須保護附庸，並且在後者受到攻擊時，給予協助。

因此，這是一項兩方之契約。附庸向領主所做的效忠宣誓，賦予契約一種神聖而不可分離的價值。唯有死亡方可解除契約；但如不盡義務，經審判定罪時，亦可解除契約。

此後，一位封建領主的勢力，端視所能聚集在其騎士軍隊的附庸人

---

les invasions hongroises," Ch.-M. de la Roncière, Ph. Contamine, R. Delort & M. Rouche, op. cit., pp. 13-20.
❽ "Document 1- Les Sarrasins en Italie: la destruction de Farla,"ibid., pp. 11-14.

數的多寡而定。然而，附庸人數之多寡則與領主所能用以安置其附庸的土地之大小息息相關。土地因而成爲封建制度的基本要素。難怪喬治·杜比（Georges Duby）會說：

> 在那時期的文明是以鄉村爲主。❾

換句話說，土地的擁有可以決定社會地位。

封建制度並不十分穩定。首先，它因附庸之事實而遜色：每一附庸很快地設法獲得幾個鄰近和互相敵對的領主。對許多人所做的承諾，易於造成相互衝突，而且可能使那些不欲服從者，不對任何領主服從。爲應付此一弊端，一種「絕對臣服禮」（hommage-lige）遂應運而生，使之較所有其他臣服禮優先，且使附庸無法尋求擺脫其應盡之義務。

封建制度也受到來自外界的打擊。身爲封建制度犧牲品的農民，也很早就設法逃脫。對私戰和騎士喜鬧脾氣已覺厭煩的教會，出面限制這些弊端。教會更設法阻止其地產變成俗人之采邑。

最後，國王一旦無法成爲無可爭議的領主中之領主，亦即宗主（suzerain）之時，他們會很快設法盡可能將最大部分的附庸，轉變成臣民，使之不再負有契約義務，因爲國王與臣民之間並無契約關係存在。

負起防衛責任的地方領主，侵占皇家權利。此後，領主招募軍隊，抵抗侵略者的襲擊或鄰近領主的敵意。他們在自己控制的地區執行司法審判。西方已分裂成許許多多幾乎各自獨立的小領地。

事實上，在英國和西班牙北部，仍然還有一些小王國。其他地區，通常由卡洛林王朝任命的幾個伯爵和公爵，自己組成伯國和公國。他們阻止轄區內的小領主，亦即其附庸，也來篡奪以前屬於國王的權利。如

---

❾ J. Le Goff, *La Civilisation de l'Occident médiéval*, (Paris, 1964), p. 18.

果說法蘭西王國還存在，那是因爲法王，卡貝王室，同時也是擁有「法蘭西之島」(Ile de France)❿領地的公侯。

封建制度擴展至整個西歐。各地區儘管有相當大的差異，但在各地，土地仍是此一封建社會最基本之條件，也是最有價值之事物。

貴族和騎士

一個賜給戰士的采邑是高貴的（noble），而其所有人則稱爲貴族（noble）。接受騎士任命的貴族，就變成騎士。他必須爲戰爭、爲建造和維持其城堡，耗費大量金錢。他依戰爭維生：戰利品和贖金（從戰俘身上壓榨的）帶給他相當可觀的收入。如果需要時，他也掠奪商人的貨物。

在十一和十二世紀的城堡裏，生活並不舒適。空間狹小，城牆很厚，而巨大的煙囪並不足以溫暖這些陰涼潮溼的房間。這是一種很少消遣活動的要塞。因此，人們盡可能少住在那裏。

貴族經常生活在露天的場所。他們很少讀書，唯有激烈的活動，似乎才值得他們去參與。在和平時期，打獵爲最重要的工作。在整個白晝，他們帶著奴僕和狗，追著野獸到處亂竄。他們手持獵槍，以挺身進擊野豬、熊、狼或鹿的方式，來顯示其英勇。受過訓諫的老鷹是獵取鳥類的工具。狩獵不僅是獲得所需肉類的方式，它尤其是一種軍事體能和策略的訓練。

事實上，貴族的職業就是作戰。年輕時，以侍從身分追隨其領主，等到年長，方能成爲騎士。

在較長期的戰爭，虜獲比殺戮對方更常見到，也更爲有利。和平時期的比武，也是如此。比武之前，騎士們互約在曠野會面，分成兩組，

---

❿ 「法蘭西之島」，亦即巴黎及其鄰近地區。

彼此攻伐。這種專爲彼此廝殺取樂的戰鬥，常有死傷。勝利的一方帶走失敗者的武器和馬匹，並要後者付出巨額贖金。許多騎士皆視比武爲致富之道。

十一世紀以後的習俗，逐漸趨於柔和。在城堡裏，舒適生活的嗜好已經出現。行吟詩人有時也到城堡爲領主表演。利用歌謠，他們描述法國北部騎士的功績。在羅亞爾河以南，婦女扮演較重要的角色。在這裏，行吟詩人吟唱愛情詩。

這些愛情詩，起初有點粗俗，但在十二世紀時，詩變成相當考究。來自城堡，來自「宮廷」，此種文學得到「文雅」（courtoise）之名。它與盛行於北方的史詩文學有很大差別。

騎士的裝備，自卡洛林時代至十二世紀，已有很大的轉變。在第十二世紀末，其形式幾乎近於固定：一件保護騎士身體的鋼製鎖子鎧（haubert）。在鎖子鎧上面套著一件珍貴布料做成的上衣。頭上戴著鐵盔，這是一種前面穿洞，以供觀看和呼吸，且能罩住整個頭部的鐵盒子。

騎士有一個掛在左臂的大盾，攻擊性武器爲梣木製成的長矛和一支巨型的劍。從腳到頭披蓋著鐵片的騎士，幾乎是不會受到傷害，戰鬥通常不易造成傷亡。在布汶之役，法王腓力二世落馬之後，受到一群設法要殺他的敵人之包圍，但他還是能掙扎著等待援軍的來臨。

自十一世紀起，教會給予騎士的武裝一種宗教和道德的意義。

爲年輕貴族佩戴武器，經常是一件莊嚴的儀式。準騎士的教父，通常爲其領主，在授予武器時會說：「務必要英勇」。隨之，以劍面拍其肩，象徵著他必須毫不畏懼地接受打擊。

此後，準騎士在封騎士禮之前夕，整夜祈禱。在當天，他做彌撒和領聖體。金馬刺、盔、矛、劍等置於祭壇上；教士在交給準騎士之前，先加以祝福。掛在身側的劍，只能用在正常的途徑，以保護弱者和宗教信仰。騎士制度將義務加諸於騎士之上。

城堡

城堡爲封建制度的重要特徵之一，它與騎士和貴族密不可分。

設備良好爲城堡的基本條件。曠野上的戰爭，很少造成完全的勝利或失敗。唯有攻陷敵人的要塞，方能決定戰爭的勝負。因此，設防城堡的防禦，進展神速。

自十一世紀末起，建築在小丘和孤立的岩石上之石塊城堡，應運而生。設防城堡通常包括一道厚厚的護城牆：兩側爲方形或圓形塔包圍的矩形牆。塔和矩形牆的頂端，覆蓋著木造長廊。這些長廊，比城牆更爲突出，由此可將彈丸或滾燙的油，傾倒在侵略者身上。

城門的防禦相當特殊。城門的兩側夾著圓形塔。護城河上放著可用鐵索吊起的吊橋。敵人一旦越過護城河，將遇到從牆頭上的長廊擲下的包著鐵皮之木球。

穿過城門，就到一個大院子。鄰近居民，帶著家財避難於此。瞭望塔則再以一道壕溝和一道新城廓，與城堡的其他部分隔離。這是高大而又分成好幾層的塔，並有很深的地下室，供儲藏糧食、武器和彈藥。此種地下室後來亦當監獄之用。這是城堡防衛者最後的避難所，在敵人占據城堡其餘部分時，尚能獨自支撐下去⓫。

城堡的建造原爲皇家防衛的工具，及富者消遣之場所，它所費不貲。在整個中古時期，一般總是認爲，建造堡壘的權利爲一種皇家權利，應由國王和其代理人去行使。然而，卡貝王朝的前幾位國王，軟弱無力，以至國內一些公侯不理會此一規矩，擅自在自己的領地內興造城堡⓬。

⓫ 城堡及其瞭望臺和地窖，請參閱"Dossier sur les Châteaux du XIe au XIIIe siècle," Ch.-M. de la Roncière, Ph. Contamine, R. Delort & M. Rouche, op. cit., pp. 152-157.

⓬ Robert Boutruche, *Seigneurie et Féodalité, l'Apogée(XIe-XIIIe siècles)*, (Paris: Aubier, 1970), p. 37.

第三節　鄉村的生活

領地的產生

現以今日法國一個小村莊爲例。在某些情況下，此一村莊或許起源於一個羅馬時代的高盧大莊園，其間成百的奴隸在耕種主人的土地。

蠻族入侵後，此一制度無法再維持下去。在兵荒馬亂中，奴隸乘機逃亡。隨之，村莊的土地逐漸分成兩部分：一部分劃分成一塊塊，供租佃之用，這稱爲「曼斯」的耕地，交給農民；其餘的爲主人的保留地。擁有「曼斯」的佃農，就留在自己的那塊耕地，但必須繳租金給領主。此外，他還須在領主的保留地義務工作。

受到嚴密控制的佃農，因而取代以往的奴隸。全部的土地（保留地和租佃地）和控制方式，構成一般人所謂的「領地」（seigneurie），其所有人則稱爲「領主」❸。

農民

農民構成法國，也是西歐人口的絕大部分。他們傾向於一致化，但地方性的差異仍然不少。

誠然，自由農保有個人自由，而且所負擔的稅捐和勞役也較輕鬆。領主顯然地希望將他們變成農奴（serf），因爲農奴甚至毫無人身自由。

---

❸　有關領地之大概情形，請參閱"La seigneurie foncière: un domaine ec-clésiastique en Lorraine au XIIᵉ siècle (censier général de l'abbaye de Chaumousey, 1109-1128), from Ch.-M. de la Roncière, Ph. Contamine, R. Delort & M. Rouch, op. cit., pp. 202-203.

他們不僅無法離開自己耕種的土地，甚至要與其他領地的人結婚，也要請求領主的批准。

領主十分在意於維持其農奴，因爲其土地之生產全靠這些勞力。領主間常爲農奴問題爭執不已。

加諸農奴身上的勞役和稅捐，根本無法反對。如需要時，領主還可以在農奴的收成中，徵收自己所創的附加稅。雖然尚未發展成爲全面性，但農奴制度仍是第十和十一世紀的農民，最常遇到的命運。一個農奴毫無法律上的存在。他不能轉讓個人財產；他的手被認爲已「死」，無法以遺囑遺贈任何東西❶。

不管是自由農或農奴，這些農民的生活相當困苦。他們居住的是以石頭、泥土和茅草粗略建造的茅草屋，幾乎未曾嘗過肉味。爲果腹或爲繳領主的稅捐，他們必須不停的工作。暴亂也因而常常發生❶。

自由農與農奴有下列三種相同的義務：

(1)付租佃地的稅；

(2)必須租用莊園公有的磨坊和烤爐；

(3)危機時期有防衛之責。

然而，自由農與農奴也有下列權利義務之差異：

自由農：

(1)能遺留其工具給繼承人；

(2)能離開莊園，自由遷徙；

(3)必須服確定的勞役。

農奴：

(1)不能遺留任何東西給子孫；

---

❶　因爲遺囑要用手簽名或畫押。

❶　有關農奴之叛亂和生活情形，以及農民之財富，請參閱"Le servage en Ile-de-France aux XIᵉ-XIIᵉ siècles," see note ❸, pp. 204-219.

(2)除非獲准，不能離開村莊；

(3)不能放棄其租佃地；

(4)非經領主許可，不能結婚；

(5)如與莊園外的人結婚，須給領主一件禮物；

(6)須受任意支配服勞役。

領主由其農民身上獲得租金和勞役，但這尚無法令其得到滿足。他還要能監督農民的一切活動，並盡量剝削其勞力。他不放棄羅馬時代莊園主人之家務特權。此外，他也是封建集團的一分子：通常是一位確保其農民安全之戰士。因此，他擁有相當的指揮權。這是封建領主在卡洛林帝國解體時所獲得的。

家務權和徵用權，使他能強迫農民利用屬於他的莊園內的磨坊、烤爐和榨葡萄汁的壓榨機。這些設備的使用，卻使農民要付出很昂貴的費用。領主通常還是農民的審判官，然而，只有最大的領主才能審判謀殺和縱火等案件。領主也強迫農民站崗、清掃城堡的護城河等等。

主要的考古發現顯示，農民家庭的廚房很少出現烤肉鐵架、壁爐的柴架、鐵叉、錫或其他金屬製成的烹飪用具；銅鍋較多；大量的陶片，證明農民常用陶罐和陶瓶來充當飲用和烹飪器具，也用來保存食物。

農民的糧食以穀類為主，很少量的蛋白質則來自河川中的魚類、兔和鳥等小型獵獲物、或者小扁豆和豌豆，還有就是雞、蛋、豬肉和牛肉。

在鄉村，啤酒和葡萄酒的飲用數量很可觀，因為這些飲料釀造出來後，很難保存，無法運送到較遠處。烈酒很少，甚至不存在⓰。

⓰　Robert Delort, *La vie au Moyen Age*, (Lausanne: Edita, 1972; Paris: le Seuil, 1982), pp. 139-141.

鄉村的發展

十世紀的西歐，似乎是一個廣闊的森林，其中摻雜著一些空地，到處充滿著野獸，洋溢著令居民覺得恐懼的神秘氣氛。事實上，這種情形並不多。例如十世紀的英國，每平方公里人口密度爲十人。根據羅素(J. C. Russell)的推測，整個高盧❼的人口：在羅馬統治末期有人口六百萬，在蠻族入侵後有三百萬，在第九世紀中期有五百萬❽。

村莊生產自己所需要的東西。各地遍布葡萄和紡織用植物。爲供應人類和動物糧食，人們種植穀類（裸麥）和豆類（豌豆、蠶豆），收穫量相當少。農民所穫的只有播種的三倍，在凶年時則更少。他們經常生活於受飢荒的威脅之中。

十一和十二世紀爲農業深遠轉變的時代。此一轉變有許多原因：首先，侵略的終止帶來相當的平靜，使人口成長快速，勞力因而大增。同時，技術的進步影響到耕作用具。由於馬的頸圈和牛軛之應用，使獸力較能發揮功用。往昔，動物拉犁時，頸上圍繞一條繩子，其頸子就被掐住；現在就能發揮其力氣。

鐵製工具取代木製工具：帶著金屬犁頭的犁，比起太輕的木犁頭來，顯然有很大的進步。重的犁頭，翻土較深，對土壤的改良有相當助益。因此，人們同時有開發荒蕪之地所需的人力和工具。

農村的發展相當驚人。在這兩個世紀期間，已形成今日農村景象。首先，擴充已經存在的耕地。隨之，有勢力的領主，其中包括許多教會

---

❼　全高盧之面積爲 590,000km²。

❽　Marcel Reinhard, André Armengaud & Jacques Dupaquier,*Histoire générale de la population mondiale*, (Paris: Montchrestien, 1968), p. 64.

人士，督導整個森林的砍伐❶，或填平沿岸沼澤地區。他們彼此合作，提出優厚條件，鼓勵農民到森林中定居，並且開創全新的住處。

　　這些村莊的名稱頗有意思：有些令人回憶起住處的新成立，如新鎮（Bourgneuf）、新市（Villeneuve）；昔日的情景，如森林（Le Bois）、灌木叢（Le Buisson）或橡樹林（La Chênaie）；已完成的開墾，如墾荒（Les Essarts），或者一種光榮的典範，如布魯日（Bruges）❷、巴塞隆納（Barcelone）❹和科倫（Cologne）❷。

　　最後，在十二世紀末出現獨立的住宅。這是一些冒險的農民到僅存的一些森林開墾一小塊耕地，或至少是獨自放養家畜。人類不再畏懼森林。在這兩個世紀中，西歐已征服一個以前爲其所畏懼的自然。

　　在增加耕地面積之同時，中古的農民也提高土地的收益，尤其是在農民集合成爲共同體的地區。他們可以採用輪耕制，或稱休耕制，而對耕地做最有計劃之利用。此一輪耕制，就是將耕地劃成三部分：在第一部分生產冬季的穀類；在第二部分生產豆類，如豌豆和蠶豆，或春季的穀類；第三部分則休耕。由於肥料奇缺，耕地可因而獲得休息。

　　然而，這種制度也有其局限。人口增加過速，所需之糧食愈來愈多。在可耕地之開墾結束時，人們是否也能增加穀類和豆類之生產？如要肥沃耕地以增加收益，就必須有肥料；除非大量將耕地變成牧場，否則製造肥料的牲畜群就無法增加。但是所有可用的土地皆用以播種穀類，因而使之變成不可能。此種十一和十二世紀驚人的農村進步和發展，最後卻碰到一項無法克服的障礙。

---

❶　請參閱"Dossier sur les défrichements en forêt d'Othe, 1132-1223: l'exemple de l'abbaye de Dilo," see note❸, pp. 92-103.

❷　布魯日意指跨在數個運河上之橋。

❹　在西元二三七年，迦太基人名之 Barcino，以紀念 Hannibal 家族 Barca。

❷　西元五○年，羅馬皇帝 Claudius 在科倫一地建要塞，並名之 Colonia Ara Agrippinensis，以紀念其妻 Agrippina。

第四節　城市的發展

農業的進步導致糧食產量的增加。此一現象產生兩種結果: 首先，農民的工作，養活日漸增多的城市人口; 此外，富有的領主，貪婪華麗的衣料和奢侈的物品。自十一世紀起，手工業活動開始擴展，城市遂應運而生。紡織業的發展尤其神速。

商業的繁榮

人口和農業的演變，對於一個幾乎完全是農業的社會，有了很深遠的影響，尤其是在經濟方面，影響的層面更廣[23]。

在某些地區，紡織活動，由原來的副業性質，變爲一種整日工作的眞正手工業。這種演進在蘇麥河和葉斯科河 (L'Escaut) 之間、意大利北部和多斯加尼平原 (Tuscany)，特別顯著。

法蘭德斯從英國購入羊毛，製造十三世紀最漂亮的毛織品。整個基督教世界皆向該地區購買。波羅的海地區向東方輸出紡織品，以換取小麥、魚乾、木材，以及從俄羅斯進口的獸皮。諾夫果羅德 (Novgorod) 對此項貿易已相當內行。這種「北方貿易」不斷成長。

品質較差的意大利紡織品，只在地中海一帶銷售。它使意大利人能在黑海、敍利亞和埃及購買物品。東方產品的轉賣給西歐，爲其高利潤的主要來源。

此外，意大利人還生產一些整個歐洲都需要的染料。他們只進口固定顏色所需的明礬。他們在佛羅倫斯和米蘭生產西歐所購買的精緻絲織

---

[23]　André Joris, "L'essor du XIIe siècle, 1075-1180," from Georges Duby, *Histoire de la France*, Tome 1., p. 291.

品。

　　在意大利和法蘭德斯兩大工業生產地區之間，交易行爲已經產生。北方毛紡織城市需要某些來自南方的原料，尤其是明礬。這些城市購買地中海的絲織品。意大利人則進口法蘭德斯的布料，再轉售其中一部分給地中海的其他國家。熱那亞之繁榮歸功於其優越的地理位置。

　　法國的香檳地區也位於意大利和法蘭德斯之間。在香檳伯爵的倡導下，在其領域內，交易活動開始組織起來。一年六次的市集，每次爲期六週，聚集整個歐洲的商人。這些市集進行著基督教西方最重要的貿易。意大利商人來此地購買法蘭德斯的毛氈。這些市集於十二世紀誕生，十三世紀中葉達到巔峯，十三世紀末開始式微。無疑地，法國商人並未扮演重要角色。然而，在地中海和北海之間，所有重要商業大道皆經過卡貝王室所統治的地區❷。

　　因市集而繁榮的城市，也因其消失而頹廢。這些城市創辦許多紡織工場，擁有許多華麗的建築物。香檳地區的城市，四周圍以城牆，確保商人的安全。這是除意大利和法蘭德斯的城市之外，西歐最早的人口密集地。

　　法國尚有其他較具地區性的市集。在聖德尼，每年有一次市集。法國國王也在王國南部創立類似市集。

工商業的創新

　　水車的普遍應用，導致工業和農業的部分機械化。透過齒輪咬合的組合，水車將輪子的運動傳到所有的機械，可用以磨小麥、磨色粉等。

---

❷　Guy Devailly, op. cit., p. 308.有關香檳地區在十三世紀的市集之詳情，請參閱"Dossier sur les foires de Champagne au XIIIᵉ siècle," Ch.-M. de la Roncière, Ph. Contamine, R. Delort & M. Rouche, op. cit., pp. 138-141.

其他零星的發明，也改良建築和運輸。

儘管卡洛林王朝在鑄造錢幣方面有過一番努力㉕，貨幣在十世紀時幾乎已完全消失。

此後，依照卡洛林的方式，重新鑄造的銀幣開始出現。貨幣有鎊、蘇（sou）和丹尼葉（denier）三種。一鎊等於二十蘇；一蘇等於十二丹尼葉。丹尼葉通常是真正在市面流通的唯一錢幣，其他兩種只用於記帳。

這些錢幣並不穩定，硬幣的成分和重量經常不足。因此，必須監督其應用，並且每次交易都要過磅。貨幣兌換商的行業因而應運而生㉖：每個城市，每個市集，皆有幾個這種商人。

在十三世紀，西歐再度鑄造金幣。佛羅倫斯的「佛羅林」（florin）和威尼斯的「杜卡」（dûcat），爲受到普遍信任的兩種金幣。法國也在一二六六年，聖路易統治時期，再鑄造金幣㉗。

工商業創新造成社會轉變。在鄉村，新村莊的出現，使農奴擺脫農奴制度，或向其領主要求加以廢除。錢幣再度出現，引起一種真正的革命。

所有那些能生產換成爲錢幣財富的人，如富有的農民和營商的資產階級者，此後皆可發財，並且獲得獨立於領主之外的地位。

收入受習俗規範的領主，花費越來越多，但收入卻未增加。此一事實，導致延續至十八世紀地主貴族階級的沒落和窮困。

國王以徵稅獲得現金，他們擺脫其附庸之牽制，直接任命由自己付薪之稅吏。徵稅此後成爲西歐君王的基本問題。

㉕ 在第八世紀，法國以銀鑄造貨幣，曾引起其他歐洲國家之效法。見 Jean Gimpel, *La révolution industrielle du Moyen Age*, (Paris: Le Seuil, 1975), p. 43.

㉖ 十九世紀末和二十世紀初的上海，亦如此。

㉗ See note ㉕.

城市的覺醒

在卡洛林時代的西歐再度出現的城市發展，因第九和第十世紀，亦即封建領主時期的侵略而告中止。城市又再沈睡於其狹窄，但不可或缺的城牆之內。

然而，自第九世紀末起，一些活躍的中心，如阿拉斯的聖瓦士（Saint-Vaast d'Arras）的修院、甘德伯爵（Comtes de Gand）的城堡，或理姆斯那種舊羅馬式的城市，已再度吸引許多居民。農民到那裏出售其產品。交易活動的再出現，產生新的住宅或商業區。這些通常在城牆之外，稱為村鎮（bourg），亦即今日之郊區。

村鎮的重要性增加後，就設立教堂，新的城牆又隨之圍起。城市範圍的擴展速度，與經濟活動有密切關係。在十二和十三世紀，就有不少城市擴展十分快速。

鄰近修院和主教區，甚至在工商業活動相當發展的地區，城市循著商業或朝聖的新路出現或再生。有時，公侯的一項決定，促成城市的誕生，例如法蘭德斯伯爵於一○五四年創立里耳，一○六六年創立義普（Ypres）。在十二世紀末，卡貝王朝永久定都巴黎，並開始進行巴黎的美化工作。

最有遠見的公侯，以建造保護居民或商人所需的城牆，來促進城市的發展。香檳伯爵自十二世紀起，就在普羅文（Provins）建造一道很大的城牆。法王腓力二世在塞納河兩岸建造中古巴黎的第一道城牆❷。

封建領主也是城市領域的主人，他們在城市裏享受有司法權和徵稅權，並且時常任意掠奪居民財物。

---

❷ 詳情請參閱"Aspects de la capitale à l'époque de Philippe Auguste," Ch.-M. de la Roncière, Ph. Contamine, R. Delort & M. Rouche, op. cit., pp. 259-262.

通常被稱爲「布爾喬亞」（bourgeois）㉙的最富有也最有力的工商業者，組織相當強大的行會（guild）㉚或商會（hanse），以抗拒領主。

資產階級者要擺脫領主制度之束縛，獲得自由，並希望自治。他們透過宣誓，彼此密切結合，以保證大家的安全。他們組成一個會社。團結就能產生力量，經過爭取，他們得到一張特許狀（Charter），規定他們與領主之間各自的權利義務。

一般說來，這種勝利是以和平方式取得，通常以金錢購得。有時，領主在建立一個新城市時，自動賦予自由，以吸引大批居民。然而，有些城市的特許狀是在暴動後得到的，如亞眠（Amiens）、維茲雷（Vézelay）和甘布雷（Cambrai）。拉翁（Laon）也是經過流血暴動，才使其資產階級者能得到自由㉛。

不管是否組成會社，某些城市已獲得選舉行政官吏之權利。市長經選舉產生後，負責稅捐的徵收、城市安全和交易誠實之監督。自治的城市與采邑的擁有者一樣，要對國王盡義務。一旦戰事發生，城市必須派出軍隊。

自治的城市有下列三項標誌：

(1)特許狀——其自由之來源；

(2)圖章——用以蓋在官方文件上；

(3)鐘樓（belfry）——在市中心設防之高塔。鐘樓爲行政官員聚會和司法審判的場所。地下室爲監獄。哨兵在鐘樓的最上層站崗，身側的鐘用以召集市民和發出危險信號。

㉙ 即住在市鎮之人，亦稱資產階級者。

㉚ 亦譯「基爾特」。

㉛ 有關拉翁市民爭取特許狀的情形，請參閱"La création de la commune de Laon," "Charte de l'institution de paix pour Laon," see note ㉘, pp. 226-233.

　　十三世紀的法國城市，與英國、波蘭和北歐一樣，仍然是有花園和田野的大村鎮，但與意大利或法蘭德斯則有很大的差別。在法蘭德斯，尤其是在意大利，城市的景觀相當華麗，少數富有貴族建造豪華住宅，然而那些手工業者卻繼續住著茅草屋。

第五節　宗教與文化

異端與反異端

　　發財造成良心的不安。經常教人遠離世俗財富的教會，如今也徵收現款的稅，以組織十字軍，並因而致富。高級教士沈迷於奢侈的享受。許多希望依照聖經，過著貧窮生活的俗人，提出一些愚昧無知的教士無法解答的問題。世俗人士和修士只好自己去解釋聖經。受到教士們橫加阻撓之後，他們轉而對這些教士加以攻擊。隨之，懷疑某些聖禮的效果。

　　在法國西南部，危機愈來愈嚴重。阿爾比派（Albigeois）[32]或者是卡達里派（Cathari）[33]，否定一切聖禮。他們在土魯斯伯國的領域內，創設一個新教會，取代原有的天主教會。以傳教方式使之改信的嘗試失敗之後，教宗英諾森三世（Innocent III）於一二○八年下令組成十字軍，長年的戰爭導致法國西南部的毀損和大屠殺。

　　對於教士階級無知和無能的批評和譴責，實在指不勝屈，而且皆證據十足。因此，教會對此不能再忽視不理。在十二世紀末和十三世紀初，教會召集幾次改革性的大公會議，其中以一二一五年的拉特朗（Latran）大公會議最為重要。此次會議由英諾森三世親自主持，譴責阿爾比派和

---

[32]　因其活動中心為 Albi，故名之。
[33]　卡達里派亦稱純潔派（les Purs），流傳於倫巴第、多斯加尼和法國南部。

華多派（Les Vaudois）❸論及三位一體、降世、教會和聖事等等錯誤觀點。該會議還通過一些法令，規範主教的職責、年度的懺悔、復活節的領聖體和儀式的神秘性。此外，還禁止成立新的修會。

爲了對抗異端，教會改組異端裁判所。以往交給主教負責的此一機構，現在直接置於教宗代表的權威之下。異端裁判所採用刑求，且可判處死刑。刑罰的執行，交給「世俗之手」，亦即各地公侯。

英諾森三世爲在整個教會建立其權威，並擴展其影響力，他擁有兩支新的部隊：道明會（Ordre dominicain）和方濟會（Ordre franciscain）等托鉢僧修會❸。

道明會係西班牙修士多明尼各（Dominic, 1171-1221）於一二一五年到羅馬參加第四次拉特朗大公會議時，獲得教宗首肯，組成「佈道兄弟會」（Ordre des Frères Prêcheurs）❸。該修會雖在一二一六年部分引用聖奧古斯丁的會規，但在其會規中有下列革命性創新：建立修會的管理架構，注重教育計劃和傳教工作，安於貧困生活。他們在異端裁判和大學中扮演非常重要的角色。

在阿希西（Assisi，位於意大利中部，羅馬西北邊的一鎭）的一位年輕人法蘭西斯（Francis），集合一些有意過著貧困和簡單生活的「兄弟」，組成方濟會。該修會最初並不合法。教宗英諾森三世於一二一五年方給予口頭承認。在法蘭西斯去世（一二二二年）後，方濟會受教宗之命，也須參與異端裁判和大學的教育工作。聖法蘭西斯最強硬的門徒，希望仍然忠於完全的貧窮，不捲入俗務之中。

方濟會逐漸受到羅馬的重視。教會，人類的團體之一，甚至在改革

---

❸ 華多派爲里昂富有資產階級者 Pierre Valdo 所創。

❸ Guy Devailly, op. cit., p. 216.

❸ 「佈道兄弟會」，亦稱道明會，或稱黑衣兄弟會（Black Friars），以別於稱灰衣兄弟會（Grey Friars）的方濟會。

之後，也無法與絕對貧窮的理想一致。教會需要金錢，就如同以往需要土地一樣，以維持生存。

巴黎大學

隨著城市的發展，在各主教區產生一些相當分散，具素質不一的普通學校。這些學校並不曾培養一批足以阻止異端邪說發展的教士。在羅馬的支持下，許多更爲重要的新的研究中心，於十三世紀陸續出現。它們並不受主教的控制。

自十二世紀起，在波隆那（Bologna）的法律學校變成大學，但是西方中古的大學是在巴黎方有其決定性形態。

約在一二〇八年，巴黎的教師和學生決定自行組織起來，這就是巴黎大學的起源。他們得到教宗和法國國王的支持。學生湧入巴黎，王國之聲譽大振。一二三一年，教宗有意使此一大學成爲信仰的守衛者，決定巴黎大學只附屬於教宗本人❸。

巴黎大學包括四個學院。文學院（講授文法、修辭、辯論、天文、幾何、算術和音樂）爲其他三個學院，亦即法學院、醫學院和神學院，做準備工作，因此類似一種先修班。在文學院完成學業的學生，分別進入其他三個較專業化的學院。

人才薈萃，使信仰能深入研究，也使那些摘錄人們在以前所獲得的知識的偉大作品能夠出現，其中最享盛名的是阿奎那（St. Thomas Aquinas）的《神學大全》（*Summa Theologica*）。

教會鼓勵這種人類知識的確定：它瞭解這是未來所能准許的教學課程之基礎。雖比十二世紀的知識更廣泛，固定其知識於一套強制性教材之十三世紀，採用一種經院學派（scolastique）的教育和思考方法。經

---

❸　Guy Devailly, op. cit., pp. 308-309.

院學派成爲探索精神的絆腳石。

此後，哲學追求一種異於神學的存在，並種下在十八世紀與神學進行鬥爭的根源。第十四世紀將給予亞里斯多德的研究，一項重要的地位。

爲對抗經院學派可能造成的知識方面固步自封的危機，教授們試圖在教會未嘗禁止的一切領域，擴大人們研究的範圍。培根（Roger Bacon）始創「實驗法」，發明「實驗科學」一詞。唯有此一追求眞實的方法，方能擺脫往昔人們一直自滿的「概數」❸。他將實驗法應用於物理學和自然科學的研究。培根曾意識到，人類可以仿傚飛鳥，製造飛行機器❸。

經歷數世紀對人類物質生活漠不關心之後，世界之奧秘將逐漸被人揭曉。

大學生

大學生通常過著一種不安和困苦的生活。有一小部分來自富裕家庭，但大多數大學生皆是一文不名。根據當時的記載，這些學生光顧酒店比課堂來得勤快些，並且猛花父母親寄來的錢。

在缺乏金錢而又無人監督的情況下，許多學生以偷竊維生，藐視警察，痛毆資產階級者。大學，在特權的庇護下，寬恕這些最惡劣的不法行爲；萬一有一位學生被迫害，學校立即停課，以示抗議，而國王經常會加以袒護。

一些善心人士設法利用慈善機構，解決學生的不幸和劣行。最初，只是供應學生膳宿的簡陋收容所，隨之也給予教育❹。在巴黎，整個聖傑

---

❸ 類似中國人的「差不多」。

❸ Roger Bacon, *Epistola de Secretis Operibus, IV*, cité par A. C. Crombie, *Histoire des Sciences*, (Paris: PUF), p. 44.

❹ 今日的英國牛津和劍橋兩大學仍維持此一傳統。

內維耶夫地區到處可見到「學院」（Collège，供學生膳宿之場所），其中最著名的是聖路易的私人神父索朋（Robert de Sorbon）❹於一二五〇年爲研究神學之學生所設立的學院。

文學

如果說以詩歌或散文敍述騎士和宮闈愛情事蹟的舊文學仍然相當盛行，受資產階級者重視的新文學卻已誕生。設法進一步瞭解自己生活的這個世界的人們，對於一切的創新，皆可引發閱讀的興趣。

基於對科學的好奇，約翰・戴莫（Jean de Meung，約 1240-1305）在編纂《玫瑰的故事》（*Roman de la Rose*）一書第二部分時，盡量爲其讀者提供最多的訊息。他與該書第一部分的編纂者洛里（Guillaume de Lorris）的詩意和輕快筆調，相去甚遠。

一位意大利的天才作家但丁（Dantes, 1265-1321），表現出中古文明新舊潮流之間的平衡點。他在《神曲》（*The Divine Comedy*）一書中，設法描述在皇帝保護下，以及在教宗和生活於貧困中的教會之協助下，一個中古城市的理想特徵。

但丁是以意大利文而非以拉丁文完成此一富於古代回憶的作品。他的作品對其他西歐國家的文學創作，產生深遠之影響。因此，但丁已經揭開了在十六世紀復古的所謂「文藝復興」之幕。

哥德式藝術

十一世紀末，在法國出現一種解決教堂屋頂建造問題的新方法，亦即以尖拱爲主的建築式樣。此一式樣可減輕屋頂的重量，使建築物高度增加。哥德式建築自十二世紀中葉起，開始在巴黎盆地一帶和諾曼第擴

---

❹　巴黎大學，亦稱 la Sorbonne。

展，並迅速擴展至整個歐洲。

哥德式教堂通常拱頂華美，尖塔高聳入雲。某些教堂以彩繪玻璃窗取代牆壁，使其內部更易採光。聖路易下令建造的巴黎聖教堂（La Sainte-Chapelle de Paris），在光線和彩繪玻璃方面最具特色。

彫塑技術的進步甚爲可觀。它經常帶有對信徒的宗教教育意義，但也開始尋找一種羅馬時代並不存在的美。動物和花卉取代羅馬式柱子上的魔鬼，使之較爲自然。尖拱成爲中古歐洲建築和裝飾的式樣。

第五章　英法百年戰爭

十四和十五世紀的法國，有泰半時間處於動盪不安的困境。一三三七年爆發的英法戰爭，到一四五三年才結束。此一長達一個多世紀的衝突，其過程多變，其影響也相當深遠。

第一節　十四世紀的英法戰爭

幾位偉大的卡貝國王，使法國的勢力達到巔峯狀態；相反地，自約翰王多災多難的統治之後，政治危機不斷地困擾著英國。

戰爭的起因和特性

一三二八年，瓦盧亞王朝的腓力六世（Philippe VI, 1328-1350）的登基，引起當時尚未成年的年輕英王愛德華三世（Edward III, 1327-1377）的不滿。透過其母伊沙貝拉，法王腓力四世之女，他提出法國王位繼承權的要求。

法國的法學家反對他的要求，根據情勢所造成的論證，認爲在法國，女性不能傳遞王位。成年之後，愛德華三世爲吉岩的領地向法王行臣服禮。然而，衝突忽然於一三三七年發生。腓力六世無任何防範的準備，而且愛德華三世傲慢的個性，使任何的妥協變爲不可能。

戰爭爆發，且將延續一個多世紀。首先，這是一場兩位國王的戰爭，

軍事行動有其特殊性。漸漸地，兩個民族間劃了一道仇敵的鴻溝。民族
感情的出現，帶給百年戰爭一種新的和基本的特性。

此種感情使英國人不斷支持其統治者：愛德華三世、黑王子愛德華
（The Black Prince Edward）❶和亨利五世（Henry V, 1413-1422），
直到亨利五世獲得勝利為止。亨利五世在一四二〇年迫使法國王室簽訂
特羅葉條約（le treaté de Troyes），但卻激起法國民族情感的產生以及
法國人的反抗。

戰爭不斷混合著古代和近代的特性。法國軍隊仍然像一支封建時期
的雜牌軍，但是早期的大砲已經出現。

愛德華三世為解除一三三七年因吉岩領地所須履行的義務，提出腓
力六世的權力非法性之新藉口：在支持抵抗敵人的占領一事，聖女貞德
（Jeanne d'Arc, 1412-1431）❷成為法國人民族情感的象徵，這是中古
時期前所未有的。

英軍意外的勝利

財富和人口比法國少的英國，在戰場上卻勢如破竹。雖未擊垮法國，
但也使之陣腳大亂。一三四〇年，愛德華三世迫使法蘭德斯人與之合作，
在法蘭德斯的港口摧毀法國艦隊。最初的衝突，似乎僅限於兩個敵手。

一三四六年，愛德華三世開始入侵法國。他在諾曼第登陸，攻占開
恩，並大肆屠殺居民。腓力六世希望與其敵手在巴黎地區單打獨鬥，但
愛德華三世卻讓他痴痴的等。英國國王為法軍的集中，覺得不安。他以
急行軍向北推進，在近出口處渡索姆河，將軍隊部署在克雷希（Crécy）

---

❶ 愛德華（1330-1376），英王愛德華三世之長子，為威爾斯親王，在英法百年
  戰爭的前期驍勇善戰，因其盔甲為黑色，故有黑王子之稱。
❷ 貞德為國犧牲後，一九二〇年五月九日教宗本篤十五（Bénoît XV）封她為
  聖女，法國國會還決議以五月的第二個星期日為慶祝她的全國性節日。

高原。八月二十六日，法國封建騎士於此地，被英軍弓箭手殲滅。

英軍在國王和其子——黑王子的率領下，往北方推進。經過一年的圍困，在法王尙未能援救該城之前，加萊就於一三四七年八月三日被攻陷。在以後的兩個世紀期間，英國即以此地，做爲到歐陸的橋頭堡。

十年之後，亦即在一三五六年，降臨法國的災難更爲恐怖。一三五〇年，繼承腓力六世的約翰二世（Jean le Bon, 1350-1364）在波迪葉附近包圍黑王子的軍隊。法國國王有意依照封建傳統與其敵人決鬥。他未考慮克雷希之教訓，以及英軍占領葡萄園山坡地的優勢地位。法國騎兵又一次在攻擊中受挫。法王約翰及其第四子，在亂軍中被俘，並被帶到倫敦。

法國一三五六～一三五八年之危機

英國的優勢是軍事方面。英法兩國實際上陣的只不過數千人，英軍在人數上居劣勢，但是較團結，也受過較好的訓練。

法國的軍隊在貴族手中。這些貴族已讓腓力六世感到他們參與的重要性，以及謹愼對待他們的必需性。腓力六世及其子爲騎士型的國王，關心武器的精良和騎士般的戰鬥。

英法兩國國王喜歡創立榮譽勛功會。約翰創立「星形勛功會」（Ordre d'Étoile），就如愛德華三世創立「嘉德勛位」（Ordre of the Garter）❸。

腓力六世甚至還知道遵照卡貝王朝的傳統，擴展王國的疆土。一三四九年，從馬久加國王（King of Majorca）❹購得蒙伯利葉（Montpel-

---

❸　「嘉德勛位」爲英國歷史最久的最高勛位。

❹　馬久加又稱 Mallorca，爲 Balearic Is. 之主島。一二二九年亞拉岡國王詹姆士一世（James I）從回教徒手中再度取回後，連同 le Roussillon, la Ler-dagne 和 Montpellier，留給其次子 James，因而於一二七六年成立馬久加王國。

lier）。蒙伯利葉有一離城市不遠的港口，相當活躍；此外，尚有一個以醫學教育享盛名的大學。在同一年，法王還征服格勒諾伯地區，亦即多芬內（le Dauphiné）。此後，國王的長子擁有「多梵」（dauphin）之頭銜。

然而，瓦盧亞王朝的前兩位國王，面對著桀傲不馴的貴族，缺乏堅定的決心。法王約翰二世的被俘，使宮廷面臨著嚴酷的考驗。根據法國當代史家傅亞沙（Jean Froissart, 1337-1404）在其《編年史》（*Les Chroniques*）一書中之敍述，黑王子也以騎士精神對待其俘虜。

法王的被虜造成全國的混亂，內戰不斷。在巴黎，被要求以鉅額財力去支付國王和親王贖金的資產階級，乘機欲迫使皇太子查理完全改變王國的政策。某些人，如巴黎市長（Le Prévôt des marchands de Paris）馬謝爾（Etienne Marcel, 1315-1358），或許考慮到要利用機會，使皇太子必須徵詢意見的「三級會議」，變成一種「英國式」的國會。

來自各階級的代表，負責控制「國王會議」。在無法抗拒之時，皇太子曾有意讓步。隨之，他分化其敵對者，並且在確信已征服他們時，進行他們所要求的改革，但已排除這些敵對者的參與。

皇太子查理

一三五六年十月，三級會議召開。馬謝爾和拉翁主教勒果革（Robert Le Coq, ?-1368），居中領導，攻擊皇家事務處理不當。至少他們的助理已與納瓦爾（Navarre）國王壞查理（Charles le Mauvais, 1349-1387）有聯繫。壞查理為法王腓力三世之外曾孫，並娶約翰二世之女，因此也有王位繼承權。他想爭奪王位，而且是一位危險人物，因為他在塞納河下游和巴黎附近擁有一些城堡。本來約翰二世已於一三五五年派人逮捕他，然而法王翌年在波迪葉的失敗，使他有機會逃走。

三級會議要求臨時稅的徵收，必須由其代表控制。一三五七年，他

們得寸進尺，通過一項改革計劃——「大詔書」（La Grande Ordon-nance），並企圖迫使皇太子接受。馬謝爾鹵莽地公布他與壞查理所達成的協議。此一過分的作法，將使上述之要求轉變爲對付王權的暴亂。

一三五八年二月二十二日，馬謝爾的黨徒戴著印上巴黎旗幟的頭巾，攜帶武器，衝入腓力二世在塞納河中沙洲上所建立的「羅耶爾宮」（Palais Royal）。暴民當面殺戮皇太子的兩位顧問，有意迫使皇太子就範。皇太子查理拒絕讓步，他放棄巴黎，並由外面切斷對巴黎城內的供應。馬謝爾希望結合所有不滿分子，對抗王室。他號召法蘭德斯人反叛，並試圖利用農民叛亂。他也嘗試著要在王國的其他城市挑起反叛。然而，他的這些努力，皆徒勞無功。

隨之，馬謝爾讓納瓦爾和英國的軍隊進入巴黎；巴黎市民驅逐這些入侵者。他們不同意其市長之做法。皇太子所代表的君主政體，爲受英國威脅的國家之象徵。一三五八年七月三十一日晚上，馬謝爾被巴黎市民所殺❺。

皇太子查理在群衆歡呼聲中，重新進入巴黎。他避免對市長的黨徒採取任何報復行動。他時常向巴黎市民講話，向他們解釋，以及徵求他們同意他打算採取的措施。

和平比戰爭有利

法國面臨一種恐怖的情況：很久未發餉的部隊在全國各地流竄和搶劫。農民試圖獨自防禦英軍和納瓦爾軍隊之侵襲。

然而，戰爭必須要結束，並且要加強王國之防禦工作，以避免重蹈覆轍。一三五九年，愛德華三世的一次侵襲，遭遇軟性的抵抗。英軍發

---

❺ Etienne Marcel 奪權之始末，請參閱 Bernard Chevalier, L'Occident de 1280 à 1492,（Paris: Armand Colin, 1969), pp. 98-100.

現城門關閉，法軍避開所有的戰鬥。英王隨之同意談和。

和約在布列提尼 (Brétigny) 談判，於一三六〇年十月在加萊簽字。和約的條件相當苛刻。除了英國已經擁有的，法國還須讓給英國波亞都、聖東吉 (la Saintonge)、安古姆亞 (L'Angoumois)、利慕桑、貝利果、阿吉內 (L'Agenais)、給希 (le Quercy)、盧葉格 (le Rouergue) 和加斯孔 (la Gascogne)。約翰二世必須付三十萬個銀幣 (écus) 做為贖金，以及留下三個兒子做為人質。

約翰二世被釋後，於一三六〇年返回巴黎。但是條約的執行有困難。某些城市，如拉羅西萊 (La Rochelle) 拒絕被交給英國，因此必須施以壓力。

法王在英國當做人質的兒子路易 (Louis de France) 逃出英國，而且不願回去。此時，尚未付贖金的約翰二世，為忠於榮譽和騎士的法則，重返英國為俘虜。他於一三六四年在英國去世。

頗有主見的法國國王查理五世 (Charles V, 1364-1380)，將從事有利於己的和平工作。

查理五世

一三六四年繼承約翰二世的查理五世，體弱多病，但不失為一位聰明謹慎的國王。

首先，他以革新的政策，設法使法國人民與其國王之關係好轉。就如同聖路易和腓力四世一般，他以法學家和資產階級者為支柱。他們的協助，使王權變成一種絕對和無可置疑的權威。

皇家財政步入常軌；法國人民在信心恢復後，同意繳納每年的稅捐直到國王去世為止。這是任何西方國王所未曾有過的成功。為管理經常性收入，查理五世改善徵稅制度和財政管理。

由於這些財政收入，查理五世方能重整軍隊。在遭遇兩次敗績的無

效率封建軍隊之側，他處心積慮地要建立一支包括步兵和弓箭手的堅強隊伍。這些部隊在紀律方面的要求很嚴格。封建部隊本身也受國王所任命的隊長之指揮。

較少危險性的「搶劫匪兵」的單位，被併入這支重整後的軍隊。其他打家劫舍的匪兵，被逐出王國。城市被迫重建其防禦工事；居民的安全和戰爭的勝負決定於這些城市的抵抗。如果沒有城市，根本談不上國土的守衛。為困擾英軍行動，查理五世重建一支艦隊。

法國的反攻

查理五世在軍事方面完全信任一位傑出將領杜格斯克蘭 (Bertrand Duguesclin, 1320-1380)，並於一三七〇年任命他為陸軍總監。

杜格斯克蘭負拯救王國之責。他率軍到西班牙，為法國所支持的一位卡斯提爾 (Castile) 王位候選人而戰鬥；另一位候選人當然是由英國支持。一三六七年，杜格斯蘭在那瓦雷特 (Navarette) 之役戰敗，成為黑王子的俘虜。一年後他被贖回，隨之於一三六九年在孟提葉 (Montiel) 打了一場勝仗，不但報了一箭之仇，而且杜格斯克蘭最後得以在卡斯提爾擁立一位有利法國的國王。

在王國的西部，杜格斯克蘭從英王手中奪取許多要塞，使英軍減少不少助力。他不斷攻擊英王的所有盟友，但卻不挑起一次具危險性的戰鬥。

此時，查理五世準備報仇。他利用加萊條約所有不明確的地方，認為法王永遠是吉岩公國的封建主，他要黑王子出席巴黎大理院，答辯黑王子在阿奎丹的附庸針對他所提的控訴。

戰事再度爆發，杜格斯克蘭謹慎處理這場戰爭。盧葉格、給希、波亞都和聖東吉，皆已收復。然而，杜格斯克蘭不將其軍隊投入正式的戰鬥。一支英軍在加萊登陸，穿過匹卡底 (Picardie)、香檳地區，而且迫

近巴黎。這支英軍沿途搶劫，但卻未遇見任何法軍。英國士兵已經相當煩躁。此時，杜格斯克蘭在勒曼（Le Mans）附近的龐瓦蘭（Pontvallain）突襲英軍，並加以完全殲滅。

法國艦隊在海軍上將韋恩（Jean de Vienne, 1341-1396）的指揮下，騷擾英國海岸。一三七五年，愛德華三世提停火之議。

英國的危機

黑王子於一三七六年，愛德華三世於一三七七年相繼去世。王位傳到一位庸君理查二世（Richard II, 1377-1399）。在理查二世統治時期，英國發生嚴重的社會和宗教危機，宮中之生活相當奢侈。英王再也無法顧及法國的王位。

一三八〇年，查理五世之死並未在法國引起任何危險。

一三九九年，理查二世的堂兄弟蘭開夏公爵亨利（Henry of Lancaster, 1367-1413）廢他而自立為王。但是，謀殺理查二世的亨利五世（Henry V, 1399-1413），在考慮再度發動戰爭之前，必須先應付國內無數的敵對者。

第二節　百年戰爭的結束

在十四世紀，鬥爭僅限於互相敵對的兩個王室。許多人仍然不願放棄與敵對國家的接觸。史學家傅亞沙在《編年史》一書中留下許多有關此時種種事件的證據。他就是有時住在倫敦，有時住在法國，並且以其作品向英王致敬。

十五世紀前二十年所累積的悲劇，改變衝突的意義。此後，互相敵對的是兩個國家。

法國王室的內鬥

儘管有過短暫的暴亂，在查理五世死後，王國總算平安渡過攝政時期。一三八八年，隨著查理六世（Charles VI, 1380-1422）的親政，美好的日子似已重臨，查理五世時代的顧問再度受到重用。

一三九二年八月五日，在勒曼的森林跑馬的時候，國王突然發瘋。直到一四二二年去世為止，他都無法治理國事，而且也只有片斷的清醒時刻。

在宮中，歡宴終日，以供國王娛樂。麻木無知的情形，令人憶起腓力六世和約翰二世的危險年代。王室的親王，設法左右法國的政策。查理六世兩位擁有廣大富庶采邑的叔叔，具有很大的影響力。其一為貝利公爵（duc de Berry）約翰（Jean），他特別關心藝術，請人裝飾精美華麗的手抄本；另一為布艮第公爵（duc de Bourgogne）腓力（Philippe le Hardi），已開始擴展其采邑。在這些親王之間，關於對英政策一事，很難協調一致。

布艮第公爵大膽的腓力於一四○四年去世後，其繼承人無畏者約翰（Jean sans Peur）追求一種個人政策，一切以其公國之利益為前提。

統治法蘭德斯領域和法王領域以外之地區的布艮第公爵，可因英法之修和而獲益。因此，他在「國王會議」中極力強調此一主張。

瘋子國王之弟，亦即奧爾良公爵（duc d'Orléans）路易，卻反對此一政策。這位年輕親王的想法，完全與布艮第公爵相反，同時也設法讓「國王會議」接受其想法。

這兩位公爵經常發生衝突。一四○七年十一月，無畏者約翰令人在巴黎街頭刺殺其敵手。此一謀殺案件導致一連串激烈行動。約翰逃回其公國。在此，任何勢力皆無法損其毫毛。甚至在巴黎，仍有同黨在執行其政策。這些同黨從國王處，獲得公爵所犯之罪的免訴。

無畏者約翰幾個月之遲疑，讓被暗殺的奧爾良公爵之子查理(Char-les)，有機會在巴黎重新集合所有不滿分子。查理娶阿馬那克伯爵（Comte d'Armagnac）之女。在這對年輕夫婦周圍，組成一個阿馬那克黨。

無畏者約翰之同黨採用布艮第公爵之名和旗幟。一四一一年，內戰爆發。

無畏者約翰知道利用巴黎資產階級的改革願望。一四一三年四月，巴黎勢力強大的屠宰行會支持布艮第公爵。一位富有的屠宰商人卡薄希（Simon Caboche）領導一次叛變，以要求「國王會議」接受巴黎大學事先擬定的改革方案。然而卡薄希派的偏激作法引起巴黎民眾的責難，使巴黎落入阿馬那克黨手中。

英國的再侵略

正當法國的兩個黨派在巴黎鬥爭之時，英國也更換了統治者。亨利四世於一四一三年去世，其子亨利五世決定征服整個法國。

在提出對法國王位的要求之後，他於一四一五年八月十三日在翁扶樂(Honfleur)登陸。他重循愛德華三世征法的路線，向法國北部進軍。

法國騎士準備以舊傳統的騎士式攻擊，對抗英國軍隊。一四一五年十月二十五日，英國的弓箭手又再次在阿沾顧爾（Azincourt）擊敗法國封建騎士。此役法國的損失相當慘重。亨利五世下令殺死大部分俘虜。阿馬那克黨的首領奧爾良公爵查理，將渡過二十五年的俘虜生涯。在這段時間，他寫下一些描述遠離法國的心情的美麗詩章。

貴族階級遭遇無可彌補的大災難，法國不再有抵抗侵略者的軍隊。

布艮第公爵左右時局

現在輪到阿馬那克黨徒令巴黎居民覺得厭倦。一四一八年五月二十

九日，該城落入布艮第黨手中。無畏者約翰神氣活現的入城，其黨徒則大肆搶劫和屠殺。查理六世和王后接見公爵，皇太子查理則接近阿馬那克黨。

布艮第公爵和太子之間本來準備一次會晤，以商討抗英事宜。這次會晤轉變爲一場災難。太子的顧問於一四一九年九月十日在蒙特羅（Montereau）橋上暗殺無畏者約翰。

兩黨再度變成水火不容。布艮第的繼承者好人腓力（Philippe le Bon），選擇與亨利五世談和。此後，在法國北部再也無法進行有效的軍事抵抗。

法國政府於一四二〇年五月二十一日與英王簽訂特洛伊條約（le taité de Troyes）。查理六世和王后承認太子犯謀殺無畏者約翰之罪，並且否定其繼承權（認爲非其親生子）；他們將女兒凱薩琳（Catherine）嫁給亨利五世。亨利五世變成法蘭西王國的繼承人，以查理六世之名義治理法國，直到查理六世去世爲止，亨利變成法國和英國的國王。

此一條約引起法國人的不滿。許多法國人心裏十分明白，亨利五世爲一英國人，而他們則屬於另一個民族。這個民族是任何強權皆無法依其意願而加以處置。

太子查理只有撤退到羅亞爾河以南，在那裏組織政府繼續戰鬥，而別無其他途徑可供選擇。布爾吉（Bourges）和羅亞爾河沿岸城市，變成其基本地盤。

抵抗英軍的占領

亨利五世和查理六世於一四二二年去世。新王亨利六世（Henry VI, 1422-1461; 1470-1471）剛誕生不久。英國不太贊成兩個國家永遠聯合。布艮第公爵對於與英國結盟以在未來取得王位一事，並無信心。因此，他開始與太子接近，並簽訂停戰協定。

以亨利六世之名義統治法國的貝德福公爵約翰（John of Bedford, 1389-1435），在取得居民的合作方面，徒勞無功。

在諾曼第，叛亂事件如雨後春筍。貝德福公爵可以處死抗敵分子，但是民族感情（national sentiment）逐漸在農民和城市居民間滋長。就是在此一時期，人們才真正覺得自己是法國人，而非僅諾曼第人或匹卡底人。

基於此一事實，軍事進展很緩慢。然而，在一四二八年，英國決定做最大的努力：他們希望攻下奧爾良，以打開通往布爾吉之路。經數月的圍困，以及突圍的失敗，對奧爾良守軍來說，情勢相當危急。在一四二九年，該城的陷落已近在眼前。此時，貞德突然出現。

聖女貞德❻

這位年輕少女出生於洛林的多姆雷米（Domremy）。她以堅定的態度，說服一位忠於太子查理的洛林小鎮窩古樂（Vaucouleur）的帶兵官博德利古（Robert de Baudricourt）。貞德一再肯定，她曾聽到神的聲音，吩咐她必須拯救奧爾良，並在理姆斯為太子行加冕禮。

博德利古決定讓貞德動身到查理居住的希農（Chinon）。在太子接見她，以及神學家認為她未受巫術影響之後，她就率領一支援軍向奧爾良出發。她的出現，使法軍軍心大振。

包圍該城的英軍據點陸續陷落。經過數次戰鬥，英軍於一四二九年五月八日放棄對奧爾良的圍困。六月十八日，一支英國援軍在巴鐵（Patay）被擊潰。

貞德率領軍隊直到理姆斯。七月十八日，太子查理在該城的正式加

---

❻　有關聖女貞德之生平事蹟，請參閱 W. S. Scott, *Jeanne d'Arc*, (London: Harrag, 1974)。

晃，增加王國所有居民的信心。此後，查理七世（Charles VII, 1422 -1461）爲法國唯一正統的國王❼。

貞德的戰鬥，持續數個月之久。然而，取回巴黎的嘗試卻歸於失敗。一四三〇年五月十三日，她在康匹內（Compiègne）被布艮第軍隊所俘。出售給英人後，她在盧昂受審。爲破壞查理七世的威望，英國人一定要她被判爲女巫。

博威（Beauvais）主教勾雄（Pierre Cauchon, 1371-1442）爲此一不公平審判的主導者。落入主教所設的陷阱，她被譴責爲異端，並於一四三一年五月三十日在盧昂被焚死。

戰爭的結束

貞德之死似乎激發國王和法國人民之毅力，英軍逐漸被逐出法國。

一四三五年，查理七世獲得一項非常重要的勝利：教宗很早就提議所有交戰者之間，最好有一次會談。在阿拉斯召開的會議，導致布艮第公爵與法王簽訂和約。和約對公爵十分有利：他取得索姆河上的要塞，並在其有生之年，免除一切附庸的義務。一四三六年，法王的軍隊奪回巴黎，查理七世於一四三七年光榮入城。

拒絕簽約的英國，變成相當孤單。英、法兩國於一四四四年簽訂一項單純的停戰協定。爲戰勝英國，查理七世重整軍隊。一四四五年，他恢復騎兵部隊的嚴格紀律。騎兵向國王支薪，變成一般士兵。國王還重用一直在戰爭中擔任次要角色的砲兵。約翰畢羅（Jean Bureau, ? -1463）及其弟加斯帕畢羅（Gaspard Bureau, ? -1470）兩兄弟，負責大砲的建造。

---

❼　事實上，查理應於一四二二年繼承王位，但那時他的勢力範圍僅及於布爾吉及其鄰近地區，故有「布爾吉王」（roi de Bourges）之稱。

為籌措軍費，查理七世從三級會議獲得隨意徵稅的權利。此一決定，使法國王室在未來能獲得比歐洲其他王室更重要財源。

有了這些新的軍事裝備，在英國破壞停火協定之後，查理七世進行諾曼第和吉岩的再征服工作。一四四九年，攻占盧昂。翌年，英軍又在佛米尼（Formigny）遭遇敗績，諾曼第光復。一四五三年，整個吉岩和波爾多完全收回。

此後，戰爭停止，雙方未簽訂任何條約。英國只保存加萊。由於國內問題的困擾，英國也無法再採取軍事行動。英、法兩國此後由英倫海峽加以分隔。

第三節　戰後的法國

百年戰爭的結束，法王的權力大增，尤其法國民族感情的發現，將使國王真正控制整個國家。

國王與公侯

在大臣的輔佐下，查理七世重建王國。然而，所有危機並未曾完全消失。利用其父已完成之事業，路易十一（Louis XI, 1461-1483）將能夠解決最大的問題，亦即公侯領地的存在。

公侯的領地係指附屬於一個領主的廣大領域，此一領主理論上臣服於國王，但事實上其勢力之大足以使他為所欲為。因此，幾乎整個法國南部，脫離法王之掌握，而受到這些「公侯」之支配。勢力強大的公侯有阿馬那克伯爵、佛阿伯爵（le comte de Foix）、波旁公爵（le duc de Bourlon）和布艮第公爵。布艮第公爵的勢力最大，他也是法蘭德斯此一富庶地區之領主。

然而，法國的經濟情況逐漸改善，國王的勢力也隨之漸增。

財政和經濟的復甦

戰爭使王國變窮，但法國仍是歐洲人口最多的國家。

百年戰爭期間，戰場上的死傷輕微，但參戰的士兵都就地補給，因此對當地居民犯下各種暴行。此種以戰養戰的方式，導致鄉村的毀滅❽。

戰時，農民大多已離開土地。為留住他們，領主減輕其租稅。儘管如此，農業的復甦還是緩慢。相反地，雖然有戰爭，商人的活動並未曾停止。商業活動之恢復十分快速。商人的活躍與以土地維生的農民之困苦，恰成明顯之對比。資產階級者的致富，為十五和十六世紀的一項主要事實。

致富之後，他們可以協助國王，提供意見，並從國王那裏獲得貴族頭銜，因為習慣上，似乎是國王在「製造貴族」。

在布爾吉，一位商人之子葛爾（Jacques Coeur, 1395-1456），以協助查理七世整頓財政，而變成國王不可或缺的左右手。

葛爾成為國王會議之一員，而且擔任外交使節。他也對錢幣之鑄造有一些影響力。此一情況帶給他下列好處：

(1)成為宮廷進口產品的供應商；

(2)累積巨額財富，其在布爾吉的官邸，燦爛華麗；

(3)擁有其他公館、棧倉和船隻。

此外，他還試圖使馬賽恢復戰前的活力。

這個暴發戶引起許多憎恨。一四五一年，他被譴責為叛國賊後，國王下令逮捕他。葛爾逃亡國外，後來死在東方，其財產全被沒收。

葛爾掌管的事務之多，並不常見，但他卻代表富有商人和金錢貸主

---

❽ Marcel Reinhard, André Armengaud & Jacques Dupaquier, op. cit., p. 102.

的典型。這些人在西方占有愈來愈重要的地位。

王國秩序的恢復和貨幣之穩定，確保商務之發展。首次變成永久性的稅，能夠按時徵收。王權，在獲得足夠的財源後，擺脫一切束縛，變成更加絕對。

路易十一，查理七世的兒子和繼承者，試圖協助商人和工業家。他在里昂設立絲廠，使該城變成一個市集的中心。

布艮第公國

布艮第公爵與其他公侯不同。魯莽者查理（Charles le Téméraire, 1433-1477）有「西方大公爵」（Le Grand Duc d'Occident）之稱，他實際上統治著一個真正的國家。他多方努力，想從教宗或皇帝那裏獲得國王的頭銜，使他能讓「洛泰爾王國」（La Lotharingie）重生。

布艮第公爵的領地相當富庶，約等於今日整個比利時、荷蘭和法國北部❾（這是中古時期最繁榮的手工業地區之一），以及布艮第。利用里昂和日內瓦等大城市的市集為媒介，北歐的產品可經過布艮第，銷往地中海地區。法蘭德斯和布艮第兩個地區，不相接連，這是一大難題。查理後來採取一項想使之結合的魯莽政策。

路易十一深深瞭解自己王國的危險處境，他利用各種方法破壞其敵手的計劃。一四六八年，他煽動列日（Liège）居民叛亂。但是魯莽者查理使陰謀歸於失敗，且將造訪貝隆（Péronne）的法王下獄。被釋後，路易十一利用公爵的計劃所造成的不安，準備報一箭之仇。

皇帝腓特烈三世（Frederich III, 1440-1493）於一四六九年將亞爾薩斯的一些城市割讓給魯莽者查理，但在一四七三年卻避開他對於國王頭銜之要求。

---

❾ 亦即法蘭德斯。

　　一四七四年，查理與英王愛德華四世（Edward IV, 1461-1483）聯合對抗路易十一。然而，路易十一借助於一筆鉅額津貼和年金，打斷愛德華四世與查理之間的聯合。

　　瑞士人也抗拒布艮第公爵之野心，並於一四七六年讓他嘗到兩次慘敗的滋味。

　　魯莽者查理曾經好幾次攻打洛林公爵（le duc de Lorraine）的領土。在一四七七年的一次戰鬥中，他死於南錫（Nancy）的城牆下。查理無兒子，但是法王在奪取布艮第繼承權的過程中，仍將遇到一些困難。

　　以狡滑和暴力，再利用王權，路易十一終能合併阿郎松（Alençon）和阿馬那克。

　　查理五世的弟弟路易，分得安茹和緬勒兩處采邑，而且也擁有普羅旺斯。他還被一位親戚選為那不勒斯王國（Kingdom of Naples）的繼承人。他的兒子路易二世曾試圖在那不勒斯登基為王，可惜徒勞無功。路易二世之姪勒內（René）——被稱為勒內王（le roi René），喜歡住在愛克斯·安·普羅旺斯（Aix-en-Provence），因此也未真正當上國王。

　　勒內於一四八〇年去世。路易十一以繼承方式，再度擁有緬勒和安茹。一年之後，普羅旺斯重歸法國王室。以談判方式，路易十一於一四六二年取得魯希翁（Roussillon）。王室領域因而大增。然而，尚有幾個公國如不列塔尼和波旁，仍獨立於王權之外。王國之統一尚未完成。

　　路易十一希望取得魯莽者查理的全部遺產。他進軍布艮第，同時宣稱置查理之女——瑪麗（Marie）於其監護之下。他想讓年已二十的瑪麗與其年方七歲的幼子，亦即未來的查理八世（Charles VIII, 1483-1498）結婚。布艮第的瑪麗無法阻止國王奪回舊有的采邑，如布艮第、歐謝爾（Auxerre）、馬公和索姆河沿岸城市。然而，她嫁給皇帝之子——馬西米連（Maximilian of Austria）[10]。

[10]　亦即未來的神聖羅馬帝國皇帝 Maximilian I。

　　路易十一必須考慮這位強大的對手。在一四八二年的阿拉斯條約(le traité d'Arras)，他放棄法蘭德斯。至少，他希望暫時獲得法蘭西・孔德和阿杜亞。這些地區為馬西米連和瑪麗之女的嫁妝。因此，路易十一毫不遲疑地就替太子求婚。

　　路易十一在另一重要處還是失敗。富庶地區如已開採煤礦的列日、法蘭德斯和布拉邦特(le Brabant，比利時的一省)，落入哈布斯堡王室(the Habsburgs)手中。哈布斯堡家族得到布魯日。它是北歐的港口，第一流的金融中心。與布魯日同等重要的安特衛普也歸於哈布斯堡家族。

路易十一和其王國

　　有些當代史家⓫批評路易十一狡猾、奸詐。在統治期間，他表現出做為一位國王的恒心、毅力和聰穎。在困難的時刻，路易十一顯露出一種冷酷無情的權威。反抗國王的人，該處死的就處死，該下獄的就下獄，絕不通融，因此贏得殘暴之名。

　　然而，他卻使王國恢復良好秩序。他在第戎、土魯斯、格勒諾伯和波爾多等地，創立新的法院，亦即大理院。這些大理院與巴黎大理院一樣，對國王十分服從，而與英國的議會不同。

　　在他統治初期，試圖反叛的城市、教士階級和封建諸侯，後來皆十分馴服。但是王國的生活並不如同一時期的意大利那樣燦爛。路易十一知道如何吸引學者來歸。孔敏（Philippe de Commynes）就是為他而離開魯莽者查理。然而，除了魏勇（François Villon, 1431-1463）⓬之外，法國此時所擁有的大詩人和大藝術家，比該世紀初期少。

⓫　如 Philippe van den Clyle, seigneur de Commynes (1445-1509) 在其《回憶錄》(*Les Mémoires*) 就曾談到路易十一之個性。

⓬　魏勇曾留 *Le Petit Testament*（1456）和 *Le Grand Testament*（1461）兩本詩集。

　　路易十一晚年的生活很痛苦。死亡陰影籠罩著他，使之愈來愈迷信，猜疑心也日增。他在一四八三年八月三十日去世。儘管手工業者和農人的生活仍然困難，但他的統治卻使法國更爲繁榮。

　　路易十一之子查理八世（1483-1498）繼位時，年方十三，無法治理國事。攝政之責交給路易十一愛女——安妮公主（Anne de France）。路易十一將安妮嫁給博久（Pierre de Beaujeu），以後成爲波旁公爵。波旁和歐維那等公國，就如此併入王室領域。博久家族繼續路易十一之政策。

　　他們粉碎封建的反叛，尤其是在一四九一年，利用進軍南特（Nantes），強迫年輕女公爵安妮（Anne de Bretagne）嫁給查理八世。不列塔尼因而也成爲王室領域[13]。

第四節　鄉村與城市

農村的困境

　　我們曾經談到，在人口漸增之時[14]，農業的生產仍然不變，因爲技術的限制，無法使之增加。農民耕種過於狹窄的土地，生活相當困苦。整個西方呈現一種無法持久的平衡。到了十四世紀初期，情況愈來愈嚴重。

　　飢荒、瘟疫和戰爭爲造成農村困境的三大因素。

　　對於中古時期的人們，飢荒是最常遇到的災難，比戰爭和瘟疫更常

---

[13]　B. Chevalier, op. cit., pp. 215-216.

[14]　在一三二八年，法國人口數根據各地方行政區之調查，全國有二萬三千六百七十一個教區，總共二百四十六萬九千九百八十七戶，有一千萬人左右。請參閱 Ch.-M. de la Roncière, Ph. Contamine & R. Delors, *L'Europe au Moyen Age, t. 3, Fin XIIIe siècle-fin XVe Siècles*, (Paris: Armand Colin, 1971), pp. 98-100.

見，因為一次欠收就足以讓一個人口較為密集的地區，嘗到飢荒的滋味
⓯。

約在一三一四～一三一五年間，歐洲到處發生飢荒。幼童和老人最
先受到飢荒的打擊，死亡者成千上萬。直到一四六〇年左右，飢荒隨時
會在某些地區發生。一四二〇年十二月，巴黎就面臨這種慘狀。通常只
有一個省區受到影響，但是運輸工作進展緩慢、貿易缺乏組織、救濟工
作來得很遲。中古世紀的彼此隔絕，更增加其脆弱性。

飢荒造成營養不良。營養不良導致人民的健康狀況十分惡劣。在此
一情況下，微不足道的傳染病也會造成大災難。一三四八年，發生一種
新的傳染病——黑死病（亦稱鼠疫）。

黑死病源自中亞，後來沿著絲路，經西亞、克里米亞，而於一三四
七年傳到君士坦丁堡。隨之，波及熱那亞在北海的據點，再從意大利傳
到其餘的歐洲。在一三四八～一三四九年間，約有四分之一或三分之一
的歐洲人口死亡。黑死病於十四世紀和十五世紀再度出現好幾次。

黑死病的傳染，成為十分可怕的打擊。倖存者生活於死亡的恐懼之
中。在牆上、在玻璃上，幾乎到處皆繪有醜惡的骷髏和骷髏舞。懺悔者
當眾鞭打自己，以驅除引起神怒的人們之罪惡。無論如何，這次的瘟疫
造成無窮盡的空虛。許多村莊整個消失，地區變成荒蕪，大城市變成小
鎮。勞力缺乏，消費者也少。到處一片荒涼景象⓰。

除飢荒和瘟疫之外，戰爭也成為鄉村解體的第三個因素。十四和十
五世紀為戰爭的世紀(如百年戰爭)。武裝部隊橫行鄉間，士兵根本不考

⓯ Marcel Reinhard, André Armengaud & Jacques Dupaquier, op. cit.,
p. 93.

⓰ 關於黑死病對於法國農村和人口之影響，請參閱 Jean-Louis
Goglin, *Les Misérables dans l'Occident Médiéval*, (Paris: Le Seuil,
1976), pp. 103-104.

慮農民是友是敵，一律加以搶劫，以解決自己和馬匹的糧秣補給問題，甚至還可以發一筆橫財。

農民在戰亂之時，各自逃生，避入城堡，讓其耕地流於荒蕪。城市湧入過多的難民，更增加補給困難的嚴重性。劫掠之事，經常發生。

此後，鄉村生活解體。幾乎到處皆是荒蕪之地，農業生產銳減。未離開自己耕地的農民，生活於未來的恐怖之中。他們受到領主的壓榨，牲畜和財物被劫。他們的處境，與戰亂等發生前鄉村人口過剩時一樣悲慘。領主的處境也不佳，其土地因荒廢和勞力缺乏而無收成。

面對著此種危機，領主和封建制度必須設法適應。已經變窮的領主，只有下列三種收入來源：

⑴首先，他們為某一大公侯服務，佩帶其標記，並接受金錢的報酬。在此一情況下，典型的封建制度，就為一種「雜牌」封建制度取代。不再有土地做為采邑，誓言和臣服禮已變成次要或已消失，取而代之的是一種契約和金錢；

⑵其次，大量搶劫和俘虜的贖金，使貴族階級可藉戰爭發財。因此，他們視戰爭為解困之妙方。然而，摧毀鄉村的戰爭，同時也是這些困境的原因之一；

⑶第三項來源就是利用領主制度所提供的可能性，盡量壓榨仍留在其土地上的農民。

面對著鄉村的困境和領主的壓榨，農民當然會群起反抗。十四世紀為一農民叛亂的時代，領主為其敵人，並以暴行驅逐之。農民瞭解，由於他們的工作，富人才能生活。

一三五八年五、六月間，在博威地區發生一次很激烈的農民叛亂（Jacquerie），且擴展很快。此次叛亂的主因有二：

⑴一三五六年波迪葉之役失敗後，貴族階級逐漸不孚人望；

⑵百年戰爭期間，士兵在鄉間橫行所造成的不幸。

　　叛亂在一位老兵查理(Guillaume Charles)的領導下，突然於一三五八年五月二十一日在康匹內地區，大肆焚燬城堡。然而，農民無法對抗貴族組成的武裝部隊。叛亂的農民在克雷蒙・昂・博威希（Clermont en Beauvaisis)附近，被壞查理所率領的貴族組成的武裝部隊擊敗。領導者被砍頭，成千上萬的農民被貴族屠殺❼。叛變事實上無法改變領主制度。

　　十五世紀起，情況開始好轉。荒廢的土地逐漸復耕，新的墾荒工作也在進行。在十五世紀末，人們可以感覺到鄉村的眞正繁榮。爲何有此一改變？

　　首先，許多領主放棄親自占領其土地。他們將領主保留地分割成許多部分，交給承租戶。在數年內，承租戶經營這塊土地，並向領主繳租金。租金數額在簽新約時可調整。對領主來說，這種制度在初期經常是幾乎無利可圖，但確信繁榮再度來臨時，利潤定可大爲提高。由於承租制，富農階級於焉形成，他們擁有資金，可使荒廢之地復耕❽。和平再度來臨，飢荒和瘟疫減少。

　　然而，此一轉變並未解決一切問題。在西歐許多地區，農奴失去其重要性。在農業經營方面，富農能使荒地復耕，現代化的領主制度能再度獲益，那是因爲最窮的人已失去他們所有的小塊土地。現在他們成爲大農場的農業工人，或加入湧往城市的難民群，在那裏依賴零星工作，富者之善心或慷慨，或依賴偸竊維生。在社會結構的下層，不再有農奴，只有窮人。

---

❼　Michel Mollat, *Les pauvres au Moyen Age*, （Paris: Hachette, 1978), pp. 247-250.

❽　有關荒地復耕和農業經營的新方式，請參閱Jacques Herrs, *L'Occident aux XIVᵉ et XVᵉ siècles, Aspects économiques et sociaux*, （Paris: PUF, 1970), pp. 121-124.

城市的發展

農村的繁榮爲十二和十三世紀的商業和手工業發展的基礎。那麼當危機打擊歐洲之時，其情況到底如何？一般說來，表面的繁榮繼續維持下去。技術的改良，有利於此一商業之發展。

紡織工業所需原料之交易，鑄造金銀幣所需的貴重金屬之尋求，生活上不可或缺的糧食，以及鹽、酒、香料等之交易，構成商業活動的起源。

大部分利用過的道路，大部分貿易的產品，仍然不變，只是貿易量普遍減少。商業道路如香檳地區等，因英法百年戰爭的蹂躪，變成商人設法避免經過之地。商業道路乃有所改變。

香檳地區的市集消失。意大利人此後將由海路，或寧願經過德意志南部，抵達法蘭德斯。事實上，此時的情形與十三世紀正好完全相反。往昔的意大利─香檳地區─法蘭德斯之道路已毀，而往昔經濟生活較差的鄰近地區，則變爲活躍。在法蘭德斯受到來自政治的嚴重困難之打擊後，此一轉變更爲顯著。

在十三世紀，法蘭德斯南部和法國北部的某些城市，曾有過一段黃金時期，其精緻的毛織品銷遍全世界。俄羅斯北部的諾夫果羅德、意大利、甚至非洲，也以相當昂貴的價格購買。

十三世紀末，政治危機削弱此一優越地位。至此時爲止，英格蘭幾乎是供應法蘭德斯人品質優良羊毛的唯一地區。

在英、法兩國國王的衝突過程中，法蘭德斯伯爵，因附庸的忠誠之故，有幾次不顧其他國的經濟利益，支持卡貝王室。一二七〇年之後，英格蘭採取報復行動，建立羊毛出口的管制。此一管制在十四世紀加強執行。此後，加萊成爲進行此項交易的唯一地點。此一制度使英國能在每一次法蘭德斯不太馴服時，就剝奪其原料的供應。

此外，英國人所加的關稅，使英國的羊毛成爲法蘭德斯人的一項昂貴商品。在英國國內，羊毛的價格在相較之下，就相當便宜，因而造成英國呢絨工業的出現和迅速發展。呢絨輸至北歐。倫敦和布里斯托（Bristol）的商業相當繁榮。

北歐的商業也發展迅速。儘管缺乏組織，但是波羅的海沿岸國家的重要貿易，還是不容忽視。波蘭的小麥、俄羅斯的皮草、斯堪地那維亞的木材，交換法蘭德斯的毛織品。

波羅的海和北海港口的商人在十四世紀，取得此一貿易組織的控制權。他們逐漸組成一個集團——漢撒聯盟（The Hanseatic League），其成員遠至德意志中部。

漢撒聯盟很快就有足夠力量，迫使丹麥國王於一三七〇年簽訂史塔珊和約（Peace of Stralsund），保證通過丹麥海峽船隻的自由航行。

漢撒聯盟變成一股重要的商業勢力，法蘭德斯人和英國人的對外貿易，皆少不了他們。這股勢力在十五世紀的大半時間仍然不斷增長[19]。

在十四世紀，德意志也因英法兩國的敵對和戰爭獲益。意大利和北歐的陸上商業道路，通過其領域。這些地區的某些城市，如紐倫堡（Nuremberg）、奧格斯堡（Augsburg）和科倫，以及其他萊因河沿岸城市，變成重要經濟據點。

第五節　宗教和文化

一、宗教

十三世紀以後，經濟的轉變，戰爭和瘟疫所造成的衝擊，良心的困

---

[19]　Ibid., pp. 189-192.

擾等等，產生很深刻的宗教性影響。

亞維農（Avignon）教宗

一三〇九年當選教宗的克萊孟五世(Clement V, 1305-1314)，因羅馬的情勢不安而定居在孔達・維內桑(Comtat-Venaissin)。亞維農的「流亡」，一直延續到一三七八年。這些說法語的教宗，其中大部分的表現還相當傑出。正當各國設法利用羅馬法以恢復國家的勢力，教宗也充分利用在前兩個世紀形成的教會法，以增加教宗的權力。

然而，教廷設在法蘭克王國中，以及克萊孟五世對腓力四世之順從，頗令人相信，教廷變成卡貝王室手中的工具。

其他更嚴重的事實，使教宗和樞機主教們更失眾望。教會必須像其他俗世權力，進入新的經濟架構，取得不可或缺的金錢。亞維農的教宗，徵收重要的稅，並創立一個機構——教廷特別行政室(Apostolic Chamber)，負責管理其財政收入。這顯然與第十三世紀激勵基督徒的貧窮的觀念，相互矛盾[20]。教會無法配合基督徒的願望。

這些收入的一部分，用於使亞維農成為一個繁榮的城市。教宗在此建造一座宮殿，其內部裝飾不少壁畫。這種奢侈令許多基督徒震驚。人們譴責教宗和國王對當前的困境漠不關心，而且還竊取窮人的金錢以維持豪華的宮廷。

大分裂

一項新事實將加深危機的嚴重性。意大利人不曾放棄見到教宗重返

---

[20] 教廷的財政收入情形，請參閱"La Papauté d'Avignon et sa fiscalité: extraits de comptes concernant la collectorie de Reims, 1335-1336," Ch.-M. de la Roncière, Ph. Contamine & R. Delort, *L'Europe au Moyen Age*, t. 3, pp. 302-304.

羅馬的願望。兩位未來的聖女，凱薩琳（Catherine of Sienna）和布里姬（Bridget of Sweden）請求教宗格列哥里十一（Gregory XI, 1370-1378）返回羅馬，以促進基督教世界的和平。格列哥里十一表示同意，而於一三七八年在羅馬去世。

在羅馬人民的威脅下，受驚嚇的樞機主教們於一三七八年四月八日選出一位意大利籍教宗烏爾班六世（Urban VI, 1378-1389）。九月，仇視烏爾班六世的樞機主教，不滿其笨拙和高傲，認為此次教宗選舉無效，同時推舉他們之中的羅伯（Robert of Geneva）為教宗，稱克萊孟七世（Clement VII, 1378-1394）。基督教世界有兩位教宗，而且幾乎無法分出誰是正統。

基督教世界完全分裂。查理五世承認克萊孟七世。英國站在烏爾班六世之一邊。法國的盟友卡斯提爾和蘇格蘭，承認定居在亞維農的法國教宗。相反地，德意志和意大利則贊成羅馬教宗。

由巴黎大學帶頭發動重建一統的初步嘗試。一些神學家提議罷黜兩位教宗，舉行一次新的選舉。以大公會議為代表的整個教會，必須確保權威，取代無能的教宗。可罷黜教宗的大公會議，其權威自然優於教宗。一四〇九年在比薩召集一次大公會議，兩位教宗被廢，亞歷山大五世（Alexander V）被選出，取代他們的職位。

這次的行動唯一的結果，就是基督教世界，同時有三位教宗，而非原先的兩位，因為被廢的教宗宣稱，大公會議的權威無效。他們徵募軍隊，發動戰爭。

基督教世界的混亂

如此情況，導致良心的困擾。不再有無可置疑的最高權威，來指導基督教世界。某些人認為大公會議是唯一夠資格者，其他人則說，教宗是唯一有決定權的人。

異端再度應運而生。

基督教世界長久分裂。國家的敵對，民族的誕生，造成國家性教會的出現。這是中古基督教世界統一之結束。

自康士坦斯 (Constance) 大公會議❹之後，大公會議的成員以國家來分組。

各國君王利用教廷之困境，有意自行處理自己與其教士階級之關係。

一四三八年，查理七世在布爾吉召開一次法蘭西教會會議，頒布「國事詔令」(Pragmatique Sanction)，確定大公會議的優先地位。國王在其王國中，支配著各種教職。除非國王同意，否則教宗無法對其法國教士課徵任何稅。

在這些危機及其影響而疲於奔命的教會，已無法應付基督徒對於宗教改革的至誠願望。直到十六世紀，問題仍然存在。到處傳播著對惡鬼和死亡的恐懼。這種良心的危機，令人走向迷信性的不安。

二、文化

在十四和十五世紀，藝術的型態及其發展，和經濟的情況之間，呈現一種令人驚訝的巧合。在經濟生活相當活躍的地區，如法蘭德斯、萊茵河地區和意大利，富有的資產階級者和商人，要求藝術家製造一種新形式的作品；其他地區，還是經常由國王和貴族支持藝術家工作，他們的嗜好之改變，甚爲緩慢。

哥德式的結束

哥德式仍然盛行於北歐。除了傾向於建築嚴肅性的純粹熱望、光線

---

❹　一四一四～一四一七年，在西西里的康士坦斯召開的大公會議，結束大分裂：所有的教宗全被廢，一位新教宗 Martin V 受到整個基督教世界之承認。

和在十三世紀所標榜的崇高之外，現在哥德式特別強調複雜裝飾的嗜好和風格。教堂裝飾無數的石頭花邊，通常極爲美麗。這種十五世紀的哥德式稱爲「火焰式哥德」（gothique flamboyant）㉒。

哥德式藝術之能延續很久，特別應歸功於國王和貴族的喜愛。

贊助藝術的公侯

在十五世紀，所有君王或公侯的宮中，皆爲文化的中心。在安布瓦斯（Amboise），被英人釋回後在此定居的奧爾良的查理（Charles d'-Orléans），款待詩人魏勇。第戎、亞維農等城市，成爲畫家和建築家施展才華的場所。

卡貝王朝的宮中，爲上述場所中最傑出者之一。瓦盧亞家族在這方面曾扮演十分重要角色。查理五世及其弟貝利公爵約翰，曾廣泛蒐集精美的原稿，並加上華麗的裝飾。貝利公爵約翰的《時光之書》（*Les Livres d'Heure*）一直相當著名。

意大利的藝術家已來法國工作。傅給（Jean Fouquet, 1415-1480），爲法國著名的畫家，也曾在意大利居留過。在愛克斯・安・普羅旺斯，一個法國宮廷的存在，有利於此種藝術的交流。勒內王在此贏得藝術贊助者的美名。

在此一方面，布艮第的幾位公爵的行動最爲持久。自從腓力時期開始，這個公國南部的都城——第戎，布滿許多紀念性建築物。自一四五五年以後，在好人腓力統治時期，公國變成更加華麗。

他所創設的騎士勛章——「金羊毛」（La Toison d'Or），非常講究。好人腓力設立一個十分重要的圖書館，館中不但存有中古所知的宗教書籍，而且也有俗世作品，如薄伽丘（Giovanni Boccacio, 1313-1375）

㉒　以用火焰式或波狀曲線爲其特色。

的著作，贊諾芬（Xenophon）、亞里斯多德（Aristotle）、凱撒（Julius Caesar）、西塞祿（Cicero）、維吉爾（Virgil）和古羅馬史家沙勒斯特（Sallust）等古代希臘羅馬作家的作品、小說和無數的史學作品。

　　這些書籍大部分在法國北部的里耳、甘德、布魯日和瓦倫希安（Valenciennes）等地的工場，經過一番相當考究的裝飾。

第六章　君主政體的確立
與宗教戰爭

十五世紀末開始的意大利戰爭，拓展了法國人，尤其是上層階級的視野，並爲法國帶來文藝復興；十六世紀的宗教戰爭，使瓦盧亞王朝的王國，在歐洲舞臺上逐漸失色。法國人從文藝復興帶來生活上的歡樂，跌入因宗教的敵對所產生的恐怖和仇恨的氣氛中。隨著宗教戰爭愈演愈烈，法國人的日常生活也愈來愈覺得困擾。然而，法國的君主政體卻在此一時期漸趨穩定。

第一節　意大利戰爭

自一四九二年開始，法國在意大利進行軍事行動，以重新征服曾隸屬於法國安茹家族 (les Anjou)，但是路易十一對之並不在意的那不勒斯王國❶。

查理八世進行一場勝利的戰爭，穿過意大利半島，一直達到那不勒斯，並在那兒加冕爲王；但卻引起教宗、威尼斯共和國和米蘭公爵之結盟，迫使他匆匆返回法國，而未能保留其短暫征服之果實。他的繼承者

---

❶ 那不勒斯王國爲諾曼傭兵於十一世紀到意大利尋求致富之道時所建。一二六五年，王位落入安茹家族的 Charles 手中。這是法國控制那不勒斯和西西里之始。一二八二年的復活節大屠殺後，被迫放棄西西里。然而，直到一三八一年，那不勒斯一直在安茹家族手中。

——路易十二（Louis XII, 1498-1515）於一四九九年也遠征米蘭。雖然攻下米蘭，但最後還是被教宗朱利厄二世（Julius II, 1503-1513）聯合威尼斯、西班牙和英國組成的聯軍所擊敗。

十六世紀的瓦盧亞王室，殖民意願不強，效果也不彰。法蘭西斯一世（François 1er, 1515-1547）和亨利二世（Henri II, 1547-1559），如同查理八世和路易十二，經常注意到意大利。這些國王派遣最優秀的部隊到這個半島。

一五一五年，野心勃勃的法蘭西斯一世重燃戰火。越過阿爾卑斯山的法軍有步兵三萬人、騎兵一萬人和七十二門大砲❷。

一五一五～一五五九年間，法國人在意大利贏得最輝煌的勝利，也遭遇到最慘重的敗仗。一五一五年的馬里南（Marignan）大捷❸，特別是因皇家砲兵隊的大砲而贏得。此役使法軍能夠占領米蘭地區，但隨之遇到查理五世（Charles Quint）之對抗。

查理五世為荷蘭和西班牙之主人，他在馬西米連一世逝世後被選為神聖羅馬帝國皇帝，且與英王亨利八世（Henry VIII, 1509-1547）結盟。

法軍在匹加底、荷蘭和西班牙三個陣線，扼阻住敵人，然而，法國還是在巴維亞（Pavia）被擊敗。西班牙人的新武器——毛瑟槍，在巴維亞擊潰法蘭西斯一世之騎兵瘋狂的進攻。法國國王被俘，並被迫簽訂喪權辱國的馬德里條約（一五二六年）。

被釋後，法王不承認馬德里條約。他耐心地進行一項漫長的外交工作，周密安排在意大利的盟友，在一五三二年經談判讓英國保持中立，並開始與土耳其人接觸。因此，他能在有生之年繼續其戰爭。

---

❷ Charles Terrasse, *François 1er, Le roi et le règne*,（I）(Paris: Grasset, 1945), p. 92.

❸ 馬里南為今日意大利的 Melegnano，在米蘭的東南方。法蘭西斯一世在此擊敗米蘭公爵的瑞士軍隊。

　　在整個法蘭西斯一世和亨利二世的統治時期，法國在意大利的戰果，並不顯著。路易十二於一五一二年失去的米蘭，其繼承者於一五一五年重新奪回，但六年之後，還是要放棄。此後，接著三次戰役，法國試圖再征服該地，但皆未成功❹。

　　自馬德里被釋，返回其王國後，法蘭西斯一世念念不忘要重啟戰端。在一五二七年查理五世的軍隊圍困羅馬之後，法軍在羅特雷（Vicomte de Lautrec, 1485-1528）指揮下，再度占領倫巴底和那不勒斯王國的一部分。然而，熱那亞船隊的叛離，使戰局失衡，羅特雷節節敗退。

　　在一五二九年的甘布雷條約中，法蘭西斯一世，如同三年前在馬德里一般，似乎放棄其意大利之野心。其實不然。他為兒子要求米蘭公國。查理五世拒絕，而法國就占領通往倫巴底的道路，亦即布雷斯(la Bresse)、布給（le Bugey）、薩伏衣（le Savoie）和皮德蒙（Piedmont）北部。

　　一五三八年，法蘭西斯一世和查理五世的休戰，並未解決米蘭問題。然而，在一五四〇年，查理五世將該公國交給其子——未來的腓力二世（Philip II）。

　　戰事再起，法國的盎根伯爵（comte d'Enghien）於一五四四年在皮德蒙的謝里索勒（Cérisoles）打了一場勝仗。亨利二世與憎恨西班牙人的教宗保羅四世（Paul IV Carafa, 1555-1559）達成秘密協議，要將西班牙人逐出那不勒斯王國。

　　一五五九年，加多·剛布雷希條約（les traités de Cateau-Cambrésis）之簽訂，結束了法國在意大利之野心，這或許與法國國內宗教戰爭的爆發有關。顯然地，法國放棄科西嘉，以及對米蘭公國之要求。

---

❹　一五二二年，法軍在畢可卡（Bicocca）之役失敗；一五二三～一五二四年間
　　的戰爭，導致白依亞（Pierre de Terrail, seigneur de Bayard）之戰死；
　　一五二五年，導致法王在巴維亞被俘。

法國原則上也放棄皮德蒙和薩伏衣,但暫時保留五處皮德蒙的戰略據點,其中有杜林(Turin)和畢內羅(Pignerol),再加上薩呂斯(Saluces)侯國。

直到一五六〇年,法國總是認爲如果不干預意大利事務,則無法成爲一個歐洲大國,因此法王必須在意大利對抗採取全球政策的查理五世。事實上,自一五一九年西班牙王查理當選爲皇帝之時起,在半島上的戰爭,其意義已改變。從法國的觀點來考慮,戰爭變成防禦性,而非昔日的攻擊性。甚至由法蘭西斯一世或亨利二世採取的主動,也是爲阻止皇帝支配整個意大利。因此,在十六世紀,法國人已改變其世仇:它不再是英國人,而是哈布斯堡王室。

在意大利的戰鬥,對法王來說,是一種使戰爭遠離法國疆界和領土的方法。因爲身爲荷蘭、法蘭西・孔德和西班牙主人的查理五世,設法包圍法國,或許甚至要壓扁法國。米蘭的取得,更增加哈布斯堡王室之對法國壓力。

一五五七年八月,伊曼紐爾・腓力倍爾(Emmanuel-Philibert, 1528-1580)在聖昆丁(Saint-Quentin)附近的壓倒性勝利,可視爲一種反轉:亨利二世的軍隊潰敗,死三千人,另六千人被俘。此一數字在當時相當可觀。此時法國遇到財政困難,然而西班牙的財政困難則更爲嚴重。在聖昆丁戰役前兩個月,腓力二世宣布部分破產。

財政的枯竭,以及喀爾文教派在西歐的進展,使西班牙國王無法好好利用其勝利。在法國,如孟呂克(Blaise de Monluc)和布朗東(Pierre de Bourdeilles, seigneur de Brantôme, 1534-1614)等軍方人物,不滿加多・剛布雷希條約,因爲它似乎劃下法國在意大利野心的句點。但是如果將一五五九年的法國與一五一五年的法國比較,可以看出由於三主教區(Trois-Evêchés)和加萊的取得,法國的版圖得以擴大和穩定。

此外,意大利的戰爭讓法國的貴族,對於意大利因文藝復興而產生

的燦爛精緻的生活，大開眼界。法國的文化開始產生很大的變化。

此一時代最開放和最活躍的人們，體認到此一文藝復興的新精神，並以爲傲。他們設法在古籍中尋找再生和充實。

隨著文藝復興運動的興起，發韌於古希臘羅馬時代的思想和生活的人文主義開始大放異彩。人本身的價值和天賦的本能重新受到重視。在宗教方面，人文主義學者嚴厲批評教會，強調人的價值，因而有恢復純眞宗教的福音主義之出現，以及喀爾文所進行的宗教改革；在文藝方面，以龍薩(Pierre de Ronsard, 1524-1585)爲首的七位法國作家，組成「七星詩社」(la Pléiade)。他們的目的是把作爲文學表達工具的法語提高到古典語言的水平。他們謹愼模仿和借用意大利文藝復興的作品和古典的文學形式和語言，使法語更加多彩多姿。他們被認爲是法國文藝復興詩歌的最早代表。

宗敎戰爭的殘暴，似乎猶如文藝復興樂觀主義的一次觸礁。

第二節　宗敎戰爭

在知識沸騰的十六世紀裏，宗敎思想和體制被研究，也被質疑；人們相互敵對，也相互激烈衝突。與馬丁路德(Martin Luther)在日耳曼地區的激烈改革運動同時進行，而且無疑地受到他的影響，而有眞正虔誠的新敎精神，對抗所有濫權，例如貴族對有俸聖職的兼併，主敎區或修院配給弄臣，甚至是婦女。博學之士有意回歸聖經之敎訓。勒費富(Lefèvre d'Étaples)翻譯福音書，以及聖經。此一福音主義受到巴黎大學之譴責❺，但直到引起法蘭西斯一世態度完全改變的一五三四年侮

---

❺　Hermann Tüchle, C. A. Bouman & Jacques Le Brun, *Nouvelle Histoire de l'Église (3), Réforme et Contre-Réforme*, Traduction de H. Barth,（Paris: Le Seuil, 1968）, pp. 109-110.

辱性「布告事件」（L'affaire des placards）❻，御妹瑪格麗特（Margue-
rite de Navarre）則加以支持。以往曾傾向教會內部改革和更新理念的
國王，此時向民意讓步，採取一項較保守的態度。此後，國王的立場逐
漸強硬，准許後來對新教徒愈演愈烈的壓迫。喀爾文——人文主義者和
法學家，逃到巴塞爾（Bâle）。他在一五三六年出版《基督教原則》（*L'
institution Chrétienne*），領導一次較路德更激進的改革運動。自一五
四一年起，他在日內瓦強力應用該書的原則。在其《教理問答書》，爲教
育年輕人，他以問答的方式，提出其理論之主題，其中有「恩典」等❼。

在法國，自亨利二世登基之時，新教即遭受迫害，但在上層的資產
階級和貴族階級有成群的信徒，尤其是勢力強大的柯立尼家族（les
Coligny）和波旁家族。法國新教教會於一五五九年在巴黎召開首次教區
會議，採用喀爾文編纂的宗教信仰之主張。

在重新修好的希望幻滅後，教宗克萊孟七世和保羅三世（Paul III）
進行的天主教更新和再生的努力，在法國國內產生迴響：陸軍總監孟莫
雷尼（le connétable de Montmoreny）、吉斯家族的法蘭西斯和洛林
樞機主教（le cardinal de Lorraine）等人所領導的一群天主教徒，與
波旁家族、康地親王（Prince Condé）和海軍上將柯立尼等所領導的喀
爾文教徒，互相敵對。

在亨利二世死後，擔任攝政的母后麥迪西家的凱薩琳（Catherine
de Médicis）試圖調解這些敵對者，還在布瓦希（Poissy）召集一次神
學家討論會。不幸的是，信仰過於狂熱，而派系領袖又太過於驕傲。討

---

❻　新教徒將直接攻擊彌撒的布告，甚至貼在 Amboise 城堡國王臥室的門上。請
　　參閱 Charles Terrasse, *François 1ᵉʳ, Le roi et le règne* (II), pp. 235
　　-236.

❼　有關喀爾文教派，請參閱李邁先譯，《西洋近世史》㈠（譯自 *The Western
　　Heritage* of Steward C. Easton）（臺北：幼獅，民國六十五年十月三版），
　　頁八七～九七。

論會失敗，內戰也就不可避免。

除了派系領袖勢不兩立外，在加多‧剛布雷希條約簽訂後，失業的騎士也準備隨時參與內戰的所有激烈行動。他們依照自己的個性、信念，尤其是所屬的貴族派系，在康地和吉斯家族二者之間，做一選擇。吉斯家族已是強硬天主教派系之領袖。

假如亨利二世未英年早逝，或許他將能控制此一危險漸增的趨勢。他的權威不容置疑，人們也會深信他將繼續其反新教的習慣性強硬態度。然而，其繼承者包括麥迪西家的凱薩琳，卻猶疑不決，因而使法國成為派系的獵獲物。宗教政策也搖擺不定。

在其父去世時，法蘭西斯二世（François II, 1559-1560）只有十五歲半，吉斯兄弟❽為皇后瑪麗‧斯圖亞（Marie Stuart）的舅父；他們取得大權。一五六〇年三月，在康地親王的鼓勵下所進行的「安布瓦斯」陰謀，就是以除去吉斯兄弟為目的。計劃失敗，被捕的參與者被吊死在安布瓦斯城堡的平臺上。阿革里巴‧多比涅（Agrippa d'Aubigné, 1552-1630）見到此一慘狀時，年才八歲，他已誓言要復仇。然而，內戰尚未爆發。

法蘭西斯二世的去世，使母后凱薩琳得以摒除吉斯兄弟，以及採取一種妥協政策的嘗試。在奧爾良的三級會議（一五六〇年十二月至一五六一年一月），新任首相羅必達（Michel de l'Hôpital）發表一篇著名的開幕詞，呼籲宗教容忍。凱薩琳太后曾對布瓦希的討論會寄以厚望。十二位新教牧師，包括貝茲（Théodore de Bèze），在會中面對法國天主教士代表，闡釋他們的神學理論。雙方接觸的結果，歸於失敗。

然而，羅必達重擬一五六二年的詔書，其精神在於使情況和緩。改

---

❽　亦即 François 1er de Lorraine, 2e duc de Guise 和其弟 Charles, Cardinal de Lorraine.

革過的禮拜儀式首次獲准在法國公開出現。牧師團的創立和牧師會議，皆得到許可。牧師地位獲得承認。此一撫慰措施反而導致內戰。

二月，巴黎大理院拒絕登錄該詔書，隨之，三月一日發生瓦希 (Vassy) 大屠殺：一千二百位參加佈道的新教徒中，七十四人被殺死，一百多人受傷。屠殺事件並非預謀。吉斯家族的法蘭西斯和其人馬，自洛林返回，發現新教禮拜儀式就在瓦希舉行，而且並未如元月的詔書所要求的要在屋外。在號角聲中，吉斯兄弟的手下，衝進新教徒聚會的穀倉。宗教戰爭於焉開始。

瓦希的大屠殺引起「首次聖巴跌勒米」(première Saint-Barthélemy) ❾。在桑斯 (Sens)、在杜爾、在緬勒和安茹，休京拉派教徒 (les Huguenots) ❿被殺。康地親王則占領奧爾良，新教徒還出其不意奪取數個大城市。以暴易暴。法國陷入嚴重的內戰，無視於理性的呼籲。

通常大家總是認為宗教戰爭有八次⓫，最後一次戰爭自一五九五年起，即轉變為對抗曾支持天主教聯盟的腓力二世之外國戰爭。然而，此一區分似乎簡化了事實。實際上，法國在一五六〇年已經分裂，也十分動盪不安，自一五六二年起遇到幾乎毫無間斷的三十六年之困擾，只有兩個比較平靜的時期。第一個時期為一五六四～一五六六年，它使凱薩琳母后和剛好成年的查理九世，能夠進行全法國的視察，以介紹此一年

---

❾ Georges Duby, *Histoire de la France* (II), (Paris: Larousse, 1971), pp. 84.「聖巴跌勒米」為一五七二年八月下旬發生在巴黎及其他省區之新教徒大屠殺的名稱。此次大屠殺，新教徒犧牲了三千餘人，其中包括 Amiral de Coligny。

❿ 休京拉派教徒指新教徒，尤其是喀爾文派教徒。

⓫ 亦即：一五六二～一五六三；一五六七～一五六八；一五六九～一五七〇；一五七二～一五七六；一五七六～一五七七；一五七九～一五八〇；一五八五～一五九八。

輕國王給全國認識。第二個時期，發生在一五八一～一五八四年，亦即再度陷入比前一次更嚴重的混亂之前。

這些內鬥，不僅是彼此間之仇恨所引起的屠殺，而且還加上重要的軍事行動。真正的戰役，對新教徒不利的發生在德魯（Dreux, 1562）、在雅那克（Jarnac, 1569）和孟公杜（Moncontour, 1569）；對天主教徒不利是發生在古特拉（Coutras, 1587）、在阿格（Arques, 1589）和在伊芙里（Ivry, 1590）。皇家軍隊於一五六二年包圍盧昂，於一五七〇年和一五七三年包圍拉羅西萊，於一五八九～一五九〇年間包圍巴黎。

在內戰中，各黨派主要領袖幾乎皆慘死。一部分在戰鬥中傷重身亡，如一五六二年的波旁家族的安端（Antoine de Bourbon）和聖‧盎德雷元帥（le maréchal de Saint-André），一五六七年的孟莫雷尼；另一部分則被暗殺，如一五六九年的康地親王，一五六三年的吉斯家族的法蘭西斯，其子亨利（Henri）和洛林樞機主教在一五八八年被殺，柯立尼於一五七二年被殺，國王亨利三世（Henri III, 1574-1589）也在一五八九年遇刺。

國內混亂，使外國人得以介入法國事務。一五六二年，法國改革派與英女王伊利沙白一世結盟，且將勒亞佛交給她。後來暫時妥協的新教徒和天主教徒，又再度奪回。一五六八年，休京拉派在弄朱莫（Long-jumeau）得到一項光榮的和平，因為他們獲得巴拉丁選侯（Electeur palatin）之子率領的日耳曼騎兵和步兵之支持。

四年之後，同樣那位約翰‧卡希米（Jean Casimir），再度率領一支日耳曼軍隊進入法國。這仍然是吉斯家族的亨利（Henri de Guise）於一五八七年在維莫利（Vimory）和在歐諾（Auneau）所擊敗的包括瑞士人和日耳曼人的外國新教部隊。

---

❷　亨利四世尋求外援的情形，請參閱 Georges Livet, *Les Guerres de Religion*,（Paris: PUF, 1970, Que-sais-je? ）, pp. 117-120.

亨利四世在統治初期也向英國、荷蘭和日耳曼公侯求援**⑫**。西班牙人的干預，迫使他採取此一令他覺得恥辱的措施。因為在一五八四年，吉斯家族，身為天主教黨派的首領，曾與西班牙簽訂朱安維爾（*Joinville*）條約。雙方同意亨利三世的繼承人將是波旁樞機主教（*le cardinal de Bourbon*），而且腓力二世將支付五萬埃居（*écus*）以維持天主教聯盟的軍隊。在亨利三世死後，西班牙士兵駐紮在不列塔尼，解除巴黎和盧昂的被困，並權充首都的守衛。

自一五六二年至亨利三世的去世，假如王室的政策能更為持續，法國的混亂無疑地將會減輕，而外國人也較無法干預王國。然而，王室的政策卻是不一致。在此一時期有決定性影響力的凱薩琳母后，在一五六七年，亦即第二次宗教戰爭的初期，放棄其容忍政策。就在此一時刻，首相羅必達被黜。如果說太后隨後同意，甚至勸告對新教徒讓步，可能是一種為爭取時間的策略；無論如何，容忍和禁止改革儀式的詔書，在時間上的接近，足以證明政府之理論和計劃的不一致性。

在一五六二～一五八九年間，促成法國內部情況逐漸惡化的主要事實有三：荷蘭的反叛、聖巴跌勒米事件、以及亨利三世弟弟安茹公爵之死。

一五六六年，一項新教的「打破偶像之怒」自華倫希安蔓延至安特衛普。它在數年後，轉變為荷蘭對西班牙的普遍反叛。此後，法國的改革派和「托鉢僧」（*gueux*）**⑬**相互支援。至於聖・巴跌勒米大屠殺——為此凱薩琳母后和吉斯家族應各負一半責任——它不僅是一項毫無用處的罪惡，因為亨利三世必須在薄留（*Beaulieu*）和約中加以譴責，而且它在皇家權力和新教徒間劃上一道鴻溝，還造成一項君主信仰的危機。

此外，大屠殺並未僅限於巴黎。在政府的命令下，殺戮擴展到整個

---

⑬ 「托鉢僧」為反抗西班牙統治者腓力二世之專制的荷蘭士紳之稱。

王國。因為已對國王失去信心，此後新教黨派的組織，比以往更嚴密。它任命一位「改革教會總監和保護者」（gouverneur général et protecteur des églises reformées），維持一支近乎永久性的軍隊，對其控制的領域徵稅，支配地區議會和省議會。納瓦爾家的亨利（Henri de Navarre）很快就擔任此一職位。法國也出現了一個雙首都，尼姆（Nîmes）和孟多邦（Montauban），以及一個大港，拉羅西萊的新教共和國。聖巴跌勒米大屠殺還造成另一結果是：它使那些將國家統一置於宗教意見分歧之後的人，形成一個更有力的團體。這些「政治家」或「不滿分子」，組成一個第三黨派，令查理九世和亨利三世困擾，但最後卻讓亨利四世獲得勝利。

　　儘管發生了聖巴跌勒米大屠殺，亨利三世在一五八四年六月十日去世時，法國似乎慢慢恢復平靜。亨利三世未有小孩，新教黨派領袖納瓦爾家的亨利，成為法定繼承人。此一情況，令法國人發狂。在吉斯家族之催促和西班牙人的鼓動下，最激進的天主教徒重組「神聖同盟」（la Sainte Ligue）。它曾在一五七六年薄留和約簽訂後誕生，但後來中途夭折。

　　此後，法國籠罩在混亂的陰影下。亨利三世最初以領導該聯盟，盡力使之中性化。他還與吉斯家族接近，且宣布納瓦爾家的亨利，失去其權利。納瓦爾家的亨利在古特拉擊敗其敵人，但是吉斯家族的亨利也擊潰來支援法國新教徒的外籍兵團。為其勝利沖昏了頭，吉斯家族的亨利得到巴黎人民的歡迎，並羞辱亨利三世。

　　亨利三世離開其首都，利用三級會議在布魯瓦（Blois）集會，令其侍衛於一五八八年刺殺吉斯公爵和其弟洛林樞機主教。在吉斯兄弟被殺後，亨利三世高喊「目前我是國王」。事實上，他比以前更少國王的權威。布魯瓦事件一傳出，巴黎起來反叛。吉斯家族的亨利之弟——馬延公爵（le duc de Mayenne）成為聯盟的新領袖，以及王國的主宰。亨利三

世必須回到納瓦爾家的亨利那裏，並與他結盟。一五八九年八月一日在聖克魯（Saint-Cloud）被一位瘋狂的修士重創之後，國王指定這位新敎的親王爲其繼承人，但請求他改宗。

在數年特別戲劇性的內戰之後，一項雙重的全國性反動拯救了國家：天主教聯盟的三級會議於一五九三年集會，要求一位天主敎君王，但拒絕將王冠給予腓力二世之女，伊莎貝拉（Isabelle）。亨利四世瞭解，如未改宗，他將永遠無法被其子民接受。恢復國內和平的條件，亦即亨利四世改信天主敎，最後很自然地得到滿足。

第三節　君主政體的確立

王國的穩固

歷經查理五世和腓力二世一再的攻擊，以及宗敎戰爭的摧殘，法國爲何還能殘存？此一問題的答案爲瓦盧亞王朝的法國爲當時西方最穩固者。馬西米連羨慕法國，馬基維里（Niccolo Machiavelli）使之成爲意大利人之典範，謝斜（Claude de Seyssel）以《偉大的法國君主政體》（*La Grande Monarchie Française*）爲其著名作品之書名。這些，並非偶然。歷任威尼斯駐法大使吹噓法國國家的統一，以及國王較其他國家更能得到臣民之服從。

人口、民族感情和語言的統一，有助於王國的穩固和君主政體的確立。法國爲此時歐洲人口最衆的國家，總數達一千五百萬～一千八百萬人[14]。英、法百年戰爭後期，法國的民族感情之提昇，爲擊敗英國的主因

---

[14]　歐洲主要國家在十六世紀的人口詳情，請參閱 Marcel Reinhard, André Armengaud & Jacques Dupaquier, *Histoire générale de la population mondiale,* (Paris: Montchrestien, 1968), pp. 116-123.

之一。一五三九年的維列・哥德雷（Villers-Cotterêts）法令規定，司法案件要以法語取代拉丁文。

國王的權威

維列・哥德雷命令有利中央集權，且因縱橫交錯的交通網，使王國更有此一傾向。這些交通網之一，就是郵政。路易十一曾創立皇家郵政驛站，以使政府的郵遞更方便。一五〇六年，路易十二將此一郵政服務開放供民眾使用。在前面幾位國王統治時期，國王的郵政逐漸超越巴黎大學和市內社區；同時，在巴黎行政中樞和財經中樞周圍，建立一個網路。法蘭西斯一世和亨利三世更使之擴展至全國。

法蘭西斯一世在法國逐漸確立專制君主政體。他有一些忠誠，但同時也貪婪的君主政體捍衛者，其中杜普拉（Antoine Duprat, 1463-1535）最具代表性。他在一五〇七年出任巴黎大理院首任院長，一五一五年成爲首相。他曾提醒國王法院中昔日的同僚，如非國王賜與，他們則毫無能力可言。

自法蘭西斯一世開始，宮廷變成一種統治的工具。因爲他喜愛慶典和玩樂，也曾鼓勵卡斯提革理安（Baldassare Castiglione, 1478-1529）出版《朝臣》（*Cortigiano* or *Courtisan*）一書，國王生活在一群耀眼的伙伴之中。然而，這些主要來自意大利的外國學者和藝術家，以及貴族貴婦等等的集合，創造出一種圍繞在國王身側的光環。

國王的出巡，以及爲安頓陪同國王出巡的大批人馬之所需而建造的華麗宮殿，成爲此時法國正在發展的君主儀式十分耀眼的證據。

亨利二世較其父節儉，其宮廷也較遜色。他取消舞會和音樂會，限制宮中貴婦的人數。然而君王的威望還是大增，尤其是一五四九年巡視巴黎和一五五〇年巡視盧昂。意大利人爲榮耀其公侯的一切裝飾紀念物，在法國出現。凱旋門、仿古的塑像、金字塔和方型尖碑，構成當時國王

周圍，一種羅馬昔日勝利的城市景觀。國王變成優秀詩人歡迎的「高盧的赫克里斯」（Hercule gaulois）。

中央權力結構

隨著法蘭西斯一世和亨利二世，當代人已感覺到統治方式之改變。很顯然地，一四八四～一五六○年，三級會議未曾召集。法王之新作風及其令人懷疑之專制，似乎已漸顯露出來。嘗過國王憤怒之滋味者，非僅陸軍總監波旁，尚有被控叛國而於一五二七年被處死的財政監督桑布朗榭（Semblançay）、一五四○年被捕的海軍上將夏波（Philippe Chabot）和一五四五年被監禁的掌璽大臣波葉（Guillaume Poyet）。

這些突然失寵和這些處罰，爲邁向中央集權的負面。在最上層，由貴族、親王、御前大臣和其他重要人物組成的御前（國王）會議，在法蘭西斯一世時代，爲組成有時稱「秘密會議」（Conseil secret）、有時稱「小會議」（Conseil étroit）、有時又稱「事務會議」（Conseil des affairs）的一小撮顧問所取代。威尼斯人蘇里亞諾（Michel Suriano）在一五六一年解釋說，「此一會議爲一創新，且是憎恨成員爲數過多的會議的法蘭西斯一世所引進，他也是第一位自該會議主席得知重大決定。」❶

在幕前，皇室大臣如陸軍總監、掌璽大臣、海軍大臣和內務大臣，經常居有利地位。一些次要，但已有高效率的人物，如向國王會議報告一般行政事務的查案官（Maître des requêtes）、皇家公證人和秘書（notaires et secrétaires du roi），則專門處理財政事務。皇家秘書在一五五九年擁有「指揮和財政的國務大臣」（secrétaires d'État des Commandement et Finances）之頭銜。他們共有四位，依照地理區

---

❶ Georges Duby, op. cit., p. 96.

域，同時掌有內政與外交之職權。

財政和司法

因為瓦盧亞王室對意大利的野心很大，因為法蘭西斯一世奢侈浪費，尤其是因為火器的發展使戰爭所費愈來愈昂，法王必須增稅。在十六世紀，政府的財政需求已成全歐中央集權化的主要理由。幾乎到處皆採取專制措施。在此方面，資金為法蘭西斯一世之決策方向。他於一五二三年創立御庫 (le Trésor de L'épargne)，聚集一切收入，包括來自皇家領域的收入。

他將舊有的，顯得太廣泛的四個財政區 (généralités) 細分成十六個區。他將海關和市集買賣普及化。亨利二世設立一位總監 (contrôleur général)，與中央部會同等級，負責登記御庫基金之動向。

然而，在先前的幾個世紀裏，國王透過各級司法機構，使其權威普及於整個王國。在舊制度的法國，司法與行政密不可分。此一情況並未在文藝復興時期中止。相反地，皇家司法在十六世紀愈來愈無所不在。在已存在的六個大理院，又新添諾曼第（一五一五年）和不列塔尼（一五五四年）兩個。巴黎大理院為其中之一，支配泰半的王國，編制不斷擴大，其成員由一四九九年的八十人，增至一五五八年的一百五十人，而且法蘭西斯一世還增加兩個新的檢察官辦公室。

自整個王國來說，一五三六年的克雷米厄 (Crémieu) 命令，增加代表國王掌管司法、租稅和治安的擺依 (bailli) 和在法國南方掌管司法的塞內夏 (sénéchal) 之職權，確定其對其他地方性司法機關之優越性。至於維列·哥德雷命令，它不但在司法文件上採用統一語言，規定戶籍資料登錄之格式，而且還確定民法和教會法之界限。亨利二世於一五五二年創立各有九位法官的六十一個高等法院，完成了王國司法的統一工作。直到舊政權結束，這些高等法院將成為輕微案件的上訴法院，以及

大理院和下層司法機構的中間階層。

亨利二世創立高等法院，也是爲了出售司法職位，以籌得款項。由於國庫經常空虛，王國增加官職以籌款，已是屢見不鮮。此一方式可以獲得一種立即的利益，但是卻不斷擴大須支付薪水之數額。它由一五六〇年的一百二十萬鎊增至一五八五年的五百萬鎊。逐漸地，政府官員視其職位爲財產，職位的出售和繼承制度化。國王部分權威的失去，除了再購回，將無法重返。大理院⑯將在危機和困難時刻，形成一種對王權的反對力量。

專制體制的鞏固

儘管有些永久性的阻礙，但在整個十六世紀，權力已逐漸集中在國王手中。對於君主政體來說，一五一六年與教宗李奧十世（Léon X médicis）簽訂的政教協議，爲其一項很顯著的成功，因爲，除了極少數例外，廢除王國內主教和修院院長之選舉，給予國王對重要教職的推薦權。此外，它還賦予國王對教士階級徵收什一稅之權。法蘭西斯一世及其繼承者因而成爲王國五分之二地產的主控者。

法蘭西教會在國王掌握中。法國國王此後擁有一種十分有效的工具，可以讓貴族階級懷有希望，或授予財富，而使之負有某種義務。這些財富又與官職不同，無法成爲世襲。對於國王來說，其利是雙重的⑰。

在亨利二世死後，三十五年多的宗教戰爭，大大損及君主政體的權威和國王本身的威望。然而，在此一時期，法國統治者還是不斷朝著路易十四式政體之方向而努力。麥迪西家的凱薩琳及其子，仿傚意大利人

---

⑯ 在十六世紀，法國的大理院有 Paris, Toulouse, Grenoble, Rennes, Bordeaux, Dijon, Rouen, Aix-en-Provence 等八個，以國王之名，執行司法職權。

⑰ 法國有十個大主教區、八十二個主教區，五百二十七個修院。

和西班牙人，在朝廷內注重儀式和禮儀。

第四節　十六世紀的經濟

物價的上漲

　　經濟的轉機，特別表現在物價的衝力。在文藝復興時期，物價曾有過上漲，但在法蘭西斯一世和麥迪西家的凱薩琳時期，人們瞭解鮑丹（Jean Bodin）在一五六六年所說，「金銀的充斥使各種物價比百年前貴十倍」[18]。事實上，較合理的估計，在整個十六世紀，法國的生活費用，漲了百分之三百～四百：漲幅足夠讓當代人震驚和警覺，且足以解釋在白銀的推動下，貨幣的不穩定。

　　然而，歷史認知的進步，在今日已不再認為十六世紀價格的上揚，只與貴重金屬的湧入有關。其他因素也扮演重要角色：奢侈品的漲價、錢幣最快速的流通、信用的膨脹、迫使人們從以物易物經濟轉向貨幣經濟的城市化、在凶年促使最不可或缺產品價格上揚的氣候因素，最後，最須強調的是人口的膨脹。

　　十四世紀和十五世紀前半期的飢荒、瘟疫和戰爭，減少歐洲，尤其是法國的人口。一四五〇～一五六〇年(甚至一五八〇年)，相反地，卻是人口的重建和再成長時期，並逐漸達到，甚至還超過一三二〇年的水平。

　　人口的成長自然有利於城市的發展。在歐洲的大城市中，僅次於君士坦丁堡的巴黎，一五三〇年左右，有五十條街道和一萬間房屋。法國學者估計，在一五〇〇年左右，巴黎約有二十萬居民，在宗教戰爭前夕，

---

[18]　Georges Duby, op. cit., p. 101.

約有三十萬人。

農業技術和習俗

耕種的技術和習慣，事實上是傳統的。冬季和春季的穀類，占用最好的土地。鄰近村莊或孤立的房屋，有菜園和幾棵果樹。農民經常依照同樣的方法，使用同樣的木製器具去耕種，因爲鐵的價格昂貴(較稀少，不易製造)。

缺乏大批牲畜，無法充分獲得改善土壤的肥料。農村到處實施休耕。除了潮溼地區，很少有收割牧草的草原，畜牧只不過是穀類種植的一種輔助。

此外，農民無法以購買挑選過的種籽來改良其耕種，因爲當時缺乏選種的人才，也無資本。何況，選種，此一現代技術，在當時根本不存在。

邁向技術的轉型

在農村之外，法國如同整個西方，技術的進步是很顯然的。無論如何，較法蘭西斯一世和麥迪西家的凱薩琳同時代的阿拉伯和中國文明更具活力的法國文明，引導人口中那些富裕且有高知識水準的人們，邁入物質的進步。生活水準的提昇，政府財政工具增加，精英眞正知識的轉變，從「本質的世界」轉向「實驗的世界」。許多事實，以各種程度，解釋此一邁向技術文明之轉型，以及諸如貝松（Jacques Besson）一五七八年出版的《工具的舞臺》（*Théâtre des instrument*）和拉美依（Ramelli）的《不同人造機器》（*Différentes machines artificielles*）等著作在巴黎出版。一位十六世紀末的技術人員，稱機械爲「藝術中最高貴者」。

十六世紀，法國出現許多能逐漸改善日常生活的創新。衣物箱轉變

爲衣櫥。玻璃取代透明的布和紙，作爲窗戶的材料。眼鏡不斷增加。在富裕之家，人們開始用叉子吃東西；擁有鐘，甚至錶；使用鍋子，有時還帶有掛鈎。這些進步隨著金屬，尤其是鐵的應用而出現。

我們無法認爲，文藝復興時期已有技術方面的革命，但是，在各種不同部門，演變非常快速。絲和毛的針織開始擴展。一五○五年，托洛葉（Troyes）出現一家針織品店。印刷成爲重要工業。一般紙張只有羊皮紙的五分之一價格。十六世紀，巴黎出版業出版二萬五千本著作（每本著作平均印一千冊）。里昂出版業出版一萬三千本著作⑲。

最後，法國航運界從外國的發明和船隻建造的改良獲益匪淺。它利用太陽磁偏角和北極星的航海圖。此一航海圖於一四八三年首度在威尼斯出版。

商業的技術

在十六世紀，商業技術也有進步。在此一方面，法國受意大利學派之影響，採用海事保險和複式簿記。除了巴黎，里昂也是十六世紀法國金融和經濟中心，因爲該城爲一意大利、日耳曼和瑞士等地商人的聚集地。

在十六世紀的法國，商業和金融機構約有二百零九家，其中有一百六十九家在里昂，而四十三家屬於意大利商人，十五家屬於日耳曼人或瑞士人。自法蘭西斯一世統治初期至一五八九年，里昂的市集勝過日內瓦，而在歐洲首屈一指。意大利、瑞士、日耳曼、荷蘭和波羅的海地區的商人，每年有四次在里昂與法國和西、葡等國商人會面。在市集的十五天期間，商人做成買或賣之決定，但尚未付款。在市集結束後的二、三週內，商人整理收支帳目，並進行匯款之活動。

---

⑲　此時，日耳曼地區共出版四萬五千本著作，英國一萬本，荷蘭八千本。

價格上漲的犧牲者和受益者

十六世紀西班牙金銀的湧入，真正的犧牲者是廣大的農民和城市的工人階級。在農民方面，除了那些從一般價格，包括農產品價格上漲獲益者，以及那些囤積小麥者，一般種植穀類的小農，其收成之出售僅限於每年一、兩次的市集，而且其微薄的利潤很快被皇家財政之貪婪所吞食。在長年戰爭時期，對財稅之需求前所未有，而根本不必談及封建領主之貪財。博斯（Beauce）之農民、土魯斯之色粉工人和波爾多之葡萄農的情況稍好外，一般農民幾乎是辛苦經年而一無所獲。

城市工人階級受創更為嚴重。他們忍受著諸如小麥、豬肉、飲料等等一切物價的上漲。物價上漲猶如三級跳，但他們所賺的錢卻很有限。工資增加緩慢，事實上，實際工資反而大幅度減少。對於城市中賺小錢的人來說，日子很不好過。

在十七世紀末，諸如巴黎神聖同盟（Sainte Ligue, 亦稱 Sainte Union）成員，以及法蘭德斯和其他地區的破壞聖像運動團體等，缺乏此一經濟情況的認識，他們無法瞭解它所顯示的嚴重災難。當時的經濟情況是：西班牙自世界另一端所帶來的金銀，絲毫未落到這些城市工人。在此城市人口過多之時，人力過剩，伙計或工人一點兒都不能為其不滿而提出任何要求。

另一方面是受益者：在價格上漲時期，最確定的獲益者，無疑是土地租賃人，他們收取穀物，以取代租金。這些滿山滿谷的穀類，自一五三○～一五四○年起，可以十分昂貴的價格出售給城市商人。這種純收益，很容易且毫無風險，因此繼續吸引擁有資金的商人和銀行家。在城市近郊取得一些良田，不如高風險的大貿易之高利潤，但卻很穩當。因此，巴黎、里昂周圍的莊園，不僅是晉身貴族滿足虛榮的保證，而且也是無風險高獲益的投資：在十六世紀，地價也是上漲。然而，眾所皆知，

亨利三世和路易十三統治時期的貴族，經常帶有醋味地抱怨自己是商業發展的犧牲者，而非受益人。他們名義上毫無爭議之所得，對他們來說似乎微不足道，因爲這些所得爲物價上漲所「吞食」。他們購買的產品如壁氈、絲織品、毛織品、黃金、名畫、傢俱等等，價格皆上漲，其上漲的幅度並不比穀類小。特別因爲代表當時奢侈的這些產品，貴族們已成爲永不滿足的顧客。

在中古時期商業發展的世紀裏，貴族們已感覺到他們被城市的平民和沒教養的人遠遠超越；只不過在此一整個金、銀和奢侈品充斥的世紀裏，更覺得窩囊和懊惱。這些城市的平民爲貴族的供應商，且重視豪華的地氈和珍貴的繪畫作品。貴族們面對如此多的花費，不斷擴大的要求，似乎忘記其實際所得。

在城堡的中等舒適和城市的豪華之間，無可避免的日日比較。自十六世紀初起，伊拉斯慕斯（Érasme）就曾在一篇文章中提到，「亞當和夏娃是否爲紳士?」在《無座騎的騎士或假貴族階級》（*Le Chevalier sans Cheval ou la fausse noblesse*），他寫著:「什麼事是實際上無法忍受? 一位粗俗的商人家財萬貫，而一位騎士無錢付給妓女，無錢在賭場下注?」 [20]

農業的一些創新

在經濟方面，植物學和動物學的一些創新，值得一提。查理八世從意大利帶回香瓜，而在文藝復興時期，朝鮮薊（artichaut）在法國如同在整個西歐，成爲貴族階級喜愛的蔬菜。貴族階級現在吃培植的草莓、覆盆子和醋粟，這些在十四世紀末只有野生種。花菜於十六世紀在法國

---

[20] Georges Duby & R. Mandrou, *Histoire de la Civilisation française* t1, *Moyen Age, XVIᵉs,* (Paris: A. Colin, 1968), p. 298.

出現。蕎麥於一四六〇年左右自小亞細亞傳入諾曼第，於一五〇〇年左右傳入不列塔尼。四季豆和玉米，以及德維（Thevet）於一五五六年引進的烟草，則來自美洲。

但是，在十七世紀，才在隆多克引進玉米的種植。甚至在一五五七年聖昆丁之役，西班牙士兵還吃著匹加底農民所種的「馬鈴薯」。馬鈴薯只在法國大革命前夕才廣泛種植。

美洲似乎也在十六世紀給予歐洲各種白楊樹。這些樹木完全能適應潮溼地區。一些工業用植物開始推廣：桑樹，自中國傳入意大利，在十五世紀末已出現在普羅旺斯和隆多克，而且將在亨利四世時成爲政府推廣的經濟作物。亞麻和苧麻逐漸帶給西部農民愈來愈多的財富。

在動物方面，火雞在法國大量生產，珠雞則來自幾內亞。歐洲與美洲間動物的相互交流，在當時很重要。然而，上述之創新和農具的某些改良，並未能使農村在技術上和心理上擺脫保守作風。

第五節　十六世紀的社會

十六世紀在法國以及在歐洲，貧困漸增，而且一小撮富人和廣大群衆之間的鴻溝已加深。當時出現一種對手工的根本蔑視，以及一種貶低小市民的意願。

在鄉村，宗教戰爭的踩躪，賦稅的繁重，土地租金的提高，利用農民地位衰落而對土地大肆收購：這些因素自一五六〇年以後，加速鄉村大衆的貧窮化。

在城市，此種貧窮化程度並未較輕，因爲鄉村的人口過剩，一大群不幸者和游民湧入城市。工資大幅滑落，工人的生活轉趨困難。

物價上漲和貨幣貶值，再加上在意大利的耗費和新的奢侈習慣，嚴重影響到鄉間仕紳。自十三世紀以來，租佃戶繳給貴族地主的租金，逐

漸由實物租金轉成數額一定的貨幣租金。貴族階級無數的悲哀由此而生。在一五八七年，戴拉努（François de la Noue）指出，當時貴族家庭中，十分之八負債纍纍，或被迫出售部分財產。

在鄉村，農民地主、農民商人，以及領地的承包商，皆能因財富結構的改變而家財萬貫。

此一鄉村資產階級以高利貸款給債務人，並利用約束敎會和舊貴族階級的土地所有權讓渡，以獲得利益。

在城市裏，商業使各行業老闆，尤其是巴黎條件較好行會成員，累積財富，更使那些在國內和國際貿易不可或缺的仲介者致富。

其他上升的社會階層，尚有包括律師、法官、檢察官等司法人員，以及稱爲「官員」的政府公務員。君主政體的發展和國王財政的需要，造成一五二〇年以後，司法和政府官員人數的膨脹，他們逐漸成爲其職位的所有人。在土魯斯和波爾多，大理院人員在一五一五年爲二十餘人，在亨利二世去世時則增至八十人。

在鄉村，一五〇〇年左右，耕地和森林的基本界限已建立，且一直延續至一七〇〇年。

農民的生活

喬治・勒費伯（Georges Lefebvre）說得好。談到十八世紀的農民時，他說，「法國鄉村的典型，那就是農民爲自己，頂多爲鄰近城市而耕種。」[21]對其荒年、飢荒、領主的壓榨和盜匪的搶劫、士兵的劣行和自然的災害等所顯示之毅力，證明他們能忍受一切的不幸。在戰後，村莊被燒燬，人口被殺戮，如同布艮第在三十年戰爭期間一般，殘存者開始廢

---

[21]　Georges Lefebvre, *Études sur la Révolution française* (Paris, 1953), p. 208.

墟的重建工作，修復受損最少的房屋，重返田園。

　　農民面對從不確定的災難，表現出無比的毅力。在最慘重的災難之後，所有的村莊迅速復原。在鄉村經常有爲數甚多的寡婦（這是慢性不安全的象徵）也在工作，修復受到破壞的房屋，在社區中堅強的活下去。二十年、三十年，沒有戰爭，沒有瘟疫，沒有凶年，農村立刻恢復其人口和活動。當時的人爲此頗感驚訝！

商人和手工業者

　　桑斯、夏隆（Chalon）或盧昂，小省會或大海港，所有的城市，同時也是一個地方性市場，鄰近地區的農產品堆積在一起，且在稅吏、小商販……等人之手中流通。優先確保城市居民糧食之供應，爲城市生活無法忽視的要素之一。然而，城市也是一個商品的轉運站，亦即布滿法國之國際商業大道之一站。法國位於地中海、大西洋、北海和中歐之交通孔道，在歐洲享有特殊地位。

　　手工業者，是商人同時也是製造者，在其工場加工鄰近鄉村提供的亞麻、大麻或羊毛等。以今日的標準來看，他們並非工業家。小型的紡織工場、山區的縮絨工場、簡陋的礦場和以木材爲燃燒料的打鐵舖，皆爲小型企業，利潤微薄，產量不高。

教士

　　這些鄉村低階教士，儘管其社會和政治角色的重要（宣讀國王命令），儘管慈善救助事業的積極參與，他們並未帶給農民有效的保護，因爲他們並不富有，與其信徒同樣過著拮据的生活。被主教剝奪收繳什一稅的工作（大部分主教區，以俗人來徵收）。他們每年收到一份固定的旅費，這在十六世紀成爲本堂神父的薪俸。除了在城堡的幾頓豐盛的餐點，他們對其信徒，無所期待。

教士未曾走出其村莊，他們每年最多見一次自己的主教，亦即主教巡迴做禮拜時，然而這常因路況不佳，或臨時有事而取消。教士接受的知識和精神上的教育，往往來自其前任。本堂神父常在這些小農民中，挑選一位來自最機靈又人口多的家庭，教導最基本的教義，提供幾個拉丁字，足夠在彌撒時傳福音之用，忽略了使徒書，甚至是聖經。教士與其農民信徒，道德方面的表現不佳。教士在其鄉村教區中，通常是生活困苦，他們未受國家支持。

城市的生活

法國城市的第一個特徵爲其鄉村面貌：花園和田野，甚至在城牆之內，其特徵對曾居住在鄉村的人來說，也是耳熟能詳；事實上，其居民仍然是鄉下人，也就是假城市人。餐桌的陰暗、消遣、信仰和習俗，與鄉下人並無差別。他們仍然在戶外活動，習慣於風、陽光、騎馬和戶外生活。

十六世紀的城市，不像一九〇〇年，甚至是一八六〇年的城市。城市的生活粗糙到令人無法想像。無疑地，厚重的門，不僅面向泥土小路；也面向鋪石子路或水路。因此，尚未發展的近代城市爲一交換中心，爲一面向逐漸擴展的廣大世界之門戶。此一世界隨著時代的前進，逐漸提供市場、利潤和新產品。一五五〇年，住在里昂服飾用品街（la rue Mercière）的資產階級者，等待來自里斯本或威尼斯的胡椒的消息。他們準備訂貨。在自己的抽屜裏，他們有匯票，有各大城市大商人、大金融家的信用狀。在一五五七年，法國國王亨利二世和西班牙國王腓力二世，幾乎同時宣告破產，在法國造成一段時期的嚴重不安。

城市是商業中心，同時也是一個小的行政樞紐，以及主教區的首府。在大教堂的四周，摻雜著各色各樣的商店，形形色色的人們，其中有教會人士、行政官員、教會學校或中古大學的師生、以及工匠和商人。

城市的居住環境

文藝復興時期的法國人，因其工作之需要，被固定在城市。他們並非為過著比其他地方更好的生活，享受城外所無法享受到的舒適起居設備，才來到城市。事實上，誠如費伯爾所說的，「城市留不住人」。這與一個大村莊無異。它未忽視農民每日最平凡的雜務和掛慮，例如收成前夕，一位小城市的市長，在一六六五年貼出通告：「所有養狗的人家，要將狗綁在大木頭上，使之無法進入葡萄園，違者當場格殺勿論。」

這並非指一個布民第地區的村莊，或一個波爾多的城堡，而是任何一個農村活動仍然維持的城市。此類城市，在法國到處皆是。房屋之間有花園和綠地。每一間房屋皆臨街。草地、牧場、一小塊地種燕麥以養馬和家禽、最後是葡萄園，它使資產階級者能如同中古的主教和貴族，「喝到其葡萄酒」，這是長久以來法國人的心願。不僅是狗在街道上亂跑，連母雞、山羊、豬……也不例外。

所有鄉村生活的工具都出現。許多房屋擁有烤爐和穀倉，儲存秋收的穀類，以應全年之所需。有時在道路的轉彎處還存放著堆肥。甚至在亨利四世時代的巴黎，也不例外。大城市似乎令人倒胃口。在十六世紀，甚至在十七世紀，某些人，如有可能，都想溜之大吉。離開巴黎的人口密集區，如聖夏倍爾教堂(la Saint-Chapelle)和聖母院(Notre-Dame)鄰近地區，避難到附近的丘陵地。

事實上，如果較仔細觀察，城市的居住環境與鄉村尚有些不同之處。城市的房屋顯然地比鄉村房屋牢固，也較能避風雨。自十六世紀起，通常已有玻璃窗。城市房屋以石頭為建材，遮蔽性較佳。比起人與畜睡在一起的鄉下大廳，城市房屋仍然是較佳的避難所。然而仍有其不足之處：市民畏懼冷與風，由於不易取得好而效能高的暖氣，對寒風也就束手無策。

　　城市居民利用高至屋頂的烟囪，這在鄉間，未曾見到。許多農民在其住宅內，並無任何烟囪。他們在房間的一個角落起火，烟就從屋中的門與窗散去。十六世紀的市民，經常在戶外活動。國王自己經常狩獵，在戶外比武。商人或其信差，無論多夏，經日奔馳於路上。臨街門戶敞開的商店，裝不起昂貴的玻璃，有時也無窗簾。房屋冷而不太受歡迎，甚至公侯的房屋也一樣。人們必須自己以巨大的壁氈、窗簾或地氈……禦寒。現代人一進屋就脫掉外套，而十六世紀的人們卻剛好相反，至少在冬季是如此。

城市的食

　　有現款或擁有不動產財富的城市居民，不見得會比農民吃得好，或因體內的熱量較高而較能抵擋寒冷或惡劣的天氣。因為在豐年時方有較好的麵包吃。

　　小白麵包，對於貴族來說不足為奇，但卻是資產階級者的一項奢侈品。行會老闆、小工匠，如同鄉下人，吃混合小麥和燕麥的麵粉做成的麵包，隨之就是熱湯。家禽或獵獲物為資產階級者、貴族、教士等富者之肉類的來源。葡萄酒為最平常之消耗品。上等牛肉，並非每天每餐皆能吃到，而是要在節慶或一位公侯的蒞臨，才能享用。

第七章　波旁王朝與路易十四
的霸業

一五八九年，亨利四世繼承法國王位，創立了長達兩個世紀的法國最後一個王朝——波旁王朝（la dynastie de Bourbon）。此一王朝經亨利四世、路易十三（Louis XIII, 1610-1643）及其首相利希留（le cardi-nal duc de Richelieu, 1585-1642）之慘淡經營，終能爲路易十四（Louis XIV, 1643-1715）之霸業奠下良好基礎。

第一節　亨利四世

亨利四世是波旁王朝的第一位國王，也是法國史上的一位明君。然而，他鞏固其王位之歷程卻是十分艱辛。

南征北討

一五八九年八月二日亨利三世遇刺，第二天，亨利四世以合法繼承人身分繼位。此時，他發現自己是那麼孤立無援，旣乏臣民，又無大理院，也缺金錢。八月四日，他公開承諾要維持羅馬天主教信仰，以及遵循一個合法而自由的大公會議之指示。此一承諾也只贏得一部分貴族和親王之歸順。巴黎和其他大城市，皆支持天主教神聖同盟和其領袖馬延公爵。因配偶而有法國王位繼承權的外國君王如西班牙國王腓力二世、洛林公爵和薩伏衣公爵，皆虎視眈眈，準備干預。亨利四世所擁有的，

只是一支兩萬人的小軍隊，以及其充沛的精力。

　　國王兼帶兵官，亨利四世毫不遲疑地開始進行其王國的征服工作。他派遣龍格維（Henri 1ᵉʳ d'Orléans, duc de Longueville, 1568-1595）❶到匹卡底，歐蒙元帥（le maréchal d'Aumont）到香檳地區。九月，他出現在諾曼第，蘇格蘭和英格蘭的援軍取得聯繫。馬延公爵率領一支人數較多的軍隊在後追趕，然而卻於九月二十一日在阿格（Arques）之役吃了敗仗。受到此一勝利之鼓舞，亨利四世企圖奪取巴黎，但最後不得不轉而在安茹和杜連（Touraine）設立皇家政府❷。

　　在巴黎和其他省區的大理院，大多數法官宣布效忠國王。一五九〇年的戰鬥，帶來一連串新的勝利。馬延公爵於一五九〇年三月十四日在伊芙里遭遇一次大敗仗。勝利的皇軍在五月初開始包圍巴黎。

　　巴黎爲國王的主要敵手。巴黎的教士使該城瘋狂，巴黎的「十六人委員會」（Le Comité des Seize）❸凌虐保皇黨人，而且巴黎還動員將近五萬名市民以自衛。勒慕爾公爵（Henri 1ᵉʳ de Savoie, duc de Nemours, 1572-1652）、主教、教宗代表、西班牙大使和十六人委員會，領導著對國王的抵抗，而講道、遊行和處決，維持市民的興奮狀態。

　　自六月起，麵包開始短缺。如非腓力二世派遣軍隊來援，巴黎應已有意投降。王國的分裂和腓力對王位之野心，使此一干預無法避免。此後，內戰又加上對外戰爭。這些西班牙軍隊的來到，有助於建立軍事力量的均衡。任何陣營皆無法贏得一次決定性勝利。

---

❶　龍格維爲 Picardie 之總督，一五八九年在 Senlis 擊敗天主教神聖同盟。

❷　Pierre Deyon, "La France baroque, 1589-1661," Georges Duby, *Histoire de la France*, T. 2, p. 123.

❸　「十六人委員會」爲神聖同盟時期成立的一個叛亂委員會，其十六個成員幾乎全是律師或檢察官。他們在巴黎的十六區鼓吹神聖同盟。在一五八五年左右，吉斯家族未參與該組織，但卻急於與其合作。此後「十六人委員會」變成巴黎的眞正主宰。

　　亨利四世占領夏特爾和奴亞翁(Noyon)，逼近巴黎，奪去其一部分
穀倉，使其處境危急；然而，他卻須四處迎敵。薩伏衣公爵入侵普羅旺
斯，洛林公爵進犯香檳地區，而其弟梅戈爾公爵(Philippe Emmanuel
de Lorraine, duc de Mercoeur, 1558-1602) 則欲在不列塔尼建立一個
獨立的王國。教宗最後也宣布將效忠「異端」❹的俗人和教士逐出教會，
且在一五九一年九月召募一支軍隊，對抗亨利四世。

　　一五九二年的軍事行動未能有決定性的進展，但是政治情況卻有變
化。兩項新事實改變天主教徒的意見：巴黎神聖同盟的分裂和哈布斯堡
王室對法國王位之野心的顯露。「十六人委員會」的獨裁，事實上已對巴
黎一部分為官或經商的大資產階級，構成壓力。在巴黎，如同在許多其
他省區城市，神聖同盟造成手工業者和小商人階級的覺醒。他們要求參
與市政的管理，反抗王權和皇家官吏，恢復昔日城市的自由。巴黎市民
分成兩個無法妥協的派系。

　　另一方面，腓力二世計劃讓其女兒伊沙貝拉(Isabelle)登上法國王
位。他讓馬延公爵召開三級會議，以交換其金錢和軍隊的支援。腓力二
世的意圖引起不安和譴責，也造成天主教徒陣營的分裂。在此時，亨利
四世透過布爾吉大主教，於一五九三年五月十四日宣布，他在不久之將
來的改宗。

　　亨利四世的改信天主教，受到巴黎市民之熱烈歡迎，並於一五九四
年三月二十三日打開城門❺，歡迎國王。經過長達五年之努力，亨利四世
終於如願進入首都。進城後，他未進行任何報復行動，以顯示其寬容。

　　幾個月內，王國的所有城市皆效法首都。一五九五年九月，教宗的

---

❹　指信奉新教的亨利四世。

❺　Mark Greengrass, *France in the Age of Henry IV, The Struggle for
Stability*, (London & N.Y.: Longman, 1984), p. 58. 然而，巴黎打開城門
歡迎國王的日期，Pierre Deyon 卻認為是三月二十二日，見註❷, p. 124。

赦罪，掃除了神聖同盟少數分子最後的疑慮，促成馬延公爵和洛林家族與國王修好。

此後，外國的干預只剩一個藉口，亦即西班牙人霸權的企圖。亨利四世能夠集中全國的一切力量，與西班牙人戰鬥。敵人仍然很可怕，而國王必須驍勇善戰，方能於一五九五年拯救被侵略的布艮第。在北方，匹卡底仍受威脅，亞眠於一五九七年被敵軍占領。經法軍六個月的圍攻，駐守亞眠的西班牙軍隊終於投降。財富枯竭的交戰雙方於一五九八年五月二日在維婉（Vervins）簽訂和約。法國恢復其在加多・剛布雷希條約所確定的疆界，以及在歐洲漸增的權威。

南特詔書

對外戰爭結束，現只剩去除內戰和宗教戰爭的危機，亦即外國干預之藉口。亨利四世藉著南特詔書（l'édit de Nantes）之頒布，解決兩種宗教和平共存的基本問題。

一五九八年四月十三日頒布的南特詔書，可視爲法國新教徒權利和特權的特許狀。此一詔書包括九十五條一般條款和五十七條解除禮拜儀式限制的秘密條款，以及兩封國王的特許狀，由國王支付新教牧師之薪資和維護新教據點的衛隊之費用❻。

南特詔書爲一在情勢所迫下產生的微妙妥協。它在天主教王國內部，創立一個新教國家。此一協議相當脆弱，因爲新教徒的蔑視不遜於天主教徒的敵視。教宗、教士階級和大學，立即譴責此一詔書。亨利四世威迫利誘，以兩年的時間才得到所有大理院之同意。

---

❻ Mark Greengrass, ibid., p. 76; Hubert Méthivier, *Le Siècle de Louis XIII*, (Paris: PUF, 1971, Que-sais-je?), p. 24.

王國的重建

宗教戰爭，在其後期，對王國的繁榮帶來嚴重打擊。事實上，亨利四世本人對於經濟計劃毫不關心。他將此事完全交給其最親密的戰友之一，貝敦（Maximilien Béthune, 1560-1641），後來被封爲蘇利公爵（le duc de Sully）**❼**。

蘇利推行節約及緊縮財政。一六〇二年間，他促使通貨貶值，並減輕王室的債務。此外，一項稱爲「波雷」（Paulette）的新稅法也公布實施，主要是向全國的官員課稅。雖然擁有繼承權的家族也須繳納此稅，此一政策確實替法國增加不少稅收**❽**。新稅收入替國王彌補了因降低農民應繳納的土地稅所造成的損失。一六〇七年政府預算與收入已達平衡，這是過去十分罕見的現象。

在拉佛瑪（Barthélemy de Laffemas, 1545-1611）的鼓吹下，亨利四世擬訂新財經措施。這些措施爲後世法國財經政策樹立典範。新成立的貿易委員會開始設定各種鼓勵對外貿易的辦法。他參與設立許多製造業，如玻璃工廠、麻或絲的紡織廠。在另一位新教徒農學家塞爾斯（Olivier de Serres, 1539-1619）**❾**的協助下，他試圖在巴黎、奧爾良、杜爾和里昂等地區推廣植桑養蠶，且在里昂一帶很成功。由於專賣和政府補助，使這些奢侈品的生產能與輸入品競爭。

法國政府還以課稅和禁止進口，來保護國營製造廠；有好幾年，曾討論要成立西印度和東印度貿易公司，以經營這些地區的貿易，其目的

---

❼　Duc de Castries, *Histoire de France, des origines à 1970*, （Paris: Robert Laffont, 1971), p. 232.

❽　「波雷」稅法亦有其流弊，見 J. H. M. Salmon, *Society in Crisis, France in the Sixteenth Century*,（New York: St. Martin's Press, 1975), p. 325.

❾　塞爾斯曾著有 *Le Théâtre d'Agriculture et ménage des champs*。

不外乎要吸引金銀，亦即物質繁榮和軍事力量之泉源，到國內來。此種重商主義之原則，也爲利希留和柯爾白（Jean-Baptiste Colbert, 1619-1683）所遵循。

王權的伸張

一個無法支配國家財政的政府，則無眞正的權威。財政總監蘇利的功勞，就是確保政府執行其政策的工具。

法蘭西斯一世和亨利二世曾加強國王在各省區之權威，以及確保政府的良好運作，他們的努力，也如同經濟和財政般，受到內戰之打擊。亨利四世重續此一中斷的傳統。他在中央政府方面，重新樹立一種更具個人權威的專制政體。

專制政體也意味著媒介階級或稱官僚階級權力的低落。這個階級以往曾阻礙著國王意願的執行。亨利四世軟硬兼施，馴服各個大理院，控制各省區議會，監督各城市之選舉。他甚至指派總督，管理民情不穩的地區或城市。

在贏得貴族階級的忠誠方面，亨利四世常給予這些在內戰時期扮演決定性角色的貴族，某些物質方面的滿足。內戰使許多貴族家族負債纍纍。國王以降低利率、貨幣貶值等手段，減輕貴族的債務負擔。

由於國王充沛的精力和政治才華，法國在一六〇六～一六一〇年間享受國內難得的和平。羅浮宮（le Louvre）、聖日耳曼（Saint-Germain）和楓丹白露（Fontainebleau）的城堡之建造，成爲君主政體再度恢復之見證。

外交政策

歐洲事務爲亨利四世最後所關心的事務，或許也是後來他被暗殺的原因之一。他與薩伏衣公爵的衝突，其結果爲里昂條約（le traité de

Lyon）之簽訂。根據此一條約，法國王室增添許多土地。他的仲裁，使其盟國——荷蘭與西班牙達成十二年的停戰協定。然而，哈布斯堡和法國兩個王室間之敵對，並未稍減。

一六〇九年，信奉天主教的朱利希・克雷夫公爵約翰・威廉（Duke John William of Jülich-Cleves）去世。他的領域鄰接荷蘭，因此對哈布斯堡王室來說具有重要戰略地位。約翰・威廉無子女，而有繼承權的人，不論是新教徒或天主教徒，爲數甚多。爲阻止朱利希・克雷夫公國落入信奉新教的日耳曼公侯之中的一位，西班牙軍隊迅速自荷蘭進入公國。

亨利四世要求西班牙軍隊撤出該公國，否則他將出兵干預。在一六一〇年初，亨利四世與日耳曼新教公侯結盟，並在五月以前已集結五萬名法軍，準備與西班牙作戰❿。

亨利四世成立一個攝政會議，同意皇后在聖德尼加冕，而且確定法國部隊在五月的最後十五日內往克雷夫出發。此一行動或許符合戰略和外交的需要，以達到歐洲的均勢。然而，法國民意對於未來的軍事衝突，極表惡感。武器和裝備的準備，導致稅負大增。戰爭對許多天主教徒的心靈造成很大的困擾。他們似乎無法接受，法國與新教公侯結盟，以對抗一位天主教君王。宗教情結，使神聖同盟時期的心態死灰復燃。對他們來說，此一危機的主要負責人，猶如暴君；三十年來，在法國猶如羅馬，刺殺暴君被認爲是合法的。

一六一〇年五月十四日，亨利四世在巴黎街上被拉維雅克（François Ravaillac, 1578-1610）刺殺。

---

❿ Martyn Rady, *France: Renaissance, Religion and Recovery, 1494-1610*,（London: Hodder & Stoughton, 1991）,p. 115.

第二節　路易十三和利希留

君主權威之危機

亨利四世死時，其子路易十三年方九歲，巴黎大理院立即宣布由母后麥迪西家的瑪麗（Marie de Médicis, 1573-1642）爲攝政。瑪麗毫無政治天分，朝政由其寵信雷歐諾拉·加里該（Leonora Galigai）及其丈夫康西尼（Concini）把持。

瑪麗的這兩位意大利寵臣，促成法國與西班牙許多對王室婚姻，例如路易十三娶西班牙國王腓力三世（Philip III, 1598-1621）之女——奧地利的安妮（Anne d'Autriche），路易的姐姐則嫁給西班牙王嗣。這兩椿婚姻觸怒了法國的大理院和天主教士，連新教徒也十分震驚。

一六一四年二月，一次親王的叛變迫使政府召開三級會議，這也是一七八九年之前所召開的最後一次三級會議。由於貴族、教士和第三階級之間的歧見，以及已根深蒂固的仇恨，此一會議並未達成任何結果。

三級會議的隔日，王國再度陷入不安。一般人民不滿情緒仍未消失。宮廷奢侈程度有增無減。皇太后和康西尼十分喜愛意大利的藝術、音樂和技藝，引起了新教徒和其他包括信奉改革天主教的貴族等人士之憤怒。一六一六年以康地親王（Henri II de Bourbon, 3ᵉ prince de Condé, 1588-1646）爲首的貴族叛亂中，康西尼遭罷黜和謀殺。

直到一六二一年去世爲止，路易十三的寵臣呂伊納（Charles d'Albert, duc de Luynes, 1578-1621）支配朝政長達四年之久。他在一六二〇年敉平受皇太后鼓勵的貴族叛亂，同時進行對休京拉派之戰爭。在外交方面，支持皇帝打擊日耳曼地區的新教公侯。

利希留掌權

國王的四周洋溢著天主教的感情，王國的行動也以天主教為優先考慮。然而，哈布斯堡勢力的發展立刻顯露出往昔危險的再現。宗教利益與法國外交政策的妥協、法國新教徒的籠絡，以及阻止皇帝和腓力四世（Philip IV, 1621-1665）在歐洲的進展，成為法國當前最迫切要處理之事務。一六二四年，皇太后使利希留進入國王會議，並在四個月後成為首相。

一六二六年底，在利希留的請求下，國王召開一次包括親王、大諸侯、大臣和其他朝臣的顯貴會議，討論廣泛的改革計劃。

在統治初期，首先面臨貴族和休京拉派之騷動。一六二六年，利希留和國王毫不留情地處決意圖刺殺利希留的首謀者夏雷侯爵（le marquis de Chalais）。一六二七年，違反禁令在巴黎公開決鬥的孟莫讓希·布德維（Montmorency-Bouteville）和戴夏倍爾（Des Chapelles）被砍頭。利希留有意藉此轉移貴族階級以往封建的輕浮觀念，而以國家的新意義取而代之。

新教徒於一六二四和一六二八年，在羅昂公爵（le duc de Rohan）的領導下，發動兩次暴動。利希留嚴厲加以鎮壓，但隨後以寬大態度原諒他們。一六二九年的阿雷和約（le paix d'Alès）取消在南特詔書中給予新教徒的政治和軍事特權，剷除防禦工事，但仍繼續保有公民身分和權利。此一和約並非真正的條約，而是國王給予新教徒的恩賜⓫。

在外交方面，利希留積極拉攏盟邦，並與日耳曼和瑞典等新教國家結盟，其目的在達成法國打擊哈布斯堡家族和神聖羅馬帝國的政策。

⓫　Victor L. Tapié, *La France de Louis XIII et de Richelieu,* (Paris: Flamarion, 1967), p. 191.

　　一六二九和一六三〇年,對利希留和法國來說是最具關鍵性的年代。反政府的勢力,圍繞在掌璽大臣馬利雅克（Michel de Marillac）身邊。馬利雅克的支持者來自多方面。虔誠的天主教徒對國王未能剷除新教徒深感不滿,而和平主義者則反對法國加入薩伏衣戰爭,其博愛觀念使他們不願法國與他國為敵。有人擔心愈來愈嚴重的農民和工人暴動所引起的社會動亂,他們將社會動亂歸因於沈重的稅負和過高的軍費。最後,皇太后因懷恨利希留對她在西班牙和薩伏衣的兩個女婿發動戰爭,於是也反對他所有的政策。

　　在皇太后、國王和樞機主教的一番爭論後,路易十三顯得很沮喪。此幕的旁觀者認為利希留已失敗,利希留本人也有同樣想法。湧向盧森堡宮（le palais de Luxembourg）⑫向太后道賀的朝臣們則在翌日早晨卻發現國王對利希留堅定的支持,而馬利雅克已被捕。這就是有名的「上當日」（La journée des Dupes,指一六三〇年十一月十日）⑬。

　　此一事件確立利希留的權威,也使法國進入歐洲霸權的競賽場。馬利雅克下獄期間,御弟奧爾良公爵加斯東（Gaston）發動叛變不成,太后瑪麗則被放逐。一六三〇年後,利希留終於可以放手實施各項政策。

國內政策

　　在內政方面,他和亨利四世一樣,不喜歡做制度的改革。除了對海軍的改革之外,他改革的主要理念是動用武力使貴族臣服王室,堅持貴族若有不忠便是有罪之人,而且也是國家之罪人。他崇尚嚴格、抽象和絕對的君主專制政體。異議分子的叛變仍此起彼落,但叛變者對於政府處理其反叛行為的態度,所抱持的期望則與以前大不相同。叛變者所付

---

⑫　盧森堡宮為麥迪西家的瑪麗所建,現為法國參議院之所在地。

⑬　Robin Briggs, *Early Modern France, 1560-1715*, (Oxford: Oxford University Press, 1977), pp. 106-107.

出的代價相當大。

在財政方面，除了賦稅加重外，並無任何改變。重商政策和建立一支強大海軍使法國擁有可與英國、荷蘭競爭的貿易實力，這是法國政府不斷追求的最高目標。此一目標從一六二九年所訂的「米修法典」（Le Code Michau）可以看出。該法典樹立在法國港口的航行和船貨的國家主義之原則❶。

利希留在各地建造港口、海岸防衛隊、造船廠和海軍。他的叔父掌管海軍行政，而行政人員則由畢業於專門軍事學校者擔任。利希留以此為基礎，積極拓展在加拿大、非洲、西印度的殖民政策。他也和法國的最大競爭對手——西班牙做生意。

對外戰爭

法國首先試圖對其敵人進行一場「秘密戰爭」（guerre couverte），亦即透過其盟友打擊敵人。法國以金錢資助瑞典國王古斯塔夫·阿朵夫（Gustave Adolphe），攻打皇帝，並阻止其勢力之擴展。然而，瑞典王在一陣旋風式的勝利後，突然死亡，使皇帝裴迪南二世（Ferdinand II, 1619-1637）能夠反敗為勝。

情勢逆轉，迫使法國直接介入日耳曼地區的宗教衝突。在重新鞏固與瑞典和荷蘭的同盟關係後，法王於一六三五年五月對西班牙國王宣戰，而皇帝則於翌年九月對法國宣戰。

軍事行動初期，法國遭遇嚴重困難。一六三五年在荷蘭未分勝負的戰鬥之後，法國在第二年即面臨其敵人的聯手攻擊。皇帝的軍隊和西班牙軍隊南北夾擊，攻城掠地。巴黎受到威脅，許多省區，其中最著名的

---

❶　Hubert Méthivier, op. cit., p. 78.

是貝利果❶，發生農民的抗稅暴動。

國王和利希留的堅定意志，化險爲夷。他們在巴黎招募一支三萬人的新軍。法國北方的盟友奧倫治親王（Prince Orange）準備發動一次大攻擊。西班牙軍隊統帥擔心兩面受敵，於是往北撤軍。

法國獲救，但是此一經驗暴露出法國邊防的脆弱，以及軍隊的毫無戰備。利希留在國務大臣蘇布雷（Sublet des Noyers）的協助下，改進上述缺失。自一六三八年起，法王在法蘭德斯、匹卡底、亞爾薩斯、法蘭西·孔德、吉岩和意大利，擁有六支軍隊，人數超過十五萬人。海軍艦隊重新改編後，在大西洋擁有四十一艘戰船，在地中海有三十艘。

由於這些努力，軍力的優勢逐漸轉移到法國及其盟國。正當法國陸續光復失土之時，利希留感染重病，並於一六四二年十二月去世。數月後，路易十三也離開人間。

這些事件或許會使戰爭延長。乘著利希留的去世和國王的生病所造成的慌亂，西班牙企圖在一六四三年發動反攻。他們入侵香檳地區，但其攻勢卻遭到盎根公爵（le duc d'Enghien）擊潰。強大的西班牙步兵在羅克亞（Rocoi）一役，失去一部分的威望和信心。第二年，盎根和杜聯（Henri de La Tour d'Auvergne, vicomte de Turenne, 1611-1675）會合兵力，沿著萊因河作戰。隨之，杜聯在諾林根（Nordlingen）擊敗巴伐利亞和皇帝的軍隊❶。

一六四八年五月，法軍在朱馬壽山（Zusmarshausen）之役大勝，往多瑙河和維也納之路已通。皇帝承認失敗。一六四八年的西發利亞條

❶ Yves-Marie Bercé, *History of Peasant Revolts, the Social Origins of Rebellion in Early Modern France*, translated by Amanda Whitmore, （New York: Cornell University Press, 1990）, pp. 109-168.

❶ Enghien 和 Turenne 之作戰情形，另請參考 Georges Livet, *La guerre de Trente Ans*, （Paris: PUF, 1963, Que sais-je?）, p. 63.

約（les traités de Westphalie）顯示皇帝的野心和企圖完全失敗。奧格斯堡和約（La paix d'Augsbourg）❼擴展至信仰喀爾文教派（Calvinisme）的公侯，而三種宗教信仰共存，正式受到承認。日耳曼地區從此四分五裂。

　　然而，西班牙獨自繼續戰鬥。馬薩林（Jules Mazarin, 1602-1661）繼利希留之後，與西班牙纏鬥了十一年，才迫使西班牙走上漫長和艱辛的談判之路。一六五九年，雙方簽訂庇里牛斯和約，法國從西班牙王室取得許多土地，西班牙公主瑪麗亞‧德雷莎（Marie-Thérèse）嫁給路易十四（Louis XIV, 1643-1715），並放棄王位繼承權，而獲得五十萬金幣❽的嫁妝。

　　此一長達二十四年的戰爭幾乎讓整個法國傾其全力；迫使路易十三、利希留和馬薩林，尋求政府的特別措施；在某些情況下實施一種戰爭獨裁，忽略必須的改革，迫切取得租稅收入。此一戰爭造成王國體制相當大的轉變，但也使濫權更加嚴重，稅負更為加重，不滿和政治危機的因素大增。

第三節　路易十四及其霸業

投石黨（la Fronde）之亂

　　路易十四於一六三八年九月在聖日耳曼誕生。五歲登基時，面對著

---

❼　奧格斯堡和約於一五五五年九月簽訂。該約保障路德教派的信仰自由，也導致日耳曼地區的宗教分裂。

❽　西班牙在十八個月內，交付此筆嫁粧，但事實上後來卻分文未付。馬薩林只不過計劃為波旁王室在未來取得西班牙王冠埋下伏筆。請參考 Hubert Méthioier, op. cit., pp. 126-127。

引起眾人反感的重稅和新政策，可以說是一個麻煩時期的開始。奧地利的安妮，也是攝政母后，寵信馬薩林，而馬薩林的意大利背景，令人想起以前另一位意大利人康西尼所造成的困難。

王族的幾支後裔——奧爾良、波旁、康地和汪冬（Vendôme）間的鬥爭，導致其他更老家族間的明爭暗鬥。一六四八～一六五三年間的投石黨的反對運動已經表面化。危機早已存在，現在更重要的原因是農作物連年歉收，地方上由貴族擔任的官員與王室任命的官員之間的衝突昇高，他們雙方對於利希留執政時代朝廷故意貶抑他們的權位感到非常惱怒。同時在英國爆發的革命對此危機也不無影響。

達隆（Omer Talon）在巴黎大理院中抨擊戰爭、稅制、迷信和專制主義的不當。他主張大理院在國家中應具有合法地位，應是國家法律的保護者。巴黎大理院也聲請其他大理院發起聯合革命行動。各官員要求取消各省總督之職。

一六四八年八月，巴黎發生動亂。一六四九年一月的一個寒夜裏，母后安妮帶著年幼的路易十四逃離巴黎。此一奔往聖日耳曼·昂·萊（Saint-Germain-en-Laye）之路程，爲路易十四一生中難忘的恥辱。隨之，宮中便議論紛紛，分成兩派，有的保王，有的反王，並經常改變立場。馬薩林的及時退位，讓安妮有自由談判的機會，因此在西部和東南部的動亂逐漸平息。革命派除了一致反對馬薩林外，並無一致的立場，也未曾留下任何憲政或制度上的改革。轉爲緩和的局勢和馬薩林的復職，並未改善社會和政治的不穩定狀況。後來路易十四於一六六一年曾說，當他親政時，法國全國仍是一片混亂。

一六六一年的法國

路易十四親政時，法國有一千九百萬人口，已成爲歐洲第一強國，但是國內卻傷口仍然未癒合。馬薩林留給路易十四，是一個疆域擴大的

王國，以及普遍的和平。

　　儘管法國的統一工作幾乎完成❿，但是國王離王國的絕對主人之路尚遠。

　　除了各省的行政自主外，尚有城、鎮、村等居民團體，各自管理自己地區的治安和預算。那些以買賣或繼承而得到職位的皇家官員，自成團體，剝奪了國王的部分主權。這些皇家官員爲數達四、五萬人❷。

　　在這些皇家官員之上者爲各種上訴法院，如負責司法的大理院，負責收支帳目的審計院，負責間接稅審理的審稅院(Cour des Aides)。國王會議爲最高審理機構。

　　中央權力結構很簡單。馬薩林與其同僚指揮一切事務。掌璽大臣爲王國第一官員，民政和司法行政的領袖；四位國務大臣 (Secrétaires d'Etat)，以陸軍大臣爲首；財政總監 (Surintendant des Finances) 掌理全國財政。

　　在社會生活方面，接二連三的戰爭、投石黨之亂，以及一六五七至一六六二年間經濟和農業危機，造成全國性的災難。飢荒和瘟疫導致死亡率大爲提高。宗教的協助，撫平部分不幸帶來的痛苦。

　　社會結構仍然是依階級和特權區分。司法地位所謂的「三級」(Les Trois Ordres) 與社會和經濟的複雜現實，並未吻合。許多資產階級者以購買土地和官職，逐漸貴族化。

國王與王國

　　一六六一年三月九日，馬薩林在禱告耶穌聲中去世。十日上午九時，

---

❿　除了 la principauté de Domes, la principauté d'Orange, le duché de Nevers, 以及隸屬於教宗的 le Comtat d'Avignon.

❷　Hubert Méthivier, *Le siècle de Louis XIV,* (Paris: PUF, 1975, Que sais-je?), p. 15.

路易十四召集國王會議，宣布親政。他時年二十三，雖頗具國王之威嚴，但仍無法擺脫年輕人之喜愛。他喜歡化粧舞會、宴會、無價值的裝飾品，以及對女人獻殷勤。馬薩林的姪女們讓路易十四喜愛詩和小說。宗教信仰和優雅的風度則來自母后的薰陶㉑。

路易十四能講意大利語和西班牙語㉒，甚至在二十歲時，他還學習拉丁文，以便能閱讀來自教廷的信函。十六歲時，他就已參加國王會議，並由各大臣向他簡報一些較容易瞭解之事務。

路易十四易動感情，且容易掉眼淚。母后去世時，他曾一度昏倒在其臥室。然而，他卻具有有怨必報㉓、城府很深㉔，以及嗜好吃喝玩樂等主要個性㉕。他認為一位國王並無生病的權利，因此要讓其人民存有國王不會生病，甚至不會疲倦的印象。因此，在四十五年期間，每日工作七、八小時，甚至更久，而毫無倦怠。

如同其同代人，他認為國王受上帝之託以統治人類，然而他也瞭解一切來自上帝和君王自己擁有的權利，皆建立在君王要能獨自保證整個群體利益之基礎上。他在一六六六年曾說過，國王為絕對的主宰，因此自然可以對世俗和教會的財產自由處置。

亨利四世利用幾個親信處理政務，但是路易十四卻將國王會議制度化。他親自主持會議，經由各成員報告、討論或表決，最後再由國王裁決和簽署。

㉑ Pierre Gaxotte, *La France de Louis XIV*（Paris: Hachette, 1968), pp. 7-11.

㉒ 馬薩林原為意大利人。

㉓ 例如一六四九年被迫逃出巴黎的狼狽景象，他永記心頭，因此非常痛恨投石黨中主要的貴族、巴黎總主教 Cardinal de Retz 和巴黎的市民。

㉔ 例如一六五三年秘密策劃在彌撒中逮捕 Cardinal de Retz，以及一六六一年同樣突然逮捕 Fouquet 等事件，的確令人大吃一驚。

㉕ Hubert Méthivier, *Le Siècle de Louis XIV*, p. 30.

行政改革

路易十四大部分偉大工作是在一六六一年之後的二十年間完成的。行政方面的改革重點，除了中央的國王議會外，最主要的還是在各省設總督（intendant）㉖，形成一個與中央有關的聯繫網。總督是向王室支薪的國王代表，由國王自由任命，並不受制於地方上的大貴族。雖然他們本身往往也是貴族，但職銜是來自行政或司法的功能，而非來自土地的擁有，因此缺乏個人的權力基礎。

他的統治最大的創新就是警察的創立。最初，它只不過是司法的附屬品。一六六七年，國王在民事副官、刑事副官之側，設立一位警察副官。警察副官的頭銜雖很平常，但因與國王經常接觸，很快就成爲王國的重要人物之一。警察副官的權力十分廣泛，除維持城市的公共秩序和安全之外，還將監督對國王和社會有害的作家和出版商。這是法國早期箝制新聞和著作自由的實例㉗。

路易十四和法國，經常成爲世界各地國王的楷模和王國典範。

經濟的改革

經濟改革的主要推動者爲柯爾白。伏爾泰（Jean François Marie Arouet de Voltaire, 1694-1778）曾說過，法國人在工業和商業虧欠柯爾白甚多㉘。

自一六六一年起，柯爾白有系統的重組中央行政和會計制度。他整

㉖　此一職位全名爲 intendants de justice, police et finances, commissares départis dans les généralités du royaume pour exécution des ordres du Roi. 最初爲臨時性質，一六八二年在 Béarn 首次出現固定的職位。

㉗　Pierre Gaxotte, op. cit., p. 43.

㉘　Voltaire, *The Age of Louis XIV*, translated by Martyn P. Pollack（London: J. M. Dent & Sons Ltd., 1958）, p. 339.

頓經濟，其目標是完成拉佛瑪的工作，亦即發展製造業和增加出口。達成此目標的最好辦法，就是力求產品規格化。一百五十餘種內容詳細的手冊，說明各種標準和規格，監督官員可以到各地對各種商品作檢查。此一作法之目的，在於強調經過政府核准的產品更容易外銷，以及贏得外國人的信心。柯爾白同意讓王室操縱開發設計新產品的權利。

主張重商主義的柯爾白認為，一個國家的財富和力量，依賴其所持有金銀之數量，因此他要盡量為法國創造財富。為表示國王對工商業之重視，路易十四親自訪問工廠，並在王宮接見商人，以給予一種榮譽。此外，柯爾白還主張設法減少對生產無助益之修士和修女之數量。

為分享國際貿易之利益, 法國成立一系列的外貿公司❷, 國王帶頭認購股分，王后、親王和各大臣，相繼追隨。然而，認股的工作，還是很難於推展。例如在一六六八年底, 東印度公司(la Compagnie des Indes Orientales)在其總資本額一千五百萬中，只募得九百萬，而其中四百萬由國王提供。

柯爾白不喜歡農業生活，其主要原因如下：
(1)農業無法大宗輸出其產品；
(2)天氣變化無常，無法掌握其產量。

然而，他絕對未忽視農民的利益，曾經填平沼澤，以增加耕作面積。

工業的發展被柯爾白列為第一優先，因為它促進商業的繁榮。為了使法國工業能與外國工業一爭長短，工資必須低，亦即麵包不貴，而農民也不會太快致富。為了贏得企業家之好感，柯爾白對他們極盡討好之能事。許多重要工業還受到國家的保護和資助。

為發展工業，不但犧牲了農民，也犧牲了工人。工人工作時間約十

---

❷ Compagnies des Indes Occidentales (1664), des Indes Orientales (1664),
du Nord（1669), du Levant（1670).

至十四小時。在巴黎，建築工人工作時間，在夏天自早晨五時至下午七時；冬天則自上午六時至下午六時。巴黎每年放假的節日有六十餘天，較星期日還多。柯爾白甚至要求總主教取消其中的三分之一❸⓪。

在柯爾白的鼓吹下，大工業開始出現。玻璃工業、印刷業、鐵工業，皆已具資本主義形態。一六七〇年，法國皇家花邊製造廠，在各地擁有六十個工場，雇用一萬七千個工人。國家對於串連和罷工的懲罰很嚴厲，但是工人活動轉入地下，進行秘密集會。階級鬥爭似將來臨。

荷蘭的海外貿易較法國來得早，也較繁榮。柯爾白處心積慮，不擇手段，只爲擊垮荷蘭的海外貿易之霸權。海外貿易需要海軍保護。海軍之發展也是其計劃中的重要部分。一六七〇年，皇家海軍擁有大小艦隻八十六艘，官兵和水手二萬八千三百人。

柯爾白的重商，導致農民十分窮苦。一六八七年，法國許多地區如緬勒、多芬內等，許多家庭以草根樹皮維生。農作物收成欠佳，又加上重稅，迫使波爾多等地的農民在一六七五年叛變❸①。

軍事革新

來自富商家庭的勒泰利耶（Michel Le Tellier, 1603-1685）及其子盧瓦侯爵（le marquis de Louvois, 1639-1691），對法國軍事改革貢獻良多。

他們創立使王室能掌握和控制軍隊的有效技術。十七世紀初，小型皇家軍隊大約僅有一萬五千人組成，而且其將領是一定效忠國王。如今建立了一套行政體系，指揮軍事事務，監督軍隊補給薪餉事宜，並負責監視軍官是否忠誠守法。少尉、中尉、准將等新階級出現。這些職位無

---

❸⓪ Pierre Gaxotte, op. cit., p. 61.
❸① Yves-Marie Bercé, op. cit., pp. 311-312.

法用金錢買到，因此國王得以派任較窮但較具有抱負的小貴族到軍中服役。一七〇〇年以後，軍隊激增至四十萬人，同時也逐漸制度化，成為國王不可或缺的利器。

勒泰利耶於一六四三年出任陸軍大臣，直到一六七七年轉任掌璽大臣時為止，幾乎所有陸軍的規章典範皆出自其手。路易十四非常尊重他，稱他「勒泰利耶先生」（Monsieur Le Tellier），而非像對其他大臣直呼其名。

如同柯爾白與其子謝內雷（Jean-Baptiste Colbert, marquis de Seignelay, 1651-1690）共同負責海軍部❷，勒泰利耶在其子盧瓦年方十四歲之時，即為他取得陸軍部大臣職位的指定繼承權。經過七年之調教和磨鍊，盧瓦於一六六二年開始批示公文，一六六八年起獨當一面，但仍不斷聽取其父之意見。因此，有人說自一六六八年至一六七七年，路易十四有兩位陸軍大臣。一六九一年盧瓦侯爵去世後，陸軍大臣一職又交給其三子巴布濟厄侯爵（le marquis de Barbezieux）。

國王自己很注意軍務。在統治初期，路易十四為政治領袖，杜聯為統帥，勒泰利耶猶如今日的立法委員，盧瓦則猶如今日的聯勤總司令。

盧瓦的政策帶來最好的成果之一，就是匡正捐官制所造成的許多弊端。上校和上尉仍然為透過競標所得的軍階。然而，在上尉之下為中尉、少尉；上尉之上為少校和中校。在上校之上有准將、中將和元帥。這些軍階和頭銜，因軍功而授予。為鼓勵無產的軍官，不必擔任上尉就可晉陞少校，不必擔任上校就可晉陞准將。貧窮的小貴族窩班（Sébastien Le Prestre de Vauban, 1633-1707），傑出的軍事工程專家，變成法國元帥；法倍爾（Abraham de Fabert, 1599-1662）和卡地那（Nicolas Cati-

---

❷ 謝內雷在十八歲時就成為其父掌管的海軍部之職位的指定繼承人，一六八三年柯爾白去世後，他才實際接管海軍部。

nat, 1637-1712)，皆爲平民出身，但也皆變成法國元帥。

砲兵和工兵變成重要的兵種，這是一項偉大的創新。盧瓦整編砲兵，窩班則整合盧瓦和柯爾白兩大系統的工兵。一六七四年，殘廢軍人收容所（Les Invalides）開始收容殘廢的士兵。盧瓦在軍隊補給的組織工作，也相當成功。

外交政策

路易十四經常視戰爭爲一位偉大國王的天生使命，而榮耀則爲其所最愛[33]。一六六七年起，他就有意採取一種政策，使法國能領導全歐。他最初採取審愼態度，後來變成無法壓抑的固執觀念。

軍事改革的成功，爲路易十四的對外政策奠下成功的基礎。在親政期間，他讓法蘭德斯和法蘭西‧孔德重歸法國懷抱；完成兼併亞爾薩斯的工作；讓他的一位孫子登上西班牙王位,且將日耳曼王朝逐出西班牙。

一六五九年，與西班牙簽訂的庇里牛斯條約，雖然法國獲得許多土地，但路易十四認爲這絕不表示兩國戰爭從此停止。他以西班牙未履行給予嫁粧的承諾，要求其后西班牙公主瑪麗亞‧德雷莎的王位繼承權和土地權利。路易十四以此一權利做爲派兵到荷蘭對抗西班牙之藉口。

一六六七年，國王、杜聯和窩班帶領六萬軍隊入侵荷蘭，攻下夏樂盧亞（Charleroi）、杜內（Tournai）、杜葉（Douai）、甘布雷、里耳和亞羅斯特（Alost）。一六六八年二月，康地親王在十五天內就占領法蘭西‧孔德。此一短暫的「權利移轉戰爭」（la guerre de dévolution）導致愛克斯‧拉‧夏倍爾條約（le traité d'Aix-la-Chapelle）之簽訂。法國在法蘭德斯邊境增加了十二處地方，其中包括夏樂盧亞、杜葉和里耳。

---

[33]　Norbert Elias, *The Court Society*, translated by Edmund Jephcott (Oxford: Basil Blackwell, 1983), p. 135.

路易十四與英王查理二世（Charles II, 1660-1685）於一六七〇年簽訂多佛秘約（le traité de Dover），使他在一六七二年展開長達六年的對荷蘭戰爭。於是西班牙又犧牲土地，把法蘭西·孔德讓給法國。

長期的對立以支持封建權利，其結果導致奧格斯堡聯盟戰爭的爆發（一六八九～一六九七年）。奧倫治親王威廉（William of Orange; William III of England）領導奧格斯堡聯盟，阻擋法國的擴張。法國的擴張主義給英國和荷蘭的海軍、宗教利益，以及日耳曼的立憲利益帶來威脅。此時，路易十四以讓荷蘭獲得貿易特權，承認威廉爲英王，以得到斯特拉斯堡之土地。

停戰五年後，法國再度投入戰爭。此次戰爭是爲將路易十四之孫安茹公爵腓力（Philippe）送上西班牙王位，以打擊哈布斯堡家族。此一戰爭稱爲「西班牙王位繼承戰爭」（一七〇二～一七一三年）。戰後雙方簽訂烏特列支條約（les traités d'Utrecht）。法國已耗盡國力，同時人口也銳減[34]。在追求國家光榮的目標下，法國北方和東方疆域均有擴張，西南方則拓展至庇里牛斯山。把波旁家族推上西班牙王位後，西班牙的威脅也告解除。然而，爲了達成這些目標，所付出的人力和物資，十分可觀。

宗教政策

在宗教方面，路易十四同樣強調統一和控制。在法國過去歷史中，宗教思想的分歧是造成王室驚駭惶恐的原因之一。在俗世心態日益增強的人們看來，堅持完全跳脫矯飾和權利慾望的神學理論，似乎是在掩飾一些反對政治的企圖。因此，路易十四嚴厲地剷除天主教的寂靜主義者

---

[34] 第十七世紀法國人口危機，請參閱 Marcel Reinhard, André Armengaud & Jacques Dupaquier, op. cit., pp. 174-195.

（les quiétistes）和詹森主義者（les Jansénistes），就如同剷除喀爾文派一般。在天主教方面，他把主教管理下級教士的權力提高，並以一六八二年的「四點條款」加強法國教會的對抗羅馬教會。這些工作依然是以統一各階層，服從指揮及維持社會秩序爲最終目標。

最著名的宗教爭端就是詹森教派的爭端。詹森（Cornelis Jansen, 拉丁文稱 Jansenius, 1585-1638）爲荷蘭天主教神學家，曾任新魯汶學院院長和義普主教。他的《奧古斯丁論》（*Augustinus*）認爲，人得救只能靠上帝的恩典，根本不是憑藉自己的善行。基督憑藉上帝的恩惠，引導上帝所選定的人走向永生，而「沈淪之衆」則註定滅亡。這樣，人蒙受恩惠或受咒詛，完全是上帝預先的決定[35]。

《奧古斯丁論》一書於一六四〇年出版後，引起激烈的爭論。主要以耶穌會爲代表的一些人，指責它完全否認人的自由意志的存在，否認救贖的普遍性。然而，詹森教派對教義的解釋，卻向四方傳播。一六五三年，教宗英諾森十世（Innocent X, 1644-1655）發表通喻，譴責詹森在天主恩典與人的自由問題上的觀點。路易十四認爲詹森主義危及法蘭西的統一，故決心加以取締。

自十三世紀末以來，法國教會興起一股高盧主義（le Gallicanisme）。法國教會與國王密切結合在一起，而且幾乎與國家合而爲一。在整個十七世紀，高盧主義在路易十四牢牢掌握的高級教士中擴展更快。國王於一六七三和一六七五年頒布詔書，指出法國國王有徵收主教出缺的主教區的收入以及任命其所屬宗教職位之權。在法國與教廷衝突的過程中，路易十四於一六八二年三月召開教會會議，通過波須葉（Jacques-Bénigne Bossuet, 1627-1704）擬訂的「四款宣言」（La Déclaration

---

[35]　Hermann Tüchle, C. A. Bouman & Jacques Le Brun, *Réforme et Contre-Réforme*, （Paris: le Seuil, 1968), p. 293.

des Quatre-Articles)，成爲高盧教義。國王頒布的此一宣言，視爲國家法律。然而，教宗的抗拒使他在一六九三年自行退縮。

兩年之後，爆發了寂靜主義事件。對於路易十四來說，這是一場摻雜著政治考慮和個人爭執的家庭衝突。

寂靜主義爲基督教靈修理論之一，認爲純眞在於靈魂的無爲沈靜，人應當抑制個人的努力，以便上帝施展作爲。教宗英諾森十一（Innocent XI）於一六八七年譴責此一理論。

寂靜主義由一位西班牙教士莫利諾（Michel Molinos）傳到那不勒斯，再透過一位富孀吉勇夫人（Mme Guyon, 少女名爲 Jeanne Bouvier de la Mothe），滲入法國。最後，費勒隆（François de Salignae de la Mothe-Fénelon, 1651-1715）也受到影響。

費勒隆受到波須葉、路易十四情婦曼德儂夫人（Mme de Maintenon）和柯爾白的女婿波維葉公爵（le duc de Beauvilliers）等之提拔，不但擔任路易十四之孫的家庭教師，還被任命爲甘布雷總主教。然而，自從信仰寂靜主義的神秘宗教之後，開始與波須葉分道揚鑣。兩人曾有激烈論爭。費勒隆的宗教理論被教宗譴責，他反對國王專制作法，也使之失寵。

詹森主義和寂靜主義等事件的發生，顯示天主教陣營中仍無法完全結爲一體。信徒人數超過一百萬人的新教，雖然未對王國或路易十四的統治構成威脅，但從政治角度來看，法國國內存在兩種宗教信仰，證明法國並未統一。路易十四無法忍受此一情況，因此於一六八五年頒布楓丹白露詔書（Edit de Fontainebleau），廢除南特詔書給予新教徒的特權。南特詔書的廢止，迫使大批新教徒逃亡國外。法國的工商業隨著這些國家中堅分子之流失，而受到很大的打擊。

文化與藝術的成就

路易十四在世期間，法國的影響力遍及全世界，他的威望無人能與之相比。法國的文化和藝術，無一未領導全世界。

笛卡爾（René Descartes, 1596-1650）爲此一時期的偉大哲學家。他的中心思想就是懷疑一切。他認爲，所有外界經由我們的感覺機能向我們發生作用的，或是人們社會的權威對我們所作的指示等，皆須加以懷疑。由之，始能確立真正之人的自我，始能保持自我與外界或社會之間的正確關係。

笛卡爾的著名命題「我思，故我在」（Cogito ergo Sum），在笛卡爾說來，與「我懷疑，故我在」（Dubito ergo Sum）並無兩樣。因爲懷疑與思想，只是文詞的表現略有不同而已。他將不容置疑的邏輯之根本代入數學內，因而對科學思想之發展，也有很大的貢獻。

笛卡爾在其著作《方法論》（*Le Discours de la méthode*）中提到，良知在世上普遍存在，因此正確辨別事物真僞之能力，亦即一般所謂的常識或道理，原本就是大眾所共有。他也意識到神的存在，認爲授人類社會以判斷力的根源就是神[36]。

路易十四時代是藝術的黃金時代，而其代表作就是凡爾賽宮（le palais de Versailles）。離巴黎不遠的凡爾賽，路易十三曾設置一個小狩獵館。狩獵館位於濃密的森林之中，四周是一片溼地。路易十四計劃在此建造一座既壯麗又能舉行盛大儀式的宏偉宮殿。

此一宮殿的設計工作，先後由勒窩（Louis Le Vau, 1612-1670）和哈杜安·曼沙特（Jules Hardouin-Mansart, 1646-1708）負責。哈杜

---

[36] 有關笛卡爾及其思想，請參閱苗力田、李毓章，《西方哲學史新編》（北京：人民出版社，一九九〇），頁二九七～三一一。

安·曼沙特爲法國宮內首席畫家，爲路易十四時代最多產的建築家。他負責凡爾賽宮的擴建工作，著名的鏡廳（la galerie des Glaces）和大特里亞農（le Grand Trianon），即爲其傑作。鏡廳天花板的繪畫和裝飾，則由畫家勒布朗（Charles Lebrun, 1619-1690）負責執行。

伺候國王達四十年的造園師勒諾特（André Le Nôtre, 1613-1700），雙手觸摸過凡爾賽大庭園的任何一個角落。放射狀林蔭道，以宮殿爲中心射向四方，遠達數公里之遙。走在林蔭道上，無數的庭園、噴泉或花壇，令人目不暇給。廣大的草坪上，豎立著無數著名彫刻家的作品，於樹林中隱約可見。

路易十四喜歡將法國貴族和外國顯要召到凡爾賽宮，其中還有許多人獲准在宮中住宿。這些外國王侯與顯要，驚嘆凡爾賽宮之偉大，回國後就仿造同樣的宮殿。小的凡爾賽宮即因此迅速在歐洲各地出現。

路易十四時代是藝術的黃金時代，也是文學的黃金時代。詩人、作家、音樂家、彫刻家和畫家等，皆曾受到特別的保護和獎勵。著名的三大戲劇作家——柯奈爾（Pierre Corneille, 1606-1684）、拉辛（Jean Racine, 1639-1699）和莫里哀（Molière 原名 Jean-Baptiste Boquelin, 1622-1673）即在此時出現。

柯奈爾爲法國古典主義戲劇大師。在將近四十年的創作生涯中，寫出大量各種體裁的戲劇。擅長揭示處於衝突之中的人物所表現的個性及精神力量，並歌頌他們的堅毅和克制力。《希德》（*Le Cid*）被認爲是法國古典戲劇的頂峯。

拉辛爲法國最偉大的詩人之一，是唯一理解眞正悲劇色彩的劇作家。他使十七世紀法國古典主義臻於完美之境界。一六七四年，在凡爾賽的宮廷首次演出「伊菲熱妮」（*Iphigénie*），大獲成功，三十五歲的拉辛之文學聲譽已達登峯造極，被接受爲法蘭西學院（L'Académie Française）院士。

　　莫里哀運用喜劇傳統形式，創造了新的喜劇風格。他創作劇本是爲了演出，而非爲出版。在創作中他沒有時間詳細構思，著眼點是如何使表演自然而生動。他有強烈的戲劇感，往往不是以故事情節，而是以生動有力的臺詞引人入勝。他認爲將明智與愚蠢，正確與錯誤加以對襯，就能達到喜劇效果。莫里哀將各種喜劇獻給國王及國王的讚美者，而其詼諧的「吝嗇鬼」（*L'Avare*）等劇，皆曾迷惑過不少觀衆。

　　鍵琴名家，又是作曲家的古伯蘭（François Couperin, 1668-1733），或是歌劇作曲家，同時又是宮廷歌劇指揮家呂利（Jean- Baptiste Lully, 1632-1687）等人，皆曾使聚集在凡爾賽宮的人們，陶醉於悠美的旋律中。

　　著名的寓言作家兼詩人拉豐田（La Fontaine, 1621-1695），曾用那博得全世界兒童歡笑的小小故事，換得路易十四一家人的歡笑。

　　此外，隨著路易十四的聲威遠播，法國語文成爲國際社交圈和外交通用的工具。

第八章　啓蒙運動與法國大革命

自路易十四去世一直到大革命爆發的七十四年間，在豪華宴會的歡樂聲中，以及哲學思想的沸騰聲中，舊制度（l'Ancien Régime）慢慢沒落，並走向滅亡。

第一節　舊制度的窘境

在此一時期，法國僅有兩位國王，亦即路易十五（Louis XV, 1715-1774）和路易十六（Louis XVI, 1774-1792）。路易十五即位時年僅五歲，路易十六則在斷頭臺上結束了生命。

路易十五是在恐懼的陰影下長大的，因為經常有人提醒他，要以其偉大的曾祖父路易十四為典範。不幸的是，他自己和他所統治的王國，皆未具備成為一位偉大國王或一個偉大國家的必要條件。他年少時，儀表堂堂，有魅力，長大後卻懶散而優柔寡斷，不肯接受路易十四所留下之朝政。

路易十六為路易十五之孫，登基時已成年。他認真負責，積極推展改革計劃，可惜不夠聰明，缺乏果斷，工作經常半途而廢。結果是，兩位國王與其政府官員皆無力應付國家所面臨的各種艱難問題。

經濟問題

結束西班牙王位繼承戰爭的烏特列支條約和拉斯達條約（le traité de Rastatt），使法國的大野心計劃告一段落。在物質方面，法國實質的損失並未似其表面所顯現的那麼悽慘。皇家船隊面臨的困境最爲嚴重，因爲戰爭曾鼓勵私人企業，增加新的競爭者。然而，法國海外貿易之實力，尚足以與英國一爭長短。

在財政危機之解除方面，勞氏計劃（Le System de Law）❶在最初幾年很有成效，使巴黎之發展在法國甚至全世界財經界，史無前例。隨著財政的發展，工業生產也正在轉變，只是較無投機性，也較緩慢。享有特權的皇家製造業受到政府的監督和保護。

因此，商業、財政和工業生活，已與往昔有很大的差別。工商部門在國家的監督，且享有免稅特權的情形下，欣欣向榮。稅負重擔此後重新落在生產的主要部門，亦即農業部門。

幾乎所有的土地皆由農民❷耕種。他們在繳納封建稅、教會的什一稅、租金和皇家人頭稅之後，只能剩下收成的一小部分，其中還要留下三分之一做爲下季播種之用。絕大部分的農民所留下的收成，爲勉強糊口的最低標準。

與工商部門相反的是，農業部門仍然受到產銷結構之限制，而這樣的結構仍將維持整個世紀。農業的保守主義受限於農村資金的缺乏，土地承租人所吸收的資金事實上未曾回到農村。農民的資金流向土地的購

---

❶ 勞氏（John Law, 1671-1729）爲蘇格蘭貨幣改革家，開發美洲法屬的「密西西比計劃」的制定者。一七一六年，勞氏獲准在法國試行其銀行改革計劃。這是因爲當時法國政府在一連串戰爭之後，債臺高築，而勞氏的方案正好可以減少國家債務。他在巴黎創辦一家有權發行紙幣的銀行，再使之與路易斯安那公司結合在一起，使該公司享有開發北美密西比河流域法屬之特權。

❷ 在一七一五年路易十四去世時，法國農民總人口約一千九百萬人。

買，或用於取得某種行政「職位」，以步入宦途並因而得到一切附屬的利益。在此一情況下，農業深遠之改善，遠景相當暗淡。

受租稅影響之農業情況，使之成爲政府的考量相當敏感的一個部門。在凶年，物價的突然上漲，對於大地主和穀物商人有利，對無任何餘糧可供出售的農民則毫無好處。事實剛好相反，惡劣的條件或許會帶給鄉村災難性的後果。隨之，由於對工業產品消費的減少而影響到工業生產。因此，政府經常採取行動，監督產品，尤其是麵包的庫存、流通和價格。麵包成爲小市民和工人的主要糧食，因此其價格的低廉成爲維持城市安寧的條件。

然而，政治的需求經常產生有違農民利益的賦稅政策。很不公平的是，富有鄉紳相較之下，所負擔的稅減輕甚多。農民對於存糧充裕的穀倉，持有一種仇視的眼光，懷疑這些將成爲投機之物品，而這種投機將加深他們的不幸。

到了十八世紀中葉，此一不安將因兩個現象的發生而使某些問題變成更爲嚴重。第一個現象是人口的快速成長。由於死亡率的降低和生產的增加，法國人的平均壽命延長。一七八九年，農民的人口比一七七〇年增加二百萬人。約在一七五〇年，農業經濟與人口取得平衡。農民的生活漸有改善，已超過僅爲生存之所需的水平。然而，好景不常。隨著人口的增加，農民所持的土地，因繼承而一再分割，以致很難再維持生存。一般農業工人，工資甚低，或者失業，造成無業游民大增。

一七三〇年以後，物價的上漲爲十七世紀的鄉村帶來嚴重的後果。它帶給領主、徵收什一稅的教士、獨立的富農或包稅人等之利潤，遠超過一般農民。因此，農民的收入與承租人或大生產者的收入之差距擴大，也加速農村富人之成長和野心。

鄉紳和領主希望剝奪自中古以來農民一直享有的社區公地的使用權，而政府受到重農主義學派的宣傳之鼓勵，犧牲廣大的一般農民，只

爲增加政府的稅收以及領主與富農的收益。舊制度所面臨的農村問題將日愈嚴重。

階級社會的模糊不清

根據官方的分法，法國社會有三個階級，其間人數很不平均。教士階級約有十五萬人，貴族階級不到五十萬人❸，而第三階級，在大革命前夕，約有二千四百五十萬人。在每一階級內部，財產成爲主要的區分標準。在底層者，因貧窮而失去一切上昇的力量；在每一階級的上層，儘管彼此間尚有等級之分，但皆很富有。

傳統的貴族頭銜建立在地產、姓氏和軍中的階級等基礎上，現在則出現一些因職位而來的新貴族。這些「穿袍貴族」（noblesse de robe）利用無可抗拒的金錢力量，在貴族階級中占盡優勢。在十八世紀初期，透過婚姻，不同類的富有貴族間之結盟，造成很大的社會和政治影響。鄉間小貴族階級，因而成爲社會和政治上的次要角色。

貴族生活的舞臺，不再是鄉間，而是在城市。華麗的「府邸」（hôtels）如雨後春筍般出現在波爾多、巴黎、第戎等大城市。

貴族階級的更新，並未在資產階級中引起極大的騷擾。資產階級的社會地位也繼續上升，但較具韌性，因爲它較能深思遠慮，走一種較不安逸之路。勤奮、節儉和嚴肅，帶著一種「詹森主義」道德色彩，資產階級者自動排斥貴族階級浪費、享樂和腐敗的生活方式。有定期收益的

---

❸ T. C. W. Blanning 認爲，沒有人知道貴族的正確人數，但他估計大約在十萬～四十萬人之間。見 T. C. W. Blanning, *The French Revolution, Aristocrats Versus Bourgeois?* (Atlantic Highlands, N.J.: Humanities Press International, Inc., reprinted 1990), p. 14; Michel Vovelle 則認爲約有三十萬貴族，占法國全人口的百分之一點五。見 Michel Vovelle, *The Fall of the French Monarchy, 1787-1792,* translated by Susan Burke, (Cambridge: Cambridge University Press, reprinted 1987), p. 15.

資產階級，在十八世紀，有系統地培植自己的文化，在省區學術機構、思想界、共濟會的資產階級會員集會處，花費很多時間，而且在書籍、研究和經驗方面投入許多金錢。資產階級顯示出求知的慾望。因此，讓其最傑出的代表在沙龍中傳播其理念，資產階級就可以強迫滲入新思想的堡壘。

　　為資產階級下定義很難❹，要估計其總人數也不容易。依威廉·多爾（William Doyle）的看法，在一七八九年其人數約二百三十萬人，約全人口的百分之八點四。然而在一七〇〇年，資產階級的人數不會超過七十萬～八十萬。在不到一個世紀，資產階級的人數幾乎增加三倍，可見此一階級為一逐漸上昇的群體❺。

　　教士是否為第一階級，也是頗有爭議。教士階級約占全法國人口的百分之二，其中半數為各修會成員，而修女又占其中的三分之二。世俗教士在各教區工作，其中一小部分在主教座堂服務，其餘則分散在各教區。

　　不管教士是否構成一個階級，它顯然具有下列幾種功能：

　　(1)拯救靈魂──透過各種儀式的進行，或透過修士和修女的瞑想。在此一領域，一七八七年的「容忍詔書」為一重要轉捩點。該詔書賦予新教合法的地位，並認可一七五〇年得之不易的承認。它首次打破天主教在王國所享有的特權地位；

　　(2)戶籍資料登記，猶如今日的戶政機關，負責各教區出生、死亡或婚姻之登記；

　　(3)教育工作，由耶穌會士和奧拉托利會士（Oratoriens）負責；

---

❹　「資產階級者」不包括住在城裏的貴族，以及鄉村的富農。

❺　William Doyle, *Origins of the French Revolution* (Oxford: Oxford University Press, reprinted 1981), p. 129.

⑷社會救濟工作❻。

教會階級事實上相當混雜，而且還分裂：最明顯的分裂存在於高級教士和下層教士之間。高級教士無疑地是一個特權集團。某些有很高利潤的教職如主教或樞機主教，受某些特定家族之控制，因此年紀很輕就出任這些職位，例如泰利朗（Charles Maurice de Talleyrand-Périgord, 1754-1838）在三十五歲時擔任歐丹主教。

財政問題

專制主義曾讓成為君主政體要素之一的「特權」能繼續維持。面對著國王的專制，惟有大理院的官員能利用財產權加以抗拒。

大理院頗孚衆望，甚至連貴族階級和富者也給以支持，使之成為其共同利益之堡壘。巴黎大理院要串連各省區的大理院，強化彼此的力量。此一情況導致首相莫貝烏（René de Maupéou, 1714-1792）於一七七一年下令廢除大理院，並產生以單純的法庭取而代之的想法，但它卻因路易十五的去世而終止。路易十六於一七七四年恢復大理院，杜哥（Anne Robert Jacques Turgot, baron de l'Aulne, 1727-1781）讓它自由發展，希望與這些政府官員妥協，並得到他們對改革的支持。然而，事與願違，杜哥反而被迫放棄其改革。

此後，大理院不斷領導對抗路易十六政府的財稅政策，雙方的戰爭愈演愈烈。一七八八年，大理院要求路易十六召開三級會議❼。如依一六一四年的型態，三級會議將受特權階級之控制，何況第三階級陣營意見分歧，尤其是其中可能成為穿袍貴族的法官往往還是貴族階級反動的工

---

❻　Michel Vovelle, op. cit., pp. 18-19.

❼　請參閱 John Hardman, *The French Revolution, The Fall of the Ancient Régime to the Thermidorian Reaction, 1785-1795* (London: Edward Arnold, Reprinted 1988), pp. 67-69.

具。然而到了一七八八年，隨著啓蒙思想在資產階級中擴散，自由和平等的觀念成爲革命的意識形態❽，穿袍貴族的影響力漸失。

在十八世紀，所有皇家政府皆經常迫切需要金錢。此一時期，稅的增加十分敏感。海陸軍費的龐大、爲提昇威望的紀念性建築物，以及朝廷的奢侈和浪費，構成政府的最大筆支出。此外，尚有公務員的薪水、駐外使館的開支，以及給予城市或省區的借貸或贈與。

自柯爾白時代起，法國政府完全瞭解，戰爭及其他的鉅額花費，依賴所徵收的稅，而這些稅則來自農業和工業資源。以荷蘭和英國爲典範，柯爾白及其繼承者較注重工業和商業。爲發展工商業，政府投入鉅額經費去推展和保護，但卻無法從中課稅。因此，稅負重擔就落在較不易逃漏的產自土地的資源。間接稅如酒稅、鹽稅，不斷提高。

政府最大宗的稅收，來自人頭稅，它幾乎全由農民負擔。特權者雖然也要繳納另一種人頭稅，但事實上其數甚微。農民稅負過重，當然購買力就很低，工業的發展因而受到很大的影響。

一七五〇年左右，重農學派的出現，開始強調國家的財富和力量依賴其農業。然而，農業操縱在一批非封建的新「地主」階級。農民不再是租佃者，而是受雇於地主的受薪者。重農政策之結果，只懲罰了廣大農村大眾，而土地的大經營者和大承租人則坐享其成。

政治問題

路易十四的「古典」專制主義，在君王的絕對權力之下，似乎可做爲當時仍然相互敵對的所有政治和社會力量之協調者和平衡的要素；然而，在十八世紀，它卻逐漸失去此一仲裁的特性，而成爲愈來愈失衡、

---

❽　William Doyle, *The Ancient Régime* (London: MacMillan, 1986), p. 36.

不公和無法忍受的社會和道德現狀之保證人與實際的同謀。

諺語云:「國王之所欲,亦爲法律之所欲。」路易十六也說過,「那是合法的,因爲那是我所要的。」❾國王的意願即法律之專制思想,在路易十四時無人抗議,到了十八世紀時已無法令人信服。君王已無往昔之風采,權威的行使受制於特權的激增、經濟和社會之轉變,以及較理性和較有效率的英國政治制度之影響。

事實上,在十八世紀後半期,波旁王室之政權已無法阻止在社會、在經濟、在宗敎,甚至在整個國家,有違其立國原則之利益的擴散。啓蒙時期的哲學家也譴責這些濫權。此外,這個時期的統治者——路易十五和路易十六,無法體認時代的脈動,瞭解民間的疾苦,以凡爾賽宮爲其生活中心,遠離群眾和現實。

第二節　啓蒙運動

理性的尋求

如果從一個系統的、嚴密的和排他的哲學特性來說,「啓蒙運動」並非一種哲學。豐德內 (Bernard Le Bovier de Fontenelle, 1657-1757) 爲一機械論者;伏爾泰,一位不安的神學家;葉爾維修 (Claude A. Helvétius, 1715-1771) 爲一以自我爲中心的唯物論者;狄德羅 (Denis Diderot, 1713-1784),超道德的唯物論者;畢楓(Georges L. Leclercq, comte de Buffon, 1707-1788),自然學家;拉美特里 (Julien Offroy de La Metrie, 1709-1751),醫生;達朗貝爾 (Jean Le Rond d'

---

❾ André Bourde, "Les 'Lumières', 1715-1789," from Georges Duby, *Histoire de la France (II), dynasties et Révolutions de 1348 à 1852,* (Paris: Larousse, 1971), p. 229.

Alembert, 1717-1783)，數學家；孟德斯鳩 (Charles Louis de Secondat, baron de La Brède et de Montesquieu, 1689-1755) 則爲一法學家。

然而，他們皆有一種受科學方法影響的精神狀態，且在全憑經驗的調查中尋找事物間之相關，以達成新的和較深刻的解釋，啓蒙運動是一種更新的「智慧」，一種新的觀點。此一觀點的原動力不再是信仰，而是眞正發出光芒的理性。

邁向啓蒙運動

啓蒙運動爲法國資產階級在準備革命過程中，在意識形態領域所掀起的一場體現時代要求的思想文化運動。它高舉理性旗幟，直接批判專制政體和天主教神學的兩大權威❿。路易十四時代是法國君主專制政體的極盛時代，然而資產階級到了十八世紀已累積相當的財富，且對於舊制度和天主教會之壓制新思想的傳播，深表不滿。另一方面，天主教神學在思想領域的長期控制，使人民成爲愚昧盲從的俘虜。要打倒君王，首先要砸碎「君權神授」這個虛幻的神學光環。這就須要揭露宗教神學的荒謬，對人民進行啓蒙教育，使之從神學長期的禁錮解脫出來。

啓蒙運動的代表人物如孟德斯鳩、伏爾泰和盧梭等人，以對君主專制政體和宗教的批判，揭開此一運動的序幕。他們繼承文藝復興以來人文主義的思想傳統，進一步論述人性和人道主義，並在人性論和理性原則的基礎上，闡述「自然狀態」和「社會契約」論的內容，提出自由、平等、博愛的口號。

就哲學思想來論，這些思想家的觀點是自然神論。他們主張非人格

---

❿ 見 John Lough, *France on the Eve of Revolution, British Travellers' Obervations, 1763-1788,* (London: Croom Helm, 1987), p. 150.

的神是世界的創造者，神也不干涉自然和社會的事務，以及人的日常生活。

十八世紀的法國唯物主義是啓蒙運動的重要階段。以拉美特里、狄德羅、葉爾維修、霍爾巴赫（Paul Henri Thiry, baron d'Holbach, 1723-1789）等人爲主要代表的唯物主義者，提出了唯物主義哲學學說，給行將到來的革命提供理論基礎。

啓蒙運動時期的思想家，一般分成啓蒙主義者和唯物主義者兩大類。那些以懷疑論或自然神論爲武器，深入批判宗敎哲學，從自然法權論出發批判君主專制政體，著重闡述社會政治理論的思想家稱爲啓蒙主義者。

啓蒙主義者自覺地擔負起提倡理性，破除愚昧迷信，解放思想的使命。貝爾（Pierre Bayle, 1647-1706）的懷疑論，把理性和信仰對立起來，以貌似維護正統神學的方式維護了理性的地位。孟德斯鳩全面詳盡地闡述政治改革理論，爲法國及歐洲革命奠定理論基礎。作爲啓蒙運動的領袖，伏爾泰不僅猛烈抨擊宗敎神學和君主專制政體，以自然神論的形式解釋唯物主義思想，而且把洛克（John Locke, 1632-1704）的經驗論介紹給法國人，使之成爲法國哲學的重要理論來源。盧梭則代表啓蒙運動中要求自由和平等的激進民主勢力，探討社會不平等的原因，提出民主共和國之理想，而且開始了啓蒙運動的自我反思❶。

《百科全書》（L'Encyclopédie）

啓蒙時期的各種思想皆集中在《百科全書》。它是啓蒙運動的哲學家們，亦即獻身於唯物論、自然神論、新科學、信仰自由和人道主義的先驅們所編纂的主要著作之一。這些作者被稱爲百科全書派。

---

❶ 請參閱 William Doyle, *The Oxford History of the French Revolution,* (Oxford: Clarendon Press, 1989), pp. 52-53.

一七五〇年開始的此一鉅大工作，由狄德羅擔其綱，在內容的完備方面，有意勝過一七二八年在英國出版的錢伯斯（Ephraïm Chambers, 1680-1740）的《百科全書，或文理通用辭典》（*The Cyclopaedia or Universal Dictionary of Arts and Sciences*）。一七五一～一七七二年，經狄德羅主編，出版二十八卷。到一七八〇年，《百科全書》已有三十五卷。

達朗貝爾一直協助狄德羅擔任數學編輯。這部《百科全書》是當時一切學術活動中各種新思想代表人物的陳列櫃，因此成爲批判各種傳統制度與意識形態的堅強力量❷。由於保守的教會和政府官員反對，它遭受耶穌會審查和王室壓制，有時還成爲宗教和藝術的爭論焦點。教會和王室的迫害❸，反而提高此書的知名度，銷路因而大增。

狄德羅和達朗貝爾最初邀約的撰稿人，除盧梭和霍爾巴赫外，其餘都名氣不大。但當這部「百科全書」的聲譽和它所受到的攻擊與日俱增時，一些傑出的撰稿人，如經濟學家杜哥（Anne Robert J. Turgot, 1727-1781）、伏爾泰、孟德斯鳩、財政專家聶給（Jacques Necker, 1732-1804）、作家馬蒙特爾（Jean-François Marmontel, 1723-1799）等也加入撰稿行列。

---

❷ Emmet Kennedy, *A Cultural History of the French Revolution* (New Haven & London: Yale University Press, 1989), p. 55.

❸ Roger Chartier, *The Cultural Origins of the French Revolution*, translated by Lydia G. Cochrane, (Durham & London: Duke University Press, 1991), pp. 40-41.

第三節　國家與政府之困擾

一七八八：尖銳的政權危機

在一七八八年，法國君主政體面臨一項極爲嚴重的危機。自一七七八年起，經濟動盪之困擾波及社會和人心，已成爲一種預警。

法國進行美洲戰爭時財源枯竭，羸給必須以借貸來支持此一戰爭，因而加重財政負擔；農業的災難——葡萄酒生產過剩，隨之一七八五年的旱災——加深了一七七〇年以來衰退之影響；農民的不安再加上工業的不安。一七八六年的英法商約似乎較有利於英國產品，也顯示出稅對於法國產品價格的負擔，法國原有的工業不安更加嚴重。在全面蕭條聲中，在一七八六年再度出現造成破產和困境的物價暴漲，以及長達兩年的農業生產不足和農地經營的困難。

在同一時期，政治勢力進行重組。貴族階級見到對君主專制報復之時機已經來臨：顯貴拒絕幫助卡隆（Charles Alexandre de Calonne, 1734-1802）❶；大理院拒絕布里安（Etienne Charles de Loménie, comte de Brienne, 1727-1794）的稅制法案❶，且成爲抗拒專斷和不孚

---

❶ 卡隆於一七八三年出任財政總監，爲解決財政問題，建議國王於一七八七年召開「顯貴會議」（L'assemblée des notables, 顯貴會議代表由國王個別邀請，而三級會議的代表則由三個階級自行產生），但顯貴們不同意其取消不公平免稅的新稅制。見 John Hardman, op. cit., pp. 20-48。

❶ 布里安原爲「顯貴會議」主席，一七八七年五月取代卡隆出任財政總監，向大理院提出兩道有關稅制改革的勅令，遭到拒絕登錄。他在短短一年左右的任期，致力於稅改之努力情形，請參閱 Jean Egret, *The French Prerevolution 1787-1788*, translated by Wesley D. Camp; (Chicago & London: The University of Chicago Press, 1977), pp. 31-46。

人望政體之靈魂。相信能善加操縱，國王需要如同一六一四年那樣的三級會議，亦即不增加第三階級的代表人數，維持三個階級分開集會和特權者之優越地位。

突然間，聶給以受到反動和特權者之支持的姿態出現，而其同僚將加強貴族階級之結盟，以對抗與不被貴族階級眞正接受的大資產階級結合之第三階級。經濟、社會和財政三大問題的同時出現，賦予一七八九年危機其基本危機之特性。認爲獨自可以控制和解決的專制君主，現在顯示出無能爲力。這並非僅是表面的財政短絀，而是政權的危機。

對外政策的後患

一七八九年的破產並非一次突然發生的危機所造成。除了歐利（Philibert Orry, 1689-1747）擔任財政總監（一七三〇～一七四五）時曾有過十年的財政穩定之外，王庫經常捉襟見肘。奧地利王位繼承戰爭（La guerre de la Succession d'Autriche）曾加深不安，而七年戰爭（La guerre de Sept Ans）則使之更爲嚴重。

一七八八年的那些事件大部分來自法國政策目標與其所擁有能使之達成的資源之間的經常不協調。儘管宮廷的花費頗鉅，但它只不過占整個「預算」的一小部分，王國的最大開支爲對外政策和戰爭。龐大陸軍和海軍之維持，再加上對外衝突所造成的債務之利息，其花費爲數甚爲可觀。例如一七八六年(和平時期)，軍事費用即占全年預算的百分之七十四❻。

在此一時期，衝突發生時，大家最在意的，並非國家內在的財富，而是快速資助軍隊和軍事行動的可能性。最重要的方式就是借貸。這是導致法國財政破產的主因。

---

❻　André Bourde, op. cit., p. 245.

人心思變

到了一七八九年，絕大多數的法國人不再對「舊制度」感到滿意，尤其是資產階級要求它能依照啓蒙運動時期的思想家的觀念，加以澈底改變。這種法國「舊制度」的完全改變，稱爲「革命」（Révolution）。爲促其實現，於是在一七八八年要求路易十六召開「三級會議」。

在選舉「三級會議」代表之同時，法國人民也撰寫表達自己的悲痛和願望的「陳情書」（Les cahiers de doléances）。這些陳情書正是一七八九年舊制度的最佳寫照。

資產階級的進展和要求

爲資產階級下定義儘管不易，但一般說來，它包括一些我們所謂「自由職業」的成員，如醫師、律師、文學家、中下級公務員。最富裕的資產階級者爲商人、工業家或金融家。馬賽港的船運業者與中東地區交易，而波爾多、南特、勒亞佛等港口的船運業者則從事黑奴買賣和從安地列斯群島（Les Antilles）運回蔗糖和咖啡。最重要的工業爲紡織工業，但鋼鐵工業也在發展中。銀行爲數相當多：法國擁有當時歐洲已有通貨的半數。

瞭解本身重要性，且具有野心的資產階級，提出下列三項要求：

⑴自由──廢除「有國王封印之信」（Les lettres de cachet）❶和檢查制度，以保障人民自由；

⑵平等──消除特權，使在法律和租稅方面，人人平等；

⑶君主立憲──制訂憲法，在擁有行政權的國王和部長之外，成立一個制訂法律，決定賦稅的衆議院（L'Assemblée des députés）。衆議

---

❶　意指國王以一封蓋上御璽之信，可不經審判就將人入獄或驅逐出境。

院並非由所有法國人，而是只由富有的公民票選產生。資產階級者認爲，一般民衆仍然十分無知，因此無法賦予一部分治理國家的角色。

一七八八年，國王同意第三階級代表的人數加倍。下層敎士和自由主義的貴族之支持，使資產階級興起一種將來可能指導「三級會議」和實現心中所欲之改革的希望。

窮困工農階級造成社會不安

人數不超過兩百萬的城市手工業者，生活條件相當艱苦：過長的工時和太低的工資。一七八六年降低英法兩國間關稅的商業條約，使工人的困境更趨嚴重。許多與英國產品競爭的工場只好關門。失業人數增加，如能找到工作，其工資也大爲減少。

中歐和俄國仍然實施的農奴制度，在法國幾近絕跡。農民皆是自由人。他們之中有一部分是小地主，然而加諸他們身上的稅負太重[18]，再加上他們的田地面積不大，耕種條件和技術不佳，以致經常無法以自己勞力的收穫來維持生活。

農民之中，絕大多數本身沒有土地。他們變成封建領主莊園的承租戶、佃農或零工。承租戶每年付一次租金給領主；佃農則付給領主收穫物的一部分；零工則爲按日計酬的農業工人。

爲了增加收入，農民通常還兼一種副業。他們紡織毛線，製造五金器材。昔日相當活躍的農民小工業，如今已幾近絕跡。在飢饉不斷的情況下，農民過著相當困苦的生活。他們的處境到了一七八九年變得更加悽慘。貴族對於封建稅的徵收更爲積極，他們掠奪公有財產，將田地圈起，使農民失去傳統性自由放牧的權利，並阻止窮人在森林裏砍伐木材。

---

[18]　詳情請參考 P. M. Jones, *The Peasantry in the French Revolution* (Cambridge: Cambridge University Press, 1988), pp. 34-43.

此外，在路易十六統治初期，農業遭遇一次嚴重的危機。一七八八年，法國某些地區的收成被冰雹摧毀。那年的冬季又十分寒冷，河川結冰，許多水車停止轉動。成千上萬飢餓的農民，加上一些失業的工人，在整個王國到處流竄。這些乞丐很快就變成盜匪和亂民❶。

第四節　舊制度的崩潰

三級會議初期的困難

滿懷希望來到凡爾賽的第三階級代表們，很快就失去原先的幻想。一七八九年五月五日，在三級會議的開幕式上，路易十六和聶給皆未曾提及改革一事。

不滿之情緒隨後日漸高漲。一七八八年路易十六下令增加一倍第三階級代表名額，但卻未決定三個階級的代表是如同以往那樣分開討論，或是在一起討論。開幕式後第二天，第三階級代表要求教士階級和貴族階級的代表與之聯合，在同一會場開會討論。

這是一種在實質上廢除階級差別的方法，同時也確定第三階級的優勢，因為大多數教士和某些貴族準備在投票時跟他們採取同一立場。經過一個月的討論，仍然毫無結果。最後，他們於一七八九年六月十七日，以代表全國百分之九十六以上人口的身分宣稱，只有他們本身就足夠組成「國民議會」（L'Assemblée nationale）。他們同時決定，以後非事先徵得該議會的同意，不得徵收任何稅。

---

❶　Ibid., pp. 67-81.

路易十六首次反擊

平時顯得漠不關心的路易十六，對於此項危害其權利的舉動也無法容忍。他決定於六月二十三日召開國王會議，以取消六月十七日的決議案。在此之前，他下令關閉第三階級代表的聚會之所。

六月二十日早晨，這些代表發現門戶緊閉。在憤怒之餘，他們改在鄰近的一個網球場開會。除了一位代表外[20]，大家一致立下著名的「網球場誓言」(le serment du Jeu de Paume)：不制訂憲法不散。

在六月二十三日的國王會議上，國王宣布一項改革計劃，但他撤消十七日的決議，禁止共同討論，並且命令第三階級代表立即退出。後者立刻拒絕。第三階級代言人米拉波 (Honoré Gabriel Riquetti, comte de Mirabeau, 1749-1791) 對著一位皇家官員德勒·布雷傑侯爵 (Henri-Evrard, marquis de Dreux-Brézé, 1762-1829) 吼著：「回去告訴你的主子說，我們在此代表著民意，除了被刺刀所迫外，我們絕不撤出。」[21]

然而軍隊並不可靠，而且凡爾賽的人民傳言要殺害貴族。五十位屬於自由主義分子的貴族和大部分教士，加入第三階級行列。國王至此只好讓步。二十七日，他下令在同一議場以人為單位進行投票。為表示對網球場宣言的忠誠，這次的議會取名為「制憲議會」(L'Assemblée con-stituante)，並著手討論制訂憲法的計劃。

國王第二次反擊

然而路易十六並未承認失敗。他在凡爾賽附近集結兩萬軍隊，並且

---

[20]　Thomas Carlyle, *The French Revolution, A History* (New York: The Modern Library), p. 130.

[21]　Georges Lefebvre, *Quatre-Vingt-Neuf* (Paris: Éditions sociales, 1970), p. 98.

於七月十一日遣走唯一受人民歡迎的部長——聶給。議員們激烈反對，但卻無計可施。爲拯救議會和革命，巴黎人群起暴動，以牙還牙㉒。

幾個月來，巴黎居民一直群情激昂：一般民眾忍受著飢餓，資產階級者眼見租金日益降低，並且擔心將面臨破產邊緣。當聶給被遣走的消息傳出後，整個巴黎處於憤怒的狀態。在羅耶爾宮的花園，年輕記者戴姆蘭（Camille Desmoulins）等臨時演說家，煽動人民武裝起來，以抵抗可能來臨的軍隊攻擊。

七月十三日，一個新的市政府組成。除了原有合法的市長和助理外，另增加幾位巴黎仕紳。隨之，爲維持市內秩序，資產階級者成立一支包括貴族和教士的民兵部隊，這個部隊後來取名爲「國民衛隊」（la Garde nationale）。

七月十四日，受到法國軍隊準備參加暴動的態度之鼓勵，叛亂逐漸擴展。以資產階級者爲主的群眾，向巴士底獄（Bastille）進攻，以取得槍枝和大砲。經過四小時的戰鬥，巴士底獄被攻下。

七月十四日事件之影響

七月十四日巴黎人民的勝利，在政治和社會兩方面，造成整個舊制度的解體。路易十六調走軍隊，重新召回聶給，隨之於七月十七日親臨巴黎市政府。他在那裏接受新市長白依（Jean S. Bailly, 1736-1793）之歡迎，並從國民衛隊司令拉法耶特（le marquis de La Fayette, 1757-1834）手中接到一枚藍、白、紅三色的新帽章：白色爲國王的顏色，藍紅兩色爲巴黎的顏色。這是法國三色國旗的起源。

㉒ 詳情請參閱 Joe H. Kirchberger, *The French Revolution and Napoleon, An Eyewitness History,* (New York: Facts on File, 1989), p. 18.

相反地，御弟阿杜亞伯爵（le comte d'Artois, 1757-1836）㉓、朝臣、主教和貴族，認爲最好還是離開法國。這是向外國移民的開始。

所有法國的城市皆以巴黎爲楷模，各自成立一個新的市政府和一個國民衛隊。各省省長和各軍事指揮官，相繼放棄其權力。整個王權完全消失。

七月十四日所產生的最重大影響爲「大恐慌」（La Grande Peur）及其餘波——八月四日夜。

大恐慌及八月四日夜

自一七八八年年底以來，鄉村中醞釀著一種危機。飢餓的農民搶劫運麥的車輛，拒絕繳納封建稅，拔掉田地的藩籬，奪回領主所強占的公有土地，有時甚至還放火燒燬城堡。

成群結隊的失業工人和臉色蒼白的流浪漢，他們那帶有威脅口吻的乞討方式，使一般民眾大爲恐慌，因而博得「盜匪」的稱呼。七月起，在鄉間流行一種傳言，認爲「舊制度」的同伙人，亦即一般所謂的「貴族」將利用這些「盜匪」以解散議會，並採取無情的報復。聶給的再度被遣走，似乎證實了這些警訊。

另有一種傳言稱，移民到國外的貴族將帶領著外國軍隊攻打法國。因此，在大部分的法國，從七月中旬到八月初，掀起一連串恐慌，而有「大恐慌」之稱。有人報導說，盜匪和外國士兵的來臨；因此人們趕緊武裝起來，或者乾脆離開村莊，逃亡到他處㉔。

議會對這種混亂狀態甚覺恐怖，而且擔心一種窮人反抗富人——貴族和資產階級的叛變。那麼應該採取鎮壓或者讓步的措施？在具有自由

㉓ 阿杜亞伯爵在復辟時期曾任法國國王，即是查理十世（1824-1830）。

㉔ 詳情請參閱 Georges Lefebvre, *La Grande Peur de 1789* (Paris: Armand Colin, 1970).

主義精神的貴族代表的呼籲下，議會選擇讓步。

在八月四日夜，議會代表們決定廢除一部分封建稅，並且宣稱，其餘的封建稅可以贖回。隨之，在一種慷慨激昂的氣氛中，他們廢除所有特權，包括捐官在內，同時宣稱人人皆可擔任任何職位。在幾個小時之內，他們已經完成一項鉅大的社會改革並且建立了平等。

國王的第三次企圖

議會繼續其工作。它立下未來憲法的大綱，根據此一憲法，國王只保留有限的權力。但是路易十六不同意其權限受到侵害。他也拒絕簽署八月四日通過而似乎有損及特權者之法律。

國王重新調來軍隊。一七八九年十月一日，御林軍爲剛抵達凡爾賽的法蘭德斯團（le regiment de Flandre）的同志們設宴洗塵。皇族也在宴會中出現。在巴黎，有人說來賓們曾爲國王萬歲而乾杯，同時在國王和王后面前將三色帽章踏在地上。憤怒之情，達到極點。

十月五日，數千武裝婦女，拖著大砲，向凡爾賽出發：她們將要求麵包。數千男子追隨其後：他們另外要求路易十六馬上簽署八月四日的法案。剛打獵回來的國王，表示同意。一切似已結束。

然而，翌日，十月六日，幾個暴動者推開城堡的鐵門，殺害御林軍，侵入王后瑪麗‧安端內德（Marie-Antoinette）的寢宮。在拉法耶特的勸導下，國王與王后於當日隨著這些民眾離開凡爾賽，來到巴黎，住進杜勒麗宮（Palais de Tuileries），成爲巴黎人民的俘虜。

第五節 新制度的失敗

愛國分子和反革命分子之間的衝突，愛國分子之間的分裂，與歐洲其他國家的戰爭等等因素，阻礙新制度的正常發展，最後爲「八月十日」

的叛亂所衝垮。

愛國分子的艱鉅工作

　　儘管愛國分子受到議會和全國人民的支持，他們還是面臨許多可怕的難題。省縣地方行政爲一切難題之首；人民拒絕繳稅；「革命紙幣」（assignat）貶值；工人埋怨麵包昂貴；農民對於還要購買一部分封建權利和無法取得售價很高的國家財產覺得不滿，他們拒絕付款給領主，有時還群起反叛；反抗的和宣過誓的教士㉕之間的敵對，開始引起宗教戰爭；最後關於在亞爾薩斯擁有產權的公侯之事件和亞維農事件，大革命與歐洲之間有發生衝突之危險。

　　根據一八四八年的西發利亞條約，在亞爾薩斯擁有土地的日耳曼公侯，拒絕接受「八月四日夜」之決定。在此種堅拒之下，某些法國議員表示，亞爾薩斯人民希望廢除封建制度，而且在民意之前，外交官簽訂的條約毫無價值可言。如此的談話，震驚外國的君王。

　　此時，教宗在法國的財產——亞維農和孔達·維內桑的一部分，境內群眾反抗教宗庇護六世（Pius VI）之權威，並且要求併入法國的版圖。經過長時期的猶疑不決，制憲議會徵詢當地居民的意見，其中大部分贊成與法國合併，並於一七九一年九月做成決定㉖。這是首次公民投票，也是大革命的首次征服。

貴族的陰謀：瓦連（Varennes）的逃亡

　　因制憲議會之損害而有意破壞其工作的法國人，被稱爲貴族或反革

㉕　宣過誓的教士亦即那些宣誓遵守國民議會規定的「教士的公民組織法」之教士。

㉖　Crane Brinton, *A Decade of Revolution, 1789-1799*, (New York: Harper & Row, 1963), p. 56.

命分子。他們盡量讓「革命紙幣」貶值，阻止國有財產的出售，煽動宗教仇恨。有時，為進一步貶低議會，添加其新困擾，貴族議員促其採取鹵莽和危險的措施。他們意外地找到米拉波這位盟友。米拉波此時設法阻止革命的進展，而且已偏向路易十六。流亡國外的皇親貴族，尤其阿杜亞伯爵，在法國境內製造叛亂。

此外，自一七八九年十月起，法王相繼向西班牙國王、薩丁尼亞國王和其姻親皇帝約瑟夫二世和李奧波二世（Leopold II, 1790-1792）求援。路易十六十分虔誠，他深為教宗對制憲議會工作的譴責，覺得不安。他拒絕接見宣過誓的教士。此舉令巴黎人民非常不滿。

很久以來，國王就想到要逃亡。一七九一年六月二十、二十一日夜晚，他與其家人匆匆逃離杜勒麗宮㉗。路易十六打算在麥次與布依葉侯爵（le marquis de Bouillé）的軍隊會合。然後在奧國軍隊的協助下，向巴黎進軍，以恢復其權威。然而在途中，他卻被認出，瓦連被截獲後，議會宣布暫時中止其權力。

瓦連事件之影響

國王逃亡不成的事件所造成的影響相當大。一年以前仍然狂熱的忠君思想，遭受致命的打擊。至此，幾乎尚未為人所知的共和觀念遍及整個法國。然而，如果廢掉國王，議會擔心將使法國變成混亂狀態，甚至還會發生戰爭，因為神聖羅馬帝國皇帝和普魯士國王曾言及，欲以軍事干預對付法國。這就是議會認為路易十六是無辜，而且不顧一切證據，宣稱國王被迫逃走的原因。

此一出乎意料之外的決定，引起流血衝突。一個在一七九○年成立

㉗ 路易十六及其家人之逃亡始末，請參考 David P. Jourdan, *The King's Trial, The French Revolution vs Louis XVI* (Berkeley: University of California Press, 1979), pp. 24-26.

的民眾俱樂部——科爾得利俱樂部（Club de Cordeliers）㉘擬好一分要求罷黜和審判路易十六的請願書，並呼籲巴黎居民來「戰神廣場」（Champs de Mars），在請願書上簽名。制憲議會決定不顧一切手段，敉平共和分子的騷動，因而公布戒嚴法。一七九一年七月十七日，國民衛隊開火，許多示威民眾被殺。

「戰神廣場」的槍殺事件造成愛國分子分裂為相互敵對的兩個派系。許多原為雅各賓俱樂部（club des Jacobins）會員的議員，脫離該俱樂部，另組一個較溫和的俱樂部——裴揚俱樂部（club des Feuillants）㉙。議會在反民主的方式下修訂憲法：它加強國王的權力，提高取得選舉權的納稅額，禁止在十年之內修憲。制憲議會隨之恢復路易十六的權力，並且於一七九一年九月三十日解散，將其權力交給一個「立法議會」（L' Assemblée Législative）。

立法議會和對奧戰爭

在羅伯斯比爾（Maximilien de Robespierre, 1758-1794）的要求下，制憲議會曾決定，其任何成員皆不得參與立法議會。因此，在一七九一年十月一日集會的七百四十五位議員，全是新面孔。最溫和的議員組成右派，以在裴揚俱樂部的前制憲議會議員拉法耶特、巴那夫（Pierre Barnave, 1761-1793）和杜波（Adrien Duport, 1759-1798）為領袖。左派的人數雖少，但卻很熱心，而且非常敵視路易十六。他們參加雅各賓俱樂部，其主要演說家有巴黎新聞記者布里索（Jean-Pierre Brissot, 1754-1793）和波爾多的律師維吉諾（Pierre Verginaud, 1753-1793）。他們的黨徒被稱為布里索派（Brissotins）或吉隆特派（Girondins），因

㉘　該俱樂部由 Danton, Marat 和 C. Desmoulins 在一個方濟會位於 rue des Cordeliers 之舊修院內成立，因而以該地名名之。

㉙　該俱樂部在 Manège 附近的一個裴揚修道院成立。

爲其中有許多是吉隆特省（Gironde）的議員。大多數的議員沒有旣成的政治觀念，他們構成中間派。

外交政策問題立刻引起議會的注意。法國和奧地利的關係非常緊張。在巴黎和維也納，主戰派人士爲數甚多。路易十六和朝臣認爲戰爭是奪回政權的手段；吉隆特派認爲是擺脫裴揚派的手段，而後者則認爲如此方可擺脫吉隆特派。在雅各賓俱樂部，幾乎只有羅伯斯比爾指出戰爭政策的危險。他認爲，戰爭將會帶來財政的破產和自由的被壓制；萬一戰勝，即將是一位勝利將軍的獨裁，或者戰敗，則將是舊制度的恢復。他的言論無人聽從。

在另一方面，新皇帝法蘭西斯二世（Francis II, 1792-1835）也受戰爭觀念的支配。在流亡的法國貴族之呼籲下，以及普魯士國王腓特烈·威廉二世（Frederich-William II, 1786-1797）的影響下，皇帝召集議會，支持在亞爾薩斯擁有土地的公侯之要求，歸還亞維農和孔達·維納桑給敎宗，以及要法國在國內採取一項較溫和的政策。

路易十六爲此種有利自己的作法覺得十分高興。他和立法議會同意向法蘭西斯二世宣戰❸。

國家岌岌可危

戰爭初期對法國不利。法國沒有盟國，而貴族軍官的流亡國外和士兵的漫無紀律造成法軍的解體。王后將參謀本部的計劃洩露給敵人，指揮一支法軍的拉法耶特一意想擊垮巴黎的民主分子。在此一情況下，失敗是無可避免。在鄰近里耳的奧屬低地國（Les Pays Bas）❹邊界的戰役中，法軍嘩變，且殺死一位法軍將領。

---

❸ 宣戰時間爲一七九二年四月二十日。

❹ 奧屬低地國爲今日的比利時和盧森堡。

　　覺得不安的法國議會，採取特別措施：下令流放反抗的教士和成立一支兩萬人的國民衛隊以保護巴黎。路易十六否決議會的法令。聽到此一消息，民衆就開始暴動。一七九二年六月二十日，暴民侵入杜勒麗宮，辱罵和威脅國王和王后。

　　在法國大部分地區，六月二十日事件受到溫和派人士的強烈指責。然而，在巴黎，民情愈來愈激昂，吉隆特派更火上加油，希望因而使國王退縮。幾天後，傳聞一支普魯士軍隊將入侵洛林，立法議會於七月十一日宣布全國進入緊急狀態，並且召募自願軍。

　　此時，剛好各省的國民衛隊湧入巴黎，以慶祝「結盟節」(fête de la Fédération)。來自馬賽的國民衛隊，高唱黎時樂(Captain Rouget de Lisle) 剛在斯特拉斯堡譜成的「萊茵軍團進行曲」(Le chant de guerre de l'armée du Rhin)。此一進行曲此後被稱爲「馬賽曲」(La Marseillaise)。此首充滿愛國和革命狂熱的歌曲，使巴黎人民更爲激動。

八月十日

　　正當此時，出現了「布倫斯威克宣言」(Manifeste de Brunswick)。奧普聯軍統帥布倫斯威克公爵 (Clarles, duc de Brunswick, 1735-1806) 威脅巴黎說，如果路易十六一家仍然受到六月二十日那樣侮辱的話，他將徹底毀滅該城[32]。這篇宣言非但未能產生嚇阻效果，反而適得其反，激起人民的憤怒。這是路易十六與侵略者同謀的明證。

　　幾世紀來，與對國王的熱愛混在一起的對國家的熱愛，現在造成全國民衆起來對抗背叛國家的一位國王。在羅伯斯比爾的呼籲下，巴黎四十八個區 (sections) 之中，有四十七個區要求罷黜路易十六之王位，並且宣稱，如果在八月九日晚仍未見任何表示的話，叛亂將隨之而起。一

---

[32]　Georges Lefebvre, *La Révolution Française* (Paris: PUF, 1968), p. 258.

七九二年八月九～十日晚上，各區的專員（commissaires）來到市政府，推翻合法的公社，組成一個「叛亂公社」（Commune Insurrectionelle）。郊區的民衆攻擊杜勒麗宮，在一番流血的戰鬥之後，加以占領。路易十六和其家人逃到議會。

八月十日帶來第二次大革命，它比一七八九年的革命更加厲害。「叛亂公社」要求罷黜和拘禁路易十六。行政權則交給一個由十位部長組成的臨時政府，其中最具影響力的是著名演說家丹敦（Georges Danton, 1759-1798）。「叛亂公社」隨之強迫立法議會立刻舉行全民選舉，選出一個「國民公會」（Convention），一個負責制訂新憲法的議會。

在「叛亂公社」的壓力下，立法議會下令關閉修院，解散宗教性組織和修會，取走教堂裏的金銀器皿，禁止教士在教堂之外穿教會服裝。爲贏得農民的支持，立法議會在封建權利問題方面讓步，而且將流亡國外貴族的土地，以一個個單位面積出售，最後還在巴黎逮捕數百位「嫌疑分子」。

九月大屠殺

這些緊急措施是在民情激憤中採取的。邊界的消息愈來愈嚴重。不滿八月十日的叛亂，拉法耶特曾企圖揮軍攻打巴黎，隨之他逃到敵人陣營。八月三十日，普魯士軍隊包圍巴黎東側最後據點——凡爾登（Verdun）。聽到此一消息，「叛亂公社」呼籲所有巴黎市民武裝起來。警砲連續鳴放，警鐘日夜響個不停，居民的情緒更爲緊張和瘋狂。

成千上萬的巴黎人同時產生下列想法：在走上前線之前，必須先消滅關在監獄裏的壞公民（貴族或一般刑犯）。於是在九月二～六日的「九月大屠殺」，二千八百名被下獄者之中，有一千二百名被處死。立法議會袖手旁觀，司法部長丹敦無法，也不願阻止這些劊子手。

在同一時期舉行「國民公會」議員選舉。受驚嚇的溫和人士不敢去

投票；唯有激烈的革命分子前往投票，他們幾乎都是擁護共和政體。國
民公會，因此並非代表整個法國，而是代表意志堅定的少數。

瓦爾米（Valmy）的勝利

在九月裏，前線的戰況令人心焦。普軍於九月二日占領凡爾登，於
是到巴黎之路暢通無阻。

法軍將領杜姆列茲（Charles Dumouriez, 1739-1823）在香檳地區
的瓦爾米的戰場纏住普軍。一七九二年九月二十日的戰事僅限於砲擊，
但是法軍非常鎮定的表現，令布倫斯威克中止戰鬥。疾病的侵襲和對奧
國盟軍的不滿，普軍節節後退。一個月後，普軍退出法境。

第六節 國民公會

國民公會的歷史雖只有短短的三年❸，但卻充滿著動亂和悲劇。首先
是吉隆特派和山岳派（Montagnards）的敵對，隨之是山岳派的獨裁，
最後是暴政的剷除。在極度的困難和憂患之中，國民公會釐訂許多共和
體制的計劃，爲後世留下深遠的影響。

吉隆特派和山岳派

九月二十一日，國民公會首次集會，出席議員❹一致同意廢除君主政
體。翌日，「共和」（République）一詞正式出現在官方文件上，而一七
九二年九月二十二日則爲共和元年的起點。

國民公會的成員分成三派：右派，爲一百六十位吉隆特派；左派，

---

❸ 亦即自一七九二年至一七九五年。
❹ 在七百四十九位議員中，出席者不到四百位。

為一百四十位山岳派，其中羅伯斯比爾、馬拉（Jean-Paul Marat, 1743-1793)、丹敦為最著名；其餘大多數議員構成中間派或稱「平原派」（Plain）。

吉隆特派和山岳派一開始就勢如水火。除了個人恩怨外，更重要的是愈來愈嚴重的觀念分歧。三個主要領袖來自首都的山岳派，認為巴黎應是整個法國的神經中樞。他們準備利用公社、以及雅各賓和科爾得利等俱樂部，對議會施加壓力。他們雖然本身來自資產階級，但有時卻支持無產階級對抗資產階級。此外，他們準備在戰時採取緊急措施，暫時取消自由權，以及為拯救「共和」之需要，也準備實行獨裁。

相反地，來自其他各省的吉隆特派，卻擔心巴黎居民對他們施加新壓力。他們對巴黎人民的憎恨和對窮人反抗富者的社會革命之恐懼，使之有時傾向於反共和，甚至是反革命的人士。

在外交政策方面，這兩派人士之意見相同，皆希望法國偉大，因而在瓦爾米戰役之後，法國向鄰國侵占許多土地。

路易十六之死與革命之危機

法國的征服令歐洲各國君王震驚，路易十六被處死，更令他們憤怒不已。關於路易十六之審判，國民公會經過一個多月激烈辯論，幾乎一致表示國王有罪，隨之以些微的多數判處死刑。吉隆特派設法挽救國王之性命，但在山岳派的反對下，路易十六還是於一七九三年一月二十一日走上斷頭臺。

國民公會的併吞鄰國領土和路易十六被處死，在一七九三年初造成一個反法聯盟。英國、普魯士、荷蘭、西班牙、薩丁尼亞、那不勒斯、日耳曼各邦國和俄國，組成聯軍。一七九三年，法軍被逐出巴伐利亞的巴拉丁邦（Haut Palatinat）和比利時。

邊界反革命的成功，以及因徵兵而造成汪代地區（Vendée）的叛亂

㉟, 使國民公會採取各種公安措施。山岳派在巴黎成立革命法庭(Tribunal révolutionnaire) 和一個負責採取拯救國家的一切必須措施的公安委員會 (Comité de Salut Public)；每一區成立一個監視委員會 (Comité de Surveillance)，偵察嫌犯。國民公會通過對富人課稅和實施民生必需品配給制。

一七九三年四月，杜姆列茲將軍叛國降敵，羅伯斯比爾和馬拉認爲吉隆特派與其同謀，因而鼓動八萬武裝暴民包圍議會，逮捕二十九位吉隆特派議員。山岳派雖暫時支配全局，但是外患和內亂更趨嚴重。

革命政府

面臨立即的危險，必須採取特殊的措施。儘管剛通過一個強調自由的憲法，山岳派卻使之延期實施，而暫時以一個所謂「革命政府」的獨裁政權取代之。

國民公會擁有最高的權力，但事實上，它通常批准「公安委員會」的提案。自一七九三年九月至一七九四年七月，十二位山岳派人士一再被國民公會推選爲「公安委員會」委員。

爲實施革命性措施，國民公會在每一區設置一位由它任命的公務員——「國家代理人」(agent national)。爲控制地方當局的行動，議會以「任務代表」(représentants en mission) 之名，派遣議員爲其代表，駐紮在各省和各軍隊，並賦予無限權力。

爲拯救法國，山岳派採取他們在和平時期絕對不會贊同的措施。但當國家正處於危急存亡之秋，就非如此做不可。

首要之務就是充裕國家兵源，以對抗國內外的敵人。在公安委員會

㉟　法國此時內憂外患情形，請參閱 Roland Mousnier & Ernest Labrousse, Le XVIII XVIIIᵉ siècle, L'époque Des "Lumières" (1715-1815), (Paris: PUF, 1967), p. 416.

國防委員卡諾（Lazare Carnot, 1753-1823）的主持下，再加上國民公會頒布徵兵令，法軍不但在人數方面超過敵人，而且軍隊的戰術和士氣也大爲改善。

八十餘萬大軍的補給和一般人民生活的維持，造成國民公會實施經濟獨裁。法國的經濟生活皆受政府的管制。

國民公會爲使其決定付諸實施，同時也爲消滅一切反對，其所採取的強制手段，形成恐怖統治。凡是不贊同公安委員會者，不論貧富貴賤，皆有可能被視爲反革命之嫌疑犯。在一七九三和一七九四年，被捕的嫌疑犯達五十萬人之多。王后瑪麗・安端內德和吉隆特派人士等就是在這個時期被處死。

此一獨裁政權雖然殘暴，但卻很有效率。國民公會所欲達成的雙重目標——消除內亂外患和避免飢荒，終於在一七九三年年底達成。

在經濟方面尚未完全成功：城市的窮人忍受著飢寒；課稅、徵收和查訪制度，使不滿分子爲數大增；工人對於工資的限制也抱怨不已。

相反地，內亂很快就敉平，邊界的敵人也被擊退。喬丹將軍(Jean-Baptiste Jourdan, 1762-1833) 在卡諾的支持下，於瓦提尼（Wattignies）擊敗奧軍；歐希將軍（Lazare Hoche, 1768-1797）在亞爾薩斯擊退奧普聯軍；最後是砲兵上尉拿破崙（Napoléon Bonaparte, 1769-1821）從英軍手中奪回土倫（Toulon）軍港。

羅伯斯比爾

一七九三年七月首次進入公安委員會後，羅伯斯比爾就成爲法國最重要的政治人物。品格高尚、誠摯、勇敢和廉潔，使之非常受人歡迎。熱衷民主，自制憲議會時期開始，他就要求實施普選。除政治平等之外，現在他希望再加上社會平等。他也希望共和政體是建立在「美德」之上，亦即每個國民皆能誠實、守法和熱心公益。對於貪污濫權，有損國家利

益者，決不寬恕。

羅伯斯比爾爲一驕傲和瘋狂的人物，自信觀念正確，有異己者則視爲叛國。一七九四年初，他遭遇山岳派中左右兩派的反對。一七九四年三月，他和聖・局斯（Louis A. L. Saint-Just, 1769-1794）將極端革命分子送上斷頭臺；四月，又將主張取消恐怖政治和與敵人簽訂和約的丹敦等人處死。

在古東（Georges Couthon, 1755-1794）和聖・局斯這兩位朋友的支持下，羅伯斯比爾企圖實現其平等和道德的計劃。爲建立社會平等，他讓國民公會通過一項法律，規定所有被監禁嫌犯的土地，無償配給無法購買國有土地的貧窮愛國分子。爲發展人民的美德，他重建革命宗教（religion révolutionnaire）以取代天主教。最後，爲消滅叛國者，他採取最慘酷無情的恐怖措施。被告不得請律師辯護，而且也只有死刑。在四十五天之內，僅巴黎一地，被送上斷頭臺的就有一千三百七十六人。

此時，法軍採取攻勢，侵入敵人領域。在北方，比希格呂將軍（Charles Pichegru, 1761-1804）攻下比利時西部和荷蘭；在東北部，喬丹逐走比利時東部的奧軍，占領特列夫和科倫；在阿爾卑斯山，薩伏衣再度被征服；最後，在庇里牛斯山兩端，法軍進入西班牙。

羅伯斯比爾之死

一七九四年初夏，羅伯斯比爾似乎擊敗所有敵人。事實上，在民意和在國民公會中，他的權威已江河日下。在法軍節節勝利之時，革命政府的獨裁似乎已令人無法忍受。人們厭惡「斷頭臺」，而且將「大恐怖」歸咎於羅伯斯比爾。在失去人民的支持後，羅伯斯比爾及其黨徒被國民公會的軍隊逮捕，並於一七九四年七月二十八日晚上被送上斷頭臺。

羅伯斯比爾的死亡，導致平原派支配國民公會和恐怖政治的結束。倖存的丹敦派分子和吉隆特派人士，回到議會。公安委員會的權力被削

減，公社的權力被廢除。革命法庭改組，雅各賓俱樂部關閉。宗教性的迫害逐漸減少，教堂重新開放。

現在對外戰爭的勝利，使革命政府失去存在的理由，控制議會的平原派理應將一七九三年的憲法付諸實施。激烈反對此一憲法的平等和民主的觀念❸，他們重新制訂一部新憲法，亦即一七九五年的憲法。

他們保存共和體制，但是恢復限制選舉，如同一七九一年一般。為避免任何獨裁的可能性，他們將立法權分屬於兩院：一個是稱為「五百人會議」(Conseil des Cinq-Cents) 的下議院；另一個是稱為「元老會議」(Conseil des Anciens) 的上議院 (有二百五十位議員)，通過或拒絕下議院提出的法案。兩院議員每年改選三分之一。行政權交給五個督政 (Directeurs)。最後，嚴格實施權力分離原則。行政權和立法權各自獨立。

國民公會的結束

此時，一七九三年的聯盟宣告瓦解。在一七九五年，普魯士、荷蘭和西班牙放下武器，只有英、奧兩國繼續對法作戰。

儘管對外戰爭勝利，國內卻危機重重。希望實施一七九三年憲法的雅各賓俱樂部會員，憎恨平原派。他們利用物價大幅上漲等問題煽動民眾暴亂。失敗後，巴黎民眾被解除武器，雅各賓俱樂部被剷平，革命法庭被取消，甚至連「革命」一詞也禁止使用。

雅各賓俱樂部的被毀，將有利於保皇黨。後者的努力逐漸由暗而明。他們攻擊共和政體，屠殺雅各賓分子，製造「白色恐怖」(Terreur Blan-che)。為扼止復辟，國民公會通過一項法案，規定未來的議會其中三分

---

❸ 這些觀念為普選、公民得否決法律、失業和殘廢救助、全部義務教育、以及政治違法人民應反叛等。

之二的成員須爲現在的國民公會的成員，也就是共和黨人。在工作完成後，國民公會於一七九五年十月二十六日解散。

國民公會的成果

在一連串內亂外患和政治激動中，國民公會還不忘共和國組織的艱鉅工作。雖然其計劃有許多無法實現，但卻爲未來播下了種籽。現略分析於下：

(1)財政方面——國民公會的財政委員會由蒙伯利葉的一位貿易商甘彭(Joseph Cambon, 1750-1820)主持。他雖只能延緩法國財政的破產，但他於一七九三年創設的「公債總冊」(Grand Livre de la Dette Publique) 卻能流傳下去。國民公會決定承諾舊政權的債務，並使之與革命時期的債務混合。此一措施，使許多舊制度時期靠年金生活者傾向共和。

(2)立法方面——根據立法議會的決定，國民公會將戶籍資料的登錄業務從神父那裏移到市公所，開始實行無宗敎儀式的市公所內舉行的婚禮，准許離婚，諸子有平等繼承權，並宣布殖民地奴隸的解放。

(3)社會方面——國民公會未曾設法改變社會組織，使貧民階級能因而受惠。它所採取有利於貧民階級的措施，也只是基於政治機會主義。國民公會爲農民所採取的措施，大體上只有富農受益。工人的處境也欠佳。他們不能罷工，不能組織工會，最高工資受限制，但商人卻不遵守物價的上限。

(4)宗敎方面——國民公會成立後，對天主敎的迫害更加積極。一連串的「排除基督敎運動」造成鄉村的本堂神父被辭退，巴黎的所有敎堂被關閉。一七九四年春，天主敎在全法國不再見到公開儀式的舉行。一七九五年年初，國民公會甚至不再供給宣誓敎士的薪津。這種國家與天主敎分離的情形，將繼續延至一八〇一年拿破崙與敎宗簽訂一項新的政

教協議爲止。

然而，甚至那些攻擊天主教最激烈的革命分子，也不能否認國家與宗教之間的密切關係。他們企圖成立「革命宗教」以取代天主教。此一宗教以「人權宣言」（La Déclaration des Droits de l'Homme）爲教條，以紅色小帽，三色帽章，自由樹等爲象徵。「自由烈士」和革命大事件的紀念日爲節日。

(5)教育方面——革命時期的三個議會，對教育問題相當重視。在以往擔負教育重任的修會被摧毀後，公共教育問題愈發刻不容緩。丹敦曾說，「教育是僅次於麵包的人民必需品」。

在解散前夕，國民公會通過「公共教育法」（Loi sur l'Instruction public）。每一鄉鎮至少設立一個義務性小學。中等教學由每省的「中央學校」（Ecole　Centrale）負責。高等教育方面成立許多專門性學校（Grande Ecole），其中最著名的爲「綜合工科學校」（Ecole Polytechnique），而且成立「法蘭西研究院」（L'Institut de France）。

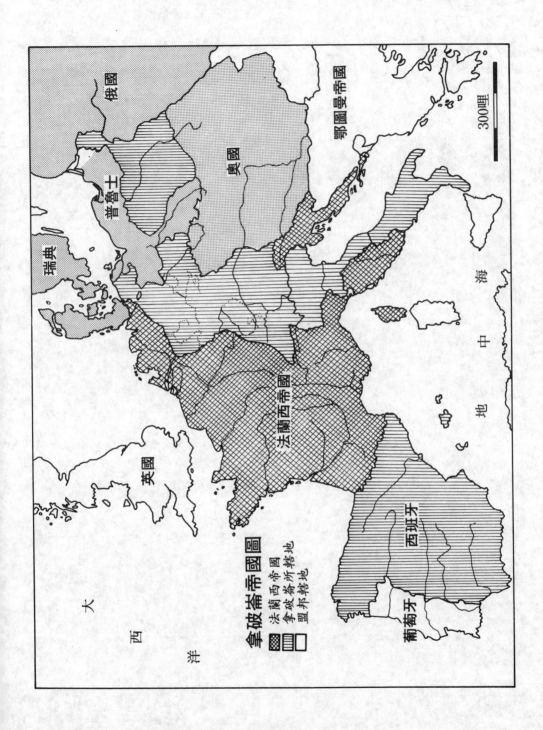

拿破崙帝國圖

法蘭西帝國
拿破崙帝國所轄地
同盟邦所轄地

第九章　拿破崙及其帝國

第一節　稱帝前的拿破崙

拿破崙的早年

在路易十五向熱那亞購進科西嘉島數月後，拿破崙誕生於其首府阿佳修（Ajaccio）。他在香檳地區布里安學院（Collège de Brienne）求學，並於一七八五年被任命爲砲兵少尉。

拿破崙是一位行事怪異的軍官：經常休假，而且大部分非經正常手續，甚至當政府宣布國家面臨緊急狀態，他還是拒絕到所屬軍團報到。他在科西嘉度過所有空閒時間，這地方比起法國更像是他的祖國。

一七九三年，反革命分子決定將該島交給英國，他因曾加以反對而被迫全家逃亡到法國南部的普羅旺斯。至此，他方覺得自己是眞正的法國人。在從英國人手中奪回土倫的戰役中，他居功甚偉而被委爲阿爾卑斯軍的砲兵指揮官。一七九六年三月，他被任命爲意大利遠征軍指揮官。在就新職前幾天，他跟一位上斷頭臺的將軍之年輕寡婦約瑟芬（Joséphine Tascher de la Pagerie, 1763-1814）結婚。

意大利戰役

意大利遠征軍在熱那亞集中後，即面對著皮德蒙和奧地利的軍隊。拿破崙從中間穿入，並各個擊破。一七九六年五月，皮德蒙承認法國擁有薩伏衣和尼斯。教宗庇護六世放棄亞維農和孔達，並割讓波河平原屬地的北部地區。

經過八個月的困獸鬥，奧地利也於一七九七年十月簽訂「剛波・佛米歐條約」（Traité de Campo-Formio），放棄荷蘭和米蘭，此外還承認萊因河左岸亞爾薩斯以北的一部分土地歸法國所有。拿破崙將在意大利北部最近所得的土地組成一個新國家，稱爲「內阿爾卑斯共和國」（République cisalpine），而爲法國之附庸國。

意大利戰役突然間顯露拿破崙的軍事天才。顯然地，他的副將歐吉羅（Pierre Augereau, 1757-1816）❶、穆拉（Joachim Murat, 1767-1815）❷、藍勒（Jean Lannes, 1769-1809）❸、馬榭那（André Masséna, 1756-1817）❹和朱貝爾（Barthélemy Joubert, 1769-1799）❺等將軍，以及在這些將領訓練出來的士兵也有很大的貢獻。然而，戰略的策劃和執行，則完全是他個人的成就。這一連串輝煌的戰役，使這位二十八歲的將軍，能跟古代名將亞歷山大和凱撒相提並論。

---

❶ 歐吉羅，泥水匠之子，後晉陞爲法蘭西元帥和 Castiglione 公爵。
❷ 穆拉，客棧老闆之第十二個小孩，後來爲法蘭西元帥，並在一八〇八～一八一五年間以 Joachin Napoléon 出任那不勒斯國王。
❸ 藍勒，王室車馬侍從之子，法蘭西元帥，Montebello 公爵。
❹ 馬榭那，年少之時曾任商船見習水手，後來爲法蘭西元帥、Rivoli 公爵、Essling 親王。
❺ 朱貝爾，一七九一年志願從軍，一七九八年十月出任駐意大利法軍總司令。

埃及戰役

在拿破崙的腦海裏，埃及的征服威脅著英國人對印度的控制，因而可迫使英國簽訂和約。督政府（Le Directoire, 1795-1799）對於使其最好的將軍和軍隊遠離，以及與埃及宗主國土耳其決裂之事，有些猶疑不決，但最後還是讓步。

一七九八年，一支法國軍隊在土倫上船，在途中占領馬爾他島，最後於亞歷山卓港（Alexandria）附近登陸。法軍經過一番艱苦行軍，擊敗馬穆魯克騎兵隊（Mameluks），且抵達開羅。

然而，不久之後，英國的納爾遜（Horatio Nelson, 1758-1805）摧毀停泊在阿布基爾（Aboukir）的法國艦隊。此外，土耳其援軍不斷來到，而法軍卻受到飲水缺乏和瘟疫之威脅。當法國受到第二次聯軍襲擊而處境危險之時，拿破崙逃離埃及，而將該地區的指揮權交給克雷伯將軍（Jean-Baptiste Kléber, 1753-1800）。

拿破崙初掌政權

一七九九年，拿破崙在法國危機重重之際，發動一次政變，奪得政權。隨之於馬蘭果（Marengo，在波河平原）和霍亨林登（Hohenlinden，在巴伐利亞）的輝煌勝利，迫使奧地利於一八〇一年簽訂倫內維爾（Lunéville）條約。

英國難於征服，但因英國人厭戰而終於在一八〇二年放下武器，簽訂亞眠和約（La Paix d'Amiens）。最後，拿破崙在日耳曼地區組成〝萊因邦聯〞，減少其成員❻。天主教和奧地利的影響力也隨之大為減少。

---

❻　由三百五十個邦國減至八十二個。

時勢造英雄

一七九九年十一月的某個夜晚，拿破崙和他的兩個同僚❼接受重新組織法國的使命時，整個國家正處於災難和混亂狀態。保皇黨在西部和加倫河地區叛變，盜匪阻擋糧車，到處搶劫，虐待人質。許多道路變成無法通行，橋樑被破壞，公共建築物變成廢墟，工商業形同癱瘓。

絕大多數的法國人都平靜地，幾乎漠不關心地接受此次政變，他們對此類事件已屢見不鮮。假如拿破崙能保證法律和賦稅之前人人平等、封建稅的取消、國有財產的擁有，以及重建國內的安定和國外的和平，法國人準備將一切權力交給他。

這些要求完全適合拿破崙。全國人心之渙散，正好讓他有實現野心的機會。然而，他對權力之渴望，並非自私自利的。他有意平息各人的不安和結合所有法國人，不論保皇黨人或革命黨人，向國外移民者或恐怖分子，並使他們同意一起為國家的光榮和偉大而奮鬥。因此革命將告一段落，其社會方面的收穫更加確定，昔日的仇恨一筆勾消。經過十年的不安定時期，法國最後趨於平靜，並將重獲新的光榮。

新憲法

只要幾個星期的時間就足以讓拿破崙很穩固地在法國建立起威權。他重新編纂一部憲法，同時重新改組行政系統。

此一在政變後不到一個月就出現的新憲法，完全是拿破崙的傑作。它與一七九一年和一七九五年的憲法十分不同。它建立普選制度，然而同時也取消所有的選舉。公民們只限於提出候選人名單，以供自這些名單中選出國會議員、督政和公務員。

---

❼ 亦即 Emmanuel Sieyès 和 Roger Ducos。

立法的議會有兩個:「諮議院」(Tribunat) 和「立法院」(Corps Législatif), 但二者皆無權力。第一督政是唯一有權提出法案者, 他讓自己任命的「行政法院」(Conseil d'État) 起草和編纂法案。法案提出, 經諮議院討論後, 移交給聽過諮議院正反兩面意見的「立法院」表決是否接受, 但立法院無權討論和修正。

另外還有一個第三議會, 亦即「參議院」(Sénat)。參議院有雙重功能: 它在候選人名單中選出該院議員、諮議院和立法院議員, 以及三位執政 (Consul); 另一方面, 它能取消違憲的法案。

行政權則交給任期十年的三位執政。但是第二和第三執政只限於提供意見, 實際權力掌握在第一執政手中: 他提議和公布法律, 任免部長和所有公務員。他本身不對任何人負責。理論上, 執政應經參議院選出, 但是第一執政是由憲法指定的❽。第一執政爲拿破崙, 第二執政爲昔日國民公會議員剛巴樹雷 (Jean de Cambacérès, duc de Parme, 1753-1824), 第三執政是一位溫和的保皇黨員勒布朗 (Charles F. Lebrun, duc de Plaisance, 1739-1824)。

拿破崙將憲法交付公民投票表決。但在公民投票尚未完成前, 憲法就已開始生效。然而, 法國人還是以三百多萬票對一千六百票, 表示對拿破崙的信心❾。

中央集權

選舉的取消和政府的威權是拿破崙行政改革的主要特徵。大革命使各地區自行選舉公務員和保有很大的自主權, 而拿破崙卻自己任命這些公務員, 並使他們完全附屬於其權力之下。從此之後, 每省有一位省長

---

❽　Albert Soboul, *La Révolution Française* (Paris: PUF, 1970, Que sais-je?), p. 111.

❾　此次公民投票缺席者達三、四百萬人。

（préfet）和省議員（conseillers généraux），每縣有一位縣長（sous-préfet）和縣議員（conseillers d'arrondissement），每鄉鎮市有一鄉鎮市長和鄉鎮市民代表（conseillers municipaux）。以上這些公務員皆由政府遴選。

第一執政也任命大部分法官和新的財政官員，取代績效不彰的鄉鎮市公所，來分配和徵收直接稅。

行政權之集中從未達到此一地步。事實上，在舊制度時代，總督在執行職務時尚須考慮到一些特權集團如地區議會、司法和財政官員等，而這些特權集團已被革命摧毀殆盡。

至少拿破崙善於選用新任官員。他不計較人們過去的政治成分和背景，而只要求才幹、勤勞和對政府之忠誠，因此他使保皇黨員和革命黨員共事一堂。

拿破崙也善於處理財經問題。一八○○年，他創立一家新銀行——法蘭西銀行（Banque de France），並讓它專營紙幣的發行。一八○三年的一項法律，建立新的貨幣制度，選擇一個重五克的銀幣爲基本單位，稱之爲「法郎」。

教會重新改組——政敎協議

秩序的重建，財政的健全，使拿破崙頗得人心。然而，昔日拒絕宣誓的教士和一部分天主教徒仍很仇視他。爲消除這些敵對，他決定返回一七八九年以前的教會制度，並且跟教宗簽訂「政教協議」。自馬蘭果（Marengo）戰役勝利（一八○○年六月）之翌日，他開始與新教宗庇護七世（Pius VII）談判。經過一年之商談，終於在一八○一年簽訂該協議。一八○二年完成該協議的實行細則。

教宗以法國教士之名正式放棄一七八九年以後已出售的教產；第一執政承認天主教會在法國的官方特性。

就如同一五一六年的政教協議，法國政府任命主教，而教宗給予精神方面的授予。主教和本堂神父，宣誓對政府忠誠，而且接受政府的津貼。基於任命、宣誓和津貼，拿破崙認爲他已是法國教士之首領。此外，這次的政教協議並未提及一七九二年年底以後即被取消的正規教士，亦即修士⓾。

民法

在一七八九年，全國國民希望能有一部通行全國的法律，這個願望一直到一八〇四年才得以實現。在拿破崙的督促下，「民法」(Code Civil)在那年完成，人們稱之爲「拿破崙法典」(Code Napoléan)。

民法的來源有羅馬法、習慣法、以前國王的命令，以及革命時期的立法。凡是有利用價值的皆不會遺漏。它鄭重承認「一七八九年的原則」：個人自由、公民平等、宗教自由、諸子繼承權平等、封建稅廢除、財產的保障等等。這部法典以編纂條理清晰著稱，在整個十九世紀，許多國家採用法國的民法。

第二節　拿破崙一世

拿破崙

拿破崙爲史上最富傳奇性的人物之一。他的長處與缺點，皆非常人之所能及。

⓾　有關此一政教協議之重要性，請參閱 Olwen Hufton, "The Reconstruction of a Church, 1796-1801", from Gwynne Lewis & Colin Lucas, *Beyond the Terror,* (Cambridge: Cambridge University Press, 1983), pp. 21-52.

沒有任何一位政治人物比他更勤勞。天賦驚人的記憶力使他具有不可思議的工作能力。頭腦清晰，對於問題的觀察能面面俱到，每一項決定皆爲長期思考的結晶。拿破崙不愧爲偉大的組織者，他爲法國奠下延續至今的行政、財政和司法的組織體系。

在私生活方面，拿破崙大體上還算不錯。然而，一旦與其野心有關，他就會表現出相當自私。此時，他將人視爲可加以利用的工具。在統御的藝術方面，他可謂已爐火純靑；善於利用人的恐懼、虛榮、貪婪、榮譽感、誠實和信仰的狂熱等等心理。他最輕視的就是對自由的熱愛。他專制的意志決不允許任何反對。大革命使之成爲人人平等的法國人，在形式上仍然是平等的，但事實上已再度成爲臣民。

法國人民同時被導入一場永無休止的戰爭。拿破崙與亞歷山大和凱撒同爲大征服者。他也有意效法他們，建立一個漫無邊際的廣大帝國。他的野心永遠無法滿足，他對光榮的追求放縱不羈。對他來說，條約只是一種停戰，一種在從事新征服之前的喘息。因此，在十年期間，法國的命運註定爲國內的獨裁和國外的戰爭。

專制獨裁的恢復

身爲第一執政時，拿破崙的權力已經相當大，就是後來變成皇帝時，也無法再使之增加。因此，政府體制甚少更動。然而，政權變得更加專制。諸議院於一八〇七年取消。拿破崙經常以行政法院擬訂的法令當做法律，而不再召集立法院。所有的自由一起消失。

一支由福榭（Joseph Fouché, duc d'Otrante, 1759-1820）指揮的國家警察，控制整個法國。皇帝或部長的一項決定，就足於以「安全措施」的理由，逮捕任何人。一八一〇年的一項法令，准許拘禁那些「不便於送法庭審判，也不便於釋放」的人。

效法波旁王室，拿破崙身側有一豪華的宮廷。他盡量設法吸引舊制

度時代的貴族，希望將其權力寄託於貴族階級身上。在距離「八月四日夜」僅僅數年，拿破崙就大膽地重建一個與大革命的原則相違反的體制。自執政時期，他已想到要成立一個「勛級會」（Légion d'Honneur），一個賦予特殊權利和義務的特別集團。面對著普遍的不滿，他只好讓步，而「勛級會」變爲勛章的授予。

但是，自一八〇六年起，他在意大利境內的征服地區，分配采邑，以及分封公爵或親王給其部長和元帥。隨之，他也在法國創立一個新的貴族階級，以伯爵或男爵等貴族頭銜，酬庸一些爲他效勞的人。有時，貴族頭銜可能變成長子世襲，這又再度破壞平等的原則。

拿破崙和教會

最初，教士對於拿破崙還很效忠。但是，好景不長。爲關閉意大利的對英貿易，拿破崙逐漸吞併教宗國的領土。庇護七世以拒絕對皇帝所任命的主教授予聖職做爲報復，因而自一八〇八年起，某些主教區仍然沒有主教。盛怒之餘，拿破崙占領羅馬，這是控制在教宗手中的最後一個城市。被教宗逐出教會後，拿破崙更進一步逮捕教宗，並將他監禁在意大利，隨之移到楓丹白露。

然而，主教們拒絕脫離教宗。在被幽禁的教宗和權勢顯赫的皇帝之間的鬥爭，皇帝處於劣勢。他的激烈政策，導致天主教徒的叛離。

大學

仇視一切自由的拿破崙，無法讓每個人擁有依照一七九五年憲法建立的制度之教育權。他希望學校，尤其是中等教育，能爲他培養一批能幹而忠誠的公務人員。爲此，他在一八〇六年成立一個特殊機構——帝

國大學(Université)，並賦予教育的獨占權，類似今日各國的教育部❶。

大學包括公立教育機構，如初等、中等和高等教育機構，以及經政府立案和受其控制的私立學校。整個帝國劃分爲四十餘個「大學區」（Académies），各由一位總監（Recteur）負責。

拿破崙將初等教育交給在舊制度時已從事此一工作的教會學校之修士。但他對中等教育十分注重。高等教育除了繼續革命時期已有的專門性學校之外，還在某些大學區中增加文學院和理學院。

知識生活

拿破崙似乎有意讓其統治在文學和藝術方面有著輝煌的成就。然而，他卻不給作家任何自由。報紙、書籍和劇本都要經過非常嚴格的檢查。一八一〇年開始，每一省只有一分報紙，巴黎也只不過有四分❷。

在他統治時期的兩位大作家夏多布里昂（François-Anguste, vicomte de Chateaubriand, 1768-1848）和史達爾夫人（Madame de Staël, 少女名 Anne Necker, 1766-1817），希望自由表達自己的思想。因此，他們受到皇帝的輕視，而且成爲警察注意的對象。他們的作品卻頗享盛譽，且成爲浪漫主義的先驅。

在藝術方面，有復古之勢。大革命沒有時間在巴黎建造偉大的紀念性建築。拿破崙希望其統治時期的勝利，能在巴黎處處留下回憶。專爲崇耀「偉大軍隊」的馬德連教堂（Madeleine）、汪多姆圓柱（Colonne

---

❶　Louis Bergeron, *France under Napoleon,* Translated by R. R. Palmer (Princeton, N. J.: Princeton University Press, 1981), pp. 34-35.

❷　一八一〇年八月三日的法令規定，每一省有一分報紙，因而使一些本無報紙的省分如 l'Ariège, les Hautes-Pyrénées, les Côtes-du-Nord 等，趕緊發行週刊，或雙週刊。見 Claude Bellanger, Jacques Godechot, Pierre Guiral & Fernand Terrou, *Histoire générale de la presse française, Tome I: Des origines à 1814,* (Paris: PUF, 1969), pp. 564-565.

Vendôme)、卡魯樹的凱旋門（Arc de Triomphe du Carrousel）和星廣場❸的凱旋門（Arc de Triomphe de l'Etoile）等，皆仿傚古羅馬。法國在此時期尚缺乏足以與意大利人卡諾瓦（Antonio Canova, 1757-1822）相比擬的雕刻家，但都有許多名畫家。

已經以其「霍拉斯之誓言」（Serment des Horaces, 1784）和大革命的景象享盛名的大衛（Jacques David, 1748-1825），成爲拿破崙的官方畫家和古典風味之代表。他的影響力遍及整個歐洲和美洲。此外，尙有仿傚瓦鐸（Antoine Watteau, 1684-1721）和達文西（Leonard de Vinci, 1452-1519）的蒲呂東（Pierre Prud 'hon, 1758-1823）、走向浪漫主義的帝國軍隊畫家葛羅（Antoine Gros, 1771-1835）和傑里寇（André Géricault, 1791-1824）。

在科學方面，法國還是一枝獨秀。法國有數學家拉格朗幾（Joseph Lagrange, 1736-1813）、拉普拉斯（Pierre Simon, marquis de Laplace, 1749-1827）和孟吉（Gaspard Monge, 1746-1818），物理學家給·呂塞克（Joseph Gay-Lussac, 1778-1850），化學家夏普塔（Jean Chaptal, comte de Chanteloup, 1756-1832），自然科學家居維葉（Georges, baron Cuvier, 1769-1832）和拉馬克（Jean-Baptiste de Monet, chevalier de Lamarck, 1744-1829）。

經濟的發展

拿破崙試圖以增進人民的一般福祉，來使之忘卻其專制的統治。以柯爾白爲師，他極欲使法國致富。到一八一〇年爲止，小麥一直很豐收；馬鈴薯和番茄也是如此。新產品出現：菊萵苣和甜菜糖在歐洲成爲咖啡和蔗糖的代替品，因爲英國海軍控制海權，咖啡和蔗糖無法自安地列斯

---

❸　星廣場，現已改名爲戴高樂廣場（Place de Charles de Gaulle）。

群島運來。農民逐漸致富，其中有許多能夠購買國家財產⓮。

在那段由於政治條件使半個歐洲成爲法國產品之市場的時期，法國的工業獲益不少。棉紡織工業和化學工業欣欣向榮。然而，機器運用的推廣卻相當遲緩。此外，自一八一〇年起，經濟活動遭遇嚴重困難：一八一一年的危機導致許多工業家破產。

拿破崙致力的鉅大公共工程：塡平沼澤，開鑿運河，修築道路。他裝飾其帝國的各大城市，尤其是希望將巴黎變成歐洲的首都。

拿破崙政權的脆弱性

拿破崙的努力並未贏得其臣民之感情。流亡國外的貴族，雖受歡迎返回法國，且有許多擔任政府官員，但暗地裏仍然是王黨之人⓯；大發其財的資產階級者，譴責皇帝將他們排斥於政府之外。儘管身受重稅和徵兵兩種重擔，拿破崙在一般平民中可說是最受歡迎。

在財政管理方面，拿破崙有一些創新，例如成立「審計部」(Cour des Comptes) 以稽核一般國家開支，編製地籍以確保土地稅之徵收。但是連綿不斷的戰爭所費甚昂，對被征服者所課之稅，不足以彌補財政的短絀。他必須提高間接稅，徵收飲料稅和鹽稅。這些稅受到的批評甚多。

除了徵稅之外，徵兵也使拿破崙失去許多法國人之支持。某些被徵召入伍者，寧願自斷食指，而不願去服役。法國絕對不會原諒拿破崙，讓她在「亞眠和約」(一八〇二年) 之後的一切和平希望成爲泡影。在一八一四年拿破崙下臺之時，他幾乎找不到任何法國人爲其政權之崩潰覺

⓮ 有關農業革命和新作物之情形，請參閱 Louis Bergeron, op. cit., pp. 160-167.

⓯ 暗殺拿破崙的計劃一再出現，請參閱 James Roberts, *The Counter-Revolution in France, 1787-1830,* (London: Machillan, 1990), pp. 56-57.

得惋惜。

第三節　拿破崙的勝利
（一八〇五～一八〇七）

拿破崙的軍隊

拿破崙爲歷史上一位名將，其軍事天才更新了戰爭的藝術。依照一七九八年的徵兵法，凡年在二十～二十五之間的法國青年，必須服兵役。然而並非所有役男皆須入伍：抽到好籤（tirait un bon numéro）者得免服兵役；必須入伍者尚可雇人代替；最後，已婚者和神學院學生也可免役。

在一八〇〇～一八一五年間，全法國動員總人數爲一百六十萬人。除了所謂「大軍」（Grande Armée）的皇帝的軍隊之外，尚有許多從法國的附庸國或盟國徵召的外籍軍隊，如意大利軍團、日耳曼軍團、奧地利軍團、希臘軍團、葡萄牙軍團、西班牙軍團、波蘭軍團等等。

拿破崙保持團、旅、師的編制。二或三個師組成一個軍。下級軍官由行伍出身，只受過一般士兵的訓練。一八〇八年起，聖希爾軍校（Ecole de Saint-Cyr）開始培養高級軍官。拿破崙加重在前線擔任攻擊準備任務的輕步兵之角色；增加騎兵和砲兵的人數；最後，皇家衛隊（Garde Impériale），「精兵中之精兵」，則構成一支眞正的預備部隊。

拿破崙幾乎完全不關心軍隊的後勤業務；戰鬥中的部隊必須就地補給——偷竊或掠奪，萬一在像西班牙或波蘭等貧窮地區，軍隊就有餓死之危險。在醫療服務方面，也非常不足。

這些穿不暖吃不飽的士兵，根本無法組成一支標準的軍隊。搶劫勢所難免，抗命，甚至兵變，也屢見不鮮。逃兵爲數甚多。但是一旦戰鬥開始，不分新兵或老兵，皆能勇往直前，奮戰不懈，顯現出一支訓練有

素的隊伍。這不再是一七九三～一七九四年的國民軍，這是皇帝的軍隊，其肉體和靈魂皆屬於皇帝，全軍，包括外國士兵在內，狂熱而歡欣地為他效命。

與英國決裂

法國曾經寄望著一八〇二年的亞眠和約能帶來長期的和平。然而，一年之後，英法兩國之間戰端重啟。英國譴責拿破崙訂定過高的關稅，使英國產品難於打進法國市場。拿破崙對於埃及、敍利亞和印度的野心，以及擴充法國在美洲殖民帝國之努力，也頗令英國不安。

在美洲，拿破崙敉平聖多明哥（Sainto Domingo）黑人之叛亂，使西班牙讓出路易斯安那（Louisana），甚至與西班牙談判要購買佛羅里達（Florida）。對於法國之野心，英國以拒絕撤出馬爾他島，給予回報。在一八〇三年，英國與法國決裂，直至帝國崩潰為止，兩國的戰爭綿延不斷，歷經十一個年頭。

拿破崙準備入侵英國，他在英倫海峽沿岸的布倫（Boulogne），集結一支軍隊。但是他卻未讓它渡過海峽。一八〇五年十月二十一日，英國海軍在納爾遜的指揮下，於特拉費加（Trafalgar）一役中摧毀法國和西班牙的聯合艦隊。此後，英國成為海權霸主。

第三次聯軍

在歐陸，英國可預期俄國沙皇亞歷山大一世（Alexander I, 1777-1825）和奧地利皇帝法蘭西斯一世（Francis I, 1804-1835）之協助。俄、奧兩國君主面對著法國的擴展，無法視若無睹。在和平時期，法國併吞皮德蒙、利古里亞共和國（République ligurienne）和帕爾馬公國（Duché de Parme）；占領那不勒斯王國的港口，且使內阿爾卑斯共和國成為意大利王國，拿破崙自任國王。

　　至一八〇七年，一直爲對抗法國聯盟靈魂人物的亞歷山大一世，結合俄國、奧地利、瑞典、那不勒斯王國和英國，這就是「第三次聯軍」。奧地利軍隊，未經宣戰，即入侵巴伐利亞。

　　拿破崙的警覺性很高。駐紮在布倫的軍隊馬上來個迴轉，進軍日耳曼南部，於一八〇五年十月在烏耳木（Ulm）降服一支奧軍，再以急行軍，沿著多瑙河而上，占領維也納，並於十二月二日戰勝奧俄聯軍，贏得歐斯特里茲（Austerlitz）輝煌戰役。

　　根據普雷斯堡條約(traité de Presbourg)，奧地利被逐出日耳曼和意大利，並且割提羅爾（Tyrol）給巴伐利亞，割維內西亞（Vénétie）、伊斯特里亞（Istrie）和達爾馬地亞（Dalmatie）給法國。剛秘密投入沙皇陣營的普魯士，因法軍在歐斯特里茲的勝利，而又轉與法國結盟。拿破崙存心爲難英國，他將英國國王領地漢諾威（Hanover）讓給普魯士。

大帝國的組成

　　拿破崙的成功使其野心大熾。一連串的勝利，使之成爲新的查理曼。他讓版圖擴大後的法國，結合意大利、荷蘭和南日耳曼，重新組成一個「西方帝國」（Empire d'Occident）。

　　在意大利，他以簡單的法令，趕走那不勒斯的波旁王室，而以其兄約瑟夫（Joseph Bonaparte, 1768-1844）代之；他也占領教宗國的一部分領土。在法國之北，以將巴達維亞共和國（République Batave）變成荷蘭王國，以其弟路易（Louis Bonaparte, 1778-1846）爲王。最後，他在一八〇六年促使南日耳曼的公侯脫離神聖羅馬帝國，組成「萊因河邦聯」（Confédération du Rhin），成爲拿破崙的附庸國。

　　九六二年由鄂圖一世（Otto I）建立的神聖羅馬帝國於焉消失。哈布斯堡王室的法蘭西斯，放棄日耳曼皇帝的頭銜，此後只成爲奧地利的世襲皇帝。

第四次聯盟

法國在日耳曼地區影響力的增加，刺激著普魯士。膽怯而又意志薄弱的腓特烈·威廉三世（Frederick-William III, 1797-1840）或許仍欲忠於與法國的聯盟，但是王后路易絲(Louise)、多數部長、民意和軍隊，皆要求與法國決裂。普魯士國王在讓步之後，與俄國和英國結盟，這是第四次聯盟。隨之，給拿破崙一分最後通牒，限他在八天之內撤出日耳曼地區。

拿破崙立刻發動攻擊。戰役發生後不到一週，在伊也納（Iena）和歐葉斯達（Auerstaedt）兩個戰場上，兩支普軍於一八〇六年十月十四日同時被擊潰。幾乎沒有任何普軍試圖加以抵抗；設防的城市陸續向騎兵兵團投降。普魯士宣告解體。

對俄勝利得之不易。在波蘭和東普魯士廣大平原，軍隊頗受寒冷、泥漿和飢餓之苦。在暴風雨中，一八〇七年二月的葉羅（Eylau）戰役，只不過是一場毫無用處的屠殺；然而，六月佛雷蘭（Friedland）之捷，迫使沙皇放下武器。

提爾西特和約（La paix de Tilsit）和法俄同盟

亞歷山大和拿破崙於一八〇七年七月在提爾西特村莊附近，簽訂一項和約和一項盟約。

和約導致普魯士解體：她一方面失去易北河以西之全部領土；另一方面失去在第二次和第三次瓜分波蘭所得之土地。拿破崙以這些土地組成兩個新國家：西邊為西發利亞王國（Le royaume de Westphalie），給其幼弟傑洛姆（Jérome）；東邊為華沙大公國，交給薩克遜選侯。這兩個國家和已取得王國地位的薩克遜選侯國，加入「萊因邦聯」。此一邦聯包括普魯士之外的整個日耳曼。

法俄之間另簽一項同盟條約：假如英國拒絕與法國談和，沙皇承諾對英國宣戰；拿破崙則答應調停俄國和土耳其正在進行中的戰爭，如果調停不成，他要加入土耳其帝國的解體工作。他也答應俄國，從與英國結盟的瑞典王國手中取得芬蘭。事實上，兩個皇帝之間的和好關係無法持久。華沙大公國的創立，在法國影響下，波蘭的俄國部分發生叛變。此事件頗令俄國不安，且爲同盟死亡之因。然而，拿破崙的光榮達到巔峯狀態。在三年之內，他擊潰歐洲的三大軍事強國：奧地利、普魯士和俄國。唯有英國仍在頑抗。拿破崙希望以另一戰爭型態屈服之。伊也納之捷一個月之後，開始「大陸封鎖」（Continental Blockade）。

第四節　法國的歐洲霸權
（一八〇七～一八一二）

自一八〇七至一八一二年，拿破崙似乎勢力大增，而事實上，大帝國已日漸衰微。西班牙戰爭爲它走向毀滅之起點。

大陸封鎖

拿破崙發現，與他對抗的只剩英國。自特拉費加之役慘敗後，無法以武力征服，他改以經濟戰對付英國。在一八〇六和一八〇七年的柏林詔書和米蘭詔書，他宣布不列顛各島處於封鎖狀態，英國船隻或中立國船隻裝運的英國貨物，不得進入歐陸。此一政策稱爲「大陸封鎖」。

阻止英國人在歐陸從事貿易，拿破崙希望迫使英國的工廠關閉，工人失業。倫敦政府爲避免造成一項嚴重的社會危機，將被迫求和。相反地，此時的法國在歐洲市場享有政治和工商業雙重霸權[16]。

---

[16] Jean Tulard, *Napoleon, The Myth of the Saviour,* translated by Teresa Waugh (London: Methuen, 1984), pp. 285-286.

經濟的影響

起初，英國毫未受封鎖之影響。她增加在美國、印度，尤其是拉丁美洲的貿易量。在歐洲，走私商人突破關口的警戒線。英國的商品，透過阿姆斯特丹、漢堡、馬爾他、愛奧尼亞群島 (Ionian Islands)、薩羅尼加 (Salonica) 和敖德薩 (Odessa)，進入日耳曼心臟地帶，然後再輸往巴黎。

在法國，封鎖之效果也並不符合拿破崙之所望。人們盡量以甜菜糖和菊蒿苣代替蔗糖和咖啡，但是生活日益困難。紡織工業缺少棉花，農民的穀類和酒沒有銷路，里昂商人的絲織品也找不到市場。

人們將拿破崙視為英國走私商人的同謀。他准許某些法國商人直接或間接透過中立國，與英國貿易。這些解困的措施，並未能阻止一八一一年的嚴重經濟危機：無數的工廠倒閉，而法國、荷蘭、意大利和日耳曼的港口活動近乎癱瘓。

此時，英國的情況更加惡劣：幣值不穩；失業工人在麵包漲到空前未有之價格時，蠢蠢欲動；還有，一八一二年，英、美兩國發生戰爭。拿破崙讓小麥出售給英國，避免飢荒的發生；尤其是俄國戰役失敗後法國的崩潰，及時拯救了英國。

政治的影響——西班牙事件

比封鎖的經濟影響更重要的是它的政治影響。大陸封鎖以犧牲附庸國和盟國的經濟利益而圖利法國，使前者更加不滿。另一方面，為使封鎖達到其目的，必須使之擴展至整個大陸。一點點空隙將使之歸於無效，而且嚴格的執行必然導致新的征服。瑞典的不馴服，造成芬蘭被俄國吞併。拿破崙占領漢堡、不來梅 (Bremen) 和盧比克 (Lubeck) 等港口。他將荷蘭重新併入法國，因為其弟路易並未徹底執行封鎖政策。最後，

封鎖的問題使他決定介入伊比利半島。

　　一八○七年十一月，拿破崙先占領葡萄牙，一個英國忠誠的盟國。隨之，以伊也納之役前夕西班牙的態度爲藉口，他揮軍直入，並利用馬德里的一次暴動，迫使西班牙國王讓位。原爲那不勒斯國王的哥哥約瑟夫，變爲西班牙王，而穆拉則取代他在那不勒斯之王位。

西班牙戰爭

　　西班牙以全面叛變，報復拿破崙的暴力手段。在幾個月內，十五萬人武裝叛變。這是一些受到強烈愛國主義感召的農民和工人。自始，他們就贏得輝煌勝利。他們在百蘭（Bailen）的山區裏，包圍一師法國部隊，並迫使他們投降。這是對拿破崙威望的一記驚人的打擊。約瑟夫逃離馬德里。拿破崙來到西班牙，但無法恢復舊觀。宗教狂熱與愛國主義結合，促使西班牙人勇敢對抗法國軍隊。

　　此一戰爭延續至一八一四年。這是拿破崙首次遭到整個民族的反抗。另一方面，英國發現西、葡兩國爲一意外的戰場。自一八○八年，英軍將法軍逐出葡萄牙，並在威靈頓（Arthur Wellesley, duc de Wellington, 1769-1852)的指揮下，由此進入西班牙❼。自一八○八年至一八一四年，西班牙戰爭耗盡三十萬拿破崙的優秀士兵。

第五次聯盟

　　奧地利認爲這是報歐斯特里茨一箭之仇的時刻。她瞭解俄國可能保持中立，預計百蘭的投降所點燃的希望之火，將引起普魯士的反叛。一八○九年四月，奧地利軍隊入侵巴伐利亞。

---

❼　Carola Oman, *Britain Against Napoleon* (London: Faber & Faber, Mcmxlii), p. 270.

拿破崙又再度以迅雷不及掩耳之勢擊敗敵人。主要軍事行動，發生在維也納對面的多瑙河左岸。在伊斯林（Essling）的激烈戰鬥之後，拿破崙於一八○九年七月底贏得瓦格朗姆（Wagram）大捷。然而，此時英軍企圖登陸荷蘭。一八○五年給予巴伐利亞的奧地利領土——提羅爾，在一位愛國的旅社老闆領導下，起來叛變。在日耳曼地區也爆發幾次叛亂。

因此，拿破崙急於與法蘭西斯一世簽訂和約。一八○九年的維也納條約，奧地利割讓其波蘭的領土，東阿爾卑斯山的某些地區和亞德里亞海岸的領地。

拿破崙似乎比以前更強大。他只缺乏一位繼承人。在長期考慮之後，他決定廢掉未替他生小孩的約瑟芬。一八一○年，他娶法蘭西斯一世之女瑪利亞·路易絲（Marie-Louise）。第二年，一位兒子誕生，受封爲「羅馬王」（roi de Rome）。拿破崙政權的未來，似乎已得到保證。

一八一一年拿破崙的歐洲

除了斯堪地那維亞國家、普魯士和奧、俄、土三帝國之外，整個歐陸聽命於拿破崙，這些領域可分兩類：

(1)法蘭西帝國——包括在一八○一年倫內維爾條約規定的法國版圖。北邊的荷蘭和不來梅、漢堡和盧比克等城市，南邊的皮德蒙、熱那亞、多斯加尼、教宗國的西部，還有亞得里亞海的伊利里亞（Illyrie）省分。帝國約有四千四百萬居民。

(2)附庸國——包括萊因邦聯、瑞士邦聯、意大利王國、那不勒斯王國和西班牙王國，總共有三千四百萬居民。

這些差異甚大的領土存在著某些共同特徵，因爲皆受皇帝之統治。在某些地區，例如意大利王國或西伐利亞王國，政治體制完全模仿法國。在其他地區，拿破崙至少引入「民法」，亦即社會平等、個人自由、繼承

權均分、陪審的應用等原則。但是「民法」並未處處被接受，甚至在被接受的地區，其條款也並不經常被採用。

　　在整個大帝國的範圍內，皇帝注重公共工程的發展，但徵兵之濫、賦稅之重和生活之貴，也頗令人民負擔不起。然而，在意大利和日耳曼，拿破崙政權將以往四分五裂的邦國，集合在一起，爲民族的統一鋪路。

反拿破崙的歐洲──普魯士和俄國

　　拿破崙有三個頑強的敵人──英國、西班牙和普魯士，以及一個隨時準備背叛的盟友──俄國。

　　一八〇八年起，英、西兩國已結爲一體。

　　拿破崙最輕視的普魯士，自提爾西特和約翌日起，就更加發奮圖強。日耳曼愛國人士雖非出身普魯士，但卻將拯救日耳曼的希望寄託在普魯士身上。史坦因（Karl, baron von Stein, 1757-1831）和哈登堡（Karl August, prince von Hardenberg, 1750-1822）等部長，重組政府和行政，將城市交給經選舉產生的市政府，取消行會以建立工作自由，廢除農奴制度，允許其中最富有者取得其所耕作田地之所有權。夏恩霍斯將軍（Jerhard von Scharnhorst, 1755-1813）指導軍事的整頓：軍官職業公開化，不再只保留給貴族；緩和軍中的體罰；在不超過拿破崙所規定的普軍總人數，迅速訓練無數的新兵。爲刺激年輕人，敎導他們愛國思想，腓特烈‧威廉二世創辦「柏林大學」（1810）。

　　此外，沙皇亞歷山大一世也想打擊拿破崙。皇帝阻止俄國占領君士坦丁堡和兩大海峽；華沙大公國是一個復國的波蘭；大陸封鎖毀滅一直以小麥、苧麻和木材輸往英國的俄國大地主。在一八一〇年年底，沙皇讓英國商品輸入，並對法國產品課重稅。翌年，他準備侵略華沙大公國，但在最後時刻卻畏縮不前。此後，無可避免的戰爭於一八一二年爆發。

第五節　帝國的崩潰

不到兩年，大帝國宣告崩潰。波旁王室再度復位，法國恢復其一七九二年的疆界，而維也納會議（Congrès de Vienne）重新調節歐洲地圖。一八一五年「百日」（Cent Jours）的英雄式冒險，帶給法國新的災難。

一八一二年俄國戰役

在俄法兩國即將爆發戰爭之時，沙皇可望得到英國和瑞典的支援，但拿破崙似乎居壓倒性優勢。他擁有六十萬大軍，其中三分之二是由盟國和附庸國提供的外籍兵團。沙皇的軍力與之相較，顯得十分遜色。

俄國將領們不敢與拿破崙決戰，一直往後退，將他引入俄國的內部。他的計劃因而大受困擾。拿破崙本來希望一次快速的勝利，但經歷兩個月，他還未能遇到任何決定性戰鬥。相反地，他已因疾病和逃兵，而損失十五萬士兵；馬匹死亡過衆，使後勤工作和砲兵完全癱瘓。

第一場戰爭發生於離莫斯科一百五十公里，鄰近莫斯科瓦河（Moskova R.）的地方。一八一二年九月七日當天傍晚，俄軍損失四萬人，法軍三萬人。拿破崙獲勝，但其敵人卻未被摧毀。一週後，法軍進入莫斯科。翌日，一場無疑是受總督之命燃起的大火，燒掉該城一大部分。莫斯科火災，諉之法軍所爲，更激起俄國人對侵略者的仇恨。拿破崙希望亞歷山大一世求和。當他必須放棄此一希望時，他才下令撤退，但爲時已太遲。

法軍被迫沿來路後退，此時沿途已荒蕪，而氣候又非常酷寒。法軍不但要受飢寒折磨，還要受哥薩克人不斷攻擊。十二月中旬，終於退到尼曼河（Le Niémen）。

進入俄國的六十萬大軍，回到日耳曼的只有十萬人。所謂的「大軍」已不存在。

一八一三年的日耳曼戰役

然而，在拿破崙眼中，局勢仍大有可爲。俄軍已疲憊不堪，不敢追擊法軍。一位投效沙皇的普魯士前部長史坦因之提議，決定了拿破崙的命運。

史坦因說服亞歷山大一世，在摧毀皇帝的勢力之前，不要簽訂和約。同時，他設法激起東普魯士的騷動，以迫使懦弱的腓特烈·威廉三世採取行動。在普魯士貴族階級中，教授和學生的情緒特別高漲。詩人以熱情的詩章呼籲所有日耳曼人起來從事「解放戰爭」。感到無法阻擋此一強大運動的普魯士國王，與俄國結盟，並於一八一三年二、三月間頒布動員令。法軍必須退至易北河西邊。

拿破崙以驚人的速度，組成一支新的軍隊。他採取攻勢，並在薩克森兩次擊敗普軍和俄軍。然而，奧地利也立刻加入聯盟。拿破崙的元帥們吃過好幾次敗仗；最後，拿破崙於一八一三年十月的來比錫（Leipzig）一役被擊敗。折損過半的法軍重渡萊因河[18]。

在同一時期，威靈頓越過庇里牛斯山西部，進入法國。西班牙也如同日耳曼一般，脫離法國的掌握。

一八一四年的法國戰役

十二月底，普軍將領瓦斯塔特（Prince Blücher von Wahlstatt, 1742-1819）和奧軍將領史瓦仁柏（Prince de Schavarzenberg, 1771-

---

[18] 潰敗「大軍」之慘狀，請參閱 R. R. Palmer, *The Year of the Terror, Twelve who Ruled France, 1793-1794* (Oxford: Basil Blackwell, 1989), pp. 390-391.

1820) 各統一軍，入侵洛林和布艮第。拿破崙只能以七萬年輕、缺乏訓
練、裝備不良的軍隊，對抗敵人的二十六萬大軍。疲憊的元帥們無心從
事戰爭，立法院非常仇視皇帝。唯有拿破崙毫不灰心，法國戰役，再一
次顯現其軍事天才。

處於布魯區和史瓦仁柏之間，拿破崙在孟米萊（Montmirail）擊敗
前者，在孟特羅（Montereau）擊敗後者。但是依照修孟（Chaumont）
條約，聯盟承諾繼續作戰，直到最後勝利為止。

二月的勝利者，拿破崙在三月卻戰敗。他無法從拉翁（Laon）的高
原逐走瓦斯塔特，他自己甚至被史瓦仁柏擊敗。此時，他擬訂一項大膽
計劃，親自揮軍東向，切斷敵人的補給線，迫使敵人終止其前進。但是
當聯軍瞭解巴黎的資產階級準備迎接他們時，立刻向前急行軍。

巴黎無自衛之實力，孟榭（Bon de Moncey, duc de Congeliano,
1754-1842）和馬孟（Auguste de Marmont, duc de Raguse, 1774-
1852）兩元帥，奮戰了一天之後，只好投降。聯軍於一八一四年三月三
十一日進入巴黎。

奧軍已經占領里昂，威靈頓向土魯斯進軍，法國的王黨在西部起義，
且將波爾多交給英軍。

拿破崙退位和巴黎和約

聯軍以推翻拿破崙為共同目標，但並不知道該由誰來取代他。泰利
郎使波旁王室能恢復法國王位。在他的提議下，參議院和立法院表決通
過，罷黜拿破崙。隨之，參議院立路易十八（Louis XVIII, 1814-1815,
1815-1824）為王，聯盟的各君王接受此一既成事實。

在一八一四年四月六日，被其元帥們拋棄的拿破崙宣布退位。聯盟
讓他保留皇帝的頭銜，並給他厄爾巴島（Elba Island）之統治權。該島
位於科西嘉和多斯加尼之間。

法國的命運於一八一四年五月三十日的巴黎和約中決定。法國重返其一七九二年一月一日之疆界。然而，她保有一部分薩伏衣、亞維農和孔達‧維內桑、孟貝里亞（Montbéliard）、墨爾豪斯（Mulhouse）。法國北方疆界也有改善，但在海外則失去印度洋中的法蘭西島（France Is.）和安地列斯群島。

維也納會議和新歐洲

為決定擺脫拿破崙控制後的歐洲之命運，一八一四年年底在奧京維也納舉行一次會議。

會議從未曾召開全體大會。勝利的大國——英、俄、奧、普，在一番討價還價之後，隨意處理一切問題。然後將處理的結果，亦即歐洲地圖的重劃，提出讓小國家同意。

「鷹揚」（Vol de l'Aigle）

此時，流亡英國七年之久的路易十八回到巴黎，並頒布一部自由的憲法，希望藉此取得與其新臣民的妥協。但是，其親信的笨拙作法，使非天主教徒和國有財產所有人心生警惕，也激怒軍方。波旁王室的不孚人望，變成拿破崙企圖重掌政權的好機會。

在七百位士兵的伴隨下，拿破崙離開厄爾巴島，且於一八一五年三月一日在坎內（Cannes）登陸。三星期之後，他路經加普（Gap）、格勒諾伯和里昂，抵達巴黎。在其傳奇生涯中，或許此一以「鷹揚」聞名的二十日的行軍最為著名。派出對抗他的軍隊，反而投到其旗下。

拿破崙也可能利用農民群眾對貴族和教士的仇恨，而贏得農民的支持。他不敢如此做，惟恐造成一項他無法加以控制的革命運動。他只與資產階級結合，賦予一部與路易十八所頒布的類似的憲法。

滑鐵盧之役 (Bataille de Waterloo)

法國的命運決定於聯盟之統治者。他們拒絕與拿破崙談判，並要將他「逐出歐洲」。既然必須戰鬥，拿破崙就採取攻勢。瓦斯塔特的普軍和威靈頓的英軍試圖在布魯塞爾會師。拿破崙希望將他們各個擊破。

他首先擊敗普軍，再讓葛魯希元帥 (Emmanuel, marquis de Grouchy, 1766-1847) 負責牽制工作；隨之，他回頭攻打嚴密部署在滑鐵盧村莊附近高原上的英軍。戰鬥於六月十八日發生，這是帝國最激烈的戰鬥之一。最初是一部分步兵，隨之是聶元帥 (Michel Ney, duc d' Elchingen, prince de la Moskova, 1769-1815) 的一萬騎兵，最後是皇帝衛隊；這些占領高原的嘗試，皆未能成功。在午後，一支普軍已突破法軍右翼，但終被擊退。

後來，皇帝衛隊在英軍火力的威脅下開始後退時，第二支普軍開抵戰場。法軍在一陣紛亂之後，隨之敗退。只有「老衛隊」(Vieille Garde) ❶❾以正方隊形，抵擋敵人的全面攻擊。

三天後，拿破崙重返巴黎。他仍未完全失望，但是立法院議員要求他退位。他終於在六月二十二日屈服。英雄式的冒險只不過維持「百日」：因此，一八一五年帝國復辟也以「百日」為名。

拿破崙到羅希佛 (Rochefort)，打算在此上船前往美國。既然英國艦隊封鎖海岸，他又擔心被其警政部長福榭下令逮捕他，拿破崙決定要求英國政府庇護，並登上一艘英國船隻。英國人把他放逐到南大西洋非洲海上的聖赫勒那島 (St. Helena Is.)。他在這小島上住了六年。

---

❶❾　一八〇七年，在皇帝衛隊中加入新入伍的士兵，因而有「老衛隊」和「年輕衛隊」(Jeune Garde) 之分。

第二次復辟和第二個巴黎條約

一八一五年七月初，英普聯軍抵達巴黎，路易十八也隨之而來。在「百日」之後，就是第二次復辟。一百二十萬聯軍士兵，橫行法國，尤其是普魯士士兵更是無惡不作。

一八一五年十一月二十日的第二個巴黎條約，使法國再失去薩伏衣，以及一七八九年還屬於法國的腓力普維爾（Philippeville）、馬里安堡（Marienbourg）、薩爾路易（Sarrelouis）和羅多（Laudau）等城市。法國還要賠償七億金法郎軍費和支付十五萬聯軍士兵在法國東部和北部至少三年的占領時期之費用[20]。在占領期間，聯盟國家駐巴黎的大使有權干預法國內政。最後，聯盟重續對抗法國的修孟條約（traité de Chaumont），期限二十年。

法國人民對於一八一五年條約，具有強烈的仇恨，他們譴責波旁王室兩度「在外國的行李車中返國」，並認爲波旁王室應爲法國的恥辱負責。因此，七月八日，路易十八再度返回巴黎時，巴黎人以非常冷漠的態度看待他[21]。

---

[20] Georges Lefebvre, *Napoléon,* (Paris: PUF, 1969), p. 580.
[21] Duff Cooper, *Talleyrand,* (Stanford: Stanford University Press, 1967), p. 273.

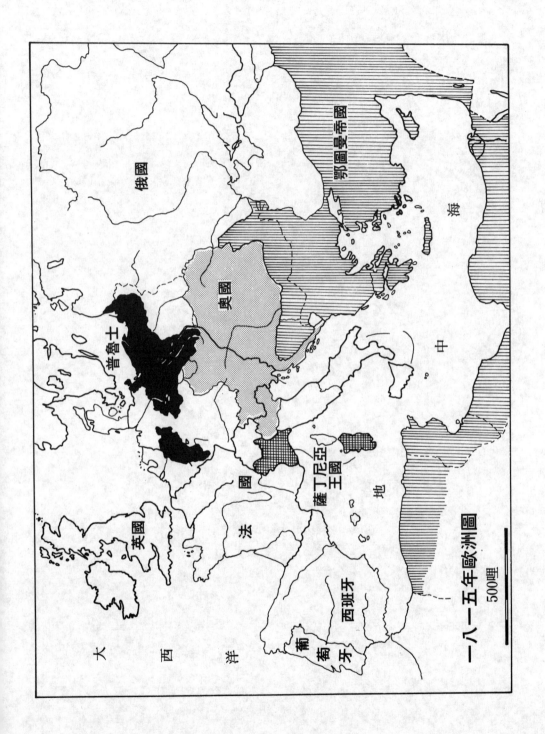

一八一五年歐洲圖

500哩

大西洋

英國

法國

西班牙

葡萄牙

薩丁尼亞王國

奧國

普魯士

俄國

鄂圖曼帝國

地中海

第十章　君主復辟與七月王朝

　　一八一五年以後的三十餘年裏，法國經歷兩次革命：其一為一八三〇年的革命，結束了君主政體的復辟，擁立有「開明君主」(roi citoyen) 之稱的路易腓力 (Louis Philippe)；另一為一八四八年的「二月革命」，巴黎街道的暴動，推翻路易腓力，建立「第二共和」(La Second Républi-que)。

　　一八一五年至一八四八年間的法國君主立憲政體，為法國帶來和平。

　　以紡織、機械、鐵路和銀行等為主的新經濟，緩慢地逼著仍然持續發展的舊經濟制度往後退；蠢蠢欲動的少數，大革命時期沒收之地產的繼承者，也是要求歸還這些地產聲浪之抗拒者，資產階級逐步獲得在復辟時期貴族階級仍然禁止他們涉及的權力。在資產階級陣營中，體現自由主義，產生新政治習慣，蘊釀新觀念。

　　針對此一資產階級的上升，來自其他社會集團的反動較少。資產階級的法國和浪漫的法國，為同一社會相對的兩個面貌。此一社會，尋求在秩序和自由、農村為主的社會和逐漸被工業活力滲透的社會、人際關係的等級社會和功能關係的社會之間的平衡。

　　透過個人自由的運用，資產階級的發展有助於經濟的擴展，然而經濟的擴展卻加深社會的對立，同時還動搖了仍以農民為主的社會和心理結構。經濟演進的緩慢，與思想運動和政治運動的沸騰成鮮明的對比。革命的傳統、拿破崙的中央集權化、依據一八一四年憲章 (la Charte)

產生之代表制，在在皆有助於強化巴黎的角色，動搖了等級制度，在一八三○年和一八四八年改變了政權，透過其作家和議會代表否認既存的政府，但也增強新領導階層的權力，以及與國家漸增的力量合而爲一。巴黎就如此成爲一個關心安定的法國之革命首都。

第一節　君主復辟

對戰爭的厭倦和拿破崙政權高官顯宦如泰利朗之計謀所達成的盟國外交，曾爲一八一四年波旁王室復辟之主要動力。在一八一五年第二次復辟後，路易十八的工作更加困難；法國遭遇一次更澈底的失敗，和平的條件更苛刻，其版圖之一部分被占領。第一次復辟的失敗激怒王黨，而「百日」的插曲，也喚醒了革命時期的記憶。

憲政體制的建立

隨著以泰利朗爲首的政府，路易十八於一八一五年七月八日重返巴黎。他的當務之急即是在全國爲其大臣和其他政府官員樹立權威；派遣到各省區的特別委員會撤銷，行政法院重新改組，帝國大學仍然維持，貴族院（Chambre des pairs）加以整頓。以借貸形式對最富裕者取得一億法郎，得以補助最迫切的財政需求。

在第一次復辟初期匆匆制定的憲章，承認制憲會議立法的重要成果：人民的平等、公眾的自由(帶有某些限制)、國有財產取得者之所有權獲得確認。憲章也提到執政府時期的社會重組，維持民法和有益於新政權的帝國中央集權化之工具。憲章建立一個無任何議會特性的立憲君主政體。國王擁有十分廣泛權力，甚至跳過國會兩院，依據憲章第十四

款❶，在特殊情況下，直接以命令代替法律。

除了由國王任命的議員或席位繼承人所組成的貴族院，就是代表性薄弱的國民議會（la Chambre des députés）。國民議會議員擁有來自憲章，因此也是來自國王的權力；他們係依據十分受限制之納稅選舉制被選出的：不到十萬個選舉人（繳納三百法郎以上的稅）在年滿四十歲且繳納一千法郎以上的納稅人中選出國民議會議員。在此種不精確和薄弱的條件下，議會政治自行發展，而憲章第十四款的使用最後導致政權的崩潰。此種憲政演進來自社會的演進和解釋，較少來自憲章的文字。一八一五年，客觀環境根本無法讓憲章去預測。

一八一五年，拿破崙第二次宣布退位後，反革命的聲浪席捲全國。王黨分子煽動民眾屠殺親拿破崙人士，並迫害新教徒。確保路易十八復位有功的泰利朗，因被極端王黨人士譴責所訂之憲章限制了國王的權力，只好藉故辭職。

極端王黨人士以路易十八之弟阿杜亞伯爵，亦即未來的查理十世做爲靠山。他們支配著一八一五年八月的選舉，在三百九十八席中得到三百五十席，路易十八稱之爲「無處可尋的議會」（la Chambre introuvable）❷。

這些極端分子對政府施壓，以罷黜許許多多高級政府官員或將軍；國民公會的弑君者被流放，戰爭會議對在「百日」期間投奔拿破崙的將軍們判處死刑；爲同樣動機，聶元帥被貴族院判處死刑，並於一八一五年十二月七日被槍斃。自十月三十一日起，一項公安法中止個人自由；

---

❶ 憲章第十四款：國王爲最高元首，指揮陸海軍，宣戰，簽訂和約、盟約和商約，任命公共行政的所有職位，以及制定規章和頒布必須的命令以執行國家法律和保障國家安全。

❷ Ardré Jardin & André-Jean Tudesq, *Restoration and Reaction, 1815 -1848*, translated by Elborg Forster (Cambridge: Cambridge University Press, 1988), p. 26.

特別法庭設立，約有七萬名嫌犯被捕，高達四分之一的政府官員被整肅。他們通常由流亡國外的舊貴族取代。

國民議會和當時唯一能出刊的極端報紙之種種反革命做法，令政府難堪，也讓盟國不安，惟恐波旁王室會再一次被推翻。在現實因素而非個人喜愛的考量下，路易十八於一八一六年九月五日解散「無處可尋的議會」，使恢復舊制度的一切希望宣告破滅。然而，一致仇視自由思想的極端多數，已經使憲章的應用在議會政治方向上，變成無法轉變。

復辟的力量

在一八一五年的歐洲，戰勝拿破崙的反革命，依賴一個意欲維持民生物資國內市場的地主貴族階級，以及一個建立在王位和祭壇結合的傳統之防衛。

在教會方面，天主教傳統為君主政體傳統和家庭傳統提供基礎。自拿破崙時代開始的宗教反動，因此加強反革命的特性。一八一五年的天主教會不僅是一股宗教力量，其教士們渴望恢復二十五年前曾被剝奪的組織和社會影響。

天主教成為官方宗教，教會的精神影響力不僅為一個政權服務，同時也是一種政治趨向。在法國政治生活方面，出現了教權主義和反教權主義。

教士的物質情況漸有改善；教堂及其建築恢復原狀，教士的待遇提高；神學院之獎學金名額增加，以利教士的召募；在復辟時期，新一代的年輕人和許許多多的教士出現在法國教會；他們的知識養成教育很平庸，但是在喚醒宗教生活方面卻頗費心力。傳教士通常能引起婦女的宗教熱誠，宣導一個嚴厲的上帝，利用地獄的恐怖以達到其目的。

針對平民階級，教會利用學校來施展其影響力，然而瞭解基督教教義的修會會士人數不足；鄉村地區，就學率仍然很低。對於農民來說，

尤其是西部各省，星期日的彌撒和講道爲瞭解外界的主要資訊來源。

在貴族階級方面，對於農民，此一階級並未喪失所有威望，村莊的本堂神父通常仍心照不宣地依賴當地貴族。缺乏司法特性，不管是道地的或假的，貴族階級一直保存其社會生活方式，而且如能結合其家族之姓氏和地產之利用，則其影響力更大。此時的貴族階級人數大增，而且有時眞假難分，其原因如下：

(1)帝國的貴族階級得到確認；

(2)在復辟時期，大批加封貴族頭銜，以酬庸在前一時期對波旁王室的忠誠；

(3)在道地的貴族家族中，次子以下大量纂用貴族頭銜者爲數大增；

(4)濫用和誤用表示貴族的介詞 "de" ❸。

在貴族階級中，家族傳統仍然十分強烈；它將最遙遠的過去之理想化景象投射到現在；它存著革命的恐怖，因爲革命時期，貴族家族成員中有人被捕、流亡國外，甚至被處死的陰影，經常籠罩著貴族家族之歷史。

拿破崙時代已經去除貴族階級最具傳統的威望，亦即家族的徽章。然而，自一八一五年起，貴族，尤其是舊流亡貴族，滲透到政府、國會、大理院和一般行政機構。貴族院似乎爲他們而設；在「無處可尋的議會」，他們占百分之五十四的席次，其中有九省的議員清一色來自貴族階級。

貴族階級在社會生活和文學生活方面，也扮演重要角色；他們領導風尙，鼓舞初期的浪漫主義運動。他們的影響力如同其收入，大體上來自對農村世界的支配。

幾乎在全法國，城堡仍是政治和社會的中心。貴族階級在大地主中

---

❸ "de" 這個介詞，放在姓氏之前，以示其爲貴族，「戴高樂」(de Gaule) 即爲一例。

出類拔萃，他們不僅經常重組其莊園，使之逐漸一致化，而且甚至在隱
居其莊園之前，已經引進新的技術。借著對國會之影響力，他們使之通
過有利於農業之立法。

進步的力量

經多年的壓抑和因循守舊，復辟時期出現一股文化的狂熱，雖受限
於知識教育之狹隘，但卻受到「無處可尋的議會」解散後，法國逐漸知
道利用之思想自由之鼓勵。

在科學思想方面，它的發展不太受政治動盪不安的影響。直到一八
四〇年，隨著巴黎工科綜合學校，法國為數學研究的重鎮。數學研究方
法首先應用到機械和天文學，隨之到物理學。它也延伸到自然科學的方
法分析。

科學研究逐漸與技術的演進結合，因而不再是一種業餘者的活動，
或一種哲學思辨的補充。它變成一種物質進步的基本要素；儘管對於革
命時期創辦的重要學術研究機構之資助在一八一五年以後逐漸減少，科
學產品在巴黎還是受科學院（l'Académie des sciences）、法蘭西學院
（le Collège de France）、自然科學博物館等著名機構之愛護；它得到
工商資產階級最具活力者如貝理葉家族（les Perier）和德雷樹爾家族
（les Delessert），以及以自由派刊物如《信使報》（le Mercure）等為
代表的開明民意之支持。科學與形而上學脫離關係，盡力讓經驗支配一
切；與傳統脫離後的科學，配合剛誕生的自由主義和以各種形式出現的
浪漫主義，打開了個人積極主動之路。

第二個進步力量為自由主義。自由主義給予個人積極主動優先性，
一種理論的合理解釋；事實上，它可說是一種精神狀態，而非意識形態。
它建築在一種依據個人自主所孕育出的自由之解釋。它的形成一方面來
自反對革命或拿破崙的獨裁，以及在一八一五年後反對極端王黨之理論。

自由主義受到外國和新教如吉佐 (François Guizot, 1787-1874) 和康斯坦 (Benjamin Constant, 1845-1902) 之影響。康斯坦在一八一九年曾如此寫著:

> 近現代的學者、藝術家或作家之目標爲私人收益權之安全，而他們認爲自由爲體制給予這些收益權之保證。❹

自由主義思想家相信，上述保證，可以在針對個人活動的保護之政治體制中找到，也可在技術、商業，以及後來的工業之更新時期，個人的自由參與所產生的經濟和社會情況中發現。

針對個人自由的防衛，尤其是資產階級的事情，他們贊同擺脫種種桎梏。康斯坦的話就很能表示出其「中庸」之特性。他說:

> 透過自由，我理解到個人的勝利，一則是對欲以專制來統治的權威，另一是對要求以少數來服侍多數的大衆。❺

在進步力量中，巴黎扮演的角色相當特殊。反革命以省區爲支柱，但領導風尙和賦予權力的卻是巴黎。巴黎不僅以七十萬人口較馬賽或里昂的十一萬許，高出甚多，成爲復辟時期初期人口特別衆多之城市。各式各樣的資源也集中在此一城市；學校、學術研究機構、作家和各種新聞刊物，使之成爲一個知識和文化中心。文學和藝術創作、科學的發現，環繞著憲章之運用所構思之政治原理，在在皆在巴黎產生。然而，巴黎

---

❹ André-Jean Tudesq, "La France romantique et bourgeoise, 1815 -1848,"from Georges Duby, *Histoire de la France, dynasties et révolutions de 1348-1852*, p. 360.

❺ Ibid.

仍有其舊制度的架構，尤其是在接受最多移自鄰近省分人口的中區和東區。各區過著其原來的生活。巴黎集合所有力量，包括復辟的力量和進步的力量，確保政府，準備改變和決定未來。

戰後的發展

隨著和平的來臨，大多數法國人恢復傳統生活，不再受徵兵之恐懼的威脅。人口有顯著成長；在一八一五年，法國人口已達三千萬。城市人口約占全國總人口的十分之一強。農民擁有略少於半數的可耕地，但卻代表活動人口的三分之二以上。建立在農業經濟和廉價運輸工具不足之上的舊經濟制度，仍然供應大多數法國人之民生物資和收入。收益微薄，糧食已占一般家庭開支的三分之二以上。

戰爭和巴黎條約的財政條款，對於地產的影響最大。稅負最重的時候，土地的收入就會減少；這甚至是極端王黨失敗的最重要原因之一，因為其政策的農業概念違背了主流經濟的趨勢。

反拿破崙同盟所要的戰爭賠償和拿破崙留下的預算赤字，使財政問題成為當務之急，也使銀行家的政治角色日漸重要。一八一六～一八一七年，發生一次自英國蔓延至歐陸和法國的經濟危機。由於農產品價格下跌，地主大受影響。隨著和平而來的國際商業競爭，傳統的關稅保護主義已不足以維護本國產品。以增加耕地面積的墾荒，由甜菜種植引起的新農業技術，增加農業的收入。

法國工業得充沛的廉價勞力之賜，並不像英國那樣急於機械化。手工業仍支配建築和紡織等工業之主要部門。然而，在充滿活力的老闆們之推動下，以新教為主的地區如墨爾豪斯，已出現一些近代工業中心。銀行、商業和製造業仍是家族企業，它們從工商活動中之獲益遠超過地產的收入。掌握這些企業的活躍大資產階級，瞭解其力量和活力，對於極端貴族階級支配社會的要求很難支持。他們希望見到，國家保護個人

自由發展與憲章的寬容應用，重新結合在一起。

憲章的憲政解釋

在利希留公爵（Armand E. de Plessis, duc de Richelieu, 1766-1822）❻內閣時期，占領法國的盟軍開始撤出，擁護一七八九年原則的人士和在拿破崙時代視之爲國家重整原則人士，依賴國王的權力，其中最活躍者組成被稱爲「空論派」（doctrinaines）的小團體。他們既缺國會支持，又乏精確的理論，然而卻關心政治體制如何適應法國的情況和社會狀態之問題。羅耶・柯拉（Pierre Royer-Collard, 1763-1845）❼、久頓（Camille Jordan）和吉佐，施加影響力於利希留公爵政府內政部長賴涅（Joseph Lainé, 1769-1835）、司法部長謝爾伯爵（le comte de Serre）、以及警政和內政部長戴卡茲（Elie duc Decazes, 1780-1860）。他們讓符合自己理念的賴涅法（le loi Lainé）於一八一七年二月八日通過；爲對付極端派，他們要求降低取得選舉權的納稅額，每省以單一選舉團直接選舉，所有選民集合在省城投票。此種選舉方式有利於資產階級，因爲鄉村選民爲了投票必須趕到他處。

國民議會任期五年，每年改選五分之一。自一八一七年首次採用此一法律開始，極端派的優勢漸失，國民議會出現由二十五個自由主義分子組成的左派。一八一八年三月十二日通過的古維昂・聖希爾（Gouvion-Saint-Cyr）軍事法，採行徵募兵並行制，徵兵以抽籤方式並可替代，資本階級者對此很滿意；此法也規範幹部的升遷，極端派對它

---

❻　利希留公爵之祖父 Louis de Plessis, duc de Richelieu 爲路易十三名相樞機主教利希留之姪孫。一七九〇年流亡國外，得俄女皇凱撒琳二世之助，一八一四年返國後，第二年組閣並兼外長。

❼　羅耶・柯拉爲詹森教派的資產階級者，律師。在大革命時期擔任五百人會議議員，帝國時期在巴黎大學講授近代哲學史，復辟時期當選國民議會議員並擔任公共教育委員會主席。

相當不滿，因爲此後貴族無法直接進入軍中擔任軍官。

在戴卡茲的主導下，警政部被廢，極端派的省長爲帝國時期舊公務員取代，六十位新任命的貴族使貴族院轉爲有利於憲政體制。一八一九年的報業法，有利於政治性報紙的發展。法國的政治生活，建立在報業和選舉的密切關係上，二者皆表示民意。

外交的恢復

貝利公爵的遇刺❽和一八二○～一八二二年間的革命運動之失敗，給保守的極端分子東山再起的機會。一八二四年九月十六日，路易十八去世，查理十世繼位。此後六年，法國政府致力於法國國際角色的恢復。

一八二二年十二月底，夏多布里揚子爵取代孟莫讓希・拉瓦爾公爵（Mathieu Jean Félicité, duc de Montmorency-Laval, 1766-1826）出任外長一職，其實只是爲了表面上維持法國外交政策之獨立❾，並不構成路易十八所尋求的和平的一次勝利。一八二三年一月二十八日，法國政府宣布與自由派的西班牙斷絕外交關係。法國遠征軍在安古蘭公爵（Louis de Bourbon, duc d'Angoulême, 1775-1844）的指揮下，於五月二十四日很輕鬆的進入馬德里。十一月，斐迪南七世（Ferdinand VII）返回馬德里，重建舊制度。儘管法國人有意給予西班牙一部法王所賜的憲法，遠征卻顯示反革命的一次勝利。依此看來，它可被視爲梅特涅式干預政策的成功。事實上，在西班牙事件，「歐洲的利益」抵銷了法國的特殊利益❿。

---

❽　貝利公爵爲路易十八的唯一姪兒，以維持波旁王朝的延續。他於一八二○年二月十三～十四日夜遇刺。

❾　孟莫讓希・拉瓦爾曾在威洛拿會議（le Congrès de Vérone）同意，讓法國成爲「神聖同盟」（la Sainte-Alliance）反動政策的工具。

❿　Jacques Droz, *Histoire diplomatique de 1648 à 1919* (Paris: Dalloz, 1972), pp. 294-295.

第二節　一八三〇年七月革命

王室統治之有利條件

　　法國一八三〇年七月革命，並非全然不可避免。一八一四年和一八
一五年拿破崙的「百日」之後法國所建立的君主立憲政體，符合十九世
紀上半西歐國家的憲政規範，代表昔日法國的波旁和拿破崙時代之綜合，
准許一小撮支配法國各方面生活的精英，在地方性和全國性事務扮演相
當重要角色，以及帶來國內外和平，這與二十六年前國內的動亂和國外
的戰爭成一明顯對比。

　　當然，波旁君主政體在體制和意識型態方面，已在一七八九和一八
一五年間遭到嚴重的摧殘。另一方面，幾個世紀傳統之遺產，仍然有助
於民眾接受一位波旁王室成員爲立憲君主。法國的革命和拿破崙的遺產，
對於復辟的波旁國王絕非完全是負面影響。一七八九年以前，天主教會
和貴族階級經常反對王室，但是在往後同患難的日子裏，他們發現新的
利益之一致性和對君主政體新的熱愛。一致且又有效率的法律和組織結
構之創造，意味著王室已較一七八九年以前更容易統治和管理。

　　最後，拿破崙已摧毀法國的共和主義，使之無法成爲一股重要的政
治力量；「百日」的插曲，使拿破崙流星般的一生劃上休止符，且排除在
可見的將來任何拿破崙之復活的可能。

精英的角色

　　復辟君主政體最後被革命推翻的主因是，它與法國精英中大多數政
治舞臺活躍的成員疏離。復辟時期法國的政治精英，其定義十分明確，
亦即具有選舉權和被選舉權的中上階層。法國有投票資格的選民在一八

一四年約爲七萬二千人，一八三〇年則增至十萬人，約占法國總人口的三百六十分之一。選民的地理分布，反映出財富和人口的地理分布；在巴黎有選舉權者約爲一萬至一萬二千人，而科西嘉則僅四十人左右。擁有被選舉權者，在全法國僅有一萬五千人左右，其中有些省分還不到二十人⓫。有被選舉資格者，不見得對政治有興趣，因此出來競選國民議會議員者，人數更少。

法國精英，在支持保守的經濟和社會政策，以及在維持一種有利自己參與議會政治的憲政制度方面，有明顯的共同興趣。然而，精英向來分成兩派：其一來自屬於一七八九年以前的貴族階級；另一則來自一七八九年以後崛起的家族。王黨，一般出身一七八九年以前的貴族家庭，傾向於保衛君王權威和羅馬天主教會；自由主義分子，則經常是出自一七八九年以後致富的家庭，傾向於保衛傳統的自由，以及一八一四年和一八一五年憲章提到的憲法權利。王黨和自由主義分子的衝突是多方面，特別是在外交政策、新聞檢查，以及國會和國王的憲法權利。

在法國精英中，分成王黨和自由主義派兩個陣營，不僅出現在國會政治，而且表現在巴黎的報業。幾家王黨的報紙中，以《辯論新聞》（*Le Journal des Débats*）爲最重要；《憲政報》（*Le Constitutionnel*）則爲自由主義派最重要的報紙。因爲當時有組織的政黨並不存在，國會之中大部分時間並不開會，而且新聞記者和編輯充分利用在法國未曾有過的一些新聞自由，所以報紙能以提供一個政治辯論的版面和一個政治領導階層的焦點，扮演非常重要角色。許多當代政治領導人物經常爲報紙寫文章。高成本和低流通，限制了報紙的影響力，但是它們的確促進許多被剝奪公民權者之政治興趣和覺醒，尤其是在巴黎和其他市鎮經常訂

⓫　William Fortescue, *Revolution & Counter-Revolution in France 1815 -1852* (Oxford: Basil Blackwell, 1988), pp. 16-17.

報的咖啡座和公衆閱覽室。

政治的危機

自「百日」結束至一八二〇年初，復辟君主政體尚能合理且成功的處理法國所面對的許多問題。路易十八表現出政治方面的溫和與機敏，支持敏感的政策，任命能幹的大臣。可惜，他的智慧和理性卻未出現在其弟阿杜亞伯爵或其姪女安古蘭公爵夫人❷身上，其堂弟奧爾良公爵(le duc d'Orléans) 則經常是一位潛在的對手❸。

在國民議會中，極端王黨任意製造白色恐怖，而自由主義分子則提出嚴厲批評。在議會之外，某些極端王黨人士被誘從事不負責任的陰謀，不後悔的拿破崙分子則設計以暗殺企圖或軍事政變去處置波旁王室。

「百日」之後，復辟君主政體面臨的最立即和迫切的問題，爲償付欠勝利的聯軍之賠款，以及結束外國軍隊占領法國領土。在倫敦和阿姆斯特丹的銀行給予貸款之協助下，賠款在一八一八年年底付淸，所有外國占領軍也因而提早兩年從法國撤離。此一成就也要付出某些社會代價，特別是在一八一六和一八一七年穀類欠收之後，然而它有很大的象徵價值，讓政府省下一筆付給外國占領軍的費用，並使法國能與其他歐洲強國在愛克斯‧拉‧夏倍爾會議（Conférence d'Aix-la-Chapelle）上平起平坐。外國軍隊自法國撤出，使法軍的重要性大爲增加。

一八二〇年二月貝利公爵的遇刺，造成政府的反動。極端王黨爆發了反自由主義的怒潮，認爲以戴卡茲爲首的政府之自由主義曾營造出有利此種恐怖主義行爲的氣氛。路易十八覺得應向極端王黨分子之壓力屈服。他辭去戴卡茲，且邀利希留組一新政府。一連串措施開始採行：政

---

❷ 阿杜亞伯爵亦即未來的法王查理十世。安古蘭公爵夫人爲路易十六之女，阿杜亞伯爵之媳。

❸ 奧爾良公爵在一八三〇年七月革命後成爲法王路易‧腓力(Louis-Philippe)。

治嫌疑犯未經審判可拘留三個月，新聞檢查再度實施，以及在國會選舉時給予約二萬三千位最富有的選民雙重投票權。自由主義反對者在國會，示威者在巴黎街頭，強烈反對這些措施，但是大多數富有的精英則準備接受公民自由的腐蝕，以換取公共秩序和政治穩定。因此，這些措施在國會中獲得絕對多數通過；自由主義反對者在一八二〇年十一月和一八二一年十月的國會選舉中，表現不佳。

貝利公爵被殺後，有一段時間，狂熱反自由主義一直是一股潛在力量；公爵的遺腹子於一八二〇年九月誕生，鼓舞一股熱烈王權主義的浪潮。在其他方面，政治情況也是有利反動：在國民議會，保守派和極端王黨分子占絕對多數；已漸老衰的國王逐漸厭煩政治，而且愈來愈受凱依拉夫人（Madame du Cayla）之影響。凱依拉在宮廷中維護天主教士之利益。

在這些情況下，天主教會開始從立法和政府政策方面，獲得特別的保護和照顧。一系列措施強化了教會對於國家教育系統之控制。一八二一年二月的一道命令，將中等學校之教學，置於天主教主教們的監督之下：一八二二年六月，恢復後的教育部長一職交給一位主教❶；在一八二四年四月後，唯有主教們才能授予初等學校教師資格；在一八二四年八月，隨著教會事務與公共教育部（Ministry of Ecclesiastical Affairs and Public Instruction）之設立，天主教會在法國教育的支配角色，已表現在行政體系。

一八二二年，在法國報業猛烈抨擊天主教時，巴黎的偉人祠（Panthéon）還給天主教會，並將伏爾泰和盧梭的遺骸遷出，而且還任命十九位主教和總主教爲貴族院議員❶。教士影響力最突出的象徵爲一八二五年

---

❶　此時教育部長爲 Mgr de Fraysinnous。
❶　William Fortescue, op. cit., p. 19.

通過的對付褻瀆聖物的法律。儘管未曾付諸實施，此一法律加深自由主義分子之懷疑，並強化其反教士的決心。此一嚴苛法律也顯示查理十世執意要保護天主教會，並對任何可解釋爲反對天主教會之行爲採取不寬容和壓制。

　　一週之後，國會通過另一項法律，提供約十億法郎，補償那些在大革命期間地產被沒收者。在二萬五千個受益的流亡貴族中，以奧爾良公爵所得最多。此一補償計劃，帶有分裂和挑撥性質，因爲它重新碰到舊傷口，將精英分成潛在的受益者和潛在的奉獻者，還讓人認爲查理十世要破壞大革命的成果。

　　事實上，政治立場差異的顯現和加深，來自極端派之政治的幼稚或無知。他們在其領袖登基爲王之後，說話更有分量。查理十世向來不把刊諸文字的憲章當做一回事。反褻瀆聖物法和補償法的通過，爲極端派的勝利❶。

　　這些政策所遭遇之反對，形形色色。對政府的經常批評，不但來自主要的巴黎自由主義的報紙，《憲政報》和《法國信使報》（*Le Courrier Français*），同時也來自巴黎最重要的保守的報紙，《辯論新聞》。當代最著名的文學和政治人物夏多布里揚於一八二四年六月，辭去維列爾（Jean-Baptiste, comte de Villèle, 1773-1854）內閣之外長職位。此後，《辯論新聞》就經常批評維列爾。其他報紙，以及宣傳小冊子和政治歌曲，也以粗魯的用語，譴責和諷刺政府和政權本身。

　　反對人士充分利用曾對政權批評的公衆人物如佛伊將軍（Max S. Foy, 1775-1825）等之喪禮，發動群衆示威遊行。曾在大革命和帝國時期法國軍中服役表現傑出的佛伊將軍，在「百年」期間歸附拿破崙，因

❶　Pamela M. Pilbeam, *The 1830 Revolution in France* (London: Macmillan, 1991), p. 25.

此順理成章的變成國民議會的自由主義派議員。他在國會中曾杯葛賠償法案。一八二五年十二月，他的葬禮吸引了成千上萬的巴黎人，而《憲政報》協助發起一項為他塑造彫像的基金募集。一個反對查理十世的聯合陣線正在形成，它包括自由主義派精英和一般巴黎市民。

不顧此種反對，查理十世和維列爾，堅持其反革命政策。以鼓勵地產之保存，協助維持擁有土地的貴族階級，政府提出一項法案，使富有的立遺囑者能留給長子大部分財產，並對其地產限制繼承。因為長子繼承制曾為舊制度的一項原則，而繼承的平均分配則為大革命的一項原則，此一法案被視為反革命。

一八二六年四月，貴族院和國民議會皆否決上述法案，此一幾乎是空前的政府的失敗，讓巴黎人雀躍不已。政權的親天主教立場一直不變。同時，報業對於政府和政權繼續猛烈攻擊，民眾也常利用機會發動示威。

面對批評和反對聲浪，查理十世和維列爾依賴壓迫和在憲政合法性方面值得懷疑之行動來應付。一八二六年年底，政府提出一項法案，將對報紙和其他具政治特性之出版物，給予新的限制。在國民議會驚險過關之後，卻被貴族院否決，而不得不在一八二七年四月十七日撤回。

為應付國會的抵制，國王和維列爾於十一月六日創造七十六位新貴族院議員，並下令國民議會改選。十一月十七和二十四日的選舉，反對派已較以前的選舉有組織，再加上政府的反動政策不得人心和由經濟衰退引發的廣泛關注，使自由主義派候選人贏得約一百八十席次。自由主義分子代表的大幅增加，意味著與維列爾的保守派反對者聯手，他們已能造成倒閣。維列爾因而辭職。一八二八年一月五日，較溫和的馬提雅克（le vicomte de Martignac）繼任。然而，經濟危機持續著，根本的政治危機存在著——查理十世已失去國民議會中的多數支持。

經濟的危機

法國學者拉布魯斯（E. Labrousse）在比較一七八九年、一八三○年和一八四八年革命之起因所做的結論稱，一八三○年的經濟不景氣比較早的一七八九年的經濟危機持續較久，而且在某些方面更具破壞性[17]。

一八二七～一八三二年間，法國遭遇一次十分長期的持續性歉收。在某些地區，一八二七年的收成比正常的少三分之一以上。物價的上漲和飢荒的恐懼，增加了圍繞在年底大選的焦慮。一八二八年，低產量持續著。一八二九年的春季和早夏，到處一片荒涼。

基本糧食的價格上揚，使許多人的收入顯得不足。成群結隊的乞丐，變成各地，尤其是北部的一種普遍的景觀，此一現象造成地主不安。群衆迫使糧商以較低的價格出售穀類。農業其他部門如烟草和葡萄酒等的困難，加深了食物供應的不平靜。

經濟危機顯然增加鄉村和都市地區的民衆不安，但只在巴黎和里昂等大城市方有顯著的不穩定。民衆不安可以說無所不在，不僅限於自由主義分子在選戰中獲勝的地區。然而，唯有在巴黎，較不富有者改變事件發展的途徑。巴黎是法國發展最速的工業中心。其他省區的人口大批湧入巴黎。在一八○一年，巴黎的人口爲五十四萬七千七百五十六人，一八五一年則達一百零五萬三千二百六十二人，而第二大城馬賽尚未達二十萬人[18]。他們擠在巴黎中央傳統的手工業地區，生活環境很差，經濟危機時期生活更加困苦。

---

[17]　Ibid., p. 37.

[18]　Marcel Reinhard, André Armengaud, & Jacques Dupaquier, *Histoire générale de la population mondiale*, (Paris: Montchrestien, 1968), p. 335.

革命的爆發

經濟不景氣造成大量失業。一八三〇年七月巴黎七十五萬居民中有四分之一以上，接受政府救濟。政治和經濟的不滿，只讓自由主義分子獲益。自一八二〇年以來，巴黎工人一直視中產階級自由主義分子，爲共同對抗教權主義和極端王權主義的政治領袖。訴諸暴力時，老一輩的巴黎工人通常自革命和帝國軍隊中吸收軍事經驗，而其他人則曾在未解散前的巴黎國民衛隊服過役。

一八三〇年七月二十七、二十八和二十九日等一般稱爲三個光榮的日子裏，查理十世失去對其首都之控制。二十七日，群眾湧向街頭，構築路障，到處攻擊衛戌巴黎的士兵。二十八日，群眾愈聚愈多。查理十世下令巴黎戒嚴，但也於事無補。示威者占領市政府和聖母院。士兵開始潰散。二十八～二十九日夜，巴黎幾乎每一個街道皆設路障。七月二十九日上午，部隊中的逃亡者更多。當天下午，巴黎全部落入叛亂分子手中[19]。

查理十世被推翻，「七月王朝」（La Monarchie de Juillet）建立。八月三日，奧爾良公爵向國會保證做爲法律和秩序的保衛者，憲法的守護者；支持立即檢視國民衛隊的組織，有關報紙之審判要設陪審團，地方政府的改革，以及憲章第十四款的解釋。

八月七日，國民議會通過下列議案：

(1)查理十世流亡，王位出缺；

(2)憲章修正如下：天主教不再是國教，新聞檢查正式取消，國王發布有關國家安全之命令的權威取消，國會有權立法，國會選舉投票者和

---

[19] 革命的詳情請參閱 David H. Pinkney, *The French Revolution of 1830*, (New Jersey: Princeton University Press, 1972), pp. 73-273.

候選人所須之稅賦和年齡資格將修訂，三色旗將被採用爲法國國旗；

　⑶奧爾良公爵將受邀，接受上述之改革，在國會宣誓就職，瞭解修正後的憲章，取得法國人國王之頭銜。

　奧爾良公爵熱誠歡迎上述決議。八月九日，正式稱他爲路易·腓力，法國人之王。

第三節　七月王朝

政權的建立

　反對查理十世並造成他下臺之人士，皆有擺脫領導風格和政策極不受歡迎的國王之共同願望。然而，他們對如何取而代之則未達成協議。巴黎一般市民最歡迎的領袖，有意要建立共和。他們希望如此可恢復一七九〇年代的精神，亦即將取自富有和貴族出身的政治權力，交給那些能贏得一般人民支持的人。許多富裕銀行家、商人和自由職業者，歡迎查理十世的下臺，但對於可能不尊重財產權和受「無知群衆」控制之革命性共和的前景，深表畏懼。他們反對查理十世，是因爲他們不準備接受國王權力的擴張，而非因相信如同民主等之主義。因此，一旦他們瞭解，推翻查理十世的眞正危險，或許可能變成大規模革命，他們很快就顯示出其支持一種能保護他們以免受到共和主義弊端波及的政府體制。

　以路易·腓力爲新國王，事實上是較理想的選擇。他是法國最富有和社會上最重要家族的領袖，法國最著名國王路易十四之弟弟的嫡系，而且是僅次於查理十世家族的第二順位王位繼承人。既然任何與查理十世有直接關係的人不被接受，那麼由路易·腓力繼承王位也就理所當然。

　對於那些希望回到大革命時代的人，路易·腓力的形象同樣較爲有利。他的父親自始即支持革命，樂意放棄其頭銜，改採「平等」(Égalité)

爲其姓，因而與許多革命分子最熱衷追求的目標——平等，結合在一起
❷。他在一七九三年曾支持處死國王路易十六，顯現出對新事物的贊同。
甚至年輕的路易‧腓力也曾熱心參與革命。他擔任過革命政府軍隊的指
揮官，且在一七九二年的瓦爾米和傑馬普（Jemappes）兩次戰役之勝利，
扮演重要角色。爲逃避革命後期的白色恐怖，他曾離開法國。但是，至
少他曾拒絕支持革命法國的敵人，而非如同許多流亡貴族隨路易十八和
查理返國，且在他們的統治下擔任官職。因此，路易‧腓力並非共和派
的最佳選擇，但卻可讓其中許多較溫和者接受。

保守的自由主義

許多復辟時期的自由主義分子曾有意要適應議會政權的演進，特別
是此一政權限制了國家的權威和鼓勵個人自主。然而，七月政權正要開
始考慮它所面對難題的政治解決之時，在里昂突然爆發的社會問題，暴
露出無產階級與資產階級衝突的徵象，造成許多自由派資產階級者轉趨
保守。

在政府的要求下，國會準備實現一八三〇年宣布的計劃。一八三三
年六月二十一日的法律，完成代議制的擴展，規定省議會和縣議會議員
之選舉。吉佐草擬的公共教育法案於一八三三年六月二十八日通過。教
育可做爲參與公眾生活與改善工作和生產方法的必須準備，也是減少貧
窮的工具。立法者認爲，平民階級一旦接受較好的教育，將不會再想到
要反叛。該法強制每一市鎮必須設立學校，最窮的小孩得免費接受教育。

一八三三年底開始的經濟復甦，有利於政府的工作。有幾年，金屬
工業、採礦業、建築業和運輸業等，皆有許多就業機會。

---

❷ Keith Randell, *France 1814-70, Monarchy Republic & Empire* (London: Hodder & Stoughton, 1986), p. 38.

　　七月政權保守性的演變，恢復大革命時期法律的希望落空，共和派反對者改變策略。他們採取較秘密的行動方式，利用報紙和小冊子進行宣傳，但是收效不大，還受到政府的種種壓制。

　　一八三四年六月的選舉結果，中間派獲勝，左派受到嚴重打擊。一八三七年十一月和一八三九年三月兩次國會改選，也未改變其結構㉑。

　　政府的經濟政策相當保守。國家採取保護性關稅的形式，以支持經濟活動。一八三四年的一項有關各種關稅障礙的調查顯示，大多數受訪的製造廠商覺得，關稅稅率的降低將無可避免地帶來衰退。他們還指出，這將導致社會不安，因為廠商視降低工資為調降價格以適應國際競爭的唯一可能的手段。在此種情況下，政府所能改變的就很有限。廠商對於爭取海陸軍軍需供應的國家契約非常熱衷，因而很關心阿爾及利亞征服之擴展。

　　一八四〇年的蘇爾（Nicolas Jean de Dieu Soult, 1769-1851）·吉佐內閣㉒，強調和平、穩定㉓和繁榮。法英同盟的締結，使和平的維持能變成經濟發展的先決條件。良好財政管理有助於繁榮。政府在公共工程的大筆支出，為成長的要素之一。

　　省長一職不再因內閣的變動而更換，讓各省的近代化工作能延續下去。治安的維持也有益經濟繁榮。吉佐更利用對七月王朝的任何威脅，強化政府的權威。

㉑　André Jardin & André-Jean Tudesq, op. cit., pp. 116-119.

㉒　蘇爾在七月王朝擔任兩次總理後，又於一八四〇年組閣，但只是名義上的總理，實權卻在外長吉佐手中。

㉓　一八四〇年，利用拿破崙的骨灰返回法國之機會，拿破崙派蠢蠢欲動，對七月王朝構成很大的威脅。此外，在七月王朝的前十年中，出現十五個內閣。

外交和殖民政策

復辟時期外交的成績較內政爲佳。一八三○年的法國，獲得俄皇和梅特涅（Prince von Metternich, 1773-1859）的支持，因此不太理會英國對於法國征服阿爾及利亞的不悅。一八三○年革命，儘管俄皇和梅特涅深表關切，但是決定不採取行動，除非法國過度干預其餘的歐洲。英國首相威靈頓也不太贊成此一事件。

法國在歐洲的侵略事實上是有可能的。法國迷漫一股愛國的狂熱，且由外國難民推至更高潮。復辟時期的外交政策，大部分由國王主導。路易・腓力也無意放棄此一皇家特權。許多問題由國王和駐外使節秘密處理。

七月王朝面臨的第一個外交問題爲比利時的獨立。一八三○年八月二十五日，布魯塞爾發生革命。叛亂分子希望脫離一八一四年被迫而與荷蘭王國組成的聯邦。法國外交部表示，法國將不干預比利時，但如外國軍隊侵入該國，法國將給予協助。

十二月二十日，倫敦會議承認比利時爲一獨立國，並保證永久中立。在倫敦會議，英法建立較密切的外交關係，以對抗專制君主國家。一八三三年，兩國已訂立眞正的盟約。密切的政治關係，往往受到貿易和關稅問題之影響。

提葉（Louis A. Thiers, 1797-1877）自一八四○年繼任總理兼外長後，因中東問題而與英國交惡。一八四一年八月，英國保守黨在大選中獲勝，皮爾（Robert Peel, 1788-1850）組閣，亞伯丁（George Gordon, Earl of Aberdeen, 1784-1860）擔任外相。亞伯丁與吉佐私人關係很好，而且英、法兩個王室的關係也十分密切。然而，在此種親密的王室關係的外貌之背後，兩國政策的許多歧異仍然存在。

皮爾支持自由貿易，而法國人卻強化其保護主義制度。爲對抗德意

志各邦關稅同盟，吉佐要成立法比關稅聯盟。亞伯丁以比利時中立地位
之理由提出抗議，而且吉佐也遭到法國廠商的反對。

對於吉佐來說，與英國的友好，並不阻礙其他的聯盟。考慮當時的
情況，他的政策關係到整個西地中海。他鼓勵西班牙和那不勒斯兩個王
室的聯姻。

一八四六年七月，帕麥爾斯頓（Henry Palmerston, 1784-1865）
再任外相。他反對吉佐的作法，並以備忘錄分送歐洲各朝廷，指出法國
已違背烏特列支條約。一八四八年前夕，法國事實上在歐洲仍然是孤立
的。

在阿爾及利亞和西印度群島的殖民政策方面，法國政府受到各種軍
事的、商業的、宗教的、自由主義的和人道主義的利益團體之影響。軍
事團體爲其中最有力者，因爲它被視爲法國榮譽的守護神，也是唯一值
得尊敬的組織。七月王朝一直在拿破崙巨大陰影的籠罩下❷。

工業化和經濟

法國的工業主要以工場爲基礎。法國五百萬工人中，只有一百三十
萬受雇於大工廠，其中大多數在北部和東北部，以紡織業爲主。工業通
常很少機械化，或是高度專業化。里昂是專業化最顯著的例子，全是絲
織工業。里昂和巴黎的大多數工場，雇用的工人約二至十人。在里耳，
技術最進步的紡織工業，每一工廠平均雇用一百五十個工人，但鎮上大
多數工人受雇於較小、較原始的工場。

法國工業仍受天候和能源之傳統限制，而且還有早期資本主義的不
確定性。工業化市鎮，時而面臨失業之威脅，時而遭遇勞力短缺之困難。

---

❷ H. A. C. Collingham, *The July Monarchy, A Political History of France, 1830-1848* (London: Longman, 1988), p. 256.

在一八三七～一八三九和一八四六～一八四八年間的危機，機械化工業
更易受到國際市場之衝擊。

工人的工時長工資低。在里耳的一家棉紡織工廠，工作時間每天達
十四或十五小時，其中有兩小時爲用餐時間。技術工人每天賺三或四法
郎：印刷工人、工匠或泥水匠，年收入或許可達一千法郎。機械的運用，
增加女工童工的雇用。一八四七年，在里耳的棉紡織工廠，男工每日工
資超過二法郎，女工約爲一半，而童工的工資更低，幾乎無法糊口㉕。

工業化問題十分廣泛，如無破壞似乎難以改革。機器似乎應配合其
自身規則工作，而非依照人的規則。然而，法國無法很容易適應工業文
明，而且在能接受它的人之中，對於工業應該採取的形式，亦有政治和
文化的分歧。

一八四一年通過的童工法規定，雇用二十個以上工人之工廠，禁止
有八歲以下的童工，十二歲以下的童工最多工作八小時，十六歲以下者
最多工作十二小時。十二歲以下之童工必須上學，且有更進一步的夜間
工作限制。

法國工業革命影響大多數人的生活。交通爲當時最顯著的工業改變。
路易·腓力的統治以鐵路著名㉖，但其他交通部門的改良或許成效較大。
水路和公路建設，成績斐然。加倍成長的郵政和電報系統，雖仍爲國營，
但使法國成爲一個運輸改善，且更爲統一的國家。

此一時期，經濟生活經常出現嚴重危機。一八三〇年，革命的震撼，
再加上欠收所產生衰退，以及工人認爲機器造成的失業，使一八三一年
成爲破壞機器的一年。危機顯示出早期資本主義社會對於突然衰退的脆

㉕ Ibid., p. 348.

㉖ 有關七月王朝時期的鐵路建設，請參閱 Arthur L. Dunham, *The Indus-
trial Revolution in France 1815-1848*, (New York: Exposition Press,
1955), pp. 54-84.

弱性。

　　一八四六年秋，糧食短缺的恐懼，開始影響貿易。雖然銀行家將衰退歸諸於西班牙的外交危機，但是較重要的是英國的不景氣。因爲一八四五年和一八四六年的收成不佳，以及羅亞爾河的氾濫造成財物和生產相當大的損失，破產和借貸導致信用緊縮和建築計劃的停止，失業人數增加。

　　經濟危機加上社會的苦況，使小資產階級覺得如同革命分子一般，產生對政權的不滿。工業主義的恐怖，不僅里耳等市鎮的痛苦中的無產階級，還有巴黎手工業者等傳統革命階級，在一八四八年二月發動革命。

　　儘管工業設施分散，法國工業已經開始經驗到雙重集中的趨勢。一方面是地理的集中，旣存的工業吸引新的工業，如里昂、巴黎和亞爾薩斯北部等地；另一方面是經濟的集中。此一集中，產生重要的金融家、工業家、工程師、政治家和報業老闆等密切合作的集團。

社會主義的產生

　　自由主義經濟的發展帶來社會不平等的漸趨嚴重。工人的不幸，赤裸裸地呈現在里耳、南特、盧昂等工業市鎮，成爲一種重要歷史意義的象徵，因爲它在工人心中播下騷動和反叛的種籽。

　　統治階級希望將社會問題淡化爲道德問題，產生一種反對的思想潮流，馬克斯（Karl Marx, 1818-1883）稱之爲「烏托邦式社會主義」（utopian socialism）。

　　聖西蒙（Comte de Saint-Simon, 1760-1825）的信徒繼續傳播他的理論，並發展出國家擁有生產和交換工具的思想。他們也傳播結社和組織的思想。

　　傅立葉（François Fourier, 1772-1837）的社會共產主義產生一種較立即的影響，因爲它強調消費更甚於生產。傅立葉社會共產主義批評

城市生活，且描繪其村莊式的共產同居團體。首次提到保證每人最低生存之所需，亦即後來的「保證最低工資」**㉗**。

在七月王朝末期，法國的社會主義以蒲呂東那有力和矛盾的個性最具特色。馬克斯提到，「在法國，蒲呂東在大眾思想方面成為一個重要階段；他是那些協助工人階級瞭解自身者之一。」**㉘**在一八四八年之前，他以否定辯證法批判資本主義的利潤，批判國家和批判宗教。

此外，尚有主張民主社會主義的路易・布朗（Louis Blanc, 1811-1882）和勒魯（Pierre Leroux, 1797-1871），以及基督教社會主義的布樹（Philippe Buchez）。

知識和藝術生活

一個爭權奪利的資產階級帶來的發展中的工業社會，對於藝術和文學創作，用處甚小；或者誤用它們，以稱頌勤奮工作和個人的自主。在七月王朝時期，藝術家或文學家和資產階級者漸漸變成彼此仇視。某些藝術家或文學家如雨果（Victor Hugo, 1802-1885）、繆塞（Louis Musset, 1810-1857）等已與上流社會結合，許多其他的人則處境十分窘困。

自由主義，支配著資產階級之意識型態，以理性主義和個人的進步為基礎。

在教育方面，整個七月王朝時期，小學生人數增加一倍。中等和高等教育的學生大多數來自資產階級**㉙**，因為學費和生活費昂貴，學生人數增加有限。

㉗ André Jardin & André-Jean Tudesq, op. cit., pp. 177-178.

㉘ Ibid., p. 178.

㉙ John G. Gallaher, *The Students of Paris and the Revolution of 1848*, (Carbondale & Edwardville: Southern Illinois University Press, 1980), p. 5.

戲劇反映官方文化。古典悲劇仍然獲得公衆的喜愛，而浪漫戲劇只有一小部分民衆喜歡。資産階級和王公貴族熱愛喜劇，而爲浪漫主義者所輕視。

知識和社會的盲從因襲，受到報業的鼓勵和挑戰。在七月王朝時期，報業有相當的成長，地區性報紙發展更快❸。巴黎報紙的銷售量在一八三〇～四八年間成長四倍，其中至少有半數運到其他省區。雜誌也在此一時期出現，其中《兩個世界雜誌》（*Revue des deux mondes*）銷路最佳，在一八四三年就有二千個訂戶。

一八四八年二月革命

一八三〇～一八四八年間爲英國大改革時期；隨著英國經濟和社會的巨幅改變，立法方面也必須配合。法國則無類似的立法計劃。法國的工業革命較英國或比利時來得緩慢，但仍有些主要改變，亟須政府採取行動。巴黎非常快速成長，它正製造許多貧窮的問題。就是經濟正欣欣向榮，居住條件還是甚差。一八四六年，失業情形嚴重，情況危急。成千上萬的貧民，被棄置不顧，依賴他們所能找到的施捨度日。政府的反應就是要宣稱，他們無能爲力。

不僅窮人對於此種拒絕接受任何責任的態度，表示憤怒，自一八三〇年以來，富有人家也漸漸注意到一般人之生活條件的問題。一八四六年的經濟危機發生時，大家總是要求政府必須做一些事情。路易・腓力拒絕改變其政府無能爲力的想法，而他在以前的自然的支持者中漸漸孤立。在一八三〇年代許多希望七月王朝將提供一個富有彈性和負責的政權，以領導法國邁入十九世紀後半期的溫和派人士，已經失望透頂。因

---

❸　報業發展情形，請參閱 Claude Bellanger, Jacques Godechot, Pierre Guiral & Fernand Terrou, *Histoire générale de la presse française, Tome II: de 1815 à 1871* (Paris: PUF, 1969), pp. 173-203.

此，到一八四七年，路易‧腓力和其政府已缺乏積極的支持，以致無法應付任何的打擊。很不幸，國王或希望改變內閣而非政權的反對人士如提葉等，無法瞭解此一情況，而無意中發現一個他們未曾意料到的革命。

一八四八年革命的近因，並非如同其引發之事件那麼富於戲劇性。自一八四〇年以來，吉佐在國會中的政治敵手，嘗試各種方式，以迫使他下臺，再自己取而代之。他們不希望見到國王被推翻。一八四七年，在提葉的領導下，舉辦一連串的宴會，推廣選舉改革之理念。此種想法是要安排許多地方性集會，激起民眾對其政策之支持，以展示其追隨者之力量。

大約舉辦了七十次宴會，但是並非溫和派改革者控制全場，而是極端共和派掌握宴會，並利用它們宣傳其理念和宣導推翻政權之必需性。城市較貧窮階級的生活條件已瀕臨飢餓邊緣，造成此一現象的嚴重經濟衰退，一直成爲被攻擊的目標。

在此種情況下，政府當然採取步驟，禁止宴會。一八四八年二月二十二日要在巴黎舉辦的宴會，被宣布爲非法。共和派在這一天發動示威遊行。受命要控制群眾的國民衛隊，似乎並未全心全力擁戴國王，路易‧腓力瞭解他曾對民氣判斷錯誤。現在他又無法鎮定地面對事情，化解尚未成氣候的小風暴。國王很害怕，而且辭去吉佐，試圖安撫反對人士。然而，效果剛好相反。爲軟化騷動者的訴求，國王的行動反而讓其敵人信心大增，政權已被迫處於挨打狀態。國王的支持者對他在緊要時刻表現的懦弱，覺得很失望，他們覺得七月王朝的末日已爲期不遠。很少人準備去做那顯然已是徒勞無功之事。

二月二十三日，軍隊對手持紅旗的示威者開火。八十餘人死傷**③**剛好

---

③ 死亡者人數說法不一，約三十五～五十二人。詳情請參閱 Georges Duvean, *1848: The Making of a Revolution*, translated by Anne Carter (New York: Vintage Books, 1967), p. 29.

給予共和派領袖，製造動員巴黎大多數民眾所需之憤怒。路障到處設立，革命的氣候已成。

路易‧腓力或許尚能挽回頹勢，假如他準備動用仍然對他忠誠的軍隊，以敉平巴黎的動亂，就如同鎮壓一八三一和一八三四年利用不滿經濟衰退帶來痛苦的工人之暴亂而占領里昂的共和派分子。但是缺乏被國王視爲其政權堡壘的國民衛隊之支持，似乎已摧毀國王堅持下去的意志。軍隊未被調動，或許國王不願挑起全面的內戰❸。路易‧腓力於一八四八年二月二十四日退位，並且化裝逃到英國，再度過著流亡生活。隨著七月王朝的結束，法國立憲君主政體的試驗宣告失敗。

---

❸　Peter H. Amann, *Revolution and Mass Democracy, The Paris Club Movement in 1848*, (New Jersey: Princeton University Press, 1975), p. 31.

第十一章　第二共和與第二帝國

　　一八四八年的「二月革命」，巴黎街頭的暴動，推翻路易‧腓力，建立「第二共和」(La Seconde République)。三年後，路易拿破崙(Louis Napoléon Bonaparte, 1808-1873)，拿破崙一世之姪，以民選的第二共和總統，發動一次政變，建立「第二帝國」(Le Second Empire)，稱拿破崙三世 (Napoléon III) ❶。一八七〇年九月，他與其軍隊在色當 (Sedan) 投降普魯士，「第二帝國」宣告壽終正寢。

第一節　第二共和的建立

臨時政府的成立

　　路易‧腓力的退位留下權力的眞空。如非國會內外的共和派快速行動，當時正在開會期間的國會或許已宣布由前國王之孫繼位。曾造成路易‧腓力退位的武裝群眾，有一部分衝進下議院，阻止討論中的王位繼承問題。群眾獲勝。大部分議員逃走，那些留下來的議員明瞭，唯有宣布共和方能讓一切平靜下來。

---

❶　拿破崙一世與瑪麗‧路易絲(Marie-Louise)生一子，稱拿破崙二世(François Napoléon Bonaparte, 1811-1832)。

國會中共和派領導人拉馬丁（Alphonse Lamartine, 1790-1869）
❷，爲一名詩人和歷史學家，並擅長演說。他與少數傾向共和的下議院同
僚，決定宣布共和，以及成立臨時政府。一些主要共和派報紙的記者們，
也即將宣稱一個共和國臨時政府的成立，此時正討論要邀請那些人組成
新政府。雙方人馬皆是浪漫主義者和理想主義者。他們相信，隨著正在
發展的革命，以自由、平等、博愛爲基礎的人類快樂的時代即將來臨。
因此，在各種不同派別的共和黨人之間，很令人詫異的是少有仇恨。

拉馬丁與其議員同僚，匆匆趕到宣布法國第一共和的巴黎市政府，
而正準備回應要求建立共和的群衆和新聞記者們也在那兒。協議迅即達
成。拉馬丁和其他議員聯合新聞記者及其同夥，組成一個臨時政府，領
導新的共和國。拉馬丁被推選在市政府的陽臺，依照傳統形式，公開宣
布共和。群衆雀躍不已，吵雜地表示同意每一宣讀的姓名，成爲臨時政
府的一員。

儘管往後幾天，流傳著攻擊富人及其財產的謠言，但已較預期的平
靜得多。窮人忍受極度痛苦，而法律和秩序（指警察）不足以抗拒他們。
然而並未發生下層階級的全面叛亂。在巴黎，人們覺得勝利已獲得，現
在一切將好轉。

政治和社會改革

推翻一個政權的力量之結合，大都因爲反對既存政策，而非對未來
政策有細節性的協議。一八四八年的法國，即是如此。在巴黎革命活動
的組織成員中，那些後來被稱爲「紅色共和黨人」所占的比重很高。他
們的主要代言人勒德呂・羅蘭（Alexandre Ledru-Rollin, 1807-1874）

---

❷　拉馬丁爲法國著名詩人，曾任那不勒斯和佛羅倫斯的法國使館秘書和代辦。
　　一八三四年當選爲國民議會議員。一八四〇年拒絕進入吉佐內閣。

❸，下議院議員，已變成臨時政府的一員。紅色共和黨人須要社會改變和政治改變。他們深深覺得，大市鎮窮人的生活條件實在很差。住宅，甚至以十九世紀中葉的標準來看，還是不足；公共事業如衛生和水的供應，如果有，也是很原始。甚至那些有工作者，所得的工資不夠支付房租和購買足夠的食物以糊口。成千上萬失業者及其家庭則以行乞和借貸勉強生存下去，因爲尚無對失業者提供財政資助的制度。

紅色共和黨人積極推動的主要解決辦法，就是確保每人的「工作權」（le droit au travail），如此貧窮的惡果將可避免。以龐大的公共工程計劃，創造就業機會，還可以改善市鎮的環境條件。這些公共工程必須利用增稅來支持其經費，所增加的稅絕大部分落在小地主、中產階級和貴族階級等擁有財產的階級之身上。

新共和最具影響力的支持者爲中上階級的成員，其中絕大多數擔心紅色共和黨人之構想。今天視爲溫和的社會改革，在一八四八年則被認爲對財產權的不正當攻擊，因爲多數富有共和黨人希望不要擴大國家對個人生活的干預，認爲財產的所有人應該有權對其財產隨意支配。任何增稅計劃皆會引起其戒心，他們很少會憐憫窮人，因爲他們認爲窮人的不幸來自本身之無能、不負責和不道德。中產階級害怕暴民的心態，在二月革命之後的幾個月內顯現無遺，它是分化和削弱新政權可能的支持之主要因素。

然而，大多數共和黨人一致支持一項政治改革。男性普選——每一年滿二十一歲男性在各種選舉的投票權——爲共和黨人的一個傳統目標。路易・腓力不同意選舉權的擴張，使他在其統治末期失去許多支持；一旦恢復共和，重返「一人一票」制度之願望將獲得實現。臨時政府公

---

❸　勒德呂・羅蘭於一八三〇年擔任律師，替七月王朝時期被控訴的共和派新聞記者辯護。一八四一年當選爲國民議會議員，積極鼓吹普選。一八四八年革命後，擔任臨時政府內政部長。

布的第一項法令，事實上就是男性普選。第二個行動是宣布「工作權」，隨之決定課徵一項附加稅以應付其支出之費用。

邁向男性普選幾乎是確定，而在一八四八年二月的巴黎，拒絕「工作權」也是無法想像。隨著廣泛的飢荒和明顯的社會不安，有產階級第一優先考慮的就是花錢去安撫那些人，其不滿能很容易演變成全面性、毀滅性的民變。在工作權方面讓步，對於那些希望盡可能少改變者還有一個額外的好處，亦即它轉移了紅色共和黨人之注意力，不再從事一些對有地產人士可能為害更大的計劃。

既然工作權得到承認，大量的時間和精力就投入將理論轉成為實際之嘗試，因為對於巴黎的成千上萬失業者來說，很少有立即可提供的工作機會。

臨時政府中的紅色共和黨成員，花費好幾星期的時間，籌備成立國家工廠，提供就業機會。然而，由於缺乏如此規模的實際經驗，而且又無一大批行政人員支持，最後的成果相當有限。那些出現在失業者名冊上的人，大多數只得到些許的週薪，因為沒有工作給他們做。甚至最激進的臨時政府的成員承認，救濟窮人的金錢並非源源不絕，因而決定在名冊額滿時就不再增加。得到救濟者有十二萬人，另有約五萬人則被摒除。

一八四八～一八四九年的制憲議會

除了籌備成立國家工廠，臨時政府同時也在進行制憲議會選舉的準備工作，以便能產生一部新共和憲法。

長久以來，法國傳統上有一種利用官方對選民的壓力，以確保支持政府的候選人能當選的傳統。然而，在男性普選的情況下，要操縱目前的八百餘萬選民，將較應付以往的二十萬選民，困難度大為增加。雖然臨時政府以任命支持者為省長和縣長，來產生影響力，但「教育」占選

民絕大多數的農民群眾的工作，無法有效地利用此一方式來進行。

　　議員選舉日期訂在復活節。對於希望見到贊成激進共和的候選人能進入制憲議會的人，此一日期的選擇將使情況惡化。事後檢討，這似乎是一項奇怪的決定，因爲在許多鄉村，不斷在宣導對付紅色共和黨之罪惡的教士，帶領其忠實的教眾去投票。但是，甚至沒有此一判斷錯誤，臨時政府也將面對一個保守的議會，因爲大家都知道，農民最擔心，一個激進的政府將企圖削弱其土地之所有權。

　　托克維爾（Alexis de Tocqueville, 1805-1859）在回到家鄉親自參與選舉時就發現，

　　　　眾所皆知，海峽省（the Department of La Manche）的居民幾乎清一色是農民。它包括很少的市鎮、很少廠商，以及除瑟堡(Cherbourg)外，無大批工人聚集之處。起初，革命在此幾乎未引人注意。上層階級在打擊之下立即屈服，而下層階級幾乎沒有感覺。一般説來，農業人口對政治印象的感覺較他人遲緩，而印象的維持則較固執。他們是最後崛起者，也是最後恢復鎮靜者。……但是當他們聽到巴黎一片混亂、要增加新税、以及所恐懼的備戰狀態等傳聞時；當他們見到商業停頓、錢似乎掉進地底，而且，特別是當他們得知財產原則受到攻擊，他們覺得某些事比路易・腓力更有爭議。❹

　　最後的選舉結果，半數以上的議員爲君主派，只有少部分爲紅色共和黨人和勒德呂・羅蘭的支持者。因此，制憲工作就交給大多數不贊成

❹　Keith Randell, *France 1814-70, Monarchy Republic & Empire* (London: Hodder & Stoughton, 1986), p. 65.

自己正在創造的政體的人。一部共和憲法之誕生，乃因君主派的致命分裂。君主派中分成希望一位波旁國王復辟的正統派和爲路易‧腓力之孫造勢的奧爾良派。

巴黎工人的失敗

一八四八年三月十七日，巴黎工人的一次重要示威，迫使臨時政府決定四月爲制憲議會的投票日期，此時巴黎人民和革命俱樂部的聲勢如日中天，銳不可當。然而，一個月後，四月十六日，另一次要求投票日延期的示威，卻遭到巴黎資產階級者居住地區的國民衛隊驅散。「激進」內政部長勒德呂‧羅蘭也不支持此次示威。一個月內政治氣氛已有深刻轉變。

四月的選舉結果，似乎確定了臨時政府大多數成員所希望的資本主義共和。此一確定，導致與共和黨激進分子的決裂。針對選舉結果，保守的報紙和王黨的仕紳覺得滿意，而激進黨和社會黨人則難掩其苦澀。四月二十七和二十八日盧昂的工人暴動，被國民衛隊和軍隊血腥鎮壓，死亡者達三十餘人。此一事件將導致新議會與革命左派斷絕一切關係；巴黎人民也以五月十五日和六月二十二～二十六日的新暴動回應。

新議會一成立，就可看出臨時政府中最溫和、最仇視社會革命的派系，因選舉而勢力大增。在一致宣布共和後，議會以絕對多數任命三位前臨時政府中最溫和的資產階級共和黨人——阿拉果（Dominique Arago, 1786-1853）❺、賈尼葉‧巴傑（Louis Garnier-Pagès, 1803-1878）

---

❺ 阿拉果爲法國物理學家和天文學家，二十三歲被選爲科學院院士。一八三〇年，當選國民議會議員和巴黎市議員。一八四八年，擔任臨時政府陸海軍部長。拿破崙三世發動政變後，他離開政壇。

❻和馬利 (Marie) ❼，爲取代臨時政府的五人執行委員會 (La Commission exécutive) 的委員。他們在八百名議員中皆獲得七百票以上之支持。拉馬丁得到六百四十三票，而勒德呂・羅蘭只得四百五十八票，位居五個執行委員之末❽。

執行委員會讓制憲議會進行一項打擊巴黎的俱樂部和臨時政府少數激進分子之政策。社會主義者路易・布朗❾在議會提出成立進步部（ministère du Progrès），負責人民之所需。議會於五月十日拒絕該提案，僅指定一個調查委員會，調查勞工的工作和生活情況。五月十二日，制憲議會禁止俱樂部的代表向議會提出請願書。

工人運動被壓抑，再加上聲援波蘭人民爭取自由運動，遂爆發了五月十五日巴黎的民衆大規模示威遊行。十五萬示威者，幾乎癱瘓了執行委員會和制憲議會。這是一次針對經全國選出的合法政府的公開叛亂。然而此時，執行委員會決定再度調動巴黎資產階級者居住地區的國民衛隊和軍隊，恢復巴黎秩序。占領制憲議會和巴黎市政府的暴民被驅逐，爲首者布朗基(Louis Blanqui, 1805-1881)、巴貝斯(Armand Barbès, 1809-1870) 和拉斯白 (François Raspail, 1794-1878) 等人被捕，並被判重刑❿。民運領袖幾乎群龍無首。

儘管巴貝斯、布朗基和拉斯白等人入獄，以及激進的俱樂部被解散，

---

❻　賈尼葉・巴傑曾參與一八三〇年七月巴黎街頭暴動。一八四一年當選國民議會議員，一八四八年擔任臨時政府財政部長。

❼　馬利，律師出身，一八四八年擔任臨時政府的公共工程部長。

❽　Philippe Vigier, *La Seconde République* (Paris: PUF, 1983, "Que sais-je?"), p. 38.

❾　路易・布朗爲法國社會主義思想家，一八四八年二月被工人擁護而進入臨時政府，但表現不理想。他在一八四八年六月的暴動失敗後，流亡英國。拿破崙三世下臺後才返回法國。

❿　布朗基和巴貝斯被判處無期徒刑，拉斯白的刑期爲六年。

國營工廠仍然存在。巴羅（Camille H. Odilon Barrot, 1791-1873）**⑪**
認爲，五月十五日事件並未解決當時的主要問題。國家工廠的工人自三
月的一萬四千人增至六月的十一萬人**⑫**。

　　制憲議會大多數議員認爲，國營工廠是懶惰者的收容所和叛亂的溫
床，對於制憲議會帶來長期的威脅。因此，執行委員會於六月二十一日
採取關閉國營工廠的第一個步驟。二十五歲以下的單身男子，必須離開
工廠，加入軍隊。四十八小時之內，巴黎掀起一場法國史上最大規模和
最奇怪的叛亂。在四天期間，十餘萬人參加暴亂，五位將軍被殺，而這
些叛亂者竟然沒有領導人或旗幟**⑬**。

　　六月的叛亂造成一千餘國民衛隊和軍隊的死亡；叛亂者有數千人在
戰鬥中被殺，一千五百多人不經審判就被槍斃，二萬五千多人被捕，其
中一萬一千人被判刑**⑭**。六月叛亂對於新政權的打擊相當大，該政權之歷
史帶有「社會恐慌」之象徵，巴黎如此，其他省區亦如此。

　　六月叛亂的另一影響爲其他省區在全國政治舞臺扮演較重要角色。
自六月二十四日起，來自許多省區城市的國民衛隊湧入巴黎，人數超過
十萬。各地的小地主，率領農民到巴黎，援助代表他們來到首都的制憲
議會議員，拯救國家，免受巴黎工人之迫害。面對來自保守省區的大批
人馬，對巴黎叛亂分子之聲援，尤其是六月二十二和二十三日馬賽的叛
亂，就顯得微不足道。自宣布和實施普選的時刻起，人數不超過十萬的

---

⑪　巴羅，律師，在復辟時期曾爲政權的反對人士辯護。在七月王朝時期，擔任
國會議員，爲反對黨的領導人物。路易・拿破崙剛上臺時，曾擔任短暫的司
法部長，隨之又回到反對陣營。第二帝國時期，遠離政治。

⑫　Thomas R. Forstenzer, *French Provincial Police and the Fall of the
Second Republic, Social Fear and Counterrevolution* (New Jersey:
Princeton University Press, 1981), p. 49.

⑬　Ibid., p. 50.

⑭　Philippe Vigier, op. cit., p. 43.

工人兵團，已無法再對一個農村和資產階級的法國，強加其意願。

加維那克（Louis E. Cavaignac, 1802-1857）❶內閣

六月叛亂被平定後，加維那克於六月二十八日將權力還給制憲議會，而議會除了誇獎他對國家的貢獻外，還賦予他內閣總理的頭銜，使之享有行政權，直到十二月二十日為止。

自六月至十二月，法國出現一種臨時政權的新型態：在任務未變的制憲議會之側，加維那克將軍為唯一行政權力的代表，具有國家元首和內閣總理雙重功能。

大家都知道，這是一個反動的時代。政治人物，自部長至省長，整體說來仍然是共和黨人，但為牽制革命分子的宣傳，自由已開始受到侵蝕。對俱樂部加以限制的法律、故意加重報紙發行成本的報業法、以及對六月叛亂責任的調查，迫使社會主義的領導分子紛紛逃到國外。「共和」，已有被打入牢中者，現在又有第一批流亡國外的人。

意見表示的自由萎縮，但民主教育卻因新制度的關係而繼續往前推展。八月，省議會和市議會依男子普選原則產生新議員。當然，富有仕紳通常能輕鬆的再贏得席次，但有些地區也會有馬蹄鐵匠等「紅色」仕紳進入地方議會。無論如何，普選已成為時尚。

此時，制憲議會正忙著制憲工作，其成果在十一月公布。新憲法以權利宣言為序，宣言中提到所有的自由，包括教育自由，但卻缺少「工作權」。政治制度將包括分立的三權：司法權，一個高等法院；立法權，一個單一議會，普選產生，任期三年；行政權，一位總統（國家元首兼

---

❶　加維那克於一八四八年革命後被臨時政府任命為師長兼阿爾及利亞總督，後來當選為制憲議會議員，在五月十五日的暴動後擔任陸軍部長，在鎮壓六月叛亂中費了不少心力。

政府首長), 普選產生, 任期四年, 不得連任❶。

第二節　路易‧拿破崙的崛起

總統選舉

十二月十日和十一日的總統選舉, 共有五位候選人: 加維那克、拉馬丁、勒德呂‧羅蘭、拉斯白和路易‧拿破崙。加維那克在許多省分, 被視為仕紳和當權派的候選人。競選時, 他本人不願意利用其職權圖利自己的競選, 他的內政部長狄佛 (Jules Dufaure) 卻私下向各省省長建議, 要為總理助選。此種利用行政體系助選的作法, 引起人們對往昔君主政體時代不快之回憶。此外, 加維那克還須為二月以來的工人暴動、六月的鎮壓和經濟危機等等負責。事實上, 他似乎被視為, 尤其在巴黎之外的省區, 共和派資產階級和一部分保守派資產階級的候選人, 而非一位「平民」的候選人。

不滿「六月屠夫」參選的共和黨人, 陸續推出三位候選人。拉馬丁對自己的聲望, 有過多的幻想。獲得七十五位制憲議會議員支持的勒德呂‧羅蘭, 對於加維那克的競選威脅較大。勒德呂‧羅蘭的政見相當激進, 但是社會黨人還是支持仍在牢中的拉斯白參選。

對於上述四位共和派候選人及其理念, 選民並不重視。因此, 保守派人士仍有很大的迴旋空間。他們原先曾支持加維那克, 但加維那克拒絕對他們的要求有所承諾。

此時, 出現第五位候選人, 他答應人們的一切要求。此一新候選人,

---

❶ Maurice Agulhon, "La Seconde République, 1848-1852," Georges Duby, *Histoire de la France, dynasties et révolutions de 1348 à 1852* (Paris: Larousse, 1971), p. 408.

即是路易·拿破崙。多年來，他一直覬覦法國的主導權，提出權威民主的政綱。然而，在仕紳階級中，對這一位與偉大皇帝相似處甚少的人物，毫不重視。在九月十七日部分改選時才進入制憲議會的路易·拿破崙，表現平庸。儘管他於十月二十五日就登記為候選人，但是自十一月中旬起保守派才逐漸接受他。路易·拿破崙在答應維護教宗的世俗權力之後，獲得天主教委員會（le Comité catholique）之支持，最重要的支持，來自提葉，他自六月叛亂後是保守黨派靈魂人物。由於憎恨共和，他拒絕支持加維那克。提葉及其友人認為路易·拿破崙較容易操縱。

路易·拿破崙當選總統

在七百四十五萬票中，路易·拿破崙得到五百五十三萬餘票，占有效票的百分之七十四點二：他獲得的票數約為其他四位候選人得票數總和的三倍。加維那克得一百四十五萬票，居次；勒德呂·羅蘭，三十七萬票；拉馬丁，一萬八千票；拉斯白，三萬七千票❼。

路易·拿破崙能獲得民衆擁護的原因有三：

(1)他著有《貧窮的消滅》（*L'Extinction du paupérisme*）一書，因此受到工人的支持；

(2)他因為是「偉大皇帝」的侄兒，而能獲得農民的選票。在競選期間，路易·拿破崙的助選員充分利用在法國鄉間流傳甚廣的「拿破崙傳奇」。法國的農民真正將選票投給「人民的拿破崙」，有時甚至想像是投給自聖赫勒拿島（Sainte-Hélène）返回的皇帝本身❽！

(3)以答應給予教育自由和讓教宗重返羅馬，來吸引保守派，尤其是宗教人士的選票。

---

❼ René Remond, *La vie politique en France, 1848-1879, T. 2,*(Paris: A. Colin, 1969), pp. 75-76.

❽ Philippe Vigier, op. cit., pp. 56-57.

國會選舉

憲政機構之完備，立法議會實不可或缺。共和派居多數的制憲議會，對於事情的轉變覺得不安，因而有意延長任期，以便扮演適當角色。然而，無論如何，其制憲任務已完成，此一意圖並無有力的理由支持，因此最後只好同意自行解散。國會選舉日期訂在一八四九年五月十三日。

此次選舉，與一八四八年四月的選舉有很大差異，首次出現兩個有組織的「黨」❶互相敵對。一方面是「秩序的黨」（Parti de l'ordre），另一方面是「山岳黨」（Parti montagnard）❷。事實上，這兩個集團既無法律地位，又無正式的規範，只是圍繞在幾個領導人、幾家報紙、幾個原則的全國性認知上的結合。山岳黨人延續激進共和黨人的傳統，其理想爲一個「民主和社會的」共和國，一般民眾特稱之爲「民社黨人」，而其對手則稱之爲「紅色分子」（rouges）。在這兩大陣營之間，一八四八年幾乎占據整個政治舞臺的溫和派共和黨人將重新歸類，依其本身理念，或傾向保守的秩序，或傾向民主，或如同拉馬丁將抽身而退，不介入二者之爭辯。很少人能在其所屬省分，以中間派名義當選。

五月十三日的選舉爲一兩極化的選舉。法國政治意見的穩定性地理分布，也首次出現。直至今日，評論家仍以再度發現與一些選舉結果有某種關聯而自鳴得意。在七百五十個議會席次中，山岳黨人約占二百席，保守黨人約占五百席，而中間派則達不到一百席。此次選舉顯示出，社會主義仍能吸引城市無產階級地區之外的選民。社會民主觀念還是能流

---

❶ 事實上，這些「黨」的組織與二十世紀所謂的「政黨」完全不同。現代的政黨爲法律上的結社，但是在十九世紀尙無結社自由。

❷ 「山岳黨」係借用一七九三年國民公會的名詞。詳情請參閱 Edward Berenson, *Populist Religion and Left-Wing Politics in France*, 1830-1852, (N.J.: Princeton University Press, 1984), pp. 74-96.

傳於農村地區，它將成為第二共和歷史的特色之一。此一發現，在當時的確造成保守派的恐慌，但也令其對手興起一些希望。

　　兩個陣營的緊張關係，首次在外交政策方面爆發衝突。在意大利，馬志尼（Giuseppe Mazzini, 1805-1872）、加里波的（Giuseppe Garibaldi, 1807-1882）等共和黨人占領羅馬，教宗庇護九世（Pius IX, 1792-1878）逃亡，一支法軍開抵該城市，最初是為阻止奧地利從中得利。然而，法國的新政府增加遠征軍的任務，要求它自共和黨人手中奪回羅馬，並且與教宗，重建樞機主教之權力。在議會中，左派的山岳黨透過勒德呂‧羅蘭提出質詢，但徒勞無功，因為左派在議會居於少數地位。六月十三日，山岳黨匆促決定的示威遊行，敗得很慘；當軍隊出現時，勒德呂‧羅蘭及其同僚幾乎是孤軍奮鬥。勒德呂‧羅蘭逃到倫敦，但其他議員則被捕下獄。山岳派在國會的實力減弱。

反社會主義運動

　　自一八四九年夏至一八五〇年夏，政府逐漸採取壓制的政策。在這一年，儘管總統、內閣和國會的多數三者之間有些微的不和諧，但在試圖壓抑民主聲浪方面則有共識：行政人員和教育人員的淨化更為澈底；通過一條針對俱樂部的新法律；對反對報紙的迫害。此時出現的著名法魯法（loi Falloux）根本不信守教育自由的承諾，將整個教育機構置於行政和教會權威的控制之下。然而，在該法的國會辯論中，山岳黨卻贏得法國大文豪雨果之支持。

　　一八五〇年三月十日和四月二十八日，舉行國會補選。一些山岳黨人被選上，以取代被捕下獄的該黨議員。「秩序黨」攻擊普選制度，並通過一八五〇年五月三十一日的新法，在選舉權方面加上財產和三年設籍的限制，以排除最窮的公民。三年設籍的限制將使必須到外地謀生的公民，無法登記為選民，而這些人在保守派眼中是最可能支持共和黨候選

人。爲使普選制度「道德化」，凡是被判刑者，包括政治犯在內，不得登記爲選民[21]。此一選舉法產生令人驚訝的結果。民主人士表示，在原有約千萬的選民中，四～五百萬被剝奪選舉權。較客觀的說法爲三百萬選民，亦即在三個登錄的選民中有一個被除名[22]。

總統與國會的鬥爭

一八五〇年下半年，總統的野心逐漸暴露，從共和黨(亦稱山岳黨)和「秩序黨」兩個死對頭的纏鬥中，漁翁得利。五月三十一日的法律，以及隨之而來的六月六日和七月十六日限制集會和報業自由的法律，這些反動的新措施，直接受害的是共和黨；再加上內部分裂，使該黨的聲勢大衰。共和黨所寄望的是一八五二年國會大選，能得到農民、資產階級者、士兵或工人更多的支持。

共和黨人接到的指示是，不參與國會的補選，避免鹵莽的行動，以防止警察獨裁再度加劇。八十四位議員在一八五〇年四月十一日簽署「山岳黨宣言」(le Manifeste de la Montagne)，不贊同有系統的訴諸秘密社會和非法行動。然而，二十四位議員卻另組「新山岳黨」(la Nouvelle Montagne)，以布吉 (Michel de Bourges)、勒德呂‧羅蘭等國內或流亡海外人士爲領導。

擔任總統的頭幾個月，路易‧拿破崙故意讓政客們認爲他是他們的傀儡。他讓國會在民意之前，爲修正選舉法負責。共和黨的威脅減少，國會利用財政的困難，向總統和其親信挑戰。一八五〇年夏秋兩季，國會中的奧爾良派和正統派之間漸有修好之想法，或許它將有助於君主政體的恢復。然而，九月下旬，不但兩派未能修好，而且在正統派內部本

---

[21] Louis Girard, *La IIe République*, (Paris: Calmann-Lévy, 1968), pp. 216-218.

[22] Ibid., p. 219.

已存在的分裂，更趨嚴重。內部分裂的國會，提供拿破崙派牌局的一張基本王牌。

一八四八年十二月十日，拿破崙派以一股很奇特的政治力量的姿態出現。人們很難將它歸爲「右派」或「左派」。由於缺乏人脈，有段很長時間路易・拿破崙被迫接受「秩序黨」的部長，但他盡量利用機會與國會的多數黨劃清界線，越過國會直接訴諸民意。

一八五〇年夏天，他到各省區進行廣泛的宣傳工作。因爲善於在言辭上迎合不同省區民衆之理念，所以處處受到歡迎。自十月三十一日內閣改組後，總統的親信陸續出任各省省長，以爭取地方仕紳和工農群衆對路易・拿破崙的支持，並在一八五〇年下半年獲得輝煌成果。此外，在國會中勢力原本十分薄弱的「艾麗樹黨」(le parti de l'Elysée) [23]，也日益茁壯。

路易・拿破崙奪取軍隊控制權，導致一八五一年一月總統與國會的正式衝突。根據現行憲法之規定，一八五二年五月，總統和國會必須同時中止其職權。路易・拿破崙以此一短暫權力眞空將可能造成國家災難爲藉口，運作地方民意，向國會施壓，以達修憲的目的，讓總統能連任。儘管七月十九日的表決，贊成修憲的議員達四百四十六人，但仍未能達到憲法規定四分之三多數的要求[24]。

獨裁政權的建立

利用修憲以合法取得連任的嘗試失敗後，路易・拿破崙決定採取行

---

[23] 艾麗樹宮 (Palais de l'Elysée) 自路易・拿破崙起，成爲法國的總統府。

[24] 此次表決，反對修憲的議員有二百七十人，爲共和黨人和如提葉等不妥協的奧爾良派。有些作者如 Keith Rundell (*France 1814-70*, p. 77) 認爲修憲須三分之二國會議員之同意，顯然與事實不符。見 Jacques Godechot, *Les Constitutions de la France depuis 1789*, (Paris: Garnier-Flammarion, 1970), p. 277.

動，自行改變憲法。政變的日期選在一八五一年十二月二日。這一天是拿破崙一世加冕爲帝的周年紀念日，也是歐斯特里茲戰役偉大的勝利紀念日。

一切皆依照計劃進行。那些可能反對政變的政治領袖在清晨六時被逮捕。軍隊占領主要公共建築物。反對政府的報紙被禁止發行，報社被占領。宣布政變的海報連夜印製，並於清晨出現在巴黎各角落的牆壁上。大批軍隊進入巴黎，以防萬一。在往後數日，一些零星的街頭抗爭，受到強力的鎮壓，藉以告訴人民，反對是不會被容忍的。一般說來，對於政變的仇視並不嚴重。

爲給予政變所建立的事實獨裁一項法律的基礎，十二月二日總統命令公布的公民投票，最後確定在十二月二十一～二十二日舉行。在投票之前，亦即自十二月十日開始，整個官方的宣傳建立在下列的主題：快速和擊潰意圖在一八五二年奪權的革命分子，路易‧拿破崙拯救了社會；由於他的主動，一八五二年的危機已解除，而總統將能結束自一八四八年開始的「風暴時代」，解決了自那時起就已存在的，對所有人之利益爲害甚大的不確定狀態。

政變後，經濟復甦和物價回升，被許許多多總統派樁腳做爲論證的重點。因爲投票之前的行政壓力，所有的公務員必須成爲樁腳，否則將面臨被停職或撤職。

在仕紳中，很少拒絕爲總統助選。「紅色魔杖」再一次將法國資產階級推向救世主的懷中。在此一情況下，造成在十二月二十一～二十二日的投票中，七百一十四萬五千個法國人贊成「路易‧拿破崙權威的維持」，並授予「制定一部憲法的必須權力」。反對票只有五十九萬二千票，主要來自城市，以及十二月初未出現叛亂的法國東部和東南部的共和黨市鎮。其他地區，如在下阿爾卑斯 (les Basses-Alpes)，則湧入大批軍隊，共和黨人被困，選民以亮票方式投贊成票者達一百五十萬人左右。在法國

西部和普羅旺斯地區一些省分出現的缺席，部分是遵循正統派的指令㉕。

　　一八五二年一月十四日頒布的憲法，結束了革命新時代和一八四八年二月二十四日開始的政治不穩定，拋棄一八四八年十一月憲法規定的議會政權。該憲法的政治制度：國家元首爲民選總統，任期十年，連選得連任，擁有行政權的全部和立法權的一部分㉖。只要將國家元首的頭銜更動，總統就能變成皇帝，如同一八五二年十二月那樣。自一八五二年一月開始，法國在文件上仍是共和國，但在事實和在精神上已是帝國。

　　受到紅色陰影的壓力，政府自一八五二年一月至三月，頒布一連串法令，根除共和黨或只是自由主義分子的機構如國民衛隊、互助協會、俱樂部等等。二月十七日的法令箝制報業的意見，而二月二日的法令則修改普選制度，採用官方候選人制度，並由省長重劃選區。因此，二月二十九日產生的新政權的立法院，在二百六十一席中有八位反對黨人士當選議員，而其中就職的只有五位㉗。

第三節　第二帝國

從總統到皇帝

　　一八五二年九月，路易・拿破崙到前一年十二月選舉中對他最仇視的各省巡視，以試探人民對他歡迎的程度。在內政部長貝希尼（Jean Fialin, duc de Persigny, 1808-1872）的刻意安排下，總統所到之處，群眾一致熱烈歡呼：「總統萬歲！」隨之「皇帝萬歲！」「拿破崙三世萬歲！」路易・拿破崙自己覺得有些不好意思，且斥責這位太過熱心的部長。然

㉕　Philippe Vigier, op. cit., pp. 119-120.
㉖　立法權由總統、民選的立法院、參議院三者分享。
㉗　巴黎選出的加維那克、Carnot，里昂選出的 Hénon 等，拒絕宣誓就職。

而，顯然地，此一在最初被安排的熱誠，有傳染作用。

巡視自聖德田 (Saint-Étienne) 開始。聖德田的工人曾在全民複決時投下大量的否決票，且剛選出共和黨人費佛 (Jules Favre) 爲市議員，但此次給予皇帝候選人的歡迎卻太過熱烈。試探性巡視到處受到歡呼。在布爾吉時，猶疑不決；在里昂時，仍有些遲疑；有紅色地區的米地 (le Midi) 給予的歡迎，讓路易・拿破崙信心十足。十月九日，他在波爾多最後決定要取得皇帝的頭銜。

一八五二年十一月七日，參議院㉘公布的第一個修正案就是恢復帝國。十二月二十五日的第二個修正案爲增加國家元首的權力，使之擔任參議院議長，獨自決定商業條約之簽訂，以命令執行各種公務。法國人民於十一月二十一日的複決中，以七百八十二萬四千票，表示同意，較一八五一年十二月多出幾十萬票㉙。

帝國的政治

一八五二年一月的憲法，是獨裁的；幾乎所有權力皆在國家元首手中。第二年，總統變成皇帝，除了職位的任期由十年延長至終身外，全無改變。議會制度與以前全然不同。在路易・腓力時期，國王與國會分享眞正權力。國會有權倒閣，迫使內閣改變政策。根據一八五二年的憲法，國會設兩院——參議院和立法院，皆屬諮詢性質。兩院對內閣無控制權。

參議院和立法院只是獨裁政體的花瓶。參議院的議員除了由路易・

㉘ 一八五一年十二月二日路易・拿破崙發動政變後，立即恢復參議院，其成員最初爲七十二人，後增至一百五十人，由皇帝任命，終身職。參議院的主要職權爲憲法的維護、立法和殖民地的管理。

㉙ Jacques Rougerie, "Le Second Empire," Georges Duby, *Histoire de la France, Les temps nouveaux, de 1852 à nos jours* (Paris: Larousse, 1972), p. 72.

拿破崙直接任命的一百五十位之外，尚有陸軍元帥、海軍上將和教會的樞機主教等當然議員。參議院的職權為：檢查和保證新法律的合憲性，以及，在被要求時，宣布憲法的改變。立法院的議員二百六十一位，經普選（僅男性）產生，任期六年。國家元首，如果願意，能多舉行幾次選舉。選舉在理論上完全自由，但在實際上，政府官員如省長、縣長、市長等對官方候選人皆能給予行政支援。立法院不扮演立法角色；它只能對政府提出的法律草案表示意見，但並不一定被接受。立法院院會每年只有三個月。

路易・拿破崙相信，他的任務是完成其伯父拿破崙一世未竟之志。因此，新的憲政體制與一八○○年拿破崙的幾乎完全一樣。在政治理念方面，拿破崙憎恨政黨，認為政黨將鼓勵分裂。因此，路易・拿破崙在一八五一年以後，不僅無意組織一個屬於自己的政黨，就是在他崛起過程中已經發展的政黨，也要讓它枯萎。

路易・拿破崙用人唯才，不計較其過去政治背景。在任命他們擔任重要職位之前，並未要求他們同意他，或深信他。路易・拿破崙只要他們接受其政權，並且承諾為法國的最大利益工作。

此種非教條式方式，直接仿傚第一帝國，對於爭取社會中最富有最有影響力的仕紳，快速認同新政權，確有很大的幫助。沒有人被自動排除於新政權的參與。因此，一八五一年十二月的政變和一八五二年十二月帝國的成立，並未造成上層階級的大幅變動。

然而，在政變後數月內，路易・拿破崙也採取一項嚴厲政策以突顯對政權的激烈反對將不被容忍。被捕者超過二萬二千人，而被送到阿爾及利亞或被迫流亡國外者超過一萬人。嚴格的新聞檢查制度，使反政府的言論無法廣泛流傳。未得政府同意的報紙無法存在。地方性團體可以存在，但不能聯合成為全國性組織。甚至地方性團體也受監視。每一次政治性集會，皆要有一位政府官員出席指導。

　　在打擊反對者之同時，路易・拿破崙採取積極措施以鼓勵支持者。他瞭解，在他自己與龐大和中央集權的政府體系之間，建立強固忠誠結合之重要性。在此一方面，他快速著手，將省長的待遇增加一倍，以工作和契約「酬謝」支持他的地方官員。同時，軍官的待遇和地位也提高，並向教會領袖明白表示，政權將維護天主教的利益。

　　數月內，二十五萬政府官員、軍官和教會人士，積極支持路易・拿破崙。「獨裁政權」牢牢的建立，且受到社會各階層廣泛之支持。那些可能挑起反抗政權的激烈行動的反對派，不是被監禁，就是在國外。

　　法國似乎在第二帝國找到其所需之政治制度。皇帝有足夠的權力，提供有力的領導。他堅信法律和秩序的維持，誠摯希望保護國內窮困人們之利益。所有準備要工作的才華之士在憲法架構之內，皆有晉陞之機會。所有人皆能參與立法院議員之投票，以及對重要問題的複決。

　　一八六〇年和一八七〇年之間，第二帝國的政治制度有激烈的改變。政治制度的發展分成三階段：

　　第一階段為一八六〇年十一月宣布的第一批措施。首次，立法院有權質詢政府意圖之表示，並獲得內閣閣員之答覆。此一權利，每年只有一次機會，亦即在每一會期開始，皇帝對立法院之演講時。此外，立法院正式議事錄，也將出版。對於政府所提的預算案，立法院的影響力漸增。

　　一八六七～一八六八年為政治改革的第二階段。一八六七年一月宣布，在未來，參議院和立法院將能就政府的行動和政策，盡量向部長提出質詢。當然，此一權利並非賦予國會凌駕政府之權力，但是它卻表示，政府所做的錯事，不可能對公眾隱瞞。一八六八年，報業法大幅鬆綁，報紙的出版不必經政府的同意，而管制公眾集會的法律也被廢棄。自一八六八年起，拿破崙三世的反對者能如同一八四〇年代中期路易・腓力的反對者那樣，對政權加以批評。無疑地，受到這些攻擊後，第二帝國

的可信度將會減弱。

一八六九～一八七○年的政治發展，造成了所謂的「自由主義的帝國」。在許多方面，這幾乎恢復七月王朝時期的議會政治。參議院變成眞的上議院，對立法的通過有擱置權。立法院變成一個眞正的立法機構，能夠主動立法，而非僅是討論其他人所準備的法案。此外，內閣應向國會負責，因此應獲得兩院多數之支持。

經濟的發展

一八五○～一八七○年間，法國與其他中歐和西歐國家的經濟活動相當積極。拿破崙三世對於此一活動特別贊同。這並非只爲了給全國人民物質方面的滿足，以忘記自由的失去。在年輕時，他曾受聖西門（Claude Henri de Rouvroy, comte de Sainte-Simon, 1760-1825）學派⑩之影響，而決定促進法國的繁榮。就如同聖西門學派一樣，他也對勞苦的階級感興趣，並且夢想著以借貸、大工程建設和降低物價等政策來改善其生活條件。

經營國家需要一筆巨額的資金。信用機構的發展，爲拿破崙三世的主要計劃之一。美國加里佛尼亞州和澳大利亞金礦的意外發現，使黃金大量流入市場。因此，法國成立了許多至今仍然存在的大銀行：不動產信貸銀行（Le Crédit Foncier）、動產信貸銀行（Le Crédit Mobilier）、里昂信貸銀行（Le Crédit Lyonnais）、興業銀行（La Société Générale）⑪；同時也出現許多股份有限公司。

---

⑩ 聖西門爲社會改革家。他預見世界將進一步工業化，相信科學技術會使大多數社會問題得到解決。一八三○年七月，聖西門學派發表宣言，要求實行動產共有制，取消繼承權和給予婦女公民權。

⑪ 這些銀行的成立和經營請參閱 Alain Plessis, *The Rise and Fall of the Second Empire, 1852-1871*, translated by Jonathan Mandelbaum, (Cambridge: Cambridge University Press, 1987), pp. 71-83.

法國資本主義制度從拿破崙三世統治時期開始。

大工程建設

至此時爲止，仍擔任次要角色的交通事業，尤其是鐵路，必須加以擴展。在一八五○～一八七○年間，鐵路的總長，增加六倍，所有鐵路組成六個鐵路網。第一條穿過阿爾卑斯山的鐵路就是在一八五八～一八七○年間建造的。

海上運輸也有同樣進展：法國郵船公司（Les Messageries Maritimes）和大西洋郵船公司（La Compagnie Transatlantique）就在此一時期成立的。大西洋和地中海的海底電纜也在此時開始設立。最後由李西浦負責（Ferdinand de Lesseps, 1805-1894）開鑿的蘇伊士（Suez）運河於一八六九年開始通航。此後，歐洲與印度和遠東之間的關係，變成特別密切。

巴黎的改變和擴大也是拿破崙三世的一大計劃。此一鉅大工程之目的有四：增加皇帝的威望，給工人工作機會，改善城市環境衛生和確保該城的秩序。在塞納省（La Seine）省長霍斯曼（Georges E. Haussmann, 1809-1884）的策劃下，建築一些林蔭大道，挖掘下水道八百餘公里長，改善城裏的飲水，開闢布倫（Boulogne）森林公園、萬桑（Vincennes）森林公園和畢特‧修孟（Buttes-Chaumont）公園，建造中央市場（Les Halles），以及許多教堂、歌劇院、醫院、營房和車站。一八六○年的巴黎城有一八四○年時的兩倍大。

增加生產

拿破崙三世同時也刺激全國所有生產力量，以提高產量。就如同在路易‧腓力時期，農業的進展相當緩慢。然而，大水利工程的發展和化學肥料的應用，使牧草、馬鈴薯和甜菜的種植皆有進步。許多農業省分，

一方面因出生率的減緩，一方面因農民向工業中心移動，使其人口漸減。城市人口的增加，為拿破崙三世統治時期的最顯著的象徵，也是工業發展迅速的證明。一八五五年和一八六七年在巴黎舉行的兩次世界博覽會，即可看出工業的驚人發展：巴·德·加萊（Pas-de-Calais）煤礦的開採，焦炭鍊鋼取代了木材鍊鋼，蒸汽機的數目增加五倍，其馬力增加十倍。

　　為了以降低生活物資價格來改善工人階級的生活，拿破崙三世決定打破傳統的保護主義政策。一八六○年，他與英國簽訂貿易條約：在互惠的條件下，法國相當大幅度降低英國商品的進口關稅。他接著又與其他歐洲國家，簽訂類似的條約。雖然工人的生活並未如皇帝所希望那樣獲得改善，但是工廠卻更新其設備，對外貿易在十年間增加了一倍。

社會政策

　　拿破崙三世希望經濟的現代化，將消除自大革命時期以來曾分裂法國的不和。繁榮將成為社會和平的先鋒。拿破崙三世的宣傳，繼續強調皇帝為工人之友。在統治初期，他曾告訴工人代表說，「那些工作者和那些遭遇困難者，可以依賴我。」[32]

　　如果說皇帝為勞動的窮人之一切努力，出發點只是宣傳的考量，而非真正的關懷，那是不公平的。他還是與七月王朝時期流行的信念一般，認為對貧窮最有效的方式是私人的施捨；因此，政府的經費還是用於公共工程計劃。皇帝夫婦捐贈大筆金錢從事慈善工作，以救濟失業者、城市窮人、以及天然災害的災民。他鼓勵工人互助社團、低廉住宅計劃、公共浴室和公共協助等等。

　　一八六四年五月二十五日，罷工（並非工會）合法化的法律通過。工人很快就利用此一法律為他們帶來的新自由，而在這一年，一八六五

---

[32]　James F. McMillan, *Napoleon III* (London: Longman, 1991), p. 142.

年和一八六七年，進行罷工。政權也給予工人團體的事實承認。拿破崙三世捐贈爲數可觀的金錢給一個基金，以發展工人的合作社。一八六八年，他也改變法律，取消民法有關勞資糾紛中，資方的言詞較勞方言詞一直先被接受的規定。他尚有老人年金之構想。

　　然而，不論是政權的「國家社會主義」，或是繁榮的普遍化，皆未能讓大多數工人支持拿破崙三世。大城市的人口仍然是第二帝國最強悍的反對者。因爲，生活水準提高，工資提高，但是物價也隨之而上漲。經濟的繁榮，拉大富人和城市窮人間之差距。第二帝國，在法國工人戰鬥感和階級意識的發展，爲一關鍵性時期。一八六九～一八七〇年，在里昂地區，有一股罷工浪潮席捲了大批的礦工、建築工人和紡織工人。一八七〇年七月，在亞爾薩斯有一萬五千個工人罷工。

對外政策

　　拿破崙三世希望帶給法國的不只是繁華，而且也是光榮。身爲拿破崙一世的侄兒和繼承人，他決定「一雪一八一五年條約的恥辱」，並擴展法國的版圖。他希望依照民族的原則，重新修改歐洲的地圖：在他統治時期，而且一部分也是由於他的努力，產生三個新國家：羅馬尼亞王國、意大利王國和德意志帝國。雖然打過好幾次戰爭，但卻討厭戰爭的拿破崙三世，希望這種疆界的變更是在和平狀態下完成的，也就是獲得英國的協助和透過國際會議方式來完成。

　　他的外交觀點常是天眞幼稚，混淆不清，而且也不知道如何使之實現。他執行個人政策時，通常保持高度機密，不讓其部長們知曉。不幸的是，他的對手是觀念清楚，面對現實的加富爾（Camillo di Cavour, 1810-1861）和俾斯麥（Otto von Bismarck, 1815-1898）。

殖民帝國的擴張

　　除了歐洲事務❸之外，他更注意殖民帝國的擴張。此種擴張政策，首先針對法國貿易新市場的開拓，其次是保護天主教的利益。在歐洲之外，拿破崙三世是一位道道地地的教會人士。例如他利用「西林教案」❸為藉口，於一八五八年聯合英國，對中國發動戰爭，以向東方揚威，確立法國對天主教的保護權❸。

　　此外，他還占領阿爾及利亞，塞內加爾（Sénégal），中南半島的安南、柬埔寨和寮國，新喀里多尼亞群島（New-Caledonia）等地。

第二帝國的崩潰

　　在一八六〇～一八七〇年間，普魯士首相一方面進行德意志的統一工作，另一方面尚須防範法國可能的干涉。普魯士勢力和威望的突漲，使法國人心生警惕。他們譴責拿破崙三世無法加以阻止，或獲得相當的補償。法國皇帝一連串的外交失敗，再加上內政的種種困難，使之有欲以屈辱普魯士來重振威望的念頭。一八七〇年夏，機會終於來臨。

　　由於革命的爆發，西班牙王位虛懸兩年。一八七〇年，西班牙人決定將王位給予一位日耳曼親王利奧波德（Leopold of Hohenzollern-

❸　有關拿破崙三世涉及的歐洲事務如克里米亞戰爭、巴黎會議、意大利問題、波蘭問題、敍利亞問題等等，請參閱 William E. Echard, *Napoleon III and the Concert of Europe* (Baton Rouge & London: Louisiana State University Press, 1983).

❸　天主教開禁後，法國教士違約潛入內地。一八五六年二月，有一馬賴（Auguste Chapdelaine）神父，被廣西西林知縣處死，罪狀是糾結會黨，勾結亂黨，稱為「西林教案」。

❸　郭廷以，《近代中國史綱》（香港：中文大學出版社，一九八〇年），頁一二八～一四七。

Sigmaringen)。惟恐這位普魯士國王的親戚在馬德里接受王冠，將造成普魯士與西班牙的聯盟，法國政府提出強烈抗議。這位親王的拒絕接受王位，尚無法令法國滿足，法國進一步要求普魯士老國王威廉一世（William I, 1797-1888）保證，在未來決不批准其近親繼承西班牙王位。

七月十三日，法國特使在安姆斯（Ems）會晤威廉一世。俾斯麥將普王拍給柏林的電報玩弄手脚後，公開發表。此一消息使法國人覺得他們的特使被趕走，而普魯士的愛國主義者深信其年老的國王受到侮辱。

七月十五日，法國總理奧利維葉（Emile Ollivier, 1825-1913）在立法院宣稱，戰爭即將來臨。戰略、裝備和領導人物的不如人，雙方一開戰，九月二日的色當（Sedan）一役，拿破崙三世與其八萬餘官兵被俘；十月二十七日麥次之役，拜桑將軍（François Bazaine, 1811-1888）的十三萬八千大軍也宣告投降❸⑥。一八七一年一月二十八日巴黎失陷。

五月十日，雙方簽訂法蘭克福條約（Treaty of Frankfurt），法國割讓亞爾薩斯和洛林兩省，賠款五十億法郎。

---

❸⑥ Duc de Castries, *Histoire de France, des origin à 1970*, (Paris: Laffont, 1971), p. 477.

第十二章　第三共和
（一八七〇～一九一四）——動亂與穩定

一八七〇年五月八日的公民複決，帝國得到壓倒性多數的肯定❶。最偏激的共和黨人不得不相信，帝國的政權相當牢固。四個月之後，帝國讓位給共和，一個在初期受到莫大威脅的臨時性共和。然而，此一共和事實上壽命很長，它存在了四分之三世紀。

第一節　普法戰爭與巴黎公社

第二帝國並非被推翻，而是在色當的暴風雨中消失的。

普法戰爭

一八七〇年七月十九日，法國向普魯士宣戰。法國視普法戰爭爲向世界顯示，法國仍是歐洲大陸的主要強國，而德國，儘管在俾斯麥的政治領導下已贏得兩大勝利❷，將位居第二。普魯士則視此次戰爭爲擊垮法國的良機，以去除未來侵略的危險。俾斯麥後來宣稱，他曾激怒法國進入戰爭，以便能利用此一情況，實現在普魯士領導下的德國統一。俾斯

---

❶ 此次複決肯定帝國的自由改革者，達七百三十五萬票；反對票有一百五十三萬八千張。

❷ 亦即一八六四年的普魯士和丹麥的戰爭，以及一八六六年的普魯士和奧地利的戰爭。

麥的此一希望並未讓普魯士人民知道，他們認爲戰爭是因其強鄰的好鬥而發生的。

雙方皆有勝利的信心。唯有最謹愼的法國人懷疑，法軍能在幾週內攻入普魯士首都——柏林。無論如何，法國人總是認爲，法軍爲一職業軍隊，由長期服役的職業軍人組成，而普軍主要是由僅服役幾年的充員兵組成。職業軍人無疑地能擊敗業餘軍人。然而，普魯士人則有另一種看法。他們確信，普軍的裝備較法軍佳，尤其是其野戰炮的發射較快，射程較遠。普魯士人也深信，他們的軍隊比法軍效率高，因爲普軍較有組織，各級指揮官素質較優，且擅於積小勝爲大勝。

法國人希望其正規軍能在普魯士的後備軍人充分動員之前幾天或幾週就完成作戰準備。但事實上則不然。法軍的備戰雜亂無章，普軍的動員則迅速且有周詳計劃。戰鬥一開始，由於戰術的善於運用，普軍立即取得優勢。

宣戰後六星期，法國遭遇慘敗。九月三日，拿破崙三世及其八萬餘大軍在色當投降。皇帝投降的消息傳到巴黎不到幾個小時，共和黨人立即發動群衆示威遊行，以確保共和的宣布。九月四日，依照傳統，在市政府的陽臺上做此一宣布。如同一八一四年、一八三〇年和一八四八年，在巴黎的溫和且富裕的政治人物，迅速取得權力，壓抑社會革命黨人的活動。立法院內拿破崙三世的主要反對者，組成「國防政府」(le gouvernement de la Défense nationale)。

第二帝國被推翻，並未能使戰爭迅速結束。國防政府執意抵抗敵人。

巴黎被困

巴黎周圍的防禦工事堅固，且有大批守軍。國防政府以爲，巴黎防禦工事涵蓋的範圍很廣，普軍將無法如同在麥次那樣圍困此一城市。政府採取完善的預防措施。首都擠滿糧食、裝備和人員。

然而，令國防政府十分驚奇的是，普軍在日耳曼南部各盟邦軍隊的協助下，竟然能夠包圍巴黎。色當投降後三週內，巴黎被二十五萬軍隊圍困。甘比大（Léon Gambetta, 1838-1882），國防政府的內政部長，搭乘熱氣球逃離巴黎，到各省招募志願軍，救援首都。甘比大招募的援軍，大部分未經訓練，因此無法減輕普軍對巴黎圍困的壓力。巴黎市內的四十萬守軍，訓練和軍紀皆遜於普軍，因此無法進行有效的反擊。

一八七一年一月初，普軍開始砲轟巴黎周圍的陣地和市區，每夜三、四百發砲彈的來臨，瓦解抵抗的民心士氣。一月二十八日，巴黎投降。不久，普魯士國王在凡爾賽宮鏡廳加冕為德國皇帝。

法蘭克福條約

法國投降後，俾斯麥對法國提出十分苛刻的談和條件，其主要內容分賠款和割地兩項：

(1)賠款方面──法國須付賠款五十億法郎，賠款全部付清後德國占領軍才撤離法境；

(2)割地方面──亞爾薩斯全部和洛林的一部分割給德國。法國因而失去一百五十多萬人口❸。

二月八日選出的國會在波爾多集會，任命提葉為法國行政首長，並於五月十日在法蘭克福簽訂和約，完全接受德國的條件。

巴黎公社

一八七一年二月在波爾多集會的國民議會，充分反映全國對於不計任何代價的和平之渴望。大家心裏十分明白，針對割地和賠款的兩項要

---

❸　Keith Randell, *France: The Third Republic 1870-1914* (London: Hodder & Stoughton, Second impression 1992), pp. 11-12.

求，難有討價還價的餘地，因爲唯有滿足這些要求，普魯士的軍隊才會撤出法國。

然而，國民議會並未正確代表著全國的政治態度，大多數議員之能夠當選，乃因其贊成和平與其在地方上的聲望。在選民眼中，這些新科議員對於法國在未來將採用何種政治體制，則不甚重要。因此，很湊巧，在國民議會中，支持君主復辟者占絕對多數。這些復辟派議員，在波旁君主政體和奧爾良君主政體間之抉擇，爭議仍大。最後，他們同意先安定政局爲要，政權的型態暫緩議。他們推舉資深政治家提葉，擔任「法國行政首長」(Chef du pouvoir exécutif de la République française)。提葉的臨時政府所面臨的首要難題，即是巴黎公社 (La Commune de Paris)。

巴黎公社發生的原因有二：其一爲國民議會自波爾多遷至凡爾賽，而非遷回巴黎；另一則是國民議會不計後果要盡速恢復經濟常態的決心。

提葉及其內閣中的同僚，視常態的恢復爲最迫切的工作。他們瞭解，經濟解體如果持續下去，恐怕無法籌到普魯士人所要求的賠款數額。他們也知道，社會革命往往伴隨經濟的瓦解而生，而身爲擁有地產和財富的人，他們堅拒來自下層階級對社會改變的任何要求，他們自然對巴黎深具戒心。自一七八九年的大革命起，以及隨之而來的一八一四年、一八三〇年、一八四八年和一八七〇年，巴黎一直指導著法國政府體制的改變。對來自其他省區的保守人士來說，巴黎是一個難以駕御的政治和社會不滿之溫床，因此不允許它在未來再支配著事件的發展。一旦結束與普魯士的敵對狀態，國民議會能安全遷離波爾多時，所決定的目的地卻是凡爾賽，而非巴黎。巴黎人對此相當在意。

國民議會盡速恢復經濟常態的決定，也導致巴黎人的不滿。在戰爭期間，尤其是當巴黎被德軍圍困時，原料和市場的缺乏，大多數行業停

止活動，許多巴黎人無法謀生。許多家庭依賴暫停付租金、典當暫時不用的物品，尤其是貿易工具，以及在國民衛隊服役的日薪收入等方式維持生活。繼續營業的商店老闆和小企業主，則利用期票制度。

　　一八七一年三月上旬，國民議會決議要結束上述不合常規的經濟活動。虧欠的租金要還；除非迅速贖回，存放在公營當舖的物品要出售；除非證明處境困難，付給國民衛隊的日薪要停止；期票到期時（通常六個月之後）要以現金支付。這些措施幾乎等於向巴黎宣戰。剛經歷過六個月困境的人們，現在又將面臨破產，甚至無家可歸。

　　國民議會通過決議案一週內，巴黎就有十五萬個破產宣告，許多人一生辛勞的成果毀於一旦。之前，巴黎的「有產」和「無產」之間，涇渭分明，有財產者很顯然地偏向「秩序的黨」。現在，劃分界限則是巴黎和法國其他省區，巴黎人不論貧富和社會地位，都覺得受到打擊。首都的此一團結感，因其人口最富有的百分之十中大多數在巴黎被圍前或解圍之後逃到省區，而更高漲。

　　提葉和其內閣並非不知道他們所做之事。他們厭惡巴黎對他們來說所代表的社會和政治不安，導致其決心不受巴黎之支配。事實上，他們正等待機會，以摧毀做為革命活動中心的巴黎。提葉並未久等。三月十八日，政府軍隊試圖取走仍在巴黎國民衛隊手中的四百十七門大砲。被派遣去拿走放置在孟馬特（Montmartre）小山丘上的一百七十一門大砲的官兵，無法完成任務，因為他們沒有足夠的馬匹將砲拖走。憤怒的群眾包圍他們，士兵失去抵抗意志。軍官被群眾逮捕。兩位帶隊的將軍被殺❹。提葉的反應相當快速。所有政府官員和部隊受命自巴黎撤出，以準備另一次武力的重返。政府早有意放手一搏，而三月十八日事件只是提供藉口。

---

❹　兩位將軍為 le général Lecomte 和 Le géréral Clément Thomas。

政府對巴黎的認定並非全然不正確，但還是過分誇大。城裏有成千上萬的政治活躍分子，他們不接受保證財產權的現行社會秩序和政治制度，強調對健康的生活和工作條件之需求。這些活躍分子組成政治俱樂部，討論必需的改變，以及最好的改變方式。各俱樂部甚至組成一個全市的聯盟，召開會議，協調其活動，但經常因彼此的看法差異過大而毫無成果可言。事實上，只有一小部分的巴黎人為政治俱樂部的會員。政府高估其重要性。

在被德軍圍困期間，幾乎每一身心健全的男性皆參加國民衛隊，一個國民衛隊的中央委員會做為宣傳巴黎戰鬥勇士觀點的機構。中央委員會的成員，希望利用戰爭的紛亂，帶來社會和政治的改變，然而，其中屬於真正革命分子的，還是相當少數。

三月十八日事件，尤其是所有政府官員自巴黎撤離，留下的權力真空，很快就由活躍分子填上。國民衛隊中央委員會取得城市的控制權，並進行選舉。八天後的選舉選出的市議員❺，立即宣布巴黎為一個公社——一個獨立的政治實體。他們希望法國的其他地區也能建立其自己的公社，然後這些公社再組成一個聯邦國家。

巴黎公社所採取的措施如常備軍和警察的取消、教士還俗、全面義務教育等等，很顯然地，理想主義的色彩較現實主義的色彩來得濃厚。然而，這些似乎並非那麼可笑，因為巴黎人的驕傲使之認為，巴黎即法國，巴黎人所作所為，對其他省區有很大的影響力。巴黎在前領導，其他省區將緊隨其後。歷史似乎也曾如此證明。然而，有一不必爭論的事實，行事太過於極端，使巴黎當局落入政府的圈套。其他省區的人認為，巴黎正在叛變，且將很快就被平服。

---

❺　各區選出的市議員名單，請參閱 Jean Bruhat, Jean Dautry & Emile Tersen, *La Commune de 1871*, (Paris: Editions Sociales, 1970), p. 131.

巴黎採取此一極端立場或許有其正當理由。絕大多數巴黎人似乎同意，政府正採取不合理行動對付他們，但該如何回應，則無類似一致的看法。甚至在被選出為公社服務的人之中，有很深的分裂和互不信任。在此一情況下，公社的領袖們浪費在彼此爭論比在採取決定性行動的時間還多。因此，實際上完成之事甚少。針對改善工作條件的某些措施獲得通過，租金的拖欠被勾銷，但是期待中的社會和經濟革命並未發生。這部分由於公社的內部分裂，部分由於在凡爾賽的政府在公社成立一週內，開始第二次圍困巴黎。精力須用於防禦的準備，而未能用於產生社會和經濟的改變。

在巴黎，很少人能想像得到，政府會那麼快速行動。一般總是認為，將有一個長期停滯期，其間公社將能自行建立一個可行的政府型態。因有此種想法，所以未採取阻止政府軍離開巴黎的步驟，也未設法攻擊凡爾賽，以及擒獲提葉和國民議會。政府得以平靜地進行策劃工作。

政府的首要工作，即是取得俾斯麥的同意，使法軍人數能超過停火協議所加的限制，而多出的部隊則加以訓練內戰的技術。提葉擁有的一項優勢，即是一個贊成其目標的軍官團，因為自一八四八年以後，受過訓練的軍官，很明顯的偏右。在革命熱潮中，軍隊領導國家的日子已不再。在忠誠的軍隊領袖的支持下，提葉有足夠的信心，讓其凡爾賽部隊相當迅速的去對付巴黎公社。

在隨之而來的兩個月的戰鬥中，戰略大體上未變。凡爾賽部隊冒最少的險，永遠在人數和戰術上占優勢時方採取行動。如有任何弱勢出現，則耐心等待增補。政府軍一有俘虜，立即槍斃。公社成員缺乏組織和紀律，且只願意在自家附近的街道執行戰鬥任務。四月和五月上半，凡爾賽部隊，攻破外圍防禦，並滲入巴黎西區。五月二十一日，政府準備發動最後攻勢。隨之而來的是一週的血腥戰鬥。

在巴黎中區和工人階級地區，設立許許多多的路障，總數達好幾百

處。路障之構築牢固，且由寧死勿降的男女防守，但可惜毫無章法，容易被凡爾賽部隊從背面包抄。公社成員則以火燒建築物築成一道火牆，阻止攻擊。巴黎許多重要建築物，包括市政府，就在此種情況下被燬。然而，生命的毀滅較財物的毀滅更具重要性，它對往後法國的歷史有了實質的影響。

圍城期間，七十餘位有錢有勢和教會人士，包括巴黎總主教，最初為人質，後來因提葉不願談判而被處死。政府軍有八百七十七位官兵陣亡。公社的死亡人數則高達二萬五千人，其中絕大部分是秋後算賬或莫須有的罪名被隨興槍斃❻。

在很短期間內，巴黎表面上似乎又恢復正常，但心理的傷痕是既深且遠。不但是巴黎，甚至全法國，分成兩個互相敵對的陣營。巴黎公社事件不但促成法國政治意見的兩極化，也在往後的一代中，右派得勢。

如同一八四八年，一八七一年五月巴黎公社被毀後，幾乎所有工人階級的傑出思想家、宣傳家和組織家，不是死，就是被俘，或是失去支持者。法國社會主義運動之發展因而受阻。馬克斯 (Karl Marx, 1818-1883)認為，巴黎公社為無產階級合力推翻資產階級，以建立一個工人階級支配的社會和政治制度之第一次嘗試。馬克斯史家也試圖解釋，巴黎公社為一九一七年俄國革命的先驅。

---

❻ 雙方死亡人數，又有一說：凡爾賽部隊的官員死八百七十三人；巴黎國民衛隊死一萬五千人。Ibid., p. 281；根據 Maurice Duverger 在巴黎公社百年紀念的一篇文章，凡爾賽部隊占領巴黎後，不經審判即處死的人數約在一萬七千～三萬五千人。Maurice Duverger, "Un anniversaire clandestin," *Le Monde*, 14-15 mars, 1971.

第二節　共和政體的不穩定

一八七一～一八八九年間，法國面臨政體不確定，或經常受到挑戰。

君主派的立場

擊敗巴黎公社後，提葉、其閣員和國民議會的議員，能將注意力轉到他們最關心的問題──法國將要有的政府形式。議員中百分之六十以上支持君主復辟；在君主派中，正統派和奧爾良派之間存在著嚴重分裂。然而，問題之解決仍有可能。香波伯爵（le comte de Chambord），查理十世之孫，為正統派希望之所寄，年已五十，且無子嗣；當他去世後，波旁王室將告終結，正統派須將忠誠轉移至其最近的男性親屬。很巧，波旁王室最親近的男性繼承人，即是巴黎伯爵（le comte de Paris），路易‧腓力之孫。因此，為達到復辟之目的，奧爾良派可能準備支持正統派。

奧爾良派瞭解，除非君主派團結一致，否則將一事無成。他們準備忍氣吞聲，接受香波伯爵應被視為較巴黎伯爵優先的說法。甚至巴黎伯爵本人也願意向香波伯爵宣誓忠誠，以換得接班人之承認。

香波伯爵不反對君主立憲政體，甚至也同意男性普選，但對於大革命時期的標幟──三色旗為法國國旗一事，非常反對，且絕不讓步。

提葉

雖被公認為此一時期最具天分的政治家，年已七十四的提葉，此時方嘗到終生努力的成果。

除了身為法國的實際國家元首，他也是國民議會議員，能夠隨時出席和參與辯論。對他來說，施展政治才華的舞臺相當寬廣。普魯士部隊

占領一部分法國，巴黎短暫的叛亂，以及要支付的鉅額戰爭賠款，須要決策的機會不虞匱乏。費了很大的勁，再加上技巧，他贏得在法國的德國當局以及在柏林的俾斯麥之信任，並利用它保證德軍的占領能平安無事，不致於節外生枝。他甚至設法妥善處理巴黎公社問題，避免引起德國的干預。他向一般法國人民借貸，以支付戰爭賠款；兩次公債發行皆超過實際所需。人民以辛苦工作之積蓄購買公債，足以顯示他們對政府的信心。因此，提葉能與德國談判撤軍時間表。最後一名德國占領軍於一八七三年九月撤離，較和約簽訂時所希望的日期提早甚多。

提葉雖爲君主派人士，但他早就瞭解，復辟是無法成功的。一八七一年二月的選舉，產生君主派占大多數的國會，但一般人民並不贊成恢復王制。一八七一年七月的國會一百多個席次補選結果，證明他的看法是正確的。在這次補選，除了少數幾個席次外，皆由共和黨人，包括甘比大獲勝。此一情勢，動搖了奧爾良派的復辟念頭。他們較注意議會政治型態的發展，而議會政治正是保守共和黨人之主張。

一八七二年十一月，提葉明白表示其立場。未徵詢其支持者，他宣布支持共和的延續。某些奧爾良派同意他的作法，但國民議會中許多君主派人士覺得被出賣。在新領袖布羅格里公爵（le duc de Broglie）的催促下，君主派決定要報一箭之仇。一八七三年五月，提葉在國民議會中落敗，且立刻辭職❼。

隨之，國民議會選出麥克馬洪元帥（Maréchal Mac-Mahon, duc de Magenta）爲新國家元首。他被認爲無政治野心，是復辟前擔任國家元首一職的理想人選。以麥克馬洪爲「總統」和布羅格里爲「總理」的「公爵共和」（La République des ducs）開始運作。

---

❼ 提葉下臺之詳情，請參閱 Jean-Pierre Azéma & Michel Winock, *La IIIᵉ République*, (Paris: Calmann-Lévy, 1970), pp. 79-81.

掌權的君主派

　　隨著補選的一再落敗和溫和奧爾良派如提葉等之倒向溫和共和派，君主派在國民議會中的優勢地位逐漸消失。在布羅格里的主導下，香波伯爵似已在國旗問題上讓步，但後來又反悔。正統派瞭解，波旁王室最後一位繼承人將以平民身分終老。

　　復辟遙遙無期，讓麥克馬洪的總統職位得以再延長七年。君主派還爲使教宗能恢復意大利統一前的地位和聲望，積極策劃要對意大利宣戰。此事雖未成，但已大失人心。

憲法

　　布羅格里聰明、勤奮和堅持，但高傲和無法平易近人。他承認自己的缺點，也不期望他和其支持者能在大選中獲勝。因此，他要在君主派的國會優勢消失前，制定一部有利右派保守勢力和在適當時機還能轉爲君主政體的憲法。

　　一八七五年一月完成的憲法，還要加上一連串隨後通過的新法律。關於國體，君主派不願見到一個永久的「共和」出現在法國；共和黨人則堅持，「共和」應受到正式承認。經過一番辯論，一部分溫和右翼國會議員決定支持共和黨人之看法。他們認爲拒絕已存在之物，並無多大意義。最後以一票之差，使「第三共和」（La IIIᵉ République）能正式誕生。

　　在君主派的影響下，新憲法離眞正的民主甚遠。君主派計劃引進一套政治制度，以參議院和總統來制衡國民議會。參議院擁有與國民議會同等權力，且隨時皆由右派掌控絕對多數。

　　總統的選舉一樣對君主派有利。總統任期七年，由參議院和國民議會共同推選。他能挑選自己的閣員，否決法案，甚至在參議院的同意下

可以解散國民議會。

共和黨的勝利

然而，爲保護君主派利益所設計的這一套政治制度，事後證明幾乎完全失敗。在國民議會中，共和黨和拿破崙派的聯合運作下，由國民議會直接選出的參議院終身議員的選舉結果,大出布羅格里公爵意料之外。所選出的終身參議員，並非七十五位忠誠的君主派人士，而是五十七位共和黨人和十八位拿破崙派人士。一八七六年一月的參議院選舉，在二百二十五位經全國間接選舉產生的參議員中，只有兩位屬於正統派。

一八七六年二月和三月的國民議會議員的選舉，正如預期，共和黨大勝，約有三分之二的新科議員承諾共和體制之延續。右派中，約有半數屬於拿破崙派❽。在國民議會五百三十三位議員中,屬於正統派的不超過三十人。

右派仍然希望麥克馬洪能夠繼續執行對其有利的政策。但是共和黨領袖，尤其是甘比大，強調經全民選出的國民議會議員，應決定由內閣執行的政策。一八七七年，因宗教事務問題，麥克馬洪撤換共和黨的部長，再度以布羅格里領導的君主派取代之，並在參議院的同意下，解散國民議會，重新選舉。

在競選期間，一如往昔，整個政府參與運作，以求支持總統的候選人皆能當選。每一選區推出一位「官方候選人」，透過官方出版品獲得大量的免費宣傳。儘管非自己所喜歡，麥克馬洪甚至巡迴全國，爲右派候選人助選。然而，選舉結果顯示，不到半數選民準備支持政府，而共和黨人較前一年選舉只失去百分之十的席次。他們仍然在國民議會中掌握

---

❽ William L. Shirer, *The Collapse of the Third Republic, An Inquiry into the Fall of France in 1940*, (New York: Simon and Schuster, 1969), p. 39.

多數席次。最後，麥克馬洪只好讓布羅格里辭去總理之職，並任命能贏得新國民議會支持者為各部部長。

一八七九年的參議院間接選舉讓共和黨在該院取得多數的席次。對麥克馬洪來說，這是最後的打擊。他覺得已被全民拋棄，因此只好辭職。君主派的幻想已成泡影。共和黨人已經控制國民議會和參議院，現在又能選出自己人格雷維（Jules Grévy）為總統。

格雷維時期

格雷維，「第三共和」的第三位總統，第一次由共和黨的多數選出的總統。他主張議會政治，但不贊同強烈的社會改革。他的溫和觀點頗能獲得一八七七年和一八八一年兩屆國民議會大多數議員之認同。

格雷維在就任總統後的首次演說中提到，他不會利用權力要求參院解散國民議會和重新選舉。此一宣布造成國民議會肆無忌憚，而倒閣次數就非常頻繁。內閣能存在十二個月或以上，可說鳳毛麟角。

除了總統的態度外，當時法國政黨尚未成型，無法約束議員，也是造成此種政治不穩定的另一原因。

費理（Jules Ferry）時期

一八七九～一八八五年間，不管費理擔任教育部長或總理，皆有可觀的成就。

教育改革或許是費理的政績中最為著名的。除了在拿破崙一世時期，國家曾注意到學校的控制，以及中等和高等教育外，大部分的學校由教會經營，且由修士和修女擔任教職，其所屬之修會中有許多在法國為非法。

費理試圖讓教育世俗化。教會人士不得監督公立學校，學位授予和教師資格審查完全由國家負責。耶穌會士和某些較不出名的教學修會會

士，被逐出法國。但惟恐無法找到足夠所需的教員，他未關閉全部教會學校。因此，修會在教育的影響力，雖然減少，但仍存在。

爲讓公立學校較具競爭力，公立小學免費。一八八一～一八八二年，初等教育變成義務教育。公立學校禁止宗教課程的教學❾。

在政治改革方面，參議院成爲首要目標。爲使其較能代表民意，費理和其他共和黨領袖完成兩件事情：不再任命終身職參議員，如有席位出缺，則由人口較多但未有民意代表的地區取代；參議員選舉時，大的人口中心給予較多的投票權。

市長由官派改爲民選。巴黎是唯一的例外，因爲自公社之後，巴黎尙未適合由人民控制。公立學校教師和民選市長，成爲「共和」的有力支柱。

一八七五年，傳統的國民議會議員選舉制度——比例代表制被單一選區多數票當選制取代。共和黨人認爲，新的選舉制度不利政黨的成長。費理在一八八五年的選舉又恢復比例代表制。

一八八一～一八八五年間的其他政治改革尙有新聞自由的確立，工會的合法化和離婚的准許。所有對「共和」不友善的行政官員，皆爲政權的支持者所取代。

最令人驚訝的是費理的帝國政策。在其個人的干預下，到了一八八五年，一個新的和廣大的海外帝國之基礎已經建立。費理認爲這是基於經濟理由，希望爲法國取得原料和市場。他爲法國取得突尼西亞和馬達加斯加，但卻因中法戰爭而被迫下臺。

---

❾ 有關費理之教育改革詳情，請參閱 Jean-Marie Mayeur & Madeleine Rebérioux, *The Third Republic from Its Origins to the Great War, 1871-1914*, (Cambridge: Cambridge University Press, 1984), pp. 86-90.

布朗吉（Georges Boulanger）時期

出乎共和黨人意料之外，一八八五年的選舉，右派贏回相當多的席次，又使共和體制面臨不穩定。布朗吉則爲造成此一不穩定的一個關鍵性人物。

一八八六年一月，四十八歲被任命爲陸軍部長時，他是陸軍中最年輕的將領，英俊瀟灑，極富群衆魅力。布朗吉一上任，立即著手進行先前鼓吹的陸軍改革，尤其是改善一般士兵的膳宿。這些改革使其聲望直線上升，迅速在全國造成英雄式的崇拜。

一八八七年春，他利用一個德法邊界的小間諜事件，放出可能有戰爭的風聲。俾斯麥一方面罵他是戰爭販子，一方面安排釋放被俘的官員。法國人民更相信，布朗吉爲一位德國人畏懼，和能夠領導法國復仇的人物。

共和黨領袖不允許布朗吉太有權力，藉著一八八七年五月的內閣改組，將他排除在外。然而，他的聲望不降反升。他逐漸被視爲是新的拿破崙。惟恐他參加七月十四日國慶日遊行可能變成一次政變，政府命令他在國慶日前一週內到南部偏遠地區的軍事單位報到。

一八八七年十月威爾遜（Daniel Wilson）醜聞案的發生，威脅到共和體制。威爾遜是總統的女婿，也是國民議會議員。他利用與總統的關係，出售政治榮譽；不但住在總統府，還利用總統免費的郵電服務，處理廣大的私人事業。在大衆眼中，爲威爾遜的罪行，總統格雷維應辭職以謝國人。然而，格雷維爲多領總統那豐厚的薪水，直到十二月一日才下臺。

威爾遜醜聞令法國人對議員和議會政治相當失望，新總統的選舉結果更是雪上加霜。卡諾（Sadi Carnot），庸俗乏味，也就是此一特點才能當選總統。

　　布朗吉步入政壇時為一激進共和黨人，現在卻與右派合作。他參加
每一次的補選，每次當選後立即辭職，以便參加下次的補選。每次競選
活動，他都要求解散國會，以制憲議會取代之。制憲議會獲得授權，起
草新憲法，使之能有較強有力的最高領導。當然，此一最高領導就是布
朗吉。

　　根據比例代表制的選舉制度，每一次補選等於給布朗吉及其支持者，
一次全省性的宣傳機會，也是一次小型的民意測驗。一八八八年舉辦的
七次補選，布朗吉贏了六次。一八八九年一月的巴黎第一次補選，他的
造勢已達高峰❿。他贏得大多數激進共和黨人和傳統右派人士的選票。大
家一致認為，此一勝利將導致不流血的政變，使布朗吉的政策能付諸實
現。

　　然而，政變並未發生。政府決定採取攻勢，下令以企圖顛覆國家的
罪名逮捕布朗吉。四月，布朗吉逃到比利時。一八八九年秋，布朗吉派
在國會大選中贏得四十席，但危機已去除。

第三節　事件與問題

　　在十九世紀九〇年代，「第三共和」受到另外兩個事件之衝擊，也幾
乎導致政權之崩潰。

巴拿馬醜聞

　　一八六〇年代建造完成蘇伊士運河的李西浦，於一八八〇年代要以
同樣模式在巴拿馬建造一條運河。一八八一年成立巴拿馬運河公司後，

---

❿　Christian Ambrosi & Arlette Ambrosi, *La France 1870-1970*, (Paris:
　　Masson et Cie Editeurs, 1971), p. 22.

向小投資者公開募股。由於低估建造成本，必須於一八八三和一八八四年募集更多的資金。

如同蘇伊士運河的開鑿一般，爲保證完工所需之額外資金，以發行彩券取得。彩券的發行計劃於一八八五年提出，一八八八年才獲得國會的批准。此時，公司已面臨嚴重財政危機，第二年李西浦宣告公司破產。

成千上萬的一般法國人，其中許多是農民和小商店主人，一生積蓄化爲烏有。他們最初都無法相信，隨著震驚之後，就是憤怒。他們認爲，有權做決策的人必須爲巴拿馬運河公司的破產負責。

李西浦此次計劃的失敗，應歸咎於天災人禍。人禍方面是他的自負和愚蠢，低估建造的困難度和成本；天災方面，則是黃熱病的傳染，延緩工程進度。

破產後的帳目查核，最初並未發現異樣。後來，極端反猶的《自由言論報》（La Libre Parole）編輯杜呂孟（Edouard Drumont）在該報揭露，巴拿馬運河公司以鉅額款項，賄賂重要人物，包括資深政治家。一八九二年，愈來愈多的報導在報上出現，自該公司收到錢的政治人物，愈來愈不安。十二月，涉及賄賂案的政治人物被取消議員的言論免責權。一八九三年，李西浦曾入獄。一位承認要求賄款以支持彩券發行的部長，被判刑五年[11]。

一八九二年，巴拿馬醜聞案達到最高潮，因國會的共和黨黨團領袖可能涉及賄賂，似乎使政權受到很大傷害。然而，事後證明其影響並不大。

德雷夫斯（Alfred Dreyfus）事件

緊接著巴拿馬醜聞之後，法國報紙又炒起另一個可能的醜聞。據稱，

---

[11]　Ibid., p. 23.

有人正出售軍事機密給德國人。隨之而來的是，造成法國自一七八九年以來最嚴重的分裂。

十九世紀九〇年代，如同其他國家，法國在陸軍部成立一個統計局，專門負責處理自他國取得之情報。一八九四年九月，亨利少校(le Commandant Henri) 從線民在駐巴黎德國使館的廢紙簍找到一封手寫的信，含有一系列給予德國人文件的清單。

經過研判，亨利少校認爲德雷夫斯涉有重嫌。德雷夫斯上尉爲猶太人，首位在陸軍部任職的猶太人。一八七一年，亞爾薩斯被德國併吞後，他的大部分家人遷往法國，但也留下幾個兄弟在亞爾薩斯繼續經營家族的工廠。此舉似乎印證了廣泛流傳的偏見，亦即猶太人對於財富的取得，較對一個國家的忠誠更爲關心。

德雷夫斯必須是罪犯。當筆跡鑑定專家說那封信是德雷夫斯親筆寫的，此一案件對於亨利少校來說已是罪證確切。證據一直往上呈至陸軍部長[12]。

一八九四年十二月的軍法審判，儘管德雷夫斯矢口否認對他的控訴，但還是被判處終身流放到南美洲的魔鬼島。這個島嶼只有一又四分之一平方公里，居民只有他和一位被禁止與他講話的衛兵。

德雷夫斯的家人堅信德雷夫斯是無辜的，因此盡量設法要翻案。他們發現在審判時，軍法官間傳閱一分讓被告定罪的關鍵性秘密文件，但該文件之內容未傳給被告辯護律師。德雷夫斯家人抓住此一不合訴訟程序作法，一再要求陸軍部公布該文件之內容。陸軍部拒絕公布此一證據薄弱之文件。

此時，新任統計局局長畢加少校 (le Commandant Piquart) 本來

---

[12] Guy Chapman, *The Dreyfus Case, A reassessment*, (New York: Reynal & Co., 1955), pp. 45-66.

就覺得造成德雷夫斯定罪的秘密文件，證據不充分。在一八九六年，他又發現同一管道的洩密事件再度發生，而證據顯示葉斯德哈茲少校（le Commandant Esterhazy）是間諜。

畢加將新證據層報至陸軍部長。然而，陸軍部不願自打嘴巴，只將葉斯德哈茲調往外地。亨利少校保護陸軍榮譽的決心，已經走火入魔。他一方面將自己僞造的一分意大利使館武官給德國武官的信，呈給上級長官，一方面與葉斯德哈茲勾結，製造更多證據，打擊畢加。畢加最後被捕，撤職查辦。

德雷夫斯事件現在引起廣泛的注意。一八九八年一月十三日，法國著名文學家左拉（Emile Zola, 1840-1902）在一分報紙的頭版發表一封公開信——〈我控訴〉（J'Accuse），譴責政府和陸軍的官僚，以及德雷夫斯案和葉斯德哈茲案審判的不當和欺瞞。

左拉因此信而被迫流亡英國，但是他已爲自己贏得更高的聲望，且喚醒法國人民注意政府中軍事影響力漸增的危險。法國在政治上分成兩大陣營——德雷夫斯派和反德雷夫斯派。反猶分子、狂熱國家主義者、軍事強大法國的支持者、紀律和權威的信仰者、議會民主的仇視者，或者天主教會支持者，皆屬於反德雷夫斯派。積極的共和黨人、社會黨人、和平主義分子、或反教人士，皆屬於德雷夫斯派❸。

持續兩年，此一事件成爲報紙的頭條新聞。一八九八年夏，亨利的僞造文件被識破。他認罪後，以刀片割喉自殺。德雷夫斯派一再設法要重審，巴黎也盛傳將發生一次軍事政變以結束此一事件。

一八九九年六月，華德·盧梭（Pierre Waldeck-Rousseau, 1846-1904）成立一個「共和防衛政府」。在他的斡旋下，德雷夫斯案得以重

---

❸　James F. McMillan, *Dreyfus to De Gaulle, Politics and Society in France 1898-1969*, (London: Edward Arnold, 1985), pp. 8-12.

審。他改判較輕的罪刑，且獲新總統的特赦。一九〇六年的另一次軍事審判，宣稱他無罪。然而，此一事件對整個國家和社會所造成的對立，留下既深且遠的影響。

反教權主義

一八七〇和一九一四年間，在第三共和的政治方面，左派和右派最為涇渭分明的問題，就是天主教會的角色。甚至自一七八九年以後，共和主義和反教權主義一直是齊頭並進，而教會的虔誠追隨者則反對共和。自一八七〇年，尤其是自一九〇〇年，雙方壁壘更為分明。特別是，熱心的共和黨人希望採取積極的步驟，減少教會對生活各方面，尤其是教育方面的影響力。

德雷夫斯事件激化雙方的對立。反德雷夫斯派的領導者大都來自天主教教士階級。他們炒熱了此一事件。因此，共和黨政治人物要立法限制教士階級的影響。

修會成為首要打擊目標。費理曾嘗試以教育改革來防止教會對青少年的影響，但未完全成功。郭姆（Emile Combes, 1835-1921）在一九〇二～一九〇五年間擔任總理時，再度打擊教會。郭姆早年曾接受過教士訓練，但長大後相當憎恨教會。他是最反教權的共和黨政治領袖，極力推展摧毀修會的工作。許多修會被迫解散，但無法完全禁止修士或修女從事教育工作，否則學校的教員就會不足。因此，限制修士或修女只能再教十年。政府希望利用這段時間，訓練世俗教員。一九〇五年的政教分離法（Loi de la Séparation），廢除拿破崙一世與教宗所訂的政教協議。國家不再支付天主教士的薪水，以及維持天主教會的費用❶。

---

❶ Theodore Zeldin, *France, 1848-1945, Politics and Anger*,(Oxford: Oxford University Press, Reprinted 1987), pp. 319-334.

社會主義

十九世紀七〇年代後期，右派的力量逐漸衰微，左派則愈來愈引人注意。一八八〇年，被放逐的極端左派領袖，獲准返國。他們之中許多人迅速再度參與政治活動，爲下層階級的利益而奮鬥。

然而，大多數法國工人卻支持，保護個人權利對抗國家干預的激進黨人。他們不信任極左派的代表。自一八八〇年之後，極端左派逐漸分成兩個主流，其一主張體制內改革，另一則主張體制外改革，絕不與所謂「資本主義國家」打交道。

一八八四年合法化之後，工會的發展迅速。到一九一四年，工會會員約占法國總人口的四十分之一。利用工會推翻國家的運動，亦即革命的工團主義，其高峯在一九〇五和一九〇八年。它要利用總罷工帶來的國家的停滯，迫使政府交出政權。儘管未能造成全面性，但零星的罷工也足以產生革命的氣氛。如非政府的立場很堅定，革命的工團主義或許能達到其目的。

主張體制內改革的溫和社會黨人，自一八九三年起，逐漸獲得選民的支持，其國會席次增加很快。一九〇五年以後，其領袖中亦有出任內閣閣員。

第四節　大戰前夕的法國

此時期的新特性

一九一〇～一九一四年的法國有兩個新特性：社會困難的結束與內閣的不穩定。

一九〇九年布里安（Aristide Briand, 1862-1932）組閣。他對因罷

工而被撤職的公務員之復職，並不反對，但對於一九一〇年十月鐵路工人的罷工，卻逮捕發動者，並分發動員令給司機。此次罷工的失敗，導致總工會（CGT）秘書長的去職，也表示工團主義的暫停。

此一時期內閣很不穩定。一八八九～一九〇九年間，法國只有五個內閣，但是一九〇九～一九一四年間，卻有一打的內閣。這種不穩定乃一九一〇年選舉的結果。新國會有二百零四位新議員，其中大部分靠右派的支持而當選，激進黨未掌握絕對多數，聯合內閣是相當脆弱。

政治分裂

一九一四年，加優（Joseph Caillaux, 1863-1944）變成激進社會黨主席。他與總統潘加萊（Raymond Poincaré, 1860-1934）不睦，也與右派不和，因爲他要徵收累進所得稅。報界對他激烈的批評，造成加優太太之謀殺保守派報紙《費加羅報》（*Le Figaro*）的社長。加優爲此而辭職，但仍極力替太太辯護❺。

一九一四年四～五月的國民議會改選，那些反對三年兵役法的激進黨和社會黨員所形成的左派獲勝。維維亞尼（René Viviani, 1863-1925）組閣，但其地位顯得不太穩定。

經濟繁榮

法國農產品產量很豐富，產品價格於一八七五～一八九〇年之間偏低，一八九〇～一九〇〇年間呈現穩定現象，此後又開始上升。法國每

---

❺ 爲替自己和太太辯護，加優以四萬法郎資助一分晚報 *Le Bonnet Rouge*. Pierre Albert, "La Presse Française de 1871 à 1940," de la *Histoire générale de la Presse Française, Tome III: de 1871 à 1940*, publiée sous la direction de Clande Bellanger, Jacques Godechot, Pierre Quiral & Fernand Terrou (Paris: PUF, 1972), p. 378.

年小麥的產量達一千萬噸。一八八五年以後，甜菜的產量增加四倍。農民利用農業機械和化學肥料以增加產量。

在不景氣時期，工業也能改善生產設備。由於一八七〇年以後，煤產量增加三倍，使鋼鐵業能進展迅速。由於水力和鐵礬土產量豐富，法國成為世界第二大產鋁國。汽車工業位居歐洲首位。紡織品占法國輸出品的第五位。

社會平衡

雖然農業人口向城市流動改變了鄉村的結構，但其程度很輕微。除了一些例外，貴族在經濟上所擔任的角色並不重要。他們在行政和軍隊方面卻保持相當影響力。

自一八八〇年以後，工業地區重新分配，在巴黎盆地和法國北部地區新闢許多工人住宅區。人民生活水準提高，食物營養也大有改善。社會法的制訂較遲。至一八九〇年，社會法僅限於婦女、兒童之保護，以及對礦工的救濟。一八九三～一八九八年間，通過十七項社會法，其中最重要的為一八九八年三月的法律。該法確立工人工作中事故的保險。假如工人無法再工作，他們可領年薪三分之二的救濟金；假如是暫時無法工作，可領年薪的一半；如果死亡，則其妻及未滿十六歲之子女，可以領撫恤金。以上的支出，皆由老闆負擔。

在華德‧盧梭內閣時期，曾發展工會組織和職業介紹所。

法律限制每日工時最長為十一小時，一九〇二年改為十小時半，一九〇四年再減至十小時。工資不得因之而減少。

一九〇六年七月十三日的法律，規定工人每週必有一天的休息。工人保險也有進一步的發展。市政府有義務救濟窮苦無依的殘病老人。一九一〇年，工人退休法案，雖遭到參議院的長期反對，但終於通過。資

方、勞方和政府，皆須負擔退休制度的費用⑯。

　　法國的社會立法雖有進步，卻較英國和德國遜色不少。中產階級的勢力漸增，他們成爲國家主幹。公務員、商人和自由職業者，皆渴求獨立。金融的穩定，使法國人樂於儲蓄。

人口成長停頓

　　經濟的繁榮是法國人口衰微的原因之一。人口就在幸福中停留不增。一八七六年的人口總數爲三千六百九十萬人，一九一四年則爲三千九百六十萬人⑰。法國人口逐漸老化，其在世界上的重要性也漸減，可是很少有人爲此擔心。

民心旺盛

　　小學教師們常以被割去亞、洛兩省的法國地圖，教導法國兒童。都德（Alphonse Daudet）的《最後的一課》（*La dernière classe*），或者是《兩小孩周遊法國》（*Tour de France par deux enfants*）等愛國讀物之閱讀，有助於法國人懷念過去，因而時時準備以武力來收復失地。

---

⑯　J. B. Duroselle, *La France de la Belle Epoque... la France et les Française 1900-1914* (Paris: Editions Richelieu, 1972), p. 347.

⑰　有關一八七〇～一九一四年間法國人口變動情形，請參閱 Marcel Reinhard, André Armengaud & Jacques Dupaquier, *Histoire générale de la population mondiale*, (Paris: Editions Montchrestien, 1968), pp. 340-356.

第十三章　第三共和
（一九一四～一九三九）──戰爭與和平

　　一九一四年，法國面臨一場第三共和成立以來，爲期最長，也最爲慘烈的戰爭。一九一八年，隨著戰爭的結束，法國經歷艱苦的重建，又開始繁榮起來。然而，希特勒（Adolf Hitler）自一九三三年掌權後，逐漸暴露的野心，卻成爲法國第三共和的致命傷。

第一節　第一次世界大戰

長期的緊張

　　自一九〇四年起，德國的外交策略就是以製造危機，來考驗法國與俄、英兩國的盟約。

　　第一次摩洛哥危機發生於一九〇四～一九〇六年。德國政府將戴爾加榭（Théophile Delcassé, 1852-1923）❶視爲頑固的敵手，因此基於經濟利益和國家威望，要阻礙法國在摩洛哥的行動。

　　其實，摩洛哥只不過是個藉口，其政治目的是一般性。德國首相布羅（Bernhard, prince von Bülow, 1849-1929）在此危機中爲下列兩個政策之選擇猶疑不決：在摩洛哥阻止法國的行動，並以此來證明英國

---

❶　戴爾加榭以拉攏俄英兩國，來對付來自德國的威脅。

的友誼對法國俾益甚少；或者要法國跟俄德兩國締結歐陸同盟，然後讓法國得以在摩洛哥自由發展。當俄國被日本拖住而無法支持法國時，德國自然選擇第一個政策。

一九〇五年三月底，威廉二世（William II）訪問但吉爾（Tanger）為危機的開端。德國並以威脅手段迫使法國外長戴爾加樹下臺。然而，由於無法獲得奧匈帝國和意大利的積極支持，一九〇六年四月七日簽訂的阿爾吉西拉條約（le traité d'Algésiras），法國得到事實上的優勢，但仍無法獲得充分的自由。

經過幾年的平靜之後，新的摩洛哥危機再度發生，其原因有經濟和政治兩方面：

⑴經濟方面──一九〇九年的德法條約曾約定兩國在摩洛哥的經濟合作，但德國對所得的結果並不滿意；

⑵政治方面──德國政府要在國會大選前，獲得一項外交勝利，而且德國外長更希望破壞英法之間的協約。

法國派兵保護在費茲（Fez）受到當地土著叛變威脅的歐洲人。費茲在阿爾吉西拉條約所劃定的範圍之外。德國以此為藉口，於一九一一年七月一日派遣一艘小戰艦到阿卡迪港（Agadir），並向法國要求補償。危機持續四個月，最後法國以喀麥隆和比屬剛果之間的一部分法屬剛果的土地和西班牙屬地幾內亞以南的二十七萬五千平方公里的土地給德國。此項危機加深德法兩國間的敵視。

一九一二和一九一三年的兩次巴爾幹戰爭，造成奧匈帝國和俄國關係之緊張，因同盟的緣故❷，此一緊張也影響到德國和法國。

一九一四年六月塞拉耶佛（Sarajevo）事件發生後，奧匈帝國向塞爾維亞宣戰，俄國也開始動員。法國的總工會和社會黨反對戰爭。然而，

---

❷ 亦即德、奧、意三國同盟和法、俄、英三國協約。

八月一日德國對俄宣戰後，總工會和社會黨的態度發生改變。八月三日，德國向法國宣戰，法國社會黨全力支持，對抗德國的侵略，開始所謂「神聖聯合」（Union Sacrée）時期。

神聖聯合

戰事一發生，德國軍隊依照史列芬（Alfred, comte von Schlieffen, 1833-1913）的計劃，八月初攻占比利時。八月十五日，逼近法國邊界，而霞飛（Joseph Joffre, 1852-1931）❸在東邊所發動的攻擊，遭到失敗。法軍撤退到馬恩河（La Marne）。九月六～十日，德軍攻勢受阻，雙方形成拉鋸戰。自一九一四年十二月至一九一六年二月，雙方構築工事，進行長期陣地戰。一九一六年二月的凡爾登之役，德法兩軍的傷亡人數各達三十萬人。法軍守將貝當（Henri Pétain, 1856-1951）贏得最後勝利。

一九一四年八月二十六日，維維亞尼改組內閣，網羅各黨派領袖入閣。九月二日，政府遷至波爾多，直到年底，它擁有充分權力。

一旦瞭解戰爭無法在短期內結束，國會和社會黨人又蠢蠢欲動。一九一五年十月，因霞飛一直拒絕國會對軍隊之控制，維維亞尼辭總理一職。布里安繼任。時爲陸軍部長的加里葉尼（Joseph Gallieni, 1849-1916），與霞飛意見不合。一九一六年十二月，布里安以尼維爾（Georges Nivelle, 1858-1924）取代霞飛出任陸軍總司令。在一九一七年準備大規模攻擊之時，神聖聯合正逐漸解體。

未能預料戰爭會長期持續下去，法國的庫存在九月已耗盡。更嚴重的是，戰爭讓法國損失煤產量的一半，鋼鐵產量的百分之六十九，毛紡織工業的百分之九十。因爲動員的關係，一九一五年小麥產量下降百分

---

❸　霞飛當時爲法軍總司令。

之二十六。

戰爭的武器彈藥之耗損十分昂貴。一九一四年的費用增加一倍；一九一五年增加四倍；一九一六年增加六倍。收入則相對減少，自一九一三年的四十九億降至一九一五年的四十一億。

危急的一年（一九一六年十二月～一九一七年十一月）

一九一七年俄國的革命和退出戰場，對協約國是一大打擊。然而，一九一七年美國的參戰和七月起美軍陸續湧入歐洲戰場，對英法兩國的士氣的確有很大的鼓舞作用。

一九一七年四月中旬，英、法兩國部隊的反攻失敗，犧牲慘重，因而造成兵變。官兵們瞭解，個人勇氣不足以克服物質力量的不足。五月十五日接替尼維爾總司令職位的貝當，也有同感。他以有限度但很成功的軍事行動，恢復士氣和信心。參與兵變的官兵有三千五百人受審，其中五百五十人被判死刑。自六月十日起，軍中再度恢復平靜，但後方仍然危機四伏。

一九一六年十二月十三日改組的布里安內閣，未能獲得國會的充分授權。他於一九一七年三月辭職。繼任的里波（Alexandre Ribot, 1842-1923）內閣，壽命雖僅半年，但卻遭遇甚多的政治和社會難題。尼維爾反攻的受挫，俄國的革命，強化了工人的騷動與和平主義的宣傳。士氣的低落和購買力的降低，使情況更爲惡化。五月一日，工會發動萬人大遊行。六、七月間，在巴黎及其鄰近地區，有三十萬名武器工廠的工人罷工，損失一百五十萬個工作天。

此時又發生一連串醜聞和間諜案，就是最著名的政治人物之舉動也引人懷疑。法國政治動盪不安。

法國的財政情況一樣惡劣。年支出高達三百七十億法郎，而年收入則只有六十二億。不足之數，以告貸來彌補。美國提供高額的信用貸款。

克里孟梭（Georges Clemenceau, 1841-1929）

　　一九一七年十一月十七日，有「老虎」之稱的克里孟梭以七十六高齡組閣。不論外交或內政，他一切為戰爭。他採取強勢個人領導。一九一八年二月十日，國會授權他在經濟部門得以命令代替法律。

　　他要求對通敵的妥協派的加優和馬爾維（Louis Malvy, 1875-1949）❹起訴和判刑；加強新聞檢查；以經常巡視軍隊，提高士氣；採取行動，對付工團主義和社會主義分子。

　　同時，戰爭產品大幅增加。在停火之時，法國擁有飛機三千六百架，較其他盟國之總和還多出百分之三十；擁有德國所忽視的戰車三千四百輛；工廠每月生產飛機七百架和戰車六百輛；自一九一八年三月起，七五砲彈的庫存已達三千萬發。

　　在軍事行動方面，一九一八年頭幾個月為關鍵期。希望在美軍登陸歐洲之前，解決戰爭問題，德軍在春天發動三波攻勢。在五月二十七日發動的第三次攻擊，法軍曾後退八十公里，因而驚動法國國會，要求政府懲罰負責的將領。克里孟梭加以拒絕。

　　第四次德軍的攻勢於七月十五日發動，還是未能成功。此後，協約國在大砲、飛機和戰車等方面，皆顯出絕對優勢。各戰線所發動的總攻擊，造成德國之盟國在十月下旬相繼投降。十一月二日，在德國首度出現兵變。八日，德國代表團與協約國進行停火談判。停火協議於十一日上午十一時生效。第一次世界大戰結束。

---

❹　馬爾維為激進社會黨國會議員，一九一四年起曾擔任內政部長，被控通敵和製造兵變。

第二節　勝利的慘痛代價

和平條款

　　對於法國人來說，一九一八年的勝利，就是一項法國的勝利。戰爭大部分在法國境內進行，參戰軍隊人數最多的也是法國，法國人很自然就會產生一種民族自傲感；當時很少人會瞭解，如非美國人，勝利恐難預料，而軍隊的成功掩飾國家事實上的損毀。克里孟梭在十一月十一日說：「我們已贏得戰爭，也應贏得和平。」

　　克里孟梭瞭解，得力於盟國之協助，法國才能贏得戰爭，因此根本不可能有法國在歐洲的霸權。法國必須在財政、防衛等方面繼續依賴盟國。為獲得盟國的支持，法國也準備做某些重要的犧牲。

　　克里孟梭與英美兩國意見相左的問題有三：

　　(1)領土的問題——克里孟梭不僅要求收回亞爾薩斯和洛林，還要恢復一八一四年的疆界，尤其是薩爾。勞合喬治（David Lloyd George, 1863-1945）不同意。法國只能取得薩爾的煤礦，以及十五年後薩爾舉行公民投票決定其歸屬；

　　(2)保證的問題——為預防德國的再度侵略，克里孟梭要求萊因河左岸由國際永久共管。然而，他只獲得三個解放地區❺暫時占領五年。英美兩國則以與法國簽訂互保條約做為交換。此一條約於一九一九年六月二十八日簽訂。英國下議院批准，但美國的參議院卻否決。互保成為空中樓閣。

　　(3)賠款問題——法國財政部長克羅茲（Klotz）宣稱，「德國將付出

---

❺　三個地區為科倫（Cologne）、科不林斯（Koblenz）和美因茲（Mainz）。

代價」。然而威爾遜（Thomas Woodrow Wilson, 1856-1924）立即排除軍費賠償之可能性。威爾遜和凱因斯（John Keynes, 1883-1946），英國的代表，贊成一般性賠償。克里孟梭要求，德國在十八個月內先付二百億馬克，其餘的數額將由一位法國人當主席的委員會決定。

勝利帶來的其他好處尚有：法國工業得到煤的供應，且能免費利用德國的專利；奧匈帝國的解體，使法國工業能在波蘭、捷克等新興國家發展；法國獲得敍利亞、黎巴嫩、以及最大部分的德屬喀麥隆和多哥之託管權。

但是勝利的歡欣，對當時的法國人來說，掩蓋了人口和財政的災難。

勝利的代價

在質的方面，人口的損失是無法彌補，因為戰爭奪走應成為國家最優秀幹部的年輕法國人；在量方面，儘管亞爾薩斯和洛林已收回，法國也僅有三千九百萬人口。死亡的官兵達一百三十五萬人，占動員人數的百分之十七；在二百八十萬受傷者中，六十萬殘廢；六十三萬婦女成為戰爭寡婦，七十五萬個孩童變成孤兒。平民死亡者有四十五萬人。出生率的降低，阻止一百五十萬個嬰兒的誕生[6]。人口的損失因而超過三百萬，使在一九一四年已經老化的人口，更加惡化。

戰爭的蹂躪，德國人有系統的破壞，毀了法國疆域中最富庶的部分。房屋和工廠、藝術作品和交通路線必須重建。一九一九～一九二六年間，國庫要提供等於三百億金法郎的重建費用。

---

[6] Christian Ambrosi & Arlette Ambrosi, *La France 1870-1970* (Paris: Masson et C*ie* Editeurs, 1971), p.130；另一種略有不同的數字，請見 Marcel Reinhard, André Armengaud, & Jacques Dupaquier, *Histoire générale de la population mondiale*, (Paris: Montchrestien, 1968), p. 489.

國庫除了上述沈重的負擔之外，還要加上內外債的利息。國內市場發行的公債自一九一四年的三百三十億，增至一九一九年的一千二百四十億，短期的債務達五百六十億。一九一四年並不存在的國外債務，一九二〇年元旦達三百三十六億，其中一百三十九億貸自英國，一百八十五億貸自美國❼。

為償還短期債務，法蘭西銀行增加通貨的發行，物價和匯兌皆受到波及。一九一四年的物價指數為一百，一九二〇年時已達五百，而英國為二百九十，美國為二百三十。英鎊在一九一四年換二十五點一八法郎，一九二〇年增至五十二點七法郎；美元則從五點一六法郎漲至十四點三法郎。

戰爭的社會影響

戰爭持續太久，個人和集體的道德規範難免受到衝擊。價值標準被推翻，在懊惱和痛苦之後產生「生活的憤怒」。戰後突顯出一種傳統道德的危機。戰爭對許多人來說，似乎是一種文明的破產。它引起許多家庭悲劇。離婚數字仍然很高，甚至在和平的前幾年。戰爭對於婦女來說，是解放和提升的階段。她們在工廠裏取代男人，母親負責孩童的教育。獨自擔負物質和道德重任的寡婦，成為一家之主，其中至少有百分之四十不再結婚。婦女變成道德和社會的重要人物，她們從事許多新職業。在傳統資產階級，反對女性工作的偏見漸減。大學女生人數在一九一四年占百分之十，一九二〇年占百分之十三，一九二二年占百分之十五。中學女生人數自二萬三千人增至十二萬五千人。短裙和短髮的時尚，正可證明此一解放。

---

❼ 有關此時法國的債務，請一併參考 Jean-Pierre Azéma & Michel Winock, *La III* *e* *République* (Paris: Calmann-Lévy, 1970), p. 189.

在社會方面的衝擊也是很大。供應軍中幹部的貴族階級和資產階級，受到死亡的嚴重打擊，而且還因通貨膨脹而影響他們的收入。他們賴以維生的地租或房租未隨物價的上漲而調高。公務人員的待遇也被凍結。然而，因戰爭而能迅速發財者，成爲新興資產階級。農民比其他人更有挫折感。他們構成社會的基石，繳納最多的稅。他們的家庭留在土地上，通常還能致富，償還債務，或許還能買一些家當；然而經濟隨著通貨膨脹而瓦解，農夫必須爲一件物品付出愈來愈貴的價錢，而其農產品則價格下跌。工人的條件也更惡化：工資在一九一四和一九一八年間增加一倍，但是物價上升百分之二百三十。工作條件比戰前更惡劣。美國工程師泰勒（Frederic Taylor）所發明的生產自動化技術[8]，將工人視爲機器的一部分，工人的工作將是單調乏味，且相當緊張。

第三節　戰後重建的艱辛

一九一九年十一月至一九二四年五月爲國民集團（Le Bloc National）執政時期；一九二四年五月至一九二六年七月左派聯盟（Le Cartel des Gauches）取而代之。

國民集團

國民集團支配法國政局時期，法國所面臨的困難依然無法解決。

在一九一九年十二月的選舉中，選民投票反對一九一四年當選的多數黨。「勝利之父」克里孟梭似乎勝券在握，但是他那尖銳的個性，堅強的意志，頗令國會議員擔憂。一九二〇年一月，他未當選總統，因而放

---

[8]　Ernest J. Knapton & Thomas K. Derry, *Europe and the World Since 1914* (London: John Murray, 1967), p. 155.

棄其政治生涯。相繼組成的內閣，皆包括一些激進黨員，因為國民集團雖在國民議會居多數，還是要顧慮到在參議院居多數的左派政黨。

此一時期，法國面臨的困難有三方面：

(1)財政方面——人們期待著德國的賠款。法郎不斷貶值，生活費用不停地上漲，預算赤字持續增加；

(2)經濟和社會方面——被破壞地區等待重建；煤炭和運輸顯然不足。爭取到每日工作時間八小時的工人，要求增加工資，並企圖發動總罷工。一九二〇年罷工的次數高達一千八百三十二次，一九二一年減至四百七十五次。由於工人組織產生分裂，使政府能恢復秩序。

一九二〇年十二月，在杜爾的黨代表大會中，仍然忠於社會黨的黨員，與信仰布爾雪維克主義，加入共產黨第三國際，並且組成共產黨的黨員，產生分裂。此一分裂波及工會組織。一九二二年六月，「總工會」（CGT）的少數派脫離該組織，另外成立「聯合總工會」（CGTU）；

(3)政治方面——「國民集團」的內閣，尤其是由潘加萊所主持的，過分關心凡爾賽和約的執行，而忽略國內的障礙。為一種不慷慨的外交政策覺得不安的法國人，聯合起來，因而在一九二四年的選舉，右派被擊敗。

左派聯盟的獲勝

一九二四年的選舉，爭論的主題為德國問題、稅務問題和「密葉朗（Allxandre Millerand, 1859-1943）問題」。

赫里歐（Edouard Herriot, 1872-1957）增加對潘加萊政策之譴責，而布里安曾稱法國為「革命之女……受全世界之保護」。經潘加萊採取適當措施之後，貨幣情況已有改善；五月初，美元再跌至十五法郎，英鎊跌至六十五法郎。然而，選民無法承受苛稅。

密葉朗身為總統，卻違反第三共和的所有規範，介入選戰：在一九

二三年十月十四日的葉佛勒（Évreux）的演說中，稱讚國民集團，提出
削減立法權的修憲意見。此一來自總統的威脅，促成激進黨和社會黨的
聯手。一九二四年二月的激進黨代表大會確立五項黨綱：反對取代法律
的行政命令、維持工作八小時的法律、忠於國際聯盟、世俗化、反對密
葉朗。接近溫和派的少數黨員，脫黨另外成立異議激進聯盟。社會黨代
表大會，同一時間舉行，決定同意組成左派聯盟。

《每日日報》（Le Quotidien）發起公開募款，支持左派聯盟的競選
活動。在堅諾維葉夫（Grigori Zinoviev, 1883-1936）的指導下，共產
黨獨自推出候選人，以便能夠計算所得之票數。

選舉結果，右派所得的票數較左派約多出三十萬票，但左派獲得多
數席次。首次參選的共產黨獲得八十八萬票，二十六個國會席次。

意外的勝利，左派聯盟設法獲得重要職位的控制權，而總統則成為
其障礙。

激進黨國會黨團立即發出最後通牒給密葉朗，抗議他曾違憲公開支
持國民集團，並要求他辭職。在國民議會的杯葛下，密葉朗於一九二四
年六月十一日辭職，由參議院議長杜美格（Gaston Doumergue）接任
總統職位。十四日赫里歐組成第一個激進黨的內閣。社會黨給予支持，
但未參與內閣❾。

在內政方面，七月通過一項新的戰爭大赦案，加優等獲得釋放。一
九二〇年被撤職的火車司機，得以復職。赫里歐有意將收復的省分，併
入法國法律之管轄範圍，但經亞洛兩省居民之反對後，他必須辭職，以
在亞洛兩省維持政教協議的現狀。然而，他廢除梵諦岡的法國使館，同
時大肆整頓高級行政機構。

---

❾　Paul M. Bouju & Henri Dubois, *La Troisième République* (Paris: PUF, 1980, 9ᵉédition, Que sais-je?), p. 93.

在外交方面，赫里歐於一九二四年十月承認蘇聯政府，他主張在國際聯盟的架構下與英德兩國接近；在一九二四年七、八月間的倫敦會議上達成協議，暫停賠款委員會的任務，使德國能採行道維斯計劃(le Plan Dawes)❿，使法國撤出魯爾區和停止對萊因分離主義的所有支持。國際局勢的緩和，以及布里安對史特拉斯曼（Gustav Stresemann, 1878-1929）的信任，導致一九二五年十月羅卡諾公約（Pacte de Locarno）之簽訂⓫。該約內容包括：

(1)德國承認其西部疆界，英國和意大利則給予保證；

(2)法國軍隊撤出科倫地區；

(3)承諾給德國一個國際聯盟理事會常任理事國席位。

左派聯盟的失敗

左派聯盟的執政只有短短的兩年多，卻面臨政治、殖民地和財政等種種難題。

在政治難題方面，受到一九二二年意大利墨索里尼（Benito Mussolini, 1883-1945）上臺之影響，法國興起幾股極右派的勢力如「愛國者青年」(Les Jeunesses Patriotes) 和「戰鬥者和生產者之鉞」(Le Faiscean des Combattants et des Producteurs)。他們經常與赫里歐無法控制的極左派，發生流血衝突。此外，密葉朗已將溫和的資產階級，重組「全國共和聯盟」(Le Ligue républicaine nationale)。左派聯盟還受到天主教會和親天主教組織之打擊。

---

❿ 有關道維斯計劃，請參閱 Glenn S. Dumke, "The Question of Reparations and Loans to Germany," from Floyd A. Cave, *The Origins and Consequences of World War II*, (New York: The Dryden Press, 1948), pp. 184-185.

⓫ 有關羅卡諾公約，請參閱 Emil Lengyel, "The Drive for Security and Disarmament," Ibid, pp. 203-206.

　　在殖民地難題方面，受法國思想影響的中南半島知識分子，要求組成一個與法國結盟的越南共和國。一九二五年，胡志明（Ho-Chi-Minh）在廣州成立「越南革命青年協會」（L'Association de la jeunesse révolutionnaire vietnamienne）。他曾在法國積極參與社會黨之活動。隨之，在一九二〇年杜爾黨代表大會之後，參加共產黨。在莫斯科短暫居留後，他隨後到中國。在蔣中正的支持下，他集合那些政治難民。

　　戰後，法國受國聯委託管理黎巴嫩和敍利亞。黎巴嫩的基督徒和回教徒較能接受法國人之統治，但是敍利亞受到土耳其青年黨的影響較深，對於法國之統治，時有反抗。法國給於摩洛哥之保護，遭遇更大的難題。當地人之反叛，曾給法國很大的打擊。綏靖工作到一九三三年才告完成。

　　在財政方面，一九二四年五月貨幣的復甦，只是短暫的，左派聯盟在兩年期間的努力，還是導致一九二六年真正的破產。

　　然而，經濟情況良好；工業生產指數遠超過戰前；商業的決算剛好赤字，但由於觀光的收入、服務業和賠款，使整個收支情況非常好。法蘭西銀行的庫存相當穩定。然而，預算赤字造成的通貨膨脹、社會的失序、政治目的造成的恐慌，皆成為物價上漲的主因。

　　左派聯盟面對著「錢牆」（mur d'argent）。報紙製造資本稅和物價上漲之威脅，鼓動存款人自各金融機構提款、短期公債持有者要求償還，以及現金擁有者趕緊購買恆久財。一九二五年一月，貨幣供給額超過法律規定的四百億上限。財政部長孟茲（Anatole de Monzie, 1876-1947）提議徵收百分之十的資本稅，但參議院加以拒絕。

　　剛獲釋的加優，出任一九二五年四月十七日組成的內閣之財政部長。他與美國和英國談判，穩定了戰債，但社會黨拒絕他所提之緊縮預算。一九二五年十一月至一九二六年七月的三個布里安內閣，同樣皆因財政問題而垮臺。

　　左派聯盟面臨著財團的不安。這些財團掌握著報業，並以之操縱法

郎來對政府施壓。證券市場的恐慌，加速政府的垮臺。一九二五年，每英鎊值一百法郎，一九二六年七月，值二百三十四法郎，而美元也從十九法郎漲至四十七法郎。幾位財政部長皆無法解決此一問題，法國似乎處於財政災難前夕。

第四節　暴風雨前之寧靜

一九二六年七月二十一日，所有解決財政問題的方案皆歸失敗。預算赤字高達九十億，國庫只剩六千萬，公務員的薪水已無法發放。當夜，杜美格總統邀請「奇蹟之人」潘加萊組閣。左派占多數的國民議會將同意這位財政和外交政策偏右之共和黨人所組之內閣。自二十二日夜起，英鎊又自二百四十三法郎跌至二百零八法郎。潘加萊的「國民聯盟」（Union nationale）只有十三位閣員，其中有六位曾擔任過總理。

財政的重建

此次危機是一種信心的危機；潘加萊以親自出馬恢復大眾的信心。在三天內，甚至尚未採取任何措施之前，英鎊已回跌百分之十八；逃出的資金開始回流，大家預測法郎的上漲。二十七日，潘加萊提出其預算案：所有部門的預算縮減，並以加稅和提高關稅稅率來增加收入。三十一日，預算案通過；英鎊在十天內下跌百分之三十。一九二六年，預算平衡，這是一九一四年以來的首次；一九二七年，預算有剩餘。

潘加萊利用這些剩餘，償還部分的國庫預支款或短期債券等，以顯示國家並未浪費其資源。信心恢復後，一九一九年至一九二九年間流出的八十億法郎又回流。法國黃金和外幣之儲存量增加。

一九二八年四月，國民議會改選，其結果為共產黨、激進黨和社會黨的席次減少。中間派的勝利，顯示潘加萊的政策獲得認同。

政治的困難

貨幣的混亂和隨之而來的戲劇性好轉，與經濟的復甦一致。這難免會發生一些投機性的炒作，其中有些會產生政治的影響。

財政危機消除後，政治爭吵復發。對於由達拉第（Édouard Daladier）領導的許多激進黨人，國民聯盟似已不再是必須。激進黨之成立只因其黨員受一共同哲學之影響。它在每一次選舉時，立場搖擺不定，且內部產生分裂。個人的爭吵遠勝於理論的結合。一九二八年，達拉第和赫里歐之間的所謂「兩個愛德華之戰爭」（guerre des deux édouard）即為一例。

一九二八年十一月，激進黨在安日（Angers）召開的黨代表大會上，達拉第領導的左翼譴責參與國民聯盟，而且反對以犧牲社會改革來增加軍費。加優譴責內閣的教權主義。赫里歐試圖突顯已實施的改革和聯盟的優點，但並無效果。黨代表大會通過的黨綱包括所得稅率累進、國防預算的削減、公務員工會權的承認、對修會的攻擊。維持激進黨的部長，等於接受該黨黨綱。赫里歐等的辭職，迫使潘加萊下臺。

潘加萊的第五個內閣，並無激進黨員，且較右傾。他於一九二九年七月以健康理由辭職，一九三四年去世。

外交的平靜

道維斯計劃的採行、德國進入國際聯盟、盟國間債務問題的解決使緊張的因素消失，也確保布里安的聲望。布里安偏愛國際聯盟、集體安全和法德兩國修好。一九二六年九月十七日，他與史特拉斯曼在法瑞邊界的一家旅社中對談；他似曾答應萊因河地區的撤軍和薩爾歸還德國，

但國民議會的仇視阻止他揭露會談的內容❷。

然而，史特拉斯曼至少爲德國獲得：一九二七年一月，軍事管制委員會的取消；一九二八年布里安·凱洛格（Frank Kellogg, 1856-1937）公約簽訂後，提前自萊因河地區撤軍以及道維斯計劃之修訂的承認。美國人楊格（Owen D. Young, 1874-1962）主持的專家委員會，減少德國的賠款總額。

安全的重新獲得，使強大和耗費甚昂的軍隊之維持，變成非十分必需。此時只有法國維持義務役。一九二三年，首次將服役年限降至十八個月；一九二八年，再降至一年。法國本土的兵員自一九二一年的六十一萬六千人，降至一九三〇年的四十八萬五千人。

經濟的繁榮

經濟的重建首先得助於通貨膨脹和物價上漲，隨之爲資金的湧入，但卻受到勞力短缺之困擾。

在人口方面，儘管經濟繁榮，一九二〇年和一九二三年的法律也禁止墮胎，但法國的出生率在戰後由千分之二十降至千分之十七點七；百分之十六的家庭沒有小孩，百分之三十一的家庭只有一個小孩，而戰前只有一個小孩的家庭占百分之二十八。法國人口在一九一三年爲四千一百七十萬，一九二〇年爲三千九百萬，一九三〇年爲四千一百六十萬。

受戰爭影響最大的農村人口，戰後每年持續減少十萬至十五萬。巴黎地區的人口成長驚人，居住問題相當嚴重。資方和各級政府開始注意人口問題的嚴重性。他們開始給予員工伙食津貼、生育津貼等。

農業方面很快恢復戰前的生產數字，但在結構上未有重大改變。生

---

❷ 法國軍方也強烈反對，請參閱 James F. McMillan, *Twentieth Century France, Politics and Society, 1898-1991* (London: Edward Arnold, 1992), p. 99.

產力略有提升。農民人數由九百萬減至一九三○年的八百萬。工業作物和畜牧有成長；農業成長率超過百分之二，但在國民生產總額中，農業所占的比例則自戰前的百分之四十三降至百分之三十六。

工業發展更爲顯著。自一九二一年秋，法國工業開始擴展，其指數一九二六年爲一三○，一九二七年四月因潘加萊的貨幣緊縮而降至一○四，一九三○年春又增至一四五。除紡織和造船外，所有工業部門皆參與此一發展。

電力生產在一九一三年爲二十億千瓦，一九二九年爲一百五十千瓦，其中百分之四十一來自水力發電。一九二九年鋼產量達九百七十萬噸，汽車產量達二十五萬四千輛。

國內商業不僅因大百貨公司及其各省分公司而轉變，而且郵購和百貨公司數量增加，使傳統的小商人無法競爭。

社會情況

從整體來看，法國變富有，但並不平等。一九二七年二月，失業人數曾高達七萬五千人，但十月起就降至七千人。一九三○年十月達到充分就業。一九二六年以後，工資持續上升，而物價則維持平穩，與一九一四年比較，購買力已有改善。

納稅人數已由一九一九年的五十四萬一千人，增至一九二九年的二百九十萬人。法國儲蓄人口快速增加。世紀之初，曾是「美好時期」(La Belle Epoque)；二○年代則爲「瘋狂年代」(les années folles)。人民縱情享受，喜愛新事物。

農民自覺生存方式較城市居民，或德國農民落後。他們開始自組協會或工會，從自己人中尋找領導人物。

至於工人世界，自工業革命後，出現機械工或電工等技術工作人員，而自動化生產使愈來愈多的工人成爲「機器」的一部分，工作逐漸非人

性化。同時，住宅的演進，將工人階級集中在最密集的巴黎東區或郊區。
空間的歧視增加社會的歧視。

一九二九～一九三二年間的政治

一九二九年十月底發生於美國的經濟大恐慌，並未立即影響法國；
相反地，資金湧入法國，給法國人一種安全的假象。一九三〇年十一月，
失業人數突然自一千三百九十八人增至四千八百九十三人。然而，甚至
在此時事實的重要性仍不受重視，人們失落於司空見慣的內閣危機的遊
戲。

自潘加萊辭職至一九三二年的選舉，法國經歷的內閣之中有七個壽
命短到只維持幾個星期❸。然而，達迪歐（André Tardieu）和拉瓦爾
（Pierre Laval）二人卻能做到中間偏右政策的連貫性。

外交的困難

一九三〇年六月三十日，依照楊格計劃，法軍撤出在德國的最後一
個占領區──美因茲。布里安相信，建造一個歐洲聯邦的最後一道障礙
已消除。如同國際聯盟，該聯邦包括一個大會、一個永久性政治委員會
和一個秘書處。可惜此一計劃隨著布里安一起消失。

來自德國的種種，對布里安造成第二個打擊：史特拉斯曼於一九二
九年去世；萊因河地區法軍撤退後，法國曾鼓勵的昔日分離主義者受到
激烈的報復；經濟危機加劇，以及納粹在選舉中大有斬獲❹。

---

❸ 事實上，一八七九～一九四〇年，法國有九十四個內閣。請參閱 Theodore Zeldin, *France 1848-1945, Politics & Anger*, (Oxford: Oxford University Press, Reprinted 1987), p. 225.

❹ 經濟危機與納粹的得勢，關係密切。請參閱 Stephen J. Lee, *The European Dictatorships, 1918-1945* (London: Routledge, reprinted 1988), p. 188.

危機的開端

　　世界經濟危機影響到法國時已很遲。農業產品先被波及，自一九二七年其國際行情下跌。一九三〇年年底，工業才受到影響。鋼生產減少百分之十七，價格下跌，觀光業收入損失百分之三十，服務業收入損失百分之十八。德國的賠款中斷。然而，直到九月，法國似乎成爲外國流動資金的避難所，而資金的流動遮蓋了災難的嚴重性。

　　一九三一年九月，英國放棄金本位制❶，英鎊貶值百分之三十；依照匯率，法國物價突然更爲上揚，造成輸出的萎縮。十月，英國下議院改選，保守黨獲勝，投資者對於英鎊重拾信心，資金開始離開巴黎，前往倫敦。一九三一年，法國的經常帳出現赤字，這是一九二〇年以來的首次。

　　法國的對外貿易改以殖民地爲主，在一九三二年約占百分之二十五。一九三一年七月一日，國會通過一項法律，鼓勵小麥的減產和葡萄樹的拔除。在工業部門，減少產量以支持其價格則較容易。然而，一九三二年的失業人數超過三十萬人，爲一九三一年的五倍。

第五節　法國的困難

　　一九三二年，戰後時期結束，戰前時期開始。在一九三二年至一九三四年的第一個時期，政權面臨危機，無法尋求改革；第二個時期是左派政黨爲選舉進行組合的時期；在第三個時期，一九三六～一九三八年，人民陣線（Le Front Populaire）的經驗使之能實現重要但有限的社會

---

❶　Robert O. Paxton, *Europe in the Twentieth Century*,（臺北：華世，民國六十四年），p. 321.

改革，而且顯示解決國內危機的無能，此時希特勒的危險性大增。

政權的危機

一九三二年和一九三四年間，法國面臨政治危機、經濟危機、外交危機和道德危機。

一九三二年五月的國會選舉期間，總統杜美（Paul Doumer）被暗殺。舊國會選出勒布朗（Albert Lebrun）爲新總統。國民議會改選之結果，最大贏家是激進黨，獲得一百六十席；社會黨，一百三十二席；共產黨，十一席。右派，在六百一十五席中，由原來的三百一十席降至二百五十席。

此次選舉事實上已有「人民陣線」的型態。因激進黨拒絕社會黨的鐵路和軍需工廠國有化之主張，社會黨未參與組閣。左派的團結受到影響。

在外交方面，希特勒於一九三三年一月掌權，三月獲得充分授權，九月宣布「第三帝國」（Le IIIᵉ Reich）誕生，並退出國際聯盟。布里安的政策可說澈底失敗，法國人認爲他被德國人擺了一道。十一月，希特勒向法國外長龐古（Paul Boncour）提議，與法國直接談判薩爾和部分重整軍備問題。龐古拒絕所有在國聯之外的談判。

外交危機增加之時，經濟危機也擴大。儘管加強減產措施，農產品價格一路下滑。農民的購買力較戰前減少四分之一；他們退回到自給自足的經濟，因而增加工業危機的嚴重性，要求國家更有力的干預。

一九三一年曾下跌百分之十八的工業產品價格，到一九三五年八月再下跌四分之一。一九二六年八月和一九三五年八月，批發價下跌百分之五十九；一九三〇年和一九三五年間，工業活動減少百分之二十八。一九三四年，失業人數爲三十七萬，一九三六年更達四十七萬，半失業者尚未計算在內。受大商店和連鎖商店之威脅的小商人，在一九三〇和

一九三四年間破產者增加一倍。

外貿情況同樣惡化。儘管已下跌，但法國產品的價格仍然較外國產品高。貨幣超值，出口較進口減少更快。資金流出在一九三三年底和一九三四年初又加速。一九三四年，在其他國家，危機開始緩和，在法國卻持續惡化。法國政府似乎無力反應。

事實上，在二十個月，相繼出現六個內閣。每一內閣壽命很短，根本無法擬訂復甦計劃。一九三四年一月三十日，在一片動亂不安中，勒布朗總統請「強人」達拉第出來組閣。

一九三四年二月六日危機 ❻

一項道德的危機，使原已疲憊不堪的政權，發生動搖。更嚴重的事實，就是法西斯主義和共產主義的衝突，繼續存在於法國。

一連串財政醜聞接連發生：《法郎公報》（*Gazette du Franc*）事件、前財政部長克羅茲被捕、烏斯特里克銀行（Oustric Bank）破產和史塔維斯基（Serge Stavisky, 1886-1934）事件。

史塔維斯基這位江湖郎中，曾經於一九二六年被捕，隨之又被釋。他的案件有十九次被發回重審的紀錄，而且一度成為大人物，款宴知名的政治人物，騙取成億的款項。當醜聞爆發後，許多部長因而辭職，一些國會議員、法官、報社社長，皆捲入漩渦中。史塔維斯基在被通緝期間意外死亡，使案情更加複雜。這是畏罪自殺？或是被殺滅口？人們對此一問題無法以公正不倚的態度來回答：攻擊政府者認為是被殺，維護政府者則認為是自殺。此一衝突變成政治性。

受史塔維斯基事件之累的秀東（Camille Chautemps, 1885-1963）總理，於一九三四年一月二十七日辭職。法國人民寄望忠厚老實沈默寡

---

❻　請參閱 Jean-Pierre Azéma & Michel Winock, op. cit., pp. 216-221.

言的達拉第，以恢復秩序和信心。但是他要贊成共濟會等極右派聯盟的巴黎警察總監希雅普（Jean Chiappe, 1878-1940）辭職。希雅普鼓勵暴動，因而造成二月六日的群衆示威，抗議「竊盜公款者」和國會。喪失理智的警察爲突圍而開槍，最後造成二十人死亡，一百餘人受傷。達拉第本來可以留任的，但他卻寧願辭職。勒布朗總統請前總統杜美格組閣。

二月九日，共產黨發動一次反法西斯的示威，而總工會在十二日發動的總罷工，也相當成功。

此後，爲擺脫法國和政權的危機，相繼有過許多不同的「經驗」。一九三四～一九三六年，溫和派的通貨緊縮的經驗；一九三六～一九三八年，人民陣線的經驗。

溫和派的經驗

就如同昔日的潘加萊，杜美格組成「國民聯盟」（Union Nationale）。達迪歐和赫里歐爲國務部長，非國會議員的貝當元帥也入閣擔任國防部長。內閣獲得充分授權，以進行財政改革。

在財政改革方面，他並不成功，而只限於借貸。他也未恢復國內的秩序。一九三四年十月九日，南斯拉夫國王亞歷山大（Alexander）和法國外交部長巴杜（Louis Barthou, 1862-1934）在馬賽被暗殺。

對於國家改革的進行，他的起步也太遲。頗覺不安的激進社會黨於十一月八日脫離內閣，而杜美格也只好下臺。

在另一個佛朗丹（Pierre-Etienne Flandin, 1889-1958）內閣之後，由溫和派和以赫里歐的激進社會黨組成的拉瓦爾內閣，採取嚴厲的通貨緊縮政策。

他也是獲得充分授權，並以行政命令來統治。他的嚴峻通貨緊縮政策，未能保證經濟的復甦和財政的平衡，反而增加不滿的激烈化。拉瓦爾對於獨裁統治的同情，就如同其內政一般，贏得各極右派聯盟之支持。

因此，赫里歐和激進黨於一九三六年一月離開內閣，拉瓦爾也就只好下臺。

一個沙羅（Albert Sarraut, 1872-1962）內閣草率地了結日常事務，同時進行大選的準備工作。法國人民分成兩大陣營：反對共產主義贊成獨裁政治的各極右派聯盟；主張改革的激進社會黨、社會黨和共產黨所組成的「人民陣線」。那些希望避免極端和期待中間派來統治的人，面對各種激烈的行動，逐漸消失。一九三六年五月的大選，人民陣線獲勝，在國會取得三百七十八席對二百四十一席之優勢❼。

人民陣線

人民陣線向選民承諾，阻止法西斯主義的進展，進行對「兩百個家族」的托拉斯鬥爭，保證「麵包、和平、自由」。社會黨黨魁布魯姆（Léon Blum）組閣。社會黨控制經濟和社會部門，激進黨擁有政治和技術的職位。

內閣組成後，隨之發生社會和政治兩大問題：

⑴社會問題──大選勝利的喜悅，帶給工人們對自己力量的信心。總工會的會員人數立刻增加到五百萬人。部屬的狂熱引導著領袖。工廠為罷工者所占領；在一九三六年六月，一百五十萬人依賴此一方式，進行社會方面的要求；

⑵政治問題──內閣成為共產黨的態度和資本家的恐懼之犧牲品。未入閣的共產黨，保留著批評權利。資本家和資產階級，為罷工所嚇住。無疑地，受社會主義黨派勝利之勢所制，他們準備與工人階級妥協。然而，很快地，他們利用財政力量提供的間接方式，來反抗內閣。

---

❼　有關人民陣線之起源及獲勝之情形，請參閱 Julian Jackson, *The Popular Front in France Defending Democracy, 1934-38*, (Cambridge: Cambridge University Press, 1988), pp. 17-51.

　　激進黨的不穩定，導致內閣的解體。該黨代表著巴黎以外各省的小資產階級。現在他們構成「人民陣線」內閣的右翼。對總理來說，他們並不比在「國民聯盟」內閣左翼時來得可靠。對布魯姆來說，他們並非誠懇的盟黨。

　　在國外，西班牙內戰使法國政府面臨著苦惱的問題❸。是否應該支持西班牙共和派？共產黨希望如此，但布魯姆在審慎的考慮之後，加以拒絕。

　　總理本人的個性也是內閣發生困難的另一因素。布魯姆精明、敏感、勇敢和誠摯。或許他由於太聰明，以致於不得不遲疑不決；由於曾經居於反對的立場太久，以致於不能變成行動的人物。依其本性，他希望成為一個調停人，而非一位領導人物。

　　在種種困難中，布魯姆內閣有不少建樹。在社會方面，一九三六年六月七日，資方和勞方代表簽訂馬提農（Matignon）協定。工人爭取到每週工作四十小時、帶薪休假兩星期、集體工約、工資提高等權益。在財政方面，財政部長歐里歐（Vincent Auriol）譴責通貨緊縮，並於一九三六年七月二十七日改組「法蘭西銀行」（La Banque de France）。此外，還成立小麥管理局，擬訂大工程計劃，策劃中等教育的改革。

　　然而，布魯姆內閣之失敗也為期不遠。在經濟方面，財政困難轉趨嚴重，政府曾答應避免的貨幣貶值已是勢在必行。黃金的加速外流，生產癱瘓，貿易赤字增加，失業人數未見減少。

　　一九三七年五月二十四日揭幕的「國際工藝和技術展覽會」，未到閉幕之日，就已關門大吉。政治和社會情況仍然混亂。為安定民心，布魯姆宣布社會政策「暫停」，同時禁止所有新的開支。但是他還是失敗。人

---

❸　有關西班牙內戰，請參閱 Roy Douglas, *Between the Wars, 1919-1939, The Cartoonists' Vision*, (London: Routledge, 1992), pp. 256-269.

民陣線於一九三八年四月八日宣告解體。

戰爭前夕的法國

達拉第內閣似乎已重建秩序，但是人口的危機、經濟的衰微、民心的分裂，導致法國的衰弱。

總理達拉第曾是人民陣線的製造者之一，也是收攤者。他於一九三八年四月讓雷諾（Paul Reynaud）等溫和派人士入閣，並獲得振興經濟的充分授權。財政部長雷諾從事「自由主義的最後試驗」。他的行政命令使法國人再度工作，使稅收增加，使財政秩序重建。一九三八年十一月三十日總罷工的企圖被粉碎。當大戰爆發時，經濟的復甦似已開始。

法國的人口情況顯現出深遠的危機。不僅是第一次世界大戰時期誕生的「中空的一代」已屆成年，而且出生率降低，死亡數超過出生數。從事生產人口只有百分之四十九點二，而一九二一年則爲百分之五十五點九。法國變成一個老人國家。

經濟情況也不見好轉，農業危機繼續存在。爲可怕的稅負所累的工業生產量，仍然相當少，而且設備逐漸陳舊。

法國呈現分裂。渴望和平，法國只想到防禦，而且打算將其軍隊置於馬奇諾防線（La Ligne Maginot）之後。在達拉第內閣中，某些部長願意抵抗獨裁政治，其他則只想退讓。此後，人們瞭解獨裁者的膽量愈來愈大。

第十四章　第二次世界大戰

希特勒的侵略，導致「第三共和」的崩潰。一九四〇年，法國出現貝當所領導的「維琪政權」（Le régime de Vichy）和戴高樂（Charles de Gaulle, 1890-1970）所領導的「自由法國」（La France libre）。一九四四年八月，在盟軍的協助下，戴高樂重返巴黎，組織臨時政府，進行一連串的重建工作。

第一節　希特勒的攻擊和法國的解體

德軍的閃電攻勢

法軍在飛機和坦克方面的實力，或許無法與德軍相比，但還能背水一戰。就如同整個國家一般，法國參謀本部和部隊所缺乏的是鬥志。第一次世界大戰的恐怖記憶猶新；沒有人希望發生戰爭，大家皆冀求能避免。馬奇諾防線明顯地指出，與一九一四年相反，防禦精神支配一切。

人們希望進行一場持久戰，使工業能穩定發展，而且使勝利之果所費不多。因此，法軍總司令甘末林（Maurice Gamelin, 1872-1958）喪失唯一良機：當面對法國邊界的齊格菲防線（Siegfried Line）尚未完成，而德軍主力集中於德國和波蘭邊界時，法軍只在溫德（Warndt）森林區做一番虛張聲勢的部署。一九三九年九月十四日，德軍抵達華沙；

俄軍也從東邊進攻波蘭。戰敗再度被瓜分後，波蘭已從歐洲地圖上消失。

敵軍按兵不動之時，法國內部已經流傳著足以腐蝕民心士氣的和平之聲。不僅是共產黨自德蘇條約簽訂後，共產黨開始譴責「帝國主義」的戰爭❶，而且許多法國人也看不出爲保衛一個已消失的國家而參與的戰爭，有何利益可言。

在占領丹麥和挪威之後，一九四〇年五月十日，德軍又入侵比利時和荷蘭。德國的空降部隊和空軍於五月十五日癱瘓了荷蘭的抵抗。在此一時期，德軍主力，配合著古德連（Heinz Guderian, 1888-1954）的裝甲部隊，向亞爾丁高地（Les Ardennes）進攻。這個未設防的森林區，法軍指揮當局並不認爲有危險性。

德軍渡過謬斯河（La Meuse），同盟國軍隊在未開戰前就已失敗。法國參謀本部的失職無能，因在戰爭中最高指揮權由甘末林轉移到魏剛（Maxime Weygand, 1867-1965）手中，而使情況更加惡化，以致於失去重振軍威的機會。

一次軍事行動或許能解除左翼的威脅，同時打擊過於深入的德國裝甲部隊。可惜同盟國的動作太慢。德軍先頭部隊已抵達北海。比利時宣告投降。陷於窘境的郭特勛爵（Lord Gort）❷之英國遠征軍和法國北方軍的剩餘部隊，在海軍的大力支援和敦克爾克（Dunkerque）守軍的英勇抵抗下，再度搭船返英，但是戰略物資已失❸。

---

❶ 法國共產黨的態度，一直隨著德蘇兩國關係之變動而改變。請參閱 F. Goguel & A. Grosser, *La Politique en France*, (Paris: A. Colin, 1964), pp. 128 -129.

❷ 郭特勛爵當時爲英國參謀總長，因與陸軍部長 Lislie Hore-Belisa 不和，才被派遣到法國出任英國遠征軍總司令。

❸ 有關敦克爾克大撤退之因果和經過，請參閱拙著，《邱吉爾與戰時英國（一九三九～一九四五）》，（臺北：臺灣商務印書館，民國八十二年），頁二四五～二九七。

　　敦克爾克大撤退使魏剛能匆促地在蘇麥河和艾森河（Aisne R.）築成一道防線。然而，在德軍的攻擊下，法軍的蘇麥河陣線於六月六日被突破，艾森河陣線於翌日亦復如此。德軍的入侵於焉開始。

　　法國的失敗已無可避免。法西斯的意大利於六月十日也對法國宣戰。潰散的士兵和驚慌失措的難民，擠滿南下的道路。撤退到杜爾，隨之又遷到波爾多的法國政府，內部意見分歧。雷諾總理向羅斯福總統求援，但毫無反應。羅斯福對民主國家一向頗表同情。自一九三七年四月二十日起，中立法（The Neutrality Act）的一項修正案，准許擁有黃金和船隊的國家，得以向美國購買武器。這就是「付款和運走」（cash and carry）的條款。志在第三度連任美國總統的羅斯福，所能做的也僅是如此。爲繼續忠於英國的聯盟❹，爲保存艦隊和繼續戰爭，雷諾希望在法國本土戰敗的軍隊投降。希望「挽回軍譽」的魏剛則迫使政府提出停戰要求❺。雷諾遇到強大的反對力量之後，只好辭職。勒布朗總統讓停戰派的貝當組閣。

　　希特勒對於談判一事，一再拖延，以便其軍隊更加深入法國境內，並且盡量虜獲更多的戰俘。法德停戰協定於六月二十二日在雷東德（Rethondes）簽字❻。法意停戰協定於六月二十四日在羅馬簽字。兩個協定皆自六月二十五日起生效。

　　法國保留其艦隊，一個非占領區及其海外領域；其軍隊只限十萬人。

---

❹　在法國降德之前，英國首相邱吉爾和其他重要閣員，頻頻往訪巴黎，最後甚至在戴高樂的勸告下，於一九四〇年六月十七日，同意英法兩國組成聯邦的構想。法英聯盟的宣言，見 Sir Llewellyn Woodward, *British Foreign Policy in the Second World War, vol.1, Sept. 1939-June 1941*, (London: HMSO, 1970), pp. 280-281.

❺　William L. Shirer, *The Collapse of the Third Republic*, (New York: Simon & Schuster, 1969), pp. 823-824.

❻　在福煦元帥一九一八年十一月十一日與德國所簽停戰協定的同一節車廂。

六月十八日，戴高樂將軍在倫敦透過英國廣播公司，發出一篇告法國人民書，深信法國只不過打了一場敗仗而已，戰爭只是才開始，而且將變成世界性，戰爭的結局將是德國的失敗❼。

這些預言在當時並未引起廣大法國人的注意。受到戰敗折磨的法國人，此時正有著慶幸災難結束的「不光彩的滿足」。

第三共和的崩潰

法國政壇重要人物的意見不一。最初，強大法國艦隊的主宰——達爾朗（Admiral François Darlan, 1881-1942），似乎有意繼續作戰。某些政治人物搭船到北非，從事抗敵工作。然而，達爾朗接受停戰協定；拉瓦爾則勸告貝當，並且積極鼓動國會議員，將政府遷到維琪。集合兩院的國會，於七月十日召集會議。以五百六十九票對八十票，國會授權給貝當。勒布朗悄悄地辭職。貝當因而成爲法國的元首。操縱一切的拉瓦爾，爲副總理。國會馬上宣布休會，第三共和難逃崩潰的命運。

第二節　貝當的維琪政權

維琪政權初期

對於一個爲期頗長，變動甚大，軟弱無能和政策不一的政權，很難以整體來評論。

維琪政權軟弱無能的主要原因有三：承受雙重壓力，內部分裂，領袖的個性。

---

❼　全文見 Charles de Gaulle, *Discours et Messages, pendant la guerre, 1940-1946*, (Paris: Plon, 1970, Le Livre de poche), pp. 3-4.

　　德國的壓榨和戴高樂派的宣傳，構成維琪政權的雙重壓力。征服者控制占領區。他們掌握著好幾百萬戰俘，而且以承諾或威脅，對維琪政權進行一種有效的勒索。他們榨取法國的資源，帶走全部的錳和五分之四的石油。法國每日付給占領軍的費用達四億法郎，而且自一九四二年十一月起，增至五億法郎。據估計，占領期間，法國此項負擔之總數超過九千億。

　　至於戴高樂的宣傳方面，他透過英國倫敦的廣播電臺，呼籲法國人士繼續戰鬥。查德（Tchad）總督葉布業（Félix Éboué, 1884-1944）、赤道非洲的拉米納將軍（Edgar de Larminat, 1895-1962）、喀麥隆的樂克拉克（Général Leclerc, 1902-1947）等相繼響應。但是維琪政權仍保有最重要的地區：中南半島、法屬北非、敍利亞、黎巴嫩、馬達加斯加和索馬利亞等地。

　　內部分裂也危及政權。在維琪，許多法國人爭奪行政和內閣的職位，而且意見非常分歧。君主派認為，第三共和解體是一種「天意般的驚奇」，希望利用此一機會恢復君主政權；工業家、大資本家只希望有一個具有權威和紀律的政權；教士階級樂於見到法國再度成為「教會的長女」；工團主義者則等待著改革，同時渴望著一個強大和社會化的國家。

　　希望仿傚獨裁者的國社黨員，留在占領區。他們譴責維琪政權的軍事性和宗敎性。多里歐（Jacques Doriot, 1888-1945）和戴亞（Marcel Déat, 1894-1955）為該黨的兩位野心勃勃的領導人物❽。

　　外交政策的意見也同樣無法一致。

　　魏剛等人認為，法國應仿傚以前受拿破崙蹂躪的普魯士，積極準備打擊征服者。這也是那些在停戰後組訓軍隊，儲存軍火，以謀復仇的軍

---

❽　Paul Farmer, *Vichy, Political Dilemma* (New York: Columbia University Press, 1955), p. 312.

官們之目的。

然而，拉瓦爾等人則相信，德國的勝利已成定局，因此必須表現溫馴。對於另外一批人來說，等待時機，見風轉舵，為最上策。

維琪政權的最高領導人貝當，並不能成為人們所期待的仲裁者。他除去「共和」。身為國家元首，人們向他本人宣誓效忠。雖已八十三高齡，他仍然身體康健，精神飽滿。然而，他有點懦弱，經常要相同的人，如羅爾將軍（Auguste Laure, 1881-1957）❾等在其身側。他對集體的，如農民，表同情，但對於個人則較少眷戀，因而經常更換部長。他不好動的本性，因年歲的關係而加劇。他拒絕行動，沈醉於一種憂鬱性的歡樂，缺乏抵抗征服者的信心。自認為法國，為戰俘的需要，他不惜任何代價保持權力。因無法控制其身側之人，貝當將成為他們之玩偶。

維琪的政策

維琪政府有一些重要的王牌。首先是貝當元帥的真正威望；第一次世界大戰的退伍軍人尊崇他為凡爾登的征服者。他們相信貝當與戴高樂相輔相成（一為盾另一為矛），或者認為他將領導法國走向復興之路。各國承認維琪政府，而美國、中國、蘇聯，以及其他小國家一樣，在維琪設有使館❿。

維琪政府在國內開始推行一項稱為「工作、家庭、國家」的政策。各修會重獲教育權，自由教育受到保護。三軍將領被任命為行政機構的主管。尊敬國家、遊行，以及青年營等，維持一種有點幼稚的愛國主義。

共濟會會員和猶太人受到管制，不久之後，被排除於公職之外。

一九四一年六月的工作憲章（Charte du Travail），意欲解決社會

---

❾ 羅爾在貝當擔任法國最高戰爭會議副主席時為其秘書室主任，一九四〇～一九四二年間為國家元首的秘書長。

❿ 當時中國駐維琪大使是顧維鈞。

問題，禁止罷工和停工，創立包括老闆和幹部代表的社會委員會，同時還積極進行一項恢復工作的宣傳。

在外交方面，維琪政府試圖對雙方陣營平等看待。一方面透過加拿大公使杜庇（P. Dupuy）和美國大使李海（William D. Leahy, 1875-1959），與英國保持接觸；另一方面，貝當和希特勒在孟杜亞(Montoire) 晤面，建立法德的合作。

維琪的失敗

此種均衡政策的實施，事實上困難重重。與德國關係的短暫性困難，導致一次宮廷革命。一九四〇年十二月十三日，拉瓦爾被捕，並由希望組成一個自由政權的佛朗丹所取代。達爾朗繼任總理職位。他所考慮的只是自己的海軍和野心，相信能騙過德國人。然而，他被迫所做的讓步愈來愈大，而且也無法阻止占領軍對拉瓦爾復職之要求。拉瓦爾於一九四二年四月復出，身兼外交、內政和新聞三部部長職位，同時還在廣播中宣稱：「我希望德國勝利。」 ❶

在占領區，納粹當局大肆逮捕猶太人：四千位二至十二歲的兒童，在十五天之內抵達德朗希（Drancy）。維琪政府對此事沈默無言，而新教牧師波涅（Marc Boegner）、法國的樞機主教和總主教等則強烈抗議此種破壞個人和家庭最神聖權利的舉動。

拉瓦爾要讓人們相信，志願工人動身到德國將可保證戰俘的交換。可惜此一騙局，並未能瞞得過法國人民。因此，在希特勒的要求下，義務勞動法於一九四二年九月頒布。在受配給制所困擾，「黑市」猖獗所動搖的法國，維琪政府只不過是德國人手中的一個傀儡而已。

---

❶　Arthur J. May, *Europe since 1939* (New York: Hott, Rinehart & Winston, 1966), p. 56.

第三節 戴高樂及其在倫敦的流亡政府

　　法國投降前夕，戴高樂飛到倫敦，成立流亡政府。在三年期間，法國流亡政府先後以「法國委員會」（Le Comité Français）和「法國國家委員會」（Le Comité National Français）等名義出現。

法國委員會

　　戴高樂組織法國委員會之目的有二：

　　⑴在英國境內，結合所有已在英國或將來到英國而願繼續戰鬥的法國人士；

　　⑵結合法國屬地和法國本土的抗敵力量，促進它與盟國聯繫，並以物資供應之⑫。

　　戴高樂在一次從倫敦發出的法語廣播中，宣布這個臨時性委員會成立的目的在於「代表國家和人民的利益，維持法國的獨立，尊重它所締結的條約，協助盟國在戰爭方面的努力。」⑬

　　這個委員會是由陸軍、海軍、空軍、財政、外交、殖民地事務、新聞與宣傳、與法國本土聯絡等部門組成的。各部門的人員都是力求把事情做好，但是在經驗和團隊精神方面，則常發生嚴重的錯誤。

　　此外，由於某些人的冒險精神，或由於他們不能遵守某一公共事務的規定與約束，以致造成組織內可怕的動亂。這種個人與個人之間，以

----

⑫　一九四〇年六月二十六日給英首相邱吉爾和外長哈里法克斯（Halifax）的備忘錄。Charles de Gaulle, *Les Mémoires de guerre, L'Appel, 1940-1942*, (Paris: Brodard et Taupin,1955, Le Livre de poche), p. 334.

⑬　H. F. Armstrong, "The Downfall of France," *The Foreign Affairs*, Oct., 1940.

及單位與單位之間所發生尖銳的矛盾，對內則給予志願投效者不良的印象，對外則會引起盟國的不安。此時戴高樂的威望尚未形成，領導中心和制度尚未固定，所以才會產生上述的混亂情形。

戴高樂早期的助手皆是沒沒無名。事實上，戴高樂之名在流亡倫敦之前也是鮮爲人知。因此，唯有知名度比他差的人，才會忠心耿耿的追隨他。此外，戴高樂本人因爲有很大的抱負和野心，當然不願意見到有可能與他分庭抗禮的人，出現在其身側。否則，衝突勢所難免。

指揮自由法國海軍的慕蘇里（Vice-Admiral Emile Muselier），其軍階與聲望皆高於戴高樂。兩人一直無法和諧相處。顯然地，慕蘇里很想取得抗敵運動的領導權。在英國政府的鼓勵下，決定成立一個國家委員會，以跟戴高樂的權力相制衡。慕蘇里曾想盡辦法謀取這個委員會主席的職位，並且將戴高樂移至一種純粹榮譽性的地位。這種衝突的結果，導致英國的干預。當委員會成立之後，戴高樂仍然保持著領導權，可是抗敵運動已顯出裂痕。

法國國家委員會

一九四一年九月二十四日，受英國政府鼓勵的「法國國家委員會」終告成立，其目的在於以一種與敵人不同的方式，表達國民意志和暫時執行公共權力。委員會的各委員以命令指派，而自由法國之領袖戴高樂將軍，爲國家委員會的主席。各國家委員的職權與法國的部長相等。各部門的職掌以法令規定之。國家委員會執行公權力的規則如下：

　⑴立法性質的規定，經國家委員會討論之後，由自由法國領袖，國家委員會主席簽署，並經一位或數位國家委員副署和證明後公布之。這些法令在可能的時候，必須提交國民的代表批准；

　⑵行政性質的規定，經一位或數位國家委員的提議或報告，再經過這些國家委員副署之後，由自由法國領袖，國家委員會主席以命令頒布

之。

依照戴高樂的看法，國家委員會是一個以他爲中心的指導機構，委員們將在那裏討論戰鬥法國⓮的事務。每一位委員將指導戰鬥法國事務的一個部門，並推行其政務。一旦做成決議，大家必須遵守。換言之，委員會就是政府，它具有政府的職權與組織，可是沒有政府的名義。

國家委員會每週至少開會一次。依據會議規程，會議先聽取各委員關於其所負責部門之報告，再研討彼此認爲應當提出來的問題，然後審閱文件及情報，接著就討論提案。經過一番舌辯之後再做結論，加以紀錄。隨後通告各部會和軍隊。此一時期尚有一個關於法國屬地的政治性組織，那就是「法屬防衛委員會」。該委員會根據一九四〇年十月二十七日戴高樂在布拉薩維爾（Brazzaville）所頒布的命令而成立，它在自由法屬地區得以執行公權力，同時負有下列使命：

　⑴維持對法國的忠誠；

　⑵注意對外安全和內部的治安；

　⑶指導經濟活動；

　⑷支持法屬地區人民精神的團結。

英國的支持

在盟國中，英國與戴高樂的淵源最深，而且對其光復國土大業之貢獻也最大。一九四〇年六月九日，戴高樂代表法國總理雷諾到倫敦接洽事務。這是他與英國政府建立關係的起點。雖然邱吉爾政府與吹毛求疵的戴高樂，彼此間的關係從不曾親切，而且通常還是困難重重⓯，但是英

⓮　一九四二年春，戴高樂將「自由法國」改名「戰鬥法國」（La France Combattante），但一般人還是將這兩個名詞混爲一談。

⓯　有關此時期戴高樂與邱吉爾的關係，請參閱拙著，《邱吉爾與戰時英國》，頁一三九～一八七。

國人所提供的種種便利，使戴高樂能夠維持自由法國的一個聯絡中心。

英國政府的支持可分爲物質和精神兩方面。在物質方面，戴高樂從英國人手中，獲得武器的供應和修補，訓練基地和辦公場所的提供，最主要的是宣傳工具的使用權。對於繼續戰鬥，第一件要做的事是高舉義旗，而廣播電臺對此事則不可或缺。戴高樂將此意見向邱吉爾表示，邱吉爾立即將英國廣播公司的一個電臺撥給他。

一九四〇年六月十八日下午六時，貝當政府提出停戰要求的第二天，他就在播音器前宣讀「向法國人呼喚」（Appel aux Français）的文告。從英國廣播公司發出的廣播詞，使戴高樂之名逐漸爲法國人所知，同時也慢慢將他塑造成繼續抗敵的中心和偶像。

戴高樂從英國政府所獲得的精神鼓勵，其重要性不亞於物質的支持。當初抵倫敦，戴高樂即告知邱吉爾，希望在情況許可之時，發動組織一種「國家委員會」之意圖，以做爲作戰的指導機構。英國政府爲協助此一計劃的實現，於六月二十三日發表兩次宣言。第一次，否認「波爾多」政府的獨立性；第二次，則宣稱將同意組織一個法國國家委員會的計劃，並預先表示將給予承認，以及簽訂各項有關繼續作戰方面的條約。那天，英國政府也曾發表一項公報，藉以探測法國各屬地當局，究竟誰有抵抗到底之意願和決心。如有誰願意繼續抵抗，英國將給予援助。後來因爲各方面均無反應，英國內閣逐決定於六月二十八日致函戴高樂宣稱：「閣下被英國承認爲任何地區支持聯盟主張而歸附您的所有自由法國人之領袖。」[16]

對於戴高樂此後所成立的政治性組織，英國政府也很快表示其支持之意。例如一九四〇年十二月十四日承認法屬防衛委員會；一九四二年

---

[16] René Cassin, "Vichy or Free French," *The Foreign Affairs*, Oct., 1941.

七月十三日承認「戰鬥法國具有整個法國的管理權，……戰鬥法國可以代表法國人民及其領土的利益和聯合王國交涉。」[17]一九四三年八月二十六日與美國和蘇聯同時承認法國國家委員會。

英國政府對於戴高樂的支持，還時時可在邱吉爾的《第二次世界大戰》（*The Second World War*）回憶錄找到證據。邱吉爾在給羅斯福的信中，承認英國對於戴高樂及其所領導之運動，有一些十分明確和莊嚴的義務。戴高樂曾冒著一切危險，維持著法國國旗在空中飛揚。雖然他在海外的一小撮追隨者，無法宣稱是一個有效的法國政府，但是英國政府卻極力想增加其影響力、聲望和權力。

與戴高樂打交道並非件容易事。邱吉爾及其政府願意忍受著承認戴高樂的不便和危險，目的在於鼓舞法國國家意志和戰鬥精神，進而增加盟國的力量。因此，英國政府一方面承認戴高樂，一方面仍然期待維琪政權的領導分子，能反過來與盟國合作。

與蘇聯之外交關係

如果說國與國的外交是現實的，那麼蘇聯與自由法國之交往，更是如此。當戴高樂流亡倫敦之初，莫斯科的無線電臺皆不斷指責「英國帝國主義者」和「他們的傭兵派」。但是等到德國的坦克越過了蘇聯邊境，莫斯科電臺於一小時後，完全是讚頌邱吉爾和戴高樂的廣播。

一九四一年六月二十三日，德軍攻俄的消息使戴高樂決定先向俄國伸出友誼之手。他派遣駐倫敦的代表去見蘇聯駐英大使麥斯基（Maisky），向他表示戴高樂希望和莫斯科建立軍事聯繫之意。戴高樂深深瞭解，一次蘇聯占著重大分量的勝利，將為這個世界帶來另一危機。他自己所以要這樣做，一方面自由法國需要生存，換句話說，就是要勝利，

---

[17]　Charles de Gaulle, *Les Mémoires de guerre, L'Unité*, pp. 11-12.

而蘇聯提供這種可能。另一方面，蘇聯之參加同盟陣營，把戰鬥法國形成一個和盎格魯撒克遜勢力平衡的力量。

　　九月二十六日麥斯基代表其政府與自由法國交換文件，承認戴高樂的領導地位，並準備援助和參加自由法國的共同奮鬥。十月，蘇聯政府任命曾擔任過駐維琪的大使包高莫洛夫（Bogomolov）爲駐法國國家委員會的代表。一九四二年二月一日在曼谷擔任公使的加羅（Roger Gar-reau）加入自由法國陣營後，就被派到莫斯科去擔任法國國家委員會的代表。一九四二年九月二十八日，莫斯科方面公開聲明，俄國政府承認戰鬥法國乃所有以其能力所及的一切方法，分擔法國的解放使命，而不論現居何處的法國領土和人民的集合體，並且承認法國國家委員會爲戰鬥法國之指導機構。

與美國的外交關係

　　戴高樂與美國外交關係的建立，因羅斯福處處對他表示不信，而顯得困難萬分。

　　在自由法國成立的最初幾個月，董巴斯樂（Garreav Dombasle）和西耶葉（Jacques de Sieyès）爲其在美之得力發言人。後來要開始談判之時，戴高樂任命布呂溫（René Pleven）爲主要代表。

　　布呂溫帶來戴高樂打算送給美國的見面禮，就是在自由法屬非洲供應美國所欲建立美國空軍基地的一切便利。雖然戴高樂要其特使向美國表示，他只是以一個法國祖產管理人的身分，暫時執行自由法國領袖的職權。等到法國全國代表能自由集會，他馬上服從。羅斯福總統還是拒絕接見布呂溫，但並不反對國務院給予「同情的接待」⓲。

⓲　William L. Langer & Everett. Gleason, *The Undeclared War 1940-1941*, (Gloucester: Peter Smith, 1968), p. 509.

一九四一年十一月十一日羅斯福同意把租借法案的利益擴及自由法國，因爲歸附自由法國的各屬地之防衛已成爲美國國防的重要環節。此時，布呂溫回到倫敦擔任「國家委員會」委員。經徵得美國國務院之同意，改由「國際勞工局」局長狄克西頁（Tixier）擔任自由法國代表團團長。最後在倫敦方面，由美國駐倫敦擔任駐各流亡政府的大使比多（Drecel Biddle）和自由法國建立正常的關係。

法國屬地的歸附

海外法國屬地中，最早歸附戴高樂的是赤道非洲。自由法國在非洲的事業，雖未完全達到預定目標，至少已很鞏固的奠定其軍事基礎。從撒哈拉沙漠到剛果，以及從大西洋到尼羅河谷，都成爲法國的軍事基地。戴高樂於一九四〇年十一月初旬成立一個指揮作戰的統帥部。

除了非洲之外，一九四〇年九月二日法國在大洋洲的屬地宣布歸附。九月九日，駐印度境內各法屬土地之總督伯灣（Bonvin）也宣布歸附。九月十四日，聖彼得（St. Pierre）和米格隆（Miguelon）兩地之退伍軍人代表大會，向戴高樂表示正式歸附。此外，新赫伯利德群島（Nouvelles Hebrides）和努尼亞（Nouniea）也步其後塵。

戴高樂在倫敦宣布繼續抗敵之後，短短的三個月期間，能有上述法國屬地來歸，可見其號召力相當不弱。可惜的是，地位較重要的法屬北非、敘利亞、黎巴嫩、馬達加斯加、索馬利蘭等地，仍然受維琪政權的控制。

第四節　從北非登陸到巴黎光復

盟軍登陸北非

在造成法國人民的結合之前，此一行動已開始引起一種令人無法相信的地方性混亂，並且毀滅了維琪政權。

地方性混亂之主要原因為領導者的敵對。維琪培植的北非部隊，不但仇視戴高樂派，而且也不太有利於英國。英國因懷疑戴高樂對英國的情感，而不願去瞭解他。當地抗敵分子和美國同意以剛脫離納粹掌握的季羅將軍（Henri Giraud, 1879-1949）為法國人的領袖。季羅是一位優秀軍人，但卻缺乏政治才華。

達爾朗意外在北非出現。這位海軍上將的登岸，在北非引起一陣騷動。深信盟國的努力頗為鄭重其事，他以貝當元帥名義，下令北非法軍停火，而且在被貝當公開否認後，他宣稱為執行其秘密命令。

在阿爾及爾（Alger），英美聯軍的登陸，十分順利。然而，在摩洛哥，貝杜亞將軍（Marie Émile Béthouart）未能說服諾給（Charles Noguès），以致於在承認既成事實之前，造成無意義的流血。在盟軍之前，法國人顯現出其典型的分裂：季羅將達爾朗當做敵手，諾給拒絕與季羅修好；這三人在反對戴高樂方面，則意見一致。

維琪政權的垮臺

當登陸的消息傳到時，拉瓦爾馬上動身到貝希特斯加登（Berchtesgaden）。他瞭解，希特勒在得知法國違反停戰條件，一定會出兵占領法國的「自由區」。有人勸告貝當到北非。他最初似已下定決心，隨之又放棄此一念頭。他不想離開法國本土，或者是想以自己本人保護被侵略的

法國，或者是年齡已使他無法做決定。

自由區儲存的軍火，落入敵人手中。除了塔西尼將軍（Général de Lattre de Tassigny）有過一次英勇的抵抗之外，自由區的法軍就任其解散。直到此時，法國在土倫軍港尚能保存其海軍主力。停戰破裂時，這些戰鬥的優良工具，似應歸於同盟國。但是維琪的海軍將領們寧願相信敵人的諾言，因此當德國要奪取這支艦隊時，只好於一九四二年十一月二十七日將之毀掉。對於法國來說，這是一種鉅大的、無法彌補的損失。此一損失是原可避免的。

經歷了這些經驗之後，法國人開始結合在一起。

北非脆弱的結合

達爾朗遇刺後，法屬北非改由季羅領導。有段期間，他想到君主政體復辟，並以整肅爲藉口，逮捕曾準備美軍登陸事宜的愛國者。在卡薩布蘭加（Casablanca）會議中，羅斯福和邱吉爾設法造成季羅和戴高樂的妥協，但終歸徒勞無功。

一九四三年五月，在阿爾及爾成立一個「法國國家解放委員會」（Le Comté Français de la Libération Nationale），由戴高樂和季羅共同擔任主席。可是季羅很快地只剩下軍事的職務。一九四四年四月十五日軍事職務被解除後，季羅退隱摩洛哥[19]。戴高樂取得全部控制權。

國內抗敵運動

除了一小撮押注德國勝利的「通敵者」（Collaborateurs）之外，抗敵運動給予敵人相當大的打擊。國內抗敵組織因政治上的猜忌甚深而

---

[19] Brian Crozier, *De Gaulle, the Warrior* (London: Eyre Methuen, 1973), p. 258.

產生分裂。統一法國本土抗敵運動的努力，促使「國家抗敵委員會」（Le Conseil National de la Résistance）的誕生。該會首任主席約翰穆蘭（Jean Moulin）後來落入德國人手中。在盟國空降物資的協助下，抗敵分子強化組織，出版和散發秘密傳單和報紙。對於義務勞動的抗拒力，逐漸增強。一九四二年德國需要二十五萬勞工，最後募足二十四萬。一九四四年，德國在所需求的八十五萬五千名勞工中，只找到三萬六千名。惱羞成怒的納粹當局，開始大肆進行逮捕行動，並且遣送到恐怖的集中營。

在這期間，三萬法國人被槍斃。「國內武裝部隊」死於敵人手中者有二萬四千人，在集中營失蹤者達十五萬人。

諾曼第登陸

盟軍在登陸前，已先進行猛烈轟炸，癱瘓鐵路，摧毀橋樑和道路，因而阻礙德國部隊的行動。六月六日晨，在暴風雨中，利用那片刻的晴朗，五千餘艘船隻，在九千架飛機的掩護下，駛到高屯廷（Le Cotentin）和吉斯特罕（Quistreham）間的諾曼第海岸。

登陸計畫相當周詳。活動碼頭組成許多人工港口。英倫海峽鋪上一條輸油管。儘管德軍防禦堅固，在一週內，三十餘萬盟軍照樣登陸成功。德軍指揮官隆美爾，見到危機已近，要求調駐紮在加萊的德軍來援。德軍的移動受阻於克尼格將軍（Marie Pierre Koenig）指揮的國內武裝部隊。在左翼，蒙哥馬利（Bernard Law Montgomery）指揮的英加聯軍，不斷攻擊開恩。德軍在此集中主力應戰。美軍在西邊突破德國防線，解放高屯廷半島。巴頓將軍（George Patton, 1885-1945）及其裝甲部隊衝破在阿夫朗希（Avranche）的敵人防線，向雷內（Rennes）、南特（Nantes）、勒曼推進。

八月十五日，在聖拉斐爾（Saint-Raphaël）又有一次新的登陸行動。

盟軍先鋒部隊由美軍將領巴區（Alexandre Patch, 1889-1945）指揮，塔西尼的法國第一兵團在普羅旺斯登陸，隨之經激烈戰鬥後，占領馬賽和土倫。穿過隆河河谷和阿爾卑斯山，法軍和美軍追逐敗退的德軍。

巴黎的光復

此時，法國西部盟軍繼續前進。八月十七日，夏特爾和德魯陸續光復。在巴黎，德國官員忙著收拾行裝。八月十九日，巴黎發生暴動，可惜時機尚未成熟，德國占領軍仍有足夠的反擊力量。自由報紙再度出現，巴黎市民築起防禦工事。萬一樂克拉克將軍未能取得火速向巴黎推進的許可，首都市民的處境將十分危急。八月二十日黃昏，幾輛法國小型坦克出現在巴黎市政府廣場。二十五日，全城光復，拒絕下令摧毀巴黎❷的德軍指揮官秀提茲（Dietrich von Choltitz,1894-1966）向樂克拉克投降。當晚，戴高樂回到巴黎，組織臨時政府。

第五節　臨時政府和重建

一九四四年五月二十六日，法國國家解放委員會就已發布命令，此後使用「法蘭西共和國臨時政府」（Le Gouvernement Provisoire de la République Française）之名義❷。八月二十五日，國家抗敵委員會加入法國臨時政府。戴高樂抵達巴黎後，除了在軍事行動方面配合盟軍繼續肅清法國境內的德軍外，他的最重要而又迫切的工作，就是在廢墟中重建其祖國。

---

❷　此一說法在當時的新聞界和秀提茲本人，似乎煞有其事，但並未出現在更爲正式的官方文件。

❷　Charles de Gaulle, op. cit., L'Unité, p. 271.

政治的重建

巴黎光復之時，法國的政治和行政架構，可說已蕩然無存。法國已是一個殘破、凋零、分裂及爲怨恨所籠罩的國家[22]。

重建工作需要一個中心領導力量。建立名望與集中權力爲戴高樂用以促使全民團結的兩件法寶。他認爲其名望就如同一種資本，對於殘破的環境中無法避免的憂苦，有種補償作用。這種名望可用以在巴黎和其他省區建立政府的主權。

戴高樂樹立名望的方式有二：先入巴黎和訪問全國。盟軍登陸諾曼第後，戴高樂不顧盟軍最高統帥部的計劃，派遣樂克拉克所指揮的法國第二裝甲師，先盟國部隊入巴黎，其目的在於使法國人民分享擊敗侵略者的光榮，並以法國軍隊的勝利爲傲。此外，他本人也很快在巴黎出現，以便使光復後巴黎的熱烈情緒凝聚於他的四周。

一九四四年九月，戴高樂開始到各地訪問，以獲得民心，並且設法將國內武裝部隊納入正規軍隊。

九月五日，戴高樂組成臨時政府首任內閣。國內抗敵分子的代表抗議此一內閣受到國外抗敵分子的控制，他們要求在內閣職位的分配方面，國內抗敵分子應受到較公平的待遇和擔任較重要的角色。因此在九月九日，戴高樂重新改組內閣。在二十一位閣員中，國內抗敵組織領袖即占八位之多。

如以黨派來區分，二十一位閣員中，無黨無派者有八位，共產黨有兩位，社會黨有四位，人民共和黨（MRP）有三位，激進黨有三位，另外一位爲溫和派人士。在國事艱難時期，組成這種融合各黨各派和各社

---

[22]　Charles de Gaulle, *Les Mémoires de guerre, Le Salut, 1944-1946* (Paris: Plon, Le livre de poche), p. 276.

會階層人士於一體的「國民內閣」，可說是較爲妥當和明智的決定。

一九四五年十月下旬舉行全民投票。戴高樂經制憲議會選爲內閣總理後，於十一月二十一日組成大選後的首任內閣，其成員依各黨派的政治勢力平均分配。

至於此一時期的國會，其演進分成兩個階段：諮詢議會和制憲議會。

諮詢議會成立於一九四三年十一月。首都光復，戴高樂預備將此一阿爾及爾的議會擴大後，遷來巴黎。他認爲這項行動具備下列三個目的：

⑴給議會代表們一個發洩情緒的出路；

⑵提供政府一些建議；

⑶可能獲得對外的威信㉓。

一九四四年十月十二日，他以命令頒布新的諮詢議會組織法。諮詢議會包括代表二百四十八人，其中一百七十六人爲抗敵組織代表，六十人爲國會議員，十二人爲海外地區一般顧問。

諮詢議會，顧名思義，仍然還是純粹供諮詢之用。戴高樂有許多改革計劃，就是違反這個議會的正式決議下決定的。諮詢議會的代表，有一部分曾在第三共和時期有過赫赫權力。他們當然不甘就這樣雌伏，因而時常對戴高樂內閣的某些部長，發動有規律的攻擊。

雖然所賦予的權力相當有限，雖然表面上對戴高樂相當尊重，諮詢議會對於戴高樂內閣所提的政治重建計劃，卻處處杯葛。

當戰爭逐漸接近尾聲之際，也就是戴高樂實現其還政於民的諾言的時候。一九四五年十月下旬的全國人民投票中，絕大多數選民支持戴高樂有關制憲議會的主張。然而在議員選舉方面，左派政黨卻控制著議會。制憲議會總共有五百八十六個席次，其中共產黨占一百六十席，社會黨一百四十二席，人民共和黨一百五十二席，激進黨二十九席。這是法國

㉓　Ibid., pp. 50-51.

政治史上，共產黨和社會黨以三百零二席之數，首次在議會居絕對多數。

制憲議會於十一日六日召集。兩天之後，議會以全票通過，選舉戴高樂為總理，由他負責組閣。

在政治重建過程中，最令戴高樂費心機的政黨為共產黨。經過四年的擴充勢力，共產黨不但在制憲議會選舉中獲得四分之一的選票，而且也在光復後的各地方性臨時權力機構，擁有相當大的影響力。面對著強大的共產勢力，戴高樂一方面採取容共政策，加以安撫；另一方面，卻處處提防，使之無法危及國家的安全和利益。

有關人民參政方面，戴高樂曾有三項重要改革：全民投票（複決權）、比例代表制和婦女選舉權。

關於戰後法國的政治重建，戴高樂有一套完整的構想，並且也曾盡力朝著此一目標去做。然而，經過一年多的嘗試，他終於突然掛冠而去，使第四共和的政治體制無法脫離第三共和的窠臼。

政黨的爭權與杯葛其政治重建計劃，為戴高樂最感困擾的問題。戰後，各黨派最感迫切的工作，並非是全民團結和國家建設目標的達成，而是政治權力的恢復。一九四五年十月的選舉活動顯示出，各政黨領袖所重視的未來憲法的構想只有兩種：激進黨和中間派系贊成恢復一八七五年的憲法；其餘的黨派則宣布他們希望建立一個唯一而有完整權力的議會。但所有黨派應如過去一般，政黨得以自由自主地支配國家的所有權力。基於此一觀點，各黨派當然不願戴高樂實現其政治重建的理想，換句話說，就是議會權力受到削減。

政黨的爭權和制憲議會的杯葛，不但構成戴高樂政治重建的阻力，而且終究迫使他不得安於位。一九四五年十二月三十日，社會黨議員，在共產黨的支持下，提出削減百分之二十國防預算的議案。此一事件導致一九四六年一月二十日戴高樂的退出政治舞臺。

一九四六年，以共產黨和社會黨為主幹所草擬的第四共和憲法

——一個一七九三年憲法的翻版——於一九四六年五月五日遭到全國人民否決。然而，由於法國人民對於制憲議會漫長的辯論覺得厭煩，對於國家非常狀態的延長相當擔憂，因此，同樣爲戴高樂反對的第二次憲法草案，卻於一九四六年十月十三日得到法國人民的批准❷。

外交的重建

在此一時期，戴高樂外交政策的目標有三：強調法國在國際政治上的重要性，聯英俄以抗德美，促進歐洲的聯合。

有關德國戰後問題的處理，戴高樂特別強調法國基本安全保障的獲得。爲法國安全計，他希望德國變成一個四分五裂的國家；然而，爲了歐洲的經濟復興，他卻要求盟國必須重建德國，因爲德國人民的勞力和生產，爲歐洲復興的重要動力之一❷。

在邱吉爾的幫忙下，美國和蘇聯才答應戴高樂對於法國擁有占領區的要求，以及法國成爲聯合國安理會五個常任理事國之一。然而，中東問題卻成爲英法兩國外交衝突的焦點。

此一時期，法俄兩國外交上的大事，就是戴高樂於一九四四年年底訪問俄國和翌年法、俄互助同盟條約的簽訂。

戰後，爲增進法國和美國間的合作，戴高樂於一九四五年八月二十一日應杜魯門總統的邀請，搭機飛往華盛頓訪問。他在此次訪問期間，的確有不少實質的收穫。

---

❷ David F. Schoenbrun, *The Three Lives of Charles de Gaulle* (Hamish Hamilton, 1966), p. 190.

❷ Jacques Soustelle "France, Europe and Peace," *The Foreign Affairs*, April, 1948.

經濟的重建

第二次世界大戰在法國本土前後進行了四年半。在這段期間，因戰爭關係而死亡的法國人，共計六十三萬五千人，其中陣亡者二十五萬人，死於轟炸或被占領軍屠殺者十六萬人，放逐集中營裏死亡者十五萬人，因身為戰俘或被徵召服勞役而死亡者七萬五千人。此外，尚有五十八萬五千人已成殘廢❷⑥。雖然比第一次世界大戰的損失輕微，但對於人口一向不多的法國來說，這種人力的損失，嚴重危及經濟的重建。

物資方面的損失比人口的損失更為慘重。法國被毀損的總數達五兆法郎之多，為第一次世界大戰所造成的損失之兩倍❷⑦。換句話說，約占法國三分之一的財富。

物資的缺乏，影響到人民的食衣住行。官方規定的食物配給，每人每日僅有一千二百卡路里（calories）。由於沒有羊毛、沒有棉花，而且皮革也極為稀少，因此大多數的人均穿著舊衣服，使用木底鞋。城市居民皆無法使用暖氣設備。礦場所生產的少量煤炭，須先供應軍備、鐵路、發電廠、基本工業和醫院等使用，無法再供應一般用途。火車稀少，汽車絕跡，汽油已無法尋獲，大部分市民只好徒步，或利用腳踏車。那些戰爭受害者，或逃難的災民，只好居住在殘破的房屋或木棚。

戰後，法國經濟重建最大的困擾有四：能源不足，原料缺乏，交通癱瘓及勞力的不足。經濟重建的實施則可分國有化運動和財經政策。

國有化運動以能源、金融業和其他重要企業等三大項為實施重點。依照一九四四年十二月十三日國有化命令，成立「法國煤礦公司」，隨之

---

❷⑥　Charles de Gaulle, *Le Salut*, p. 274.

❷⑦　根據戴高樂於一九四五年八月二十四日在美國華盛頓法國大使館的記者會中的報告。Charles de Gaulle, *Discours et Messages 1940-1946* (Paris: Plon, 1970), p. 642.

又成立「法國電力公司」和「法國煤氣公司」。一九四五年，成立「石油局」，年底成立「最高原子能委員會」。

在金融和保險業方面，政府於一九四五年十二月二日將法蘭西銀行、興業銀行、里昂信貸銀行、國家貼現銀行（Comptoir national d' Escompte）、國家商工銀行（BNCI）等收歸國有。一九四六年四月二十五日也將主要的保險公司收歸國有。

至於其他被收歸國有的重要企業有雷諾（Renault）汽車公司和海空運輸業。一九四五年一月十六日，雷諾汽車公司被收歸國有，其老闆路易雷諾的財產全被沒收。此項措施並非由於原則關係，而是對路易雷諾通敵行為的制裁。一九四四年十二月十八日，將海運業收歸國有。一九四五年六月二十六日將法國航空公司（Air France）和藍天航空公司（Air Bleu）收歸國有。

關於財經政策，一九四四年九月十三日的內閣會議通過調高待遇百分之四十。十月十七日眷屬補助金增加百分之五十。在這一年，工人的工資增加百分之六十五。待遇調整的實質利益，因物價上漲而減少，甚至變成無濟於事。針對物價上漲問題，政府開始發行公債、更換紙幣和實施物價管制。

法國的經濟重建，在短短的一年半期間，顯現出相當不錯的成績。運輸系統大體上已恢復。一九四五年底已達到戰前的百分之九十五，電力生產恢復一九三八年的水準。在同一時期，鋼、鐵和鋁產量增三倍。到一九四六年一月，工業總產量達戰前的三分之二。然而，物價的控制卻完全失敗。

社會的重建

大致說來，戰後的法國社會尚稱平靜。一向喜歡鬧事的共產黨，在光復初期，除了一九四五年六、七月間，利用戰俘、政治犯和被迫到德

國工作的工人剛返抵國門的機會，企圖製造紛亂，打擊戴高樂政府的威信外，還是第一個呼籲法國人參加工作行列的政黨。

逐漸受共產黨控制的法國最大的工會——總工會，也採取與法共同樣的立場，命令其會員「生產第一，要求其次。」❷❽

然而，失業和治安卻成爲戴高樂感到困擾的兩個社會問題。由於戰爭期間，經濟和交通受損慘重，軍費負擔沈重，國外輸入停頓，以及存貨匱乏等因素，使大部分企業無法活動。失業現象也因而一直無法改善。到一九四五年三月爲止，全失業工人達四十萬人，半失業工人有一百二十萬人。

戰後影響最深的社會改革有企業委員會的設立和社會安全制度的擴大。

企業委員會是根據一九四五年二月二十二日的命令成立。任何有員工一百人以上之工商企業機構，皆須有企業委員會之組織，其成員有企業機構主管或其代表，以及員工代表。

企業委員會之成立，將使同一事業之人員不分階層，互相接近，共同研究如何推展業務，求取進步，改正缺點，培養彼此間之感情，建立團隊精神，然後可使資本、工作和技術密切合作。

一九四四年十二月三十日，戴高樂頒布命令，重建根據一九二八～一九三〇年法律而設立的「社會保險」的財政收支平衡。一九四五年十月四日和十九日，他又陸續頒布兩道命令，成立及擴大社會安全制度。

法國的社會安全制度係仿傚一九四二年貝弗雷幾（William Peveridge, 1879-1963）設計的英國計劃。利用在某一最高限度內繳納不同數額保險費，而卻付給受益者相同補助額的方式，來保證國民所得的再分

---

❷❽ M. Parodi, *L'économie et la société française de 1945 à 1970*, (Paris: Colin, 1971), p. 283.

配。

　　此外，法國政府還實施一種完善的家庭津貼制度（allocations familiales）。國家給予每一家庭一筆津貼，其數額與子女人數成正比。每一子女從出生即受國家照顧，直到能自己謀生爲止。

第十五章　第四共和

　　第四共和（La IVᵉ République）爲期不到十二年❶，且經常受到負面的評價，例如法國作家莫里亞克（François Mauriac）提到政權化身的國民議會議員時說，「注意看他們，親愛的，他們是眞正可怕。」對杜維傑（M. Duverger）來說，國民議會是「沒有人民的民主」❷。

第一節　三黨鼎立（一九四五～一九四七）

一九四六年憲法及其缺點

　　第四共和時期，平均約半年就更換一次內閣。這種政治不穩與第四共和憲法有密切關係。

　　第四共和憲法草案於一九四六年十月十三日付諸全民複決時，雖獲通過，但未出席投票者，爲數之衆，空前未有。同意票有九百萬張，反對票八百萬張，但是棄權者也有八百萬人。同意票只占全民總數的百分之三十六，因而成爲戴高樂派攻擊的藉口，認爲該憲法未得一般民衆的熱烈支持。

---

❶　自一九四六年十月十三日至一九五八年六月三日。

❷　Paul Courtier, *La Quatrième République*, (Paris: PUF, 3ᵉ éd., 1983), Introduction.

　　葛羅樹（A. Grosser）說：「一九四七～一九五八年間，法國最嚴重的困難和混亂，來自憲法本身。」❸

　　一九四六年八月二十七日，正當第二屆立憲議會進行憲法草案之討論時，戴高樂向新聞界發表一篇宣言，談到憲法草案中，將導致內閣不穩的主要因素有：

　　⑴在草案中，並無「政府」（gouvernement）或「行政權」（pouvoir exécutif）等字句；

　　⑵內閣總理雖由總統任命，但事實上受制於國會；

　　⑶閣員自己以個別的做法向國會負責，造成不合作現象；

　　⑷國會解散時，內閣總理必須依「比例」組閣，屬於不同黨派的閣員，意見相左。

　　有嚴重缺陷的憲法，將導致行政權的萎縮和政府的無能、內閣的不穩，以及政黨勢力的過分膨脹。

　　第四共和憲法未能提供一個強大而獨立的行政權，只成立一個經間接選舉產生叫做「共和國會議」（Le Conseil de la République）的第二議院，以對經普選產生的議院──「國民議會」做有限度的監督。

　　第四共和的總統和第三共和時期的總統一樣，並無實權。總統經國會兩院選舉產生，任期七年。儘管表面上擁有部分主權，也能在某些方面具有影響力，同時所有法律必須以其名義公布，但是除了對死刑犯減刑之外，總統並無任何決定權。

　　不但國家元首沒有實權，就是內閣也屈服於國會的淫威之下。法國事實上是一院立法，亦即以國民議會為主。由於在國民議會之前，內閣顯得軟弱無力，法國的議會政治，一般人稱之為「議會政府」（Gouverne-

---

❸　Alfred Grosser, *La IVᵉ République et sa politique extérieure,*(Paris: Colin, 1961), p. 39.

ment d'assemblée）❹。

　　第四共和時期的政府有「議會政府」之稱，亦即受到議會的支配，但是在背後操縱議會的卻是政黨。政黨這種非官方機構，對國家政策的影響力，比正式機構的國民議會還要大。政黨在第四共和的政治制度中地位非常重要，新聞從業員普里烏雷（Roger Priouret）甚至以《政黨共和國》（*La République des Parties*）爲書名。

　　政治學家彼耶斯（Roy Pierce）言及，戴高樂分析第四共和的缺點有二：政黨分裂過深；政黨在決策過程中的角色過於重要。戴高樂相信，第四共和憲法有助於敵對黨派的存在。政黨的敵對爲法國政壇的一項基本特色，它經常製造種種問題，並且有損國家的最高利益❺。

　　法國的內閣是在各政黨討價還價的情況下組成的。各政黨事先支配閣員之選擇，使內閣的權力變小；事後還繼續控制該項政府職位。在這種情況下，一位部長在其職位上只不過是一個政黨的代理人而已。他無法在內閣中負集體的責任，因而無法使法國政府內部團結合作，紀律嚴明。法國的行政權與其他權力也就無法平衡。

政治的演進

　　一九四六年十一月國民議會的選舉，共產黨贏得一百八十三席，爲最重要的議會黨團；其他參與「三黨執政」（Le Tripartisme）❻的社會黨和人民共和黨，席次則略爲減少。

　　布魯姆最後一次復出，組成一個過渡內閣。這是清一色社會黨內閣，

❹　Alex N. Draguich, *Major European Governments*, (Homewood, Illinois: The Dorsey Press, 1966), p. 194.
❺　Jean Charlot, *Le Gaullisme*, (Paris: A. Colin, 1970), p. 28.
❻　一九四六年一月戴高樂辭職後，制憲議會三大政黨——共產黨、社會黨和人民共和黨共同執政。

莫萊 (Guy Mollet) 首次入閣。隨之成立的「共和國會議」，其政黨比例幾乎類似。一月十六日總統選舉，歐里歐在第一回合即以壓倒性多數當選。

社會黨籍的歐里歐，一出任國家元首，立即停止政黨活動。他個性堅強，決定充分扮演其角色，積極參與政治生活，尤其在內閣出現危機的時刻。他也超越國會，直接訴諸民意。

一月十七日，社會黨的拉馬第 (Paul Ramadier, 1888-1961) 組成一個三黨內閣，其中共產黨掌控國防部。不久，因經濟情況和外交緊張而產生，又因戴高樂再度介入政壇而更趨嚴重的困難，浮上檯面。三月三日，戴高樂在諾曼第的布倫瓦 (Bruneval)，面對著當地軍民政官員，他宣稱，「在拒絕無結果的把戲，以及改革讓民族迷失和讓國家失格的不良架構的日子，大多數法國人與法國結合在一起。」四月七日，在斯特拉斯堡，他宣布組成新政黨——法國人民聯盟 (Le Rassemblement du Peuple Français)。他強調必須解放政黨國家，強化行政權，以及以較大的選舉團選舉總統❼。

受到戴高樂派之威脅，拉馬第還受到對社會政策和法國的中南半島態度不滿的共產黨之攻擊；五月四日，共產黨部長投票反對政府；第二天，《政府公報》(*le Journal Officiel*) 發布總理的通告，終止共產黨部長的職務。在非自願的情況下被逐出內閣，共產黨員未再回到內閣。

此時，冷戰即將開始，轉入反對陣營的共產黨，立場很快變成強硬。仍然留在內閣的社會黨，轉求中間黨派，也必須對激進黨做出較大的讓步。

---

❼ Christian Ambrosi et Arlette Ambrosi, *La France 1870-1970*, (Paris: Masson et Cie Éditeurs, 1971), p. 220.

經濟和社會問題

戰後，由於通貨膨脹和供需失衡，物價飛漲。一九四六～四七年，兩年期間，糧食產品幾乎上漲三倍；工業產品價格，漲兩倍；所有部門的配給仍然維持，黑市並未消失。為養活漸多的老年人和為數漸增的孩童，法國以那老舊的生產工具和漸少的活動人口，必須生產更多的東西。法國的出生率於一九四六年升至千分之二十一，到一九五〇年才開始下降。

經濟困難和左派的態度，可以解釋一九四六年起爆發的「野蠻罷工」和導致無政府傾向的「全國工會」(La Confédération Nationale du Travail) 之成立。直到一九四七年五月，總工會和共產黨曾譴責罷工，且鼓勵生產。一九四六年，企業主階級組成「法國企業主全國會議」(Le Conseil National du Patronat Français)，其成立來自政府之鼓勵，以便能有一個生產合理化的對話人。此外，還成立了「法國基督教企業主中心」(Le Centre Français du Patronat Chrétien) 和「青年企業主中心」(Le Centre des Jeunes Patrons)，開始思考為人類服務而非僅為賺錢的企業目標。

經濟計劃配合一般政治趨勢，但也考慮到重建的需要和充分利用所掌握的有限投資之必需性。稱為孟奈計劃 (Plan Monnet) 的第一期計劃，為一「現代化和設備計劃」，其目標：在一九四七年恢復一九二九年的生產水平，並在一九五〇年還要超出四分之一。國有化企業在經濟計劃中扮演主要角色。除了已收歸國有的企業外，一九四六年四月又加上煤氣和電力，以及三十四家主要保險公司。國家已變成主要生產者、主要投資者、主要的雇主。

殖民地問題

執政的黨派皆贊同法國前屬地之改革，但對於非殖民化的程度，並未意見一致。共產黨認為非殖民地化應該全部和立即；社會黨認為應給予自治，但非獨立；人民共和聯盟贊成「法蘭西聯邦」(L'Union Française)。

中南半島問題因一九四五年三月九日日軍的入侵而產生。日本投降後，北部由中國軍隊占領，南部則由英軍占領。戴高樂立即派遣達強留 (Amiral Thierry d'Argenlieu) 為高級專員到東京灣，樂克拉克指揮的遠征軍於十月在西貢登陸。法軍很容易重新占領南部，但在一九四六年二月才使北部的中國軍隊撤離。最難處理的是胡志明所成立的臨時政府問題。一九四六年七月，胡志明赴法談判，他以一個獨立國家的代表身分，準備與法國商談，而法國卻視之為一不涉及國際法的國內問題。立場的不同，導致一九四六年七月楓丹白露會議的失敗。十一月，為共產黨在選舉中大有斬獲覺得不安的達強留，給予樂克拉克繼任者瓦盧依將軍 (Général Valluy) 採取強硬態度的指示。十一月二十二日，一艘載運軍火的中國船之臨檢，引起越盟民兵之干預，而為報復，法國艦隊於十一月二十三日砲轟海防。

十二月十九日，數百位法國人被殺。法國政府尋求另一回合的談判，遭到胡志明拒絕。法國人試圖推出廢帝保大 (Bao-Daï)。

中南半島問題並非特殊案例，整個殖民帝國暗潮洶湧。馬達加斯加要求自法蘭西聯邦中獨立，因而於一九四七年發生叛亂，許多法國在當地的移民家庭被殺，經過嚴厲鎮壓後，很快又恢復平靜。在其餘的黑色非洲，法國培養的知識界精英，組成政黨，要求至少內部自治。在阿爾及利亞，國民議會議員要求承認阿爾及利亞人之人格；在摩洛哥，蘇丹於一九四七年四月十日在但吉爾的一場演說，開啟危機之序幕。

國外問題

　　法國外交部長畢多（Georges Bidault）之考量，阻止德國的統一。法國取得一個占領區❽，且參加柏林監管會議。法國反對一個聯邦政府體制，以賠償的名義拆除德國工廠，且欲將德國工業限制在最低點。然而，隨著經濟和財政困難之惡化，法國必須依賴美國，因此得接受美英兩國政策的修正。冷戰的發生，使美國必須以西德做為對付蘇聯的擋箭牌。一九四七年一月，不顧法國之反對，美英兩國的占領區合併。法國自三月四日的敦克爾克條約的簽訂得到補償。該約結合法國和英國對抗可能的德國威脅。

第二節　第三勢力（一九四七～一九五二）

政治的演變

　　內政問題和外交問題互相關聯。馬歇爾計劃（Marshall Plan）和「歐洲經濟合作組織」（L'Organisation Européenne de Coopération Economique）❾，將世界和歐洲劃成兩個集團。一九四七年年底在倫敦

---

❽　法國占領區之取得，邱吉爾居功甚偉，詳情請參考 J. -B. Duroselle, *Histoire diplomatique de 1919 à nos jour*, (Paris: Dalloz, 1974, 6ᵉ éd), pp. 430-431.

❾　「歐洲經濟合作組織」於一九四八年成立，目的在於協調已接受馬歇爾計劃援助之歐洲國家的經濟活動。原始會員國有奧地利、比利時、丹麥、法國、希臘、愛爾蘭、冰島、意大利、盧森堡、挪威、荷蘭、葡萄牙、英國、瑞典、瑞士和土耳其等十六國，一九五五年西德加入，一九五九年西班牙加入。自一九六一年起，該組織因增加美國和加拿大而更名為「經濟合作及發展組織」（OECD）。

召開的德國問題會議，造成德國的長期分裂。莫洛托夫(Molotov)譴責薩爾割給法國；因此，畢多被迫加入盎格魯撒克遜陣營，並同意三個占領區的合併，成立西德。九月，歐洲共黨代表在波蘭集會，譴責法國占領區併入之機會主義態度，並於十月五日成立「第三國際」。世界兩大陣營的存在，因而確定。

國際局勢影響到法國。七月二十七日，戴高樂在雷內的演說中，稱共產黨人爲「分離主義者」(séparatistes)❿。十月的地方選舉，法國人民聯盟獲得百分之四十的選票，控制包括巴黎在內的所有大城市。戴高樂宣稱以後的選舉更會大勝。

在極左派方面，也有同樣的危險。一九四七年十一月十日，爆發革命性罷工。面對來自左右兩方的危險，莫萊和畢多認爲拉馬第似乎太軟弱。他們要嘗試「第三勢力」的經驗。修曼（Robert Schuman）內閣於十一月二十四日組成，社會黨的莫希(J. Moch)出任內政部長。布魯姆宣稱「共和已面臨危機」。事實上，三百萬罷工者帶來的麻煩日趨嚴重。公共建築、監獄受到攻擊，軍火工廠被占領，被破壞的鐵路導致造成傷亡之事故，電話線被切斷。

政府動員後備軍人，提出處罰妨害工作自由和破壞公共財產之法案。十二月九日，全國罷工委員會發出恢復工作的命令。罷工長達一個月，損失二千三百萬個工作天，阻礙莫奈計畫之實施，並將引發總工會之分裂。

受到共產黨和法國人民聯盟不斷的兩面夾攻，又在軍事預算方面與社會黨發生衝突，修曼在未被倒閣前就辭職。他的繼任者馬利（André Marie）和格伊（H. Queuille）也在同樣情況下臺。

---

❿ Charles de Gaulle, *Discours et Messages, Dans l'attente 1946-1958*, (Paris: Plon, 1970, Le Livre de poche), p. 103.

畢多面對著同樣的問題和同樣的人。內閣壽命受少數溫和派或激進黨議員心情之支配。內閣的立場傾向中間派。影響此時期政治生活的問題有四：

(1)工資和物價問題──自一九五〇年二月十一日法律賦予工資自由化之後，工資即由集體工約來談判決定；

(2)中南半島的問題──自一九四九年十二月共產黨占據中國大陸後，情況更爲嚴重；

(3)歐洲的建造問題──一九五〇年五月九日的修曼宣言，打開邁向「歐洲煤鋼共同體」（La C.E.C.A.）之路；

(4)冷戰轉向熱戰──一九五〇年六月二十五日韓戰的發生爲一轉捩點。

一九五一年的選舉制度改革，有利於現任第三勢力議員之連任。六月十七日國會大選，共產黨的席次大減，法國人民聯盟也未大勝，獲益的是社會黨和激進黨。這兩黨獲得的選票只比反對的共產黨和法國共和聯盟多出三十萬票，但卻獲得四百席，而反對黨共得二百二十一席。

一九五一年九月十日，小學生家庭補助款法案之通過，造成社會黨與人民共和黨之分裂，「第三勢力」宣告結束。

經濟和社會問題

在一九四七年年底之流血衝突後，經濟情況漸有改善。一九四八年，工業生產超過一九三八年水平的百分之十三。由於小麥豐收，麵包的配給於一九四九年一月取消。在往後數月內，限制逐一消失。到年底，配給委員會裁撤，物價恢復自由。

韓戰使情勢改觀。第三次世界大戰的威脅，促使各國增加庫存。在國際市場，原料價格上漲四成。受中南半島戰爭之累的法國，受到的影響特別嚴重。一九五一年三月，國外的物價開始下跌，法國的物價則因

投資和軍費造成的預算赤字而繼續上揚。

社會氣氛部分與此一演進有關。一九四七年十一～十二月發生的事件，造成總工會內部分裂。此一分裂之影響，顯現於一九四八年之罷工：礦工的工運，因政府利用剛成立不久的鎮暴部隊(Compagnies Républicaines de Sécurité)，以及工人的不關心而歸於失敗。

罷工的失敗和經濟情況的改善，帶給一九四九年數月的平靜。一九五〇年二月，國家除了規定最低工資外，工資完全自由化。對於集體工約，總工會持反對態度，其他工會的立場則不一。一九五〇年九月，雷諾汽車公司與各工會（總工會除外）達成下列協議：除了工資調高，承諾在罷工前之談判，未經三天之預告不停止工作，並且每個月勞資雙方檢討物價的演變。這是總工會的失敗和孤立，其會員自一九四七年的五百五十萬人，降至一九五二年的二百五十萬人。

儘管物價上漲很快，眞實工資已從落後逐漸追上，然而購買力在一九五二年仍然遠離一九三八年的水平。自一九三八年至一九五二年，物價上漲二十三倍，但工資只增十五倍。眞實工資仍然落後物價百分之三十。

國內物價上漲，可以解釋這些麻煩年代的貨幣難題。爲抑制物價上漲和供應工業所需之原料，必須進口；然而爲減少外貿赤字，則必須限制進口。這就是法國嚴格實施外匯管制和外貿非自由化之原因。法國三分之二的外貿赤字之彌補來自馬歇爾計劃之援助❶。然而，法郎還是於一九四八年一月二十六日再度貶值百分之四十四，且實施國際貨幣基金禁止的多重匯率。一九四九年九月，英鎊貶值百分之三十，法郎重新調整百分之四十後，情況才穩定。自此時起，法郎官方匯率將維持至一九五七～五八年而未變。

---

❶ 援助金額爲二十四億美元。

　　法國的經濟似乎完全依賴美國。如無美國的援助，經濟計劃的實現根本不可能。預定在一九五○年達成的目標無法實現，必須延至一九五二年。在這一年，農業生產較一九二九年超出百分之五，工業生產超出百分之九。一九五二年，重建工作已完成。然而，自一九二九年起，有一代之久，法國人的整體生活並未改善。

海外屬地

　　中南半島事件已爛透。大部分法國民意漠不關心。共產黨以火車司機和碼頭工人的罷工，表示反對遠征。然而，沒有任何一個內閣敢擔負撤出中南半島的責任，它對法蘭西聯邦其他部分將產生不良的影響。一九四八年六月五日，廢帝保大與法國代表波拉（Bollaert）簽訂保證越南獨立的「大龍灣協定」（Accords de la baie d'Along），其價值無法令法國人相信。

　　一九五○年一月，中共，隨之蘇聯，承認胡志明政府，越盟得到的援助，使之能在高平和諒山獲得大勝。

　　此時，韓戰正在進行，美軍開始來到中南半島，並視之爲同一戰鬥的另一戰場。一九五○年十二月，布呂溫內閣派遣塔西尼將軍到中南半島。他暫時穩定情勢，並於九月到美國訪問，試圖說服美國至少在財政上援助法國。一九五二年一月，塔西尼去世，沙龍將軍（Raoul Salan）擔任法軍總司令一職。此時，法國已無力再征服。越南的獨立受到列強的承認和保證。唯一的問題是，政權是否將是屬於共產黨？

　　在突尼西亞，儘管行政當局和歐洲僑民抗議，法國政府最初似乎傾向於寬大的解決方式；隨之，如同在中南半島一般，雙方關係又緊張，法國再度採取高壓政策。在摩洛哥，法國同樣對之施壓。一九五一年十月，阿拉伯國家將摩洛哥問題列入聯合國大會之議程。

法國與歐洲

在最初幾年，法國的外交政策以針對德國為主，致力於獲得德國的賠款，以及禁止西方占領區的結合。然而，法國國內脆弱，使之無法抗拒美英兩國對歐洲的主張。一九四八年六月，法國必須接受西方三個占領區的合併，但美英兩國也有三項讓步：

⑴承認薩爾自治，且經濟上附屬於法國；

⑵成立一個管制魯爾區煤產的國際機構，以便依照德國和盟國之需要，做公平的分配；

⑶一九四八年三月由英、法和荷比盧三國簽訂的布魯塞爾條約為一針對德國的政治和軍事同盟。

大西洋公約，在軍事方面為一九四九年四月四日的北大西洋公約組織(NATO)，使美國與包括法國在內的八個會員國簽訂協定：軍事物資將由這些國家製造，在這些國家儲存，而由美國付款。此外，北約組織在法國建立一個軍事基地。在法國正嚴重缺乏外匯之時，這是一筆重要的外匯來源。駐歐盟軍最高指揮部（SHAPE）在法國的洛崗固（Rocguencourt）設立。一九五二年，北約組織的所有非軍事機構皆設在巴黎。國家軍力結合於美國的指揮下，顯示出歐洲的衰弱和對美國的依賴。

為補救此一弱點，在兩次大戰期間曾興起一種結合歐洲國家的理念，可惜此一理念隨著經濟大恐慌之爆發而流產。在戰後，這是人民共和黨和社會黨所要達到的目的。英國的邱吉爾也有同樣的構想，他於一九四六年曾在巴黎主持一次會議，會中「歐洲運動」之提案頗受法國畢多之支持。然而，英國工黨仇視超國家的理念。法國的構想為成立一個由歐洲人民選出的議會；英國的構想僅是由各國政府指派代表，定期討論經濟和軍事以外的共同問題。

一九四八年十二月的新巴黎會議，採取折衷方案，成立「歐洲理事

會」（Conseil de l'Europe），由部長委員會組成，採取一致票決，且在斯特拉斯堡設立一個諮詢議會，其成員由各會員國國會指派。一九四九年五月五日，十個國家簽訂永久性規章⑫，歐洲理事會正式成立。

北約組織和歐洲理事會這兩個軍事和政治集團，法國皆是主要的催生者，也皆產生德國問題。一九四九年五月，西德成立，九月艾德諾（Konrad Adenauer, 1876-1967）出任總理。一九五〇年五月九日的「修曼宣言」，邀請西德加入「歐洲煤鋼共同體」，使西德與法國成爲平等的伙伴。

第三節　經濟繁榮和政治脆弱

自光復後，法國的執政多數之變動，由極左走向左，再走向中間偏右，並於一九五二年由畢內（Antoine Pinay）內閣之組成達到最頂端。然而，畢內內閣無法解決海外屬地問題，執政多數開始走回頭路，先是中間偏左，隨之在共和陣線（Le Front Républicain）贏得一九五六年大選之後又走向左。共和陣線還是無法解決阿爾及利亞問題，使該問題成爲第四共和崩潰的直接原因。

中間偏右的內閣（一九五二～一九五四）

一九五二年三月獨立派的畢內出任總理，也使法國人民聯盟大出風頭，因爲其成員有二十七位投同意票支持他。此一事件使戴高樂解散利用其名當選的國會議員所組成的法國人民聯盟黨團。

新總理認爲，貨幣的混亂源自國家的過度花費。他對經濟計劃不感

---

⑫ 到一九九〇年十月二日，匈牙利的加入，使歐洲理事會的成員變成二十三個。見 *The China Post*, Oct. 3, 1990.

興趣，對歐洲的立場模稜兩可，因爲他畏懼德國的競爭，但卻讓修曼出掌外交。畢內兼財政部長，將國防部交給布呂溫。

在財政方面，他採取通貨緊縮政策，管制物價，減少政府投資以縮減公共開支。然而，他的財政政策並未有效控制物價之上漲，反而突然延緩經濟的成長。在一九五二年，工業指數只成長百分之一，而前一年則成長百分之十二。

一九五二年十二月，畢內內閣垮臺。繼任的馬葉（René Mayer）爲歐洲問題、逐漸嚴重的中南半島事件，以及經濟危機所困擾。到他下臺時，內閣危機持續一個月。經過幾次失敗，歐里歐總統請藍尼葉（Joseph Laniel）組閣，三位前法國人民聯盟成員首次入閣。財政部長由佛爾（Edgar Faure）擔任，他試圖獲得穩定發展。

一九五三年總統的選舉，更確定中間偏右的趨勢。寇蒂（René Coty）在第十三回合的投票中當選。他是屬於溫和派。參與總統選舉的藍尼葉，在敗北後勢力大衰，此外也無法解決中南半島問題。一九五四年六月十二日，在受到曼德斯‧法蘭西（P. Mendés-France）之嚴厲批評後，藍尼葉被倒閣。

曼德斯‧法蘭西內閣

內閣的壽命雖然只有八個月左右，但其重要性卻不可忽略。曼德斯‧法蘭西自一九四五年因財政重建計劃未被採用而離開戴高樂的臨時政府⓭。此後即未再入閣。他強烈的個性讓人預測到一個雅各賓式的政府新形式，能恢復國家的權威，擺脫政黨的陰影，而事實上他立即顯示出其獨

⓭ 曼德斯‧法蘭西主張光復後的財政政策應採取嚴厲的措施，戴高樂的本性雖然同意他的主張，但惟恐引起公衆抗議，所以未支持他。詳情請參閱吳圳義，《戴高樂與法國的重建》，（臺北：幼獅文化公司，民國六十六年），頁一七六～一七七。

立的意願，其內閣之組成不經慣例的諮詢。

曼德斯‧法蘭西內閣的首要難題仍是中南半島的戰爭。塔西尼將軍去世後，情況迅速惡化。擁有四十萬大軍的沙龍，無法抵抗越盟在東京灣的攻擊。法國的民意已是灰心透頂，不是預測這一場戰爭將以災難收尾，就是譴責戰爭所費甚昂，儘管美國已分攤百分之四十的費用。法國政府除了投降之外，似乎無法找出其他解決方法。藍尼葉於一九五三年發表一篇宣言，承諾完全獨立，但未同意將權力交給胡志明政府。他希望，史達林死後的國際關係和緩，以及七月二十七日韓戰停火，將有利於談判。

事實上，西方國家於一九五三年十二月在百慕達，隨之於一九五四年一～二月在柏林的會商，導致中共將被邀請出席的日內瓦會議之召開。為求在此一會議席上能加強發言的分量，法國需要在中南半島的一場勝仗。這是「納瓦爾計劃」（Le Plan Navarre）的目標。依照該計劃，法軍占領奠邊府的漏斗形地，希望誘入和摧毀越盟武力。然而，一九五四年三月十三日，武元甲，在中共的強力支援下，對法軍陣地發動攻擊。法軍很快陷入困境。藍尼葉請求美國和英國援助，但毫無結果。法軍陣地被包圍，遭受猛烈砲轟，外援中斷。此時，於一九五四年四月二十六日開幕的日內瓦會議正在開會，與會者包括中共和蘇聯等十六個參加韓戰的國家。越盟正式出席該會議。

五月七日，奠邊府陷落，法軍傷亡者達四千人，被俘者有八千人，法軍的精銳盡失。藍尼葉在國會受到曼德斯‧法蘭西激烈攻擊，他揭露奠邊府被困法軍的慘狀，造成民意對遠征軍命運之關心。

曼德斯‧法蘭西繼任總理後，承諾至遲在七月二十日達成協議。事實上，日內瓦協議於七月二十日夜簽字。依據該協議，以北緯十七度為界，雙方部隊各向南或北後退，法、越部隊將在三百天的期限內，運往南部；寮國和柬埔寨中立；一個國際委員會監督協議的執行，以及兩年

內將在越南舉行的選舉。

日內瓦的決定在法國廣受歡迎。六年半的戰爭，不包括美援，已耗去二兆舊法郎⓮，將近十萬人死亡，其中有二萬人來自法國本土。事實上，中南半島慘劇，結束了法蘭西殖民帝國，以及第四共和。戰爭的革命面貌、殖民地部隊的重要參與，以及法軍的失敗，將影響非洲法屬擺脫法國統治的意願。另一方面，法國軍中幹部，首次接觸此一既是軍事又是政治的新型戰爭，戰敗但卻帶著被巴黎那些政客拋棄之羞辱，他們此後隨時準備反抗一個似乎有意接受任何投降的政權。

在非洲方面，突尼西亞和摩洛哥問題早已存在。藍尼葉政府曾試圖在突尼西亞採用較自由的政策，提議在議會和內閣中法國人和突尼西亞人的代表相等；然而自一九五二年被軟禁的布奇巴 (Habib ibn Ali Bourguiba)⓯，還是認為不夠。曼德斯・法蘭西解決中南半島的問題後，與摩洛哥和突尼西亞事務部長傅榭 (Christian Fouchet)，以及歐洲僑民較信任的朱安元帥 (Le Maréchal Juin)，趕至突尼斯。在其迦太基的演說中，曼德斯・法蘭西承認「突尼西亞國家內部自治」；此一重要突破，將導致其獨立⓰。

在摩洛哥，法國駐在當地官員利用摩洛哥內部鬥爭，迫使老蘇丹退位，並以親法國的阿拉法 (Bou Arafa) 取代之。老蘇丹被流放到科西嘉，隨之又到馬達加斯加。老蘇丹的被廢，在卡薩布蘭加和奧吉達 (Oujda)引發流血衝突。然而，法國政府，面對既成事實，似乎對非其所做的決定背書，並任情況惡化。

⓮ 現行新法郎，一法郎等於一百舊法郎。

⓯ 布奇巴曾在巴黎大學法學院就讀，擔任律師和辦報鼓吹突尼西亞獨立，在一九三四～四二年間，多次被法國當局逮捕入獄。突尼西亞獨立後，相繼擔任過總理、總統。

⓰ 突尼西亞獨立經過，請參閱 Alfred Grosser, op. cit., pp. 354-362.

最後，曼德斯·法蘭西面臨阿爾及利亞叛變。在阿爾及利亞，兩支民族運動興起，皆要求自治，而非獨立；然而一九五四年在埃及開羅成立的「民族解放陣線」(Le Front de la Libération Nationale)，集合阿爾及利亞各個反殖民主義組織，其目的在於清除一切殖民制度和達成阿爾及利亞的獨立自立，於是大規模的反叛和城市的恐怖活動從此展開。

一九五四年十一月一日，回教徒的叛亂全面展開。十一月十二日，總理曼德斯·法蘭西在國會宣稱「阿爾及利亞，即是法國」，所以他決定任命一位自己的親信爲阿爾及利亞總督，協助他處理該地區的事務。翌年一月二十五日，戴高樂派的蘇斯德爾 (Jacques Soustelle) 出任此一職位。此項任命視爲危及法國在阿爾及利亞的勢力，受到許多國會議員反對，因此成爲二月五日曼德斯·法蘭西內閣垮臺的主要原因之一❼。

在外交問題方面，最重要的是以修曼計劃和歐洲理事會開其端的歐洲統合。繼「歐洲煤鋼共同體」之後，其六個會員國同意成立「歐洲防衛共同體」(La Communauté Européenne de Defense)。有關該共同體之條約提到國會批准時，各黨派意見分歧：共產黨和前法國人民聯盟，非常仇視；人民共和黨，有部分完全贊同；其他的社會黨、激進黨和溫和派，則反對和贊同者約各占一半。至於民意方面，戰爭似乎仍然猶在眼前，與西德關係那麼密切，並非妥當。法國人民擔心德國復甦過快，而法國卻因海外軍事作戰和鉅額軍費，阻礙其發展。法國的這些猶疑，顯現在內閣上，這也是爲何曼德斯·法蘭西拒絕親身介入，或以其政府之存在做爲賭注，參與批准之辯論。一九五四年八月三十日，歐洲防衛共同體條約被法國國會拒絕。

此一軍事計劃之失敗，阻礙歐洲的統合。歐洲理事會的諮詢議會曾

---

❼　Jacques Chapsal, *La vie politique en France depuis 1940*, (Paris: PUF, 1966), pp. 255-256；蘇斯德爾後來變成與歐洲僑民的關係過於親密，立即被調走。

於一九五二年獲得歐洲煤鋼共同體六個會員國之同意，成為成立聯邦計畫之籌備成員。歐洲防衛共同體被拒，上述計畫也就沒有存在的必要。

一九五四年九月，曼德斯・法蘭西提議並導致一九五四年十月六國和英國之間巴黎條約的簽字。根據該約成立「西歐聯盟」。西德在其建議下於一九五四年加入北約組織。西德加入西方防衛體系，導致蘇聯之不滿，並中斷一九四四年的法蘇條約。

在憲法修訂方面，曼德斯・法蘭西於一九五四年十一月三十日讓國會通過一九四六年憲法的一項修正案，其目的在於減少內閣危機和國民議會的優勢，以恢復第三共和憲法之形式。根據此一修正案，總理之任命只需簡單多數，但倒閣則仍需絕對多數；共和國會議也恢復其立法權；如遇國會解散，內閣仍維持至下次的國會選舉。

曼德斯・法蘭西非常獨立的治理方式已遭到許多國會議員之批評，前述憲法修正案使之樹敵更多。一九五五年二月五日，他被倒閣。

佛爾內閣

與曼德斯・法蘭西同為激進黨員，但個性不同。佛爾反對其前任總理，因而被逐出激進黨。他也決定恢復國家權威。此一權威遭面臨外交和海外屬地問題。

在外交方面，一九五五年十月薩爾居民以百分之七十的多數，拒絕歐洲規章，這可能妨礙到整個德國問題的解決。然而，西德如同法國，盡量避免事件擴大，以免有礙歐洲的建造。

對突尼西亞也採取同樣的妥協態度，讓布奇巴能於一九五五年六月返國；幾天後，突尼西亞的自治獲得承認。摩洛哥的情形類似。被罷黜的老蘇丹於一九五五年十一月復位。

佛爾上臺後，也一再強調法國絕不放棄阿爾及利亞，並將在尊重當地的語言和傳統的條件下，進行完全的統合工作。事實上，佛爾內閣的

阿爾及利亞政策，仍然受到種種牽制，無法確實執行，因而引起回教徒領導分子的不滿。儘管法國不斷從本土增派援軍到阿爾及利亞，但是恐怖事件繼續發生，叛亂依然無法敉平。

　　為尋求另一新政策，佛爾於一九五六年一月，提早半年舉行國會議員選舉，並且不讓阿爾及利亞的回教徒和歐洲僑民參加選舉。

第四共和之結束

　　巴黎政局的混亂，阿爾及利亞問題無法解決，造成戴高樂東山再起的良機，也結束了第四共和。

　　在阿爾及利亞問題方面，莫萊內閣新政策的基本原則為：構成阿爾及利亞人口的兩項要素，必須置於平等的基礎上，而巴黎政府必須成為仲裁和調節者。直到此時，所謂平等的原則經常受到嘲弄。個人的平等從未成為問題。自一九四七年「阿爾及利亞條例」未能實施以後，甚至團體之間的平等，也無法做到。如此的平等，對於少數團體——歐洲僑民來說，似乎仍然太過分。在一九五六年初期，要建立兩個團體間的平等，好像已經太遲。「民族解放陣線」所要求的是個人平等，亦即多數的回教徒決定其命運的權利。然而，許多回教徒尚猶疑不決，而且無疑地將可能接受把阿爾及利亞的政權分成兩半的辦法，如果這一次屬於他們那一半政權並不是一種誘餌的話。可惜，二月六日，此一希望也告幻滅。

　　莫萊於一月底任命加特魯（Georges Catroux）為駐阿爾及利亞部長。歐洲僑民認為加特魯將軍會向阿拉伯民族主義屈服，因而於二月六日莫萊總理先行抵達阿爾及爾時發動大規模示威遊行。法國總理對於阿爾及利亞情勢的瞭解只是片面的。加特魯未上任就辭職，對於歐洲僑民來說是一大勝利；但在大多數回教徒眼中則認為，巴黎再一次放棄仲裁者的角色，巴黎支持強大的少數，以對抗受侮辱的多數。法國政府的政策不定，言行不一，使得原本相當溫和的阿巴斯（Ferhat Abbas）也毅

然決然地於四月下旬轉向「民族解放陣線」。

國防部長曼德斯・法蘭西反對莫萊忽視阿爾及利亞回敎徒的感情和不幸的政策，認爲這將逐漸由失去阿爾及利亞人，進而失去阿爾及利亞，隨之失去整個法屬非洲，這是放棄的政策。他終於在五月二十三日向莫萊提出辭呈。

自一九五六年九月至一九五八年六月，法國內閣的更替更爲頻繁⓲，巴黎當局一方面尋求新的「阿爾及利亞條例」，另一方面繼續增兵希望撲滅阿爾及利亞的回敎徒叛亂。可是巴黎的努力仍然一事無成，阿爾及利亞問題不但依然存在，而且還愈來愈惡化。

戴高樂自一九四六年一月辭去總理職位，在隱居十二年之後，能夠東山再起，阿爾及利亞問題的惡化與巴黎政治的混亂和政府的無能，固爲其主要客觀因素；然而，主觀方面，戴高樂耐心的等候良機，以及戴高樂派的製造良機，更爲重要。

杜維志 (Maurice Duverger) 在一九五八年二月稱，除了戴高樂之外，在法國沒有人能獲得足夠的信任和威望，以解決法國當前面臨的難題⓳。不錯，戴高樂在法國人民心目中，是具有相當的威望，也能獲得足夠的信任。然而，若非戴高樂派刻意的安排和積極製造機會，戴高樂能否順利復出，也是一大疑問。

戴高樂派以「社會共和黨人」(Républicains Sociaux) 爲核心，這是戴高樂一九五八年復出的主力⓴。五月十三日事件爲戴高樂由靜而動

⓲ Guy Mollet (1956 年 2 月 1 日～1957 年 5 月 21 日)，Maurice Bourgès-Maunoury, (1957 年 6 月 12 日～9 月 30 日)；Félix Gaillard (1957 年 11 月 5 日～1958 年 4 月 15 日)；Pierre Pflimlin (1958 年 5 月 14 日～5 月 28 日)；Charles de Gaulle (1958 年 6 月 1 日～1959 年 1 月 8 日)。

⓳ M. Duverger, *Le Monde*, 7 mars 1958; Jean Charlot, op. cit., p. 73.

⓴ Roy Pierce, *French Politics and Political Institutions*, (New York: Harper & Row, 1973), p. 46.

的重要關鍵。

此時，阿爾及利亞為所有對政府不滿者的集中地。法國軍官，大都認為這是一雪放棄中南半島、摩洛哥和突尼西亞的奇恥大辱的機會。他們深信，法國將能帶給阿爾及利亞人，充分證明戰爭的努力和所流的血並非白費的社會轉變。最後，他們以及一部分法國民意，認為阿爾及利亞的民族主義，為國際共產主義的「接待室」(anti-chambre)。無疑地，軍中有些自由主義分子，深切體認到迅速讓殖民地獨立的必需性，但是在此種氣氛下，他們顯得相當孤立[21]。

戴高樂派原先就計劃利用支持阿爾及利亞的歐洲僑民之暴亂，以在首府阿爾及爾的市中心，建立公權力機構，形成一種「事實的權威」(autorité de fait)。然後，再迫使巴黎當局邀請戴高樂出來組閣。

此一計畫在五月十三日獲得實施的機會。這一天，三名法國士兵被阿爾及利亞叛軍處死，剛好成為歐洲僑民示威的藉口。在戴高樂分子的操縱下，總督府被民眾占領，軍隊在阿爾及爾奪權。軍方領袖要求由戴高樂出來，在巴黎組成一個強而有力的政府。五月十五日，駐阿爾及利亞的法軍總司令沙龍，在總督府的陽臺上高呼「戴高樂萬歲!」這是軍方公開支持戴高樂的表示。

在親戴高樂的政治家和負責阿爾及利亞叛變的傘兵軍官的策劃下，科西嘉於五月二十四日發生不流血叛變，為數不到二百五十名的傘兵控制了科西嘉。此舉顯示出，如果無法以合法方式讓戴高樂掌握政權，他們將不惜冒內戰之危險，以武力去達到目的。二十四小時之後，發生另一項對巴黎當局的嚴重打擊。法國地中海艦隊總司令歐包諾 (Admiral

[21]　Paul-Marie de la Gorce, *De Gaulle entre deux mondes*,(Paris: Fayard, 1964), p. 526.

Philippe Auboyneau）㉒宣布支持戴高樂和阿爾及利亞的叛軍。

戴高樂派所導演的這一連串事件,的確爲巴黎當局帶來莫大的震撼,讓巴黎的政壇人士深深感覺到, 必須在「戴高樂或混亂」（De Gaulle or Chaos）之間, 做一抉擇。

五月十五日, 戴高樂打破幾年來的沈默, 發布一篇只有七行的宣言, 表示他準備接掌共和國的職權。十九日, 他舉行記者會, 說明法國當局處境之原因, 並且補充五月十五日的宣言。

阿爾及利亞和科西嘉的叛變, 法國本土變成混亂的可能性, 以及軍隊對政府含糊的立場, 使法國政界領袖（共產黨除外）逐漸相信, 由戴高樂出來組閣, 爲打破僵局的唯一途徑。五月二十八日, 總理普林姆蘭（Pierre Pflimlin）被迫辭職。

六月一日, 戴高樂受命組閣, 其任命經國民議會以三百二十九票對二百二十四票, 表決通過。翌日, 國會投票授與他至十二月爲止, 在阿爾及利亞具有不受國會控制的治理權力, 以及修訂憲法的權力。六月三日, 在一次僅有十分鐘的會議後, 國會解散, 休會六個月㉓。

㉒ 歐包諾曾於一九四二年三月出任自由法國的「國家委員會」的海軍和商船委員。該委員會的主席爲戴高樂。

㉓ F. Roy Willis, *France, Germany and the New Europe, 1945-1967*, (London: Oxford University Press, 1968), p. 275.

第十六章　戴高樂與第五共和

自一九五八年六月出任內閣總理後，戴高樂即積極爲「第五共和」
（La Ve République）催生。他不但創建第五共和，而且在將近十一年
執政期間，爲未來的法國政治留下旣深且遠的影響。

第一節　第五共和憲法

第四共和的主要缺點有四：憲法的先天不足；行政權的萎縮和政府
的無能；內閣的不穩；政黨的勢力過分膨脹。針對上述之缺點，戴高樂
提出一套新的憲政構想，這也是制訂第五共和憲法的指針。

戴高樂的憲政觀念

戴高樂著手擬訂的一九五八年憲法，一般人稱之爲「拜優憲法」
（Constitution de Bayeux），因爲一九四六年六月十六日，他在拜優的
演說中已描繪出一部法國所需的憲法❶。一九五八年產生的第五共和憲
法，就是以「拜優原則」爲基礎，而且二者在許多方面差不多一樣。

---

❶ Charles de Gaulle, *Les Mémoires d'espoir, Le renouveau, 1958-1962.*
(Paris: Plon, 1970), p. 40; Charles de Gaulle, *Discours et Messages,
Dans l'attente 1946-1958* (Paris: Plon, 1970), p. 5-11. 法國政治學家
Maurice Duverger 即稱拜優的演說爲「拜優憲法」。

一九五八年六月一日，戴高樂在國民議會演說時，提到構成共和政權的三項原則：普選爲一切權威的來源；行政權和立法權必須確實分立，使政府和國會雙方在各負其責的情形下，充分執行其權力；政府必須對國會負責❷。這三項原則，一般說來，也可視爲「拜優原則」的翻版。

戴高樂特別強調總統權的伸張。總統爲一國之元首，他認爲不應僅徒具虛名，因此總統權應有其優越性。國家元首必須由較國會更大的選舉團選出，以眞正代表法國和法蘭西聯邦，有權任命各個政府，主持其會議，簽署其命令，並在國會無法正常運轉，或無法支持任何政府時，得解散之。最後，他要能確保國家的獨立、領土的完整和依法所簽訂條約的遵守，因此戴高樂一再強調，新憲法必須賦予總統緊急權力，避免重蹈一九四〇年法國慘敗之覆轍❸。

談到內閣的責任問題時，戴高樂認爲，法國政府必須是一批具有相似觀念和信念的人們之結合，以共同的行動在一位領袖的領導下，聚集在一起，對國會負有集體的責任，並爲所有的行動、成就和錯誤，做到眞正的和強迫性的利害與共。否則，這只不過是一種行政機構，而非政府。至於政府的來源，他說，政府非來自國會，也非來自各政黨，而是來自在這些政黨之上，一個由全民直接授權的首領❹。

戴高樂認爲，立法權須受限制。國會應只限於制訂法律，監督政府，而非自己直接或間接的統治。

---

❷ *Keesing's Contemporary Archives*, July 12-19, 1958, p. 16283.
❸ Roy Pierce, *French Politics and Political Institutions*, (New York: Harper & Row, 1973), p. 61.
❹ Charles de Gaulle, *Discours et Messages, 1946-1958*, p. 31; Charles de Gaulle, *Le Renouveau, 1958-1962*, p. 11.

憲法產生的經過

　　一九五八年六月三日，國會兩院相繼以三分之二的絕對多數，通過戴高樂政府所提的憲法改革法案。經國會授權後，制憲工作迅速展開。十二年前戴高樂在拜優發表的演講詞爲新憲法之架構。司法部長德布雷（Michel Debré）將盡量遵照戴高樂的憲政觀念去起草新憲。

　　德布雷可稱爲制憲工作的總工程師，他與其他十八位法學家組成的「專家委員會」以最快的速度，在拜優的演講詞的骨架上填補肌肉❺。專家委員會先完成新憲的章節，然後由委員會的十二位委員，分成二～三人的小組，負責被指定各章節的草擬工作。每一小組完成的草案，將逐一交給由戴高樂主持的部長會議討論。

　　部長會議的討論進展緩慢，後來戴高樂改變草擬的程序，要求德布雷準備一份完整的草案，於一九五八年七月二十九日公布，並經部長會議討論定案。

　　九月二十八日舉行憲法草案的全民複決。在舉行複決前，贊成和反對新憲雙方，展開激烈的活動。

　　除了戴高樂本人到全國各重要都市演講❻，說明新憲的用意，並且呼籲大家在複決時全力支持外，戴高樂派對於新憲複決活動的宣傳，可說無所不用其極。身爲政府宣傳部長的蘇斯德爾，在不到一個月之內，更換「法國電視廣播公司」的十位最高級負責人，除了一個例外，全部以社會共和黨，亦即戴高樂派的領導人物取代之。此外，還到處利用招貼、標語、報紙、電影等來爭取選民的支持，甚至還利用飛機在各大城市上

---

❺　Brian Crozier, *De Gaulle, The Statesman*, （London: Byre Methuen, 1973）, p. 491.

❻　他在巴黎、波爾多、里耳、雷內和斯特拉斯堡等地發表演說。

空，寫下「VOTEZ」（請投票）五個大字母，以提醒選民不要缺席❼。

反對新憲的非共黨人士，以曼德斯・法蘭西和密特朗爲主。在九月五日的記者會中，曼德斯・法蘭西詳細說明他們反對新憲的理由，而且還批評舉行複決的方法。法共機關報——《人道報》（*L'Humanité*）是反對者的唯一喉舌。法國共產黨也是反對新憲最積極的黨派。因此，在將軍們和共產黨之間做一抉擇的情勢，變成對戴高樂更爲有利。

九月二十八日，法國本土、阿爾及利亞和法蘭西聯邦的選民，要對新憲的命運做最後的決定。法蘭西聯邦的成員中，除幾內亞（Guinea）之外，其餘皆贊同新憲法。在阿爾及利亞，贊成票高達百分之九十六點五。法國本土也以一千七百六十萬的同意票，亦即占投票總數百分之七十九，對四百六十萬反對票，通過第五共和憲法。出席投票率高達百分之八十五，這是空前未有的❽。

新憲法之特點

第五共和憲法著重於行政權的擴張和立法權的抑制。

新憲法針對法國行政機構的自主和權力的提高，以便國家能延續，權力能穩定和公共行動能有效率。總統權力的提高，爲達成這些目標的最重要手段。在第五共和憲法中，就可發現它的確賦予國家元首一項空前的重責大任。

在形式上，國家元首在第五共和憲法中的地位，顯然與前大不相同。第三共和和第四共和的憲法條文中，共和國總統一章，名列國會之後；而在第五共和憲法中，則正好相反，國會不但列在總統，而且還列在政

---

❼ 請參閱 Pierre Viansson-Ponte, *Histoire de la République Gaullienne*, *t. I*, (Paris: Fayard, 1971), pp. 69-70.

❽ Charles de Gaulle, *Le Renouveau*, p.44; *Keesing's Contemporary Archives*, Dec. 13-20, 1958, p. 16543.

府之後❾。這足以顯示出立憲者的用意。

在實質上，第五共和憲法帶給總統下列幾項前所未有的重要權力：

(1)內閣總理的任免權——根據憲法第八款，總統得任免內閣總理。此一任免並非像以往只具形式，而是擁有相當自主權。向國會負責的總理，在取得國會的信任之後，還須聽總統之命而離職。因此，內閣不再從國會議員手中接受任命狀。

(2)國會解散權——憲法第十二款規定，總統在諮商總理和國會兩院議長之後，得以解散國民議會。此一權力的實施有下列兩項限制：一為總統正在實行緊急權力時；另一為經解散後，重新選出的國民議會尚未屆滿一年。這可說是法國實行共和以來，賦予行政機構限制最少的國會解散權。憲法給予總統解散國會的種種方便，使國會面臨著可能被解散的威脅，而不敢常常提出和通過不信任案，這就有助於內閣的穩定。

總統除了有國會的解散權外，還支配著國會臨時會的召集。

(3)緊急權力——憲法第十六款賦予總統採取緊急特別措施的權力，但須經諮詢總理、國會兩院議長和憲政會議 (Conseil Constitutionnel)，且須符合下列兩項條件：

(a)共和國體制、國家的獨立、疆域的完整，或者國際條約的履行，遭到嚴重和立即的威脅；

(b)憲法規定內的公共權力之正常運轉，宣告中斷。

(4)複決提出權——在國會開會期間，透過政府的正式建議，或國會兩院的聯合建議，總統可將有關公共權力組織的法案，提出來複決。如果複決通過，總統在規定期限內，依法公布實施。

利用複決的方式，來促使重要法案通過，如此可擺脫國會。一般人

---

❾ Jacques Godechot, *Les Constitutions de la France depuis 1789*, (Paris: Garnier-Flammarion, 1970), pp. 331-332; pp. 376-384; pp. 424-431.

皆認爲，這是戴高樂藉此來削減國會的權威和重要性❿。

本來憲法並未給予總統主動提出複決的權力，總統只是應內閣或國會之要求，決定拒絕或同意爲其舉行複決。但因爲複決爲人民執行主權的方式之一，與透過人民的代表意義相同，而且複決亦爲尋求選民支持的另一方式，所以戴高樂在往後的複決，都是他主動提出的。這跟他具有下一權力有關。

⑸決定內閣的政策——總統主持內閣會議，內閣會議的決議必須由他簽署，以及解散國會和複決的決定不再由負責的閣員副署等規定，皆使第五共和時期的總統左右著內閣的政策。

除了大幅度增加總統的權力之外，第五共和憲法還擴大總統的選舉團。選舉總統的選舉團，不但包括國會議員，還新增省議會議員、海外屬地議會議員，以及各鄉鎭市民代表會代表。選舉團成員總數爲八萬一千七百六十四人，比原先的國會兩院議員的總數，高出甚多。選舉基礎的擴大，意味著受到較廣大民衆的支持，總統的威望將因而提高⓫。

第五共和憲法賦予總統廣大的權力，同時也讓內閣增加不少施政的方便。根據憲法第三十八款，爲執行其計劃，政府可以向國會要求准予在固定期限內，以命令去採取通常屬於法律範圍的措施。此一做法，雖非第五共和的一項創新，但卻是在第五共和才列入憲法條文中。此外，第五共和憲法還增強了政府的財政控制權和內閣措施的優先權。

爲求內閣的穩定和權威，第五共和憲法不但要擴大行政權，而且還要抑制立法權，以減少往日那種對政府的干預和壓迫的權力。第五共和憲法抑制立法權的新措施有下列幾項：

❿ Dorothy Pickles, *The Government and Politics of France*, vol. 1, (London: Methuen & Co., 1972), p. 58 & p. 63; Roy Pierce, op. cit., pp. 62-63.
⓫ 一九六二年通過的憲法修正案，將總統選舉改爲由全體公民直選。

(1)內閣閣員不得兼任國會議員——憲法第二十三款禁止閣員兼任國會議員。任何國會議員同意在政府裏服務，必須在接受任命後三十天內，放棄其國會席次，而且在下一次大選前，不得爭取國會的席次。

此一規定具有下列兩項用意：除去造成內閣不穩的一個因素，亦即不使議員有以倒閣來增加獲得官位的機會；保護部長免受政黨或選區利益團體的政治壓力。

(2)憲政會議對國會決議案之限制——憲政會議為第五共和的一項創新，它對立法權構成種種限制。根據憲法第六十一款，各項頒布之前的政府組織法和實施之前的國會法規，必須交付憲政會議審查其適憲性。

憲政會議以下列兩種方式剝奪國會某些傳統的表示方式：

(a)裁決議員有關增加支出的個別法案和修正案為不合程序；

(b)限制國會利用決議案的投票，或利用口頭質詢和辯論之後的表決，以批評政府的機會。

(3)倒閣變為不容易——根據新憲法的規定，倒閣的方式只有下列三種：

(a)政府的施政計畫，或一般施政報告，未獲國民議會出席多數票之支持。但憲法第四十九條並未規定一位總理上任後，必須在何種期限內向國會提出施政計畫或報告，因此新總理可以決定不提任何計畫，或者只提計畫而不要求表決；

(b)不信任案獲「絕對」多數票通過。所謂絕對多數，係指實際出席投票贊同者。凡未投票的議員，事實上被視為政府的支持者，這是與以往的規定不同；

(c)政府對一法案或部分法案的通過，宣稱「保證責任」，引起不信任案的提出，並且表決成功。

憲法的新限制，使不信任案的提出不易，成功的或然率更是微乎其微，而且總統所擁有的國會解散權，使國會議員不敢輕舉妄動。

(4)立法範圍受到明確限制——第五共和憲法與法國傳統的無限制議會主權不同，它在第三十四款明文列舉國會立法的範圍，並將其餘的留給政府以法令去決定。此外，政府還常以「阻礙投票」(vote bloqué)，阻止議員對議案的修正。

(5)常會時間受限，臨時會召集不易——國會的常會每年兩次，總共只有一百七十天。臨時會的召集，除了要由總理或國民議會多數議員之提議，總統對之還有最後的決定權。

第二節　德布雷內閣和阿爾及利亞戰爭結束

戴高樂控制立法和行政

為準備國民議會選舉，戴高樂派於一九五八年成立「新共和聯盟」(L'Union pour la Nouvelle République，簡稱 UNR)。為減少政黨的影響力，比例代表制被廢，而以兩回合單一選區多數票當選制取代之。

國民議會選舉結果，在法國本土四百六十五席次中，共產黨得到十席，社會黨四十四席，新共和聯盟以一百九十八席成為最主要議會黨團，溫和派獲得一百三十三席。德菲爾 (Gaston Defferre)、曼德斯·法蘭西、佛爾等人落選。在四百七十五位原任議員中，有三百四十四人失去其席位。很明顯表示，選民傾向中間偏右，且支持年輕新人。

十二月二十一日，選舉總統，毫無疑問地，戴高樂在七萬九千四百七十票中，獲得六萬二千三百九十四票，以壓倒性多數當選。

貨幣的改革

由於蓋亞 (Félix Gaillard) 內閣採取的通貨緊縮措施和一九五七年八月法郎貶值，一九五八年前幾個月的國內外財政情況已有改善。隨之，

國內的危機導致儲蓄者的恐慌，資金外流，海外的債權不轉回國內。直至一九六〇年一月一直擔任財政部長的畢內，在一九五二年也曾遭遇相同情況。他採用相同的通貨緊縮措施：借貸二億美元、課徵一種特別的國內稅、增加間接稅、取消一九五六年莫萊內閣決定的津貼和對公共基金投資的限制、中止軍人之退役（一九六〇年再度恢復）等等。

對未回流的資金給予寬容，所產生的效果很有限。可能帶來經濟萎縮的前述措施，只在信心方面產生立即的影響，但未能恢復對外支付的平衡。英國準備重建其貨幣之兌換率，歐洲經濟合作組織的大部分成員群起仿傚。另一方面，歐洲共同市場第一階段於一九五九年元旦開始實施，法國無法以一個弱勢貨幣參加。呂葉夫（J. Rueff）主持的委員會提出下列的問題：第五共和拒絕承認第四共和所簽的條約，不參加共同市場，其貨幣的兌換率就能維持；或者，接受羅馬條約，但貶值則無可避免。法國政府採取第二種方案。一九五八年十二月底，政府採取下列三項相互關聯的決定：

⑴法郎貶值百分之十七點五五，亦即一美元等於四百九十三點七法郎；

⑵與歐洲經濟合作組織之交易自由化；

⑶法國參加共同市場，同意自翌年元旦起，首次降低關稅。

法國還取消給予國有化企業的最後補助，以及工資與農產品價格之聯繫。一九五九年元旦，採用新法郎。一新法郎等於一百舊法郎。事實上，這純粹是心理的措施，因為貨幣的兌換率毫無改變。

政治方向

政權新風格很快出現。一九五九年一月九日組成的內閣，社會黨人不再出現。畢內擔任財政部長。在二十七位閣員中，有十位未曾擔任過

國會議員。由於戴高樂的個性⑫和阿爾及利亞問題，使政府和德布雷總理，成爲總統府所制訂政策之溫馴執行者。總理以往也是國會議員，他負責執行經過國會兩院討論過的政策；現在的總理，此後僅向國會取得經最高當局決定大原則的政策之贊同。在所謂「保留部門」（domaine réservé），亦即外交、國防和阿爾及利亞等方面，總理更無置喙之餘地。國會的褪色，有助於內閣壽命的延長，但閣員之更動仍相當頻繁。

瞭解得到民意的支持方能掌權的國家元首，不斷需要民眾的贊同，更需要其熱情。他經常巡視全國，以獲得群眾的衷心支持，經過公民投票之舉行，做爲直接徵詢民意的主要方式。

外交政策

外交政策以國家的獨立爲最重要的前提，因此戴高樂一方面仍然忠於大西洋聯盟，另一方面則與蘇聯接近，在兩大強國之間維持一種中立。在第二次世界大戰期間，羅斯福總統給他的種種打擊，可能令他心生不滿，但他相信與美國聯盟的維持，對法國來說是不可或缺的。

一九四九年毛澤東的勝利，使之產生兩大共產國家必將分裂的預感。此一分裂出現在一九六〇～一九六三年間。同時，他覺得「自大西洋至烏拉山」的歐洲，可能性更高。戴高樂未被邀參加的雅爾達會議（La Conférence de Yalta），產生了民主與共產兩大集團。

第二次世界大戰導致共產集團勢力大爲擴展，西歐國家更加衰微，以及美國在歐洲影響力快速增加。北大西洋公約組織就在這種情形下誕生。

美國挾其雄厚財力和強大的軍力，尤其是具有壟斷性核子武力，「製

---

⑫ 有關戴高樂的個性，請參閱拙著，《戴高樂與法國的重建》，（臺北：幼獅文化公司，民國六十六年），頁四三～四八。

造」，並且支配此一西方民主集團的共同防禦體系。西歐國家在面臨著共產集團的威脅，而又無力自衛的時候，不得不求助於美國核子傘的庇護。

到了一九五八年戴高樂再度掌握法國政權時，北約組織已經存在了九年之久。在這段期間，歐洲和整個世界的情勢已有很顯著的改變。蘇聯成爲第二個核子國家，美國核子壟斷時代已成過去；西歐的經濟重建工作，大體上已完成；而且在不久之後，蘇聯又與中共不斷發生衝突。這些客觀條件的存在，構成戴高樂要求改變北約組織現狀的藉口。

然而，戴高樂會不斷在北約組織中製造問題，其最主要原因乃是其主觀意識在作祟。法國的偉大是他夢寐以求的理想。依照北約組織現狀，法國必須犧牲部分軍事方面的主權，這是戴高樂不樂意做的事情；最令他不滿的是，此一組織所有政策的決定權，完全在美國人手中，法國根本染指不得。何況，種種跡象顯示出，支配歐洲命運的美國，不見得會以核子武器來實現其保衛歐洲，抵擋蘇聯侵略的承諾[13]。

個性自負、專權和愛國的戴高樂，當然不會將自己國家的命運，交給一個自己無法控制的超國家組織。爲爭取自由世界的領導權，爲法國主權的完整和法國的偉大，戴高樂除了全力發展核子武力外，還不惜削弱民主陣營的防衛體系，處處打擊北約組織。

戴高樂杯葛北約組織的行動，其發展以一九五九年法國地中海艦隊的撤出爲起點。一九五九年三月七日，法國政府通知北約組織，希望法國地中海艦隊，在戰時和平時一樣，置於法國的指揮之下。戴高樂宣稱，此一海軍艦隊在戰爭爆發之後，將與北約組織充分合作，但是不接受「歐洲盟軍最高統帥」的命令[14]。

---

[13] 有關戴高樂杯葛北約組織之原因，請參閱拙著，《戴高樂與現代法國》，(臺北：臺灣商務印書館，民國七十八年)，頁二七六～三〇六。

[14] Dwight D. Eisenhower, *Waging Peace, 1956-1961: the White House Years*, (New York: Doubleday, 1965), p. 428.

　　同樣基於國防自主的精神，戴高樂加速實現一九五二年已決定成立的「打擊的武力」（La force de frappe）。一九六〇年二月十三日，法國在撒哈拉沙漠雷岡綠洲（Reggane）附近的哈姆嘉（Hamoudja）試爆成功第一顆原子彈，其威力約等於六萬或七萬噸黃色炸藥，亦即約有廣島原子彈三倍之威力❶。

　　四月一日，正當俄共頭子赫魯雪夫（Nikita Khrushchev）訪問法國時，法國又試爆成功第二顆原子彈。這在撒哈拉同一地點試爆的原子彈，爆炸處接近地平面，威力只有兩萬噸，爲法國計劃生產較小型戰術性核子武器的開端。

　　一九六二年四月，美國政府試圖阻止法國核子計畫的實現，同時提議成立一支統合的核子武力，但拒絕分享核子秘密，也不出售必備的電腦給法國。戴高樂拒絕此一提議，也不參加核武裁減會議，確定其繼續進行核子發展計畫之意圖。

歐洲共同市場問題

　　戴高樂重掌政權後，在歐洲共同市場方面面臨英國的入會和共同農業政策兩大問題。

　　英國對歐洲共同市場的態度幾經轉變，由極端仇視到最後試圖加入❶。一九六〇年七月，英國外相勞埃（Selwyn Lloyd）在下議院已表露英國進入共同市場的意思。一九六一年七月三十一日，麥克米倫（Harold Macmillan）向國會表示，英國政府已決定依據羅馬條約有關條款，提出進入歐洲經濟共同體之申請。八月十日，英國正式向共同體的部長級理事會提交入會申請書。

❶　Hubertus Zu Löwenstein & Volkmar von Zühlsdrf, *NATO & the Defence of the West*,（New York: F. A. Praeger, 1962）, p. 191.

❶　此種轉變過程，請參閱拙著，《戴高樂與現代法國》，頁二〇二。

　　在提出申請前，英國雖表示其進入歐洲共同市場之誠意，以及否認有阻礙其發展的企圖，但是戴高樂卻一再存疑。戴高樂於一九六三年一月十四日在總統府的記者會上也提到英國申請進入共同市場的問題相當多，諸如英國經濟的本質、結構和關鍵與歐陸不同，農業問題，英國與自治領、自由貿易區伙伴和美國之間的貿易問題⑰。戴高樂的這些疑慮成為他以後兩次否決英國加入共同市場之主因。

　　從羅馬條約本身來看，歐洲共同市場的確有意實施共同農業政策，只是未將它和工業視為同等重要和同等迫切，以致受到戴高樂的猛烈抨擊。

　　羅馬條約曾建議兩項暫時性農業措施——最低進口價格和長期貿易協定，並且還要求委員會召開農業會議。一九五八年七月在斯特列薩(Stressa)召開的農業會議，其最後決議案建議採取一種共同價格政策，取消有違條約精神的補助，改善農業結構，以及維持歐洲的農業家族制度。該建議的草案於一九五九年十一月十一日提交部長理事會，正式提案也於一九六○年六月三十日提交該會。

　　理事會將這個建議案轉交給「農業特別委員會」，並報經理事會數次討論後，決定採取一種課稅制度。這是共同體農業政策的里程碑。一九六○年十二月三十一日，開始實施對工業產品百分之十，和對受數量限制的農業產品百分之五的額外減稅⑱。

　　對於共同農業政策的進展速度，戴高樂甚為不滿。他抱怨法國在歐洲共同市場的伙伴存有私心。她們一方面急欲盡可能降低共同對外關稅稅率；另一方面，卻不急於見到共同市場六個會員國消費和購買歐陸農產品，其中法國幾占半數。

---

⑰　Charles de Gaulle, *Discours et Messages, 1962-1965*, pp. 69-71.

⑱　F. Roy Willis, *France, Germany and the New Europe, 1945-1967* (London: Oxford University Press, 1968), pp. 289-290.

認爲羅馬條約已經忽視法國的農業利益，戴高樂堅持在共同市場成立的第二階段，應包括農業。事實上，國內的因素使他如此重視歐洲經濟共同體的農業政策。

在一九六○年間，法國政府開始承受著空前未有的壓力，要設法爲法國逐漸增加的剩餘農產品尋找市場，並且提高其愈來愈不滿的農民之收入。機械化和肥料利用的推廣，更有效率的耕作單位，尤其是一九六○年的「農業法」實施後，國家花在農業方面的補助金年達十億美元，而第二和第三期經濟計劃(一九五四～一九五七，一九五八～一九六一)所增加的百分之二十的農產品，更使剩餘量大增。受樂觀主義的經濟計劃者之鼓勵而提高產量的農民，現在發現他們不知如何去處置其產品。

法國試圖利用一種價格支持、出口補助和進口管制的複雜制度，以限制小麥、甜菜、葡萄酒和馬鈴薯的生產，並且維持農家的收入，可惜未能成功。農民所得仍然很低，在一九四九和一九五八年間，只增加百分之二十三；而其他非農家的所得之增加，則爲百分之四十六。一九六○～一九六一年，農民以在公路上撒滿無法售出的產品，以自己的曳引機阻礙交通，並且在一九六一年五月進行近代法國未曾有過的農民大暴動，來表示其不滿之情。農民所得之提高，勢必依賴著法國產品新市場的尋求，而歐洲經濟共同體則提供最大的可能性。

戴高樂爲法國剩餘農產品在共同體內尋求市場的打算，首先遭到西德的激烈抵抗。當共同市場開放之時，西德每年進口的農產品，其總額年達二十五億美元。對法國來說，這本來就是一個很理想的市場。然而，法國農產品的價格比德國的低很多，如果共同體採取低價格結構，法國不但可以供應德國在糧食方面的不足的部分，甚至還會導致效率較差的德國農民失業。德國農民聯盟爲歐洲最有力的壓力團體之一，西德農民的政治力量使政府無法敞開德國市場。

當戴高樂在一九六一年後半年遇到德國的抗拒時，他指示法國代表

團明白表示，如果法國的意見未獲同意的話，法國將離開經濟共同體。在布魯塞爾關鍵性的辯論前夕，他寫信，隨之又電告西德總理艾德諾，肯定此一最後通牒。經過一百四十小時漫長的討論[19]，在一九六二年一月十四日，六國的部長理事會終於達成協議，使農業正式進入共同市場。

第三期經濟計劃

一九五六年，國會曾要求第三期經濟計劃應如期提出，以便能在一九五八年元旦開始實施。事實上，國內外的困難，使該計劃耽擱一年多，到一九五九年三月十九日方公布實施，其目標在於重建對外財政收支之平衡，預估年經濟成長率百分之五。

事實上，自一九五八年起，由於進口的自動設限，貿易赤字已減少。一九五九年，由於法郎貶值和美國鋼鐵工人的罷工，刺激出口的明顯增加，使入超轉為出超。同時，觀光業的盈餘和短期資金的湧入，使法國的外匯存量大增，因而解除其貿易的所有限制，以及償還大部分外債。在幾個月之內，法郎成為國際上最強勢的貨幣之一。

然而，另一方面，如同一九五二年，畢內採取的通貨緊縮措施，造成公共和私人投資的減少，使國內的生產無法達到預期的目標：一九五八年才百分之二點七，一九五九年百分之三，而一九五七年則為百分之六。一九五九年春，經濟發展降到最低點。目標重新修正。政府採取振興經濟措施，以及隨之而來的通貨膨脹，使一九六○年的工業成長達百分之十，但一九六一年又回到低於經濟計劃目標的百分之四點六。

與一九五二年的「經驗」最大不同點，就是貶值所造成的薪資和物價之演變。由於貨幣貶值、通貨膨脹、外匯存量增加，以及一九五八～一九五九年的歉收，物價的上漲在四年內達百分之三十二，其中以一九

---

[19]　"The General's Boycott," *Newsweek*, July 19, 1965.

五八～一九五九年上漲幅度最大。在頭兩年，薪資的調整幅度較小，購
買力降百分之三點七。社會的壓力和高就業率，使一九五八和一九六二
年間的購買力提升百分之三十。但是到一九六二年，在對外貿易方面，
法郎貶值的有利條件已消失。在經濟方面，法國與其歐洲的伙伴相較，
已嚴重落後。

殖民地的獨立

　　黑色非洲的舊殖民地，一九五八年獲得自治後，很快就完全獨立。
一九五九年七月馬利 (Mali) 提出獨立的問題，戴高樂給予有利的回應。
依據新憲法，所有黑色非洲法屬皆獨立。在一九六〇年四月和七月間，
除了馬利和多哥 (Togo) 所有國家皆與法國簽署合作協定。共同語言和
文化的密切合作，法國給予援助，並建立一個以法蘭西銀行為首的法郎
集團。

　　阿爾及利亞問題的解決則較痛苦和血腥。在一九五九年九月和一九
六〇年十一月間，戴高樂承認阿爾及利亞人自決，做為停火與和解的條
件。他受到雙方面的反對：一方為阿爾及利亞共和國臨時政府(GPRA)
[20]要求在停火之前先進行政治協商；另一為得到軍方支持的歐洲僑民。
一九六〇年一月十九日，德國報紙刊載一篇馬許將軍(Général Massu)
支持「法國的阿爾及利亞」之訪問，導致戴高樂解除其指揮官之職務。
這是歐洲僑民叛亂之起點[21]。在法國，總工會和共產黨試圖組織反法西斯
警戒委員會，但不太成功。國會給予國家元首特別權力，以資對付。

　　二月一日，叛亂分子向軍隊投降，但是軍隊絲毫未著手清除路障。
戴高樂仍然覺得不安。在巡視阿爾及利亞各地時，他盡力要灌輸軍隊一

---

[20]　一九五八年九月，阿爾及利亞的民族解放陣線在開羅易名為阿爾及利亞共和
　　國臨時政府，以 Fehrat Abbas 為總統。
[21]　一九六〇年一月二十四～三十一日歐洲僑民構築路障，進行抗爭。

種在完全的軍事勝利後，所形成的「與法國結合的阿爾及利亞人的阿爾及利亞」之觀念。然而，此一勝利似乎很遙遠。他在美隆（Melun）召集阿爾及利亞共和國臨時政府的領袖們，以「找出一種戰鬥的光榮結局」。然而法國的一部分民意逐漸失去耐心。報紙譴責戰爭和過度迫害。大學師生以一九六〇年九月公布的「一二一條宣言」（Manifeste des 121），宣洩其不滿。在法國形成一些地下組織，支持阿爾及利亞的民族主義者，以及鼓勵軍中的逃亡。

事實上，在一九六〇年十一月四日的演講，戴高樂提到阿爾及利亞共和國[22]，並任命卓克斯為國務部長，負責即將來臨的談判。一九六一年一月八日的公民複決，法國本土的公民絕大多數支持其阿爾及利亞自決的作法。

戴高樂的阿爾及利亞政策，引發叛亂性的威脅。一九六一年二月，「秘密武裝組織」（Organisation Armée Secrète）署名的首批傳單出現，它在法國和阿爾及利亞的攻擊事件日增。四月十一日，戴高樂在總統府記者會上宣稱，阿爾及利亞將是表裏一致的主權國家，法國不會構成其任何障礙[23]。

一九六一年四月二十二日，阿爾及利亞政變發生，夏爾（Maurice Challe）、朱歐（Edmond Jouhaud）和傑列（Zeller）等三位將領領導叛亂，沙龍將軍不久之後也加入，這種失望的行動只影響一部分軍隊，但這些是法國軍隊中的精銳。這些將領實施戒嚴，並對曾直接參與放棄阿爾及利亞和撒哈拉的工作人員，加以逮捕，且交付軍事法庭審判。在自身孤立和戴高樂的堅定態度之前，他們很快就顯得不知所措。在法國，擔心傘兵會降落的總工會，要組織工人自衛隊。總統決定引用憲法第十

---

[22]　Charles de Gaulle, *Discours et Messages, 1958-1962*, p. 278.

[23]　Ibid., p. 310. Conférence de presse tenue au Palais de I'Élysée, 11 avril 1961.

六條，發布國家進入緊急狀態，中止個人和司法的保障。四月二十五日，領導叛變的將領，在一場內戰即將來臨之前，棄職而逃。

一九六一年五月二十日，在葉維昂（Evian）舉行的首次談判會議，很快因撒哈拉問題而失敗。法方談判代表希望保有撒哈拉的石油資源和核試設備。

此時，情勢變成戲劇性：在阿爾及利亞，法軍經政變之衝擊已不再能執行其任務，阿爾及利亞則利用此一良機發動攻擊；在法國「秘密武裝組織」發動多次血腥恐怖攻擊，引起政治和工會組織愈來愈激烈的反動。

一九六一年九月，戴高樂似乎進入最後的階段，他決定放棄撒哈拉。十月，秘密接觸以準備新的談判。三月七～十八日的談判，促成邊·貝拉（Mohammed ben Bella）的釋放和葉維昂協定的簽署。該協定預留一個過渡時期，由一位法國高級專員❷❹和一個由三位法國人和九位阿爾及利亞人組成的臨時行政機構，將籌備阿爾及利亞的公民複決；在獨立的阿爾及利亞之法國人地位將得到保障；兩國間將進行經濟、財政和文化的合作；法國保留梅爾·厄·開比爾（Mers-el-Kébir）和雷岡等基地（一九六七年放棄）。

阿爾及利亞的獨立於一九六二年四月在法國以壓倒性的多數❷❺獲得全民批准，但卻在法國本土和在阿爾及利亞點起暴動的火焰。在阿爾及爾和阿蘭（Oran）血腥動亂的過程中，軍警介入鎮壓法國暴亂分子。「秘密武裝組織」不願留下任何法國人在阿爾及利亞努力的成果，計劃毀掉一切它所認為的國家祖產。六月十七日的協議避免經濟和文化設施的毀滅。

❷❹　法國高級專員為 Chr. Fouchet。
❷❺　在公民複決中，投不同意票者僅占百分之六。

絕大多數歐洲僑民選擇流亡。在一九六二年一年內，七十餘萬歐洲僑民離開阿爾及利亞，通常前往法國本土。在該年年底，留在阿爾及利亞的法國人不足二十萬。

沙龍將軍，永遠是神秘的，他於三月三十日成立一個抵抗委員會，延長其在法國本土之行動。四月二十日，他被逮捕，並被判處終身監禁。國家安全法庭（La Cour de Sûreté de l'Etat）之設立，專門對付「秘密武裝組織」之暴動。該組織大部分領導分子一直流亡國外，直到一九六九年獲得赦免爲止。畢多和蘇斯德爾等人此後方能重返法國。

法屬獨立之餘波

殖民地獨立已全部完成。法國自一九三九年以來首次恢復眞正的和平。法國必須接納大批離開舊殖民帝國的僑民。在一九六○和一九六五年間，返回法國的僑民總數達一百三十萬人，帶來經濟的問題，尤其是心理的問題。怨恨的累積會導致恐怖的後果。一九六二年八月二十二日戴高樂在「小克拉瑪的暗殺行動」（attentat du Petit Clamart）中逃過一劫。此一事件加速憲法的修正。

阿爾及利亞事件的結束，事實上是一個終點，也是一個起點。戴高樂同樣如此認爲，因此他決定更換總理。德布雷曾將自己有關阿爾及利亞事件的觀點擺在一邊，而去執行戴高樂的政策。人的更換必然顯示出所考慮的也發生改變，此後所考慮的將是經濟和社會問題。然而，政治問題以另一面貌出現。阿爾及利亞問題一旦解決，對於許多國會議員來說，戴高樂不再是不可或缺。以前，不支持其統治風格，但還會考慮他是唯一能解決阿爾及利亞事件之政治和軍事方面的難題的人。如今，危險已不存在，國會的遊戲規則應回歸其傳統型態。

相反地，對於戴高樂來說，體制的改革是基本的，阿爾及利亞事件只不過是建立一個更有效率的政權之機會或序曲。在傳統政黨制度和經

直接普選產生的行政權力中心之間，產生分裂。此後，對於戴高樂的敵手來說，擺脫他即是讓第五共和消失的先決條件。

第三節 龐畢度內閣

新內閣的組成顯示新趨勢。總理龐畢度(Georges Pompidou, 1911-1974)即非國會議員，又非政治人物，而是一位技術人員和一位自一九四四年以來的戴高樂的合作伙伴。人們一定會想到，基本的決定繼續來自總統府。反對此一個人統治形式，促成反對者的結合。龐畢度只獲得二百五十九票的支持票，反對票有一百二十八票，一百一十九位議員缺席。反對黨派似乎突然覺醒。

憲政改革

一九六二年九月十二日，政府宣布將進行一項總統由全民普選產生的憲法修正案。修憲的方式將依照憲法第十一條透過全民複決，而非憲法第八十九條的國會途徑，以符合戴高樂的理論。反對黨於十月五日提出不信任案，並獲通過。十月十日，國會解散。因此，必須接連舉行兩次投票：十月二十八日，憲法修正案複決；十一月十八和二十五日，國民議會議員選舉。很顯然地，第一次投票將影響到第二次投票。

除了新共和聯盟之外，大部分政黨鼓吹選民投「不同意」票，但是其內部分裂，減少許多支持者。獨立派 (Les Indépendants) 在季斯卡 (Valéry Giscard d'Estaing)的主導下，受到一部分戴高樂派之影響。自戰後就十分衰弱的激進黨，儘管其新黨魁莫里斯·佛爾 (Maurice Faure)盡力整合，但仍四分五裂。人民共和黨幾已不存在，其黨員中大部分轉入戴高樂派。社會黨因阿爾及利亞事件產生分裂。

複決的結果似乎可視為政黨的失敗。總統的新選舉方式得到一千三

百萬同意票，反對票有八百萬。贊成票以北半部法國和城市居多，南半
部仍然較忠於傳統的議會政權。正如所料，國民議會改選確定此一趨勢。
新共和聯盟獲得二百三十三席，得票率百分之三十二，幾乎達到絕對多
數席次；共產黨，三十一席；社會黨，二十四席。

外交問題

在歐洲共同市場方面，戴高樂曾兩度否決英國入會申請。關於首次
申請加入，戴高樂曾於一九六三年一月十四日在總統府記者會上提到，
英國申請進入共同市場的問題相當多，諸如英國經濟的本質、結構和關
鍵與歐陸不同，農業問題，英國與自治領、自由貿易區伙伴和美國之間
的貿易問題。他表示英國加入歐洲共同市場的時機尚未成熟[26]。一月二十
九日，在布魯塞爾的法國代表團接到本國政府的訓令，提議停止英國入
會的談判[27]。

一九六七年五月十一日，與第一次申請被拒絕只差四年又四個月，
英國再度提出進入歐洲共同市場的申請。一九六三年一月的失敗，並未
使英國對於進入歐洲經濟共同體的努力感到灰心，其主要原因爲英國經
濟和財政的困境亟待共同市場的協助，而且英國工黨政府自認爲在四、
五年期間，一切主客觀情勢皆有相當大的改變，成功的希望較大。

關於英國再度提出進入共同市場的申請，戴高樂於一九六七年五月
十六日的記者會上，就很委婉地表示，英國的入會目前時機似乎尚未成
熟[28]。然而，威爾遜（Harold Wilson）還是不斷催促布魯塞爾談判的進
行。這些努力因戴高樂在十一月舉行的記者會中宣布法國將反對談判開

---

[26] Charles de Gaulle, *Discours et Messages, 1962-1965*, pp. 69-71.

[27] Brian Crozier, *De Gaulle (II), the Statesman*, (London: Eyre Methuen, 1973), p. 559.

[28] Charles de Gaulle, *Discours et Messages, 1966-1969*, pp. 182-188.

幕而被打斷❷。一九六七年十二月十九日，在法國的強烈反對下，共同市場部長級理事會宣布召開入會談判一事，因無法達成協議而歸於失敗。

戴高樂拒絕英國進入共同市場，一方面基於經濟的考量，另一方面則由於政治的顧慮，如英國有意爭歐洲領導權，美國影響力將隨英國的入會而伸進共同市場，共同市場擴大後，可能使法國對之無法駕馭。

爲共同農業問題，戴高樂曾製造過幾次危機，但因皆侷限於經濟因素，所以皆能在經過一番討價還價之後，危機很快宣告解除。一九六五～六六年的危機，最初也是因經濟問題而起的，後來歐洲經濟共同體委員會——共同體的行政機構，在未向各會員國政府徵詢意見之前，即先對歐洲議會和新聞界，發表該會所擬的方案，也就是主張共同體的財政自主和理事會採取多數票決原則，使歐陸六國從經濟統合走向政治統合。

這種「超國家主義」的主張，與戴高樂法國至上的國家主義互不相容；何況委員會自行其是的做法，更讓他無法忍受。因此，他採取所謂「缺席」政策，使歐洲共同市場連續癱瘓了七個月。

法國國內，尤其是來自農民團體的壓力，以及法國在共同市場的五個伙伴之忍讓，使法國重返理事會會議席上。歷經爲期兩週的談判，其結果大體上還能滿足戴高樂的要求。

在北約組織方面，繼法國地中海艦隊撤出北約組織的指揮系統之後，在一九六三年六月十五日，法國政府通知北約組織秘書長，法國要將特別指定隸屬北約組織大西洋和海峽指揮部（The NATO Atlantic and Channel Commands）的法國海軍單位撤離。

緊接著法國艦隊的撤出，法國軍官也撤出北約組織海軍指揮部。一九六六年七月一日，法國部隊全部撤出北約組織。到了九月底，法國幾乎完全與北約軍事組織脫離關係。

---

❷ Ibid., pp. 261-266.

　　戴高樂國防自主的觀念，不但使法國的人員和裝備撤出北約組織，同時也使該組織的人員和裝備撤離法國。根據一九六六年三月二十九日的備忘錄，歐洲盟軍最高統帥部、中歐指揮部和北約組織國防研究院，必須於一九六七年四月一日以前遷出法國領域；美國和加拿大的軍事設施，也必須在同一期限內撤出。

　　在與共產集團的來往方面，法國於一九六四年一月二十七日宣布與中共建交❸。一九六六年六月二十日至七月一日，戴高樂訪問莫斯科等地，在十二天內，完成六千英里的旅程，這是他二十二年來再次訪問蘇聯。

　　在德法關係方面，由於戴高樂和艾德諾的努力，造成一九六三年一月十二日法德合作條約的簽訂。這是法德兩國友誼的最高峰。該約規定，兩國元首每年聚會兩次，外交部長每三個月諮商一次，軍隊和訓練設施的交換，軍備的共同計畫，以及財政的提供。此外，該條約的簽訂，正式結束了一世紀以來兩國的世仇❸。

　　隨著一九六三年十二月艾德諾權力的消失，波昂和巴黎之關係趨於冷淡。歐哈德（Ludwig Erhard）採取北約盟國同等友誼的政策。

經濟和社會的發展

　　一九六二～一九六五年間爲第四期計劃所涵蓋，其主要目標有四：在四年期間，國內生產增加百分之二十四，亦即平均年增率百分之五點五；確保充分就業；加重社會投資，以改善最弱勢族群的條件；維持國際收支平衡。

---

❸　法國承認中共政權之始末，請參閱拙著，《戴高樂與現代法國》，頁三四七～三七八。

❸　"Dream Comes True for Two Old Rivals," *U.S. News & World Report*, Feb. 4, 1963.

在農業方面，受共同市場開放之影響，農業的演變非常快速。農村人口的流動，在一九六二和一九六五年間，使三十二萬五千農村青壯年離開土地，反而有助於在十年期間提高百分之五十的生產力。政府不但致力於農民生活條件的改善，例如疾病和老年保險，而且還進行結構性改革。受共同市場之衝擊，農業生活開始變化，然而速度很慢，因此有時引起不耐煩，農業的麻煩仍然很多。

一九六三年，政府成立專責機構，負責規劃工業分散事宜，在全國成立二十一個工業區。政府鼓勵企業以合併、聯合、重組等方式集中經營，以及企業遷移到能提供充沛勞力之地區。

生產成本降低之尋求，引起能源問題和鐵礦問題。關閉礦坑，以限制過分昂貴的生產，且自國外輸入鐵砂，在沿海地區設立新的煉鋼廠。此一合理的政策導致一九六二年德卡茲維爾（Decazeville）的長期和無效的罷工，以及一九六三年洛林礦工的罷工。

就業方面有雙重問題：一方面是工業的轉型引起嚴重的失業；另一方面，儘管阿爾及利亞戰爭結束後，六十六萬官兵解甲歸田、服役期限縮短，農村人口外流，和北非僑民的突然返回本國，在第四期經濟計劃的前三年，勞力之需求甚殷。直到一九六三年，勞工的實際薪資很高，在兩年內，每週薪資所得平均增加百分之七。一九六二年十二月，雷諾汽車公司給予員工第四週的帶薪休假，因而造成一九六三年其他公司工人的罷工潮，以要求工資的提高和相同的休假制度。在一九六三年一～四月的罷工爆發後，政府決定限制公共和國有化部門的罷工。

然而，財政和貨幣情況惡化相當快速。事實上，國內外財政狀況變成令人不安。在國內，自一九五八年以來未曾停止的通貨膨脹，在國家介入經濟和給予湧入法國本土的屬地僑民之各種補助之後，變成一發不可收拾。消費者人數的增加，薪資的調高加速供需之間的不平衡。在國外，幣值的超估，減少貿易的盈餘，在一九六四年反而出現赤字。與法

郎集團之貿易，原有出超，但隨著對阿爾及利亞輸出的崩盤，也只能維持平衡。如果說一九六三年國際經常帳仍能有盈餘，那是因大量長短期資金的再流入所致。

財政部長季斯卡，等到一九六三年九月，亦即礦工罷工結束之後，提出包括通貨緊縮慣常採用的措施之「穩定計劃」：凍結工業產品價格，限制信用貨款，大幅提高稅捐，發行長期性公債。事實上，在這一年物價上漲已減緩至百分之三點二，一九六五年再降到百分之二點三，但是在一九六四～六五年間，每小時實際工資的調高也限制在百分之三點四，至一九六六年還下滑到百分之三。

一九六五年，工業成長降至百分之二點五，工作時間也減少。社會的不安，在一九六五年引起汽車製造廠和造船廠之嚴重困擾。經濟的略為停頓，使原先表現不錯的經濟計劃目標幾乎無法在一九六五年達成。私人消費的年增率為百分之二點三，而非預期的百分之四點三；尤其是，出現戰後首次的失業問題。

一九六五年總統選舉

戴高樂的大西洋和歐洲地區外交政策，以及經濟和社會情況，被其對手嚴厲批評為專權。一九六四年三月和一九六五年三月的地方性選舉，新共和聯盟的聲勢已減弱，但是重頭戲還是一九六五年十二月的總統選舉。

一九六三年十二月，德菲爾，馬賽市長，以可能結合所有反對勢力的候選人之姿態出現。然而，一九六五年九月，密特朗反而獲得包括共產黨在內的所有左派之支持。十月，樂加努葉（Jean Lecanuet）辭去人民共和黨主席一職，成為中間派的總統候選人。

十一月四日，戴高樂宣布成為總統候選人。競選活動十分激烈。選民首次透過電視認識候選人，且透過民意測驗瞭解民意的演變。戴高樂

讓法國人知道，如果他未能連任，法國前所遇到的「一種更災難性的國家混亂」將再出現❸。更簡單的說法是：「是我，或是混亂」❸。

十二月五日第一回合投票結果，戴高樂只獲得百分之四十三點七的選票，比密特朗多出二百七十萬票。未能過半數，必須進行第二回合投票，這是他自一九五八年以來首次失敗。十二月十九日第二回合投票，戴高樂獲得百分之五十四點五的選票，比對手密特朗多出二百萬票。

一九六七年國會改選

人民的不滿往往影響執政黨的得票率。反對黨視一九六七年三月的國會改選為收復失土的良機。極右派不會原諒戴高樂處理阿爾及利亞問題的方式，他們以提西葉‧維朗固（Tixier- Vignancour）為首，組成共和聯盟（Alliance Republicaine）。人民共和黨的剩餘分子，與樂加努葉組成進步與現代民主黨（Progrès et Démocratie Moderne）。一九六六年十二月，共產黨、社會黨等組成「人民陣線」。

一九六七年三月五～十二日的選舉，共產黨增加三十二席，社會黨增加二十五席，這些是贏家。中間派和新共和聯盟皆為輸家。新共和聯盟失去二十九席，須靠季斯卡領導的獨立黨之支持，方能在國民議會中掌握多數席次。強大和一致的戴高樂派已不存在，龐畢度的第四個內閣必須忍受來自左派的不斷攻擊。

一九六八年五月危機的起因

---

❸ Charles de Gaulle, *Discours et Messages, 1962-1965*, pp. 419. Allocution Radiodiffusée et Télévisée prononcée au Palais de l'Elysée, 4 Nov. 1965.

❸ Ibid., p. 459. Deuxième entretien radiodiffusé et télévisé avec M. Michel Droit, 14 Déc. 1965.

一九六八年五月一日起，一個發生在巴黎，原來是微不足道的學生騷動，很快就昇高爲全國性的不安和暴動。此次危機由大學生掀開序幕，而工人繼之。學生與工人的動機有些不同。

一九六八年五月的學生暴動，通常被視爲一種「革命」，其原因有四：

(1)學生對整個社會不滿——激進的左翼學生宣稱，法國資產階級社會的澈底摧毀爲其主要使命❸。這種廢棄資本主義社會的想法，居然還得到某些敎授和左翼知識分子如沙特（Jean-Paul Sartre）等之贊同❸。

(2)法國高等敎育制度不合時宜❸——自拿破崙時代開始，法國大學敎育制度鮮有更動。這種保守作風使其制度、設備和敎學等方面，無法適應時代之需求，因而造成大學生的不滿。

(3)國際性之傳染——美國的學生運動大體上始自一九六○年代早期的民權鬥爭。後來越戰、徵兵和校園食住問題相繼成爲示威的藉口。一九六四年九月到翌年一月的柏克萊學生暴動，爲一重要的轉捩點。此後在整個美國，校園的示威和暴動，此起彼繼❸。「美」風「歐」漸，僅在一九六八年五月一個月內，除了法國外，歐洲其他國家也陸續發生學生的示威和暴動。

(4)學生組織與政府的關係不和諧——法國有兩個主要的全國性學生組織：其一爲「法國學生全國協會」；另一爲「法國學生全國聯盟」。前者極左傾，後者受右派領導。法國學生全國協會之會員在一九六八年約有五萬人。一九六一年，該協會因反對政府的阿爾及利亞政策而被取消政府經費補助。政府與學生間之不和諧，雙方無法溝通，當高等敎育問

---

❸　"Barricades...", *Newsweek*, May 20, 1968.

❸　"Battle for Survival", *Time*, May 31, 1968.

❸　詳情請參閱拙著，《戴高樂與現代法國》，頁九四～九八。

❸　"The lesson of Campus violence-it gets results," *The Times*, May 27, 1968.

題已達危險邊緣之時，戴高樂和其閣員卻並不眞正瞭解正在發展中的事情眞象。

工人參與示威、罷工或占領工廠，其動機比較單純。一些年輕工人或許會受到學生運動之影響，使其要求帶有理想性和政治性色彩。然而，一般說來，工人的罷工還是不外乎爲了增加工資、縮短工時和改善工作條件等等。

一九六八年五月危機的經過

在一九六八年五月，捲入危機的勢力有三：抗議運動，工會和政治反對者，以及戴高樂多數派，這三股勢力相繼支配著政治舞臺。在危機的學生時期，抗議運動扮演引發者的角色；隨之，它把薪火傳給工會反對者，這就是一度幾乎危及戴高樂政權生存的社會危機。但是戴高樂的呼籲，終於一併解除政治危機，使「執政黨」獲得最後勝利。

學生危機的導火線爲五月二日巴黎大學南德爾文學院 (La Faculté des Letters de Nanterre) 的關閉和五月三日警察進入索朋 (Sorbon-ne)校區驅散學生的集會。五月六日，拉丁區發生空前激烈的學生暴亂，至少有上萬學生與鎭暴警察進行混戰,約有六百名示威學生和警察受傷。五月十三日爲學生運動的另一高峯。約有六、七萬人在巴黎示威遊行。在遊行結束時，一部分學生占據索朋校區，做爲大本營，並在各學院成立「革命委員會」。大學當局和警察未加干涉。共產主義和無政府主義象徵的紅色和黑色旗幟，在索朋的圓形屋頂上飄揚❸。

隨著索朋的占領，法國其他大學，在五月十五～十六日，全爲聲稱代表「學生權力」，且宣稱獨立於國家權威之外的學生革命「行動委員會」所占領。

---

❸ *Keesing's Contemporary Archives*, p. 22813.

　　學生運動初期，由於警察的粗暴行爲，使一般民衆對學生頗表同情，甚至有不少居民暗中協助他們。自五月下旬起，一般民衆的同情，逐漸減少。數星期來，看到學生任意破壞，以及對各處再度掀起革命的恐懼，大多數法國人現在皆譴責這些年輕的極端分子。

　　自五月十三日起，社會的危機在學生的危機之後接踵而至。十三日支持學生的總罷工，在巴黎影響到電力、瓦斯、郵政、公共運輸和許多其他工業部門。五月十五和十六日兩天，隨著學生運動之蔓延，法國一些大工廠也被工人占據。十九日，罷工人數增至兩百萬以上，被占領的工廠超過一百二十家。二十一日，罷工人數增至八百萬以上，大約法國勞工總數的一半。到了二十四日，法國罷工人數將近一千萬。

　　學生和社會危機的相繼發生，提供了反對黨打擊戴高樂政權的藉口和機會。五月二十八日，密特朗在記者會上宣布，他準備出來競選總統。二十八日，曼德斯·法蘭西在跟密特朗會談之後，發表聲明，準備負起密特朗所提的，成立臨時政府的責任。

　　面對著這些咄咄逼人的反對黨領袖，戴高樂在五月二十九日曾有過引退的念頭。後來經過一番深思熟慮之後，決定採取強硬政策。首先，取得軍方支持；其次設法讓大多數法國人確信他眞正能夠拯救法國。

　　獲得軍方的支持後，他在三十日的廣播中宣布要解散國民議會，並呼籲其支持者採取直接行動，對抗革命，打擊共產黨的奪權。戴高樂的堅定決心，的確扭轉了整個情勢。他挽救了政府和整個體制緩慢崩潰的命運。失去領導中心，且很沮喪的整個保守力量，再度充滿信心。

　　五月三十一日，龐畢度改組內閣。戴高樂宣布解散國會，定期舉行大選，一般人皆認爲是解除危機的妙方。大選使法國激烈的不滿能有其和平的出氣孔[39]。反對黨領袖也無法拒絕參與那合乎民主要求的選舉。

---

[39]　"Freedom or Force," *The Times*, May 31, 1968.

危機的影響

在政治方面，危機使戴高樂派在六月下旬的大選中，獲得大勝，並導致左派的分裂。戴高樂派——保衛共和聯盟(Union pour la Défense de la République)，獲得百分之六十以上的選票，在總數四百八十七個席次中，獲得三百五十一席次，比前一年的選舉增加一百零八席；共產黨獲得三十四席，少三十九席；社會黨五十七席，少六十一席。

在經濟方面，危機期間，法國工業生產損失慘重，觀光收入大減，資金外流，財政收支出現赤字，法郎幣值大跌。

在社會方面，罷工的結果就是工資的提高，工人購買力隨之增加，但也造成工業成本的提高，以及無法避免的失業。

在教育方面，十月國會通過新任教育部長葉德加・佛爾的高等教育改革法案。根據新的高等教育法，全國六百二十六個學系，每一學系由教授、其他教師和學生組成。每一學系可以選擇與其他不同性質學系，組成一個大學。在一九六八和一九六九年間，新成立的大學約有四十所，每一大學區（académie）有一所或一所以上的大學❹。巴黎就有十三所大學。

新的高等教育法強調自主和參與原則。大學的行政由經選舉產生的校長和八十人以內的校務委員會負責。校務委員會包括教授、研究員、學生和職員，加上六分之一至三分之一的校外人數；教授代表人數不得少於學生代表人數。大學校長經由大學校務委員會選舉產生，任期五年，不得連任。系主任經選舉產生，任期三年。

---

❹ Barbara B. Burn, *Higher Education in Nine Countries, A Comparative Study of Colleges and Universities Abroad*, (New York: McGraw Hill Book Co., 1971), pp. 12-13.

第十七章　龐畢度與季斯卡

一九六九年四月全民複決的失敗，結束了戴高樂時代，同時也提供龐畢度崛起的良機。龐畢度總統未能做完一個任期，就於一九七四年因病去世。繼任的季斯卡，並非屬於戴高樂派，只是其政治盟友。一九八一年的總統選舉，他敗給社會黨的密特朗，右派的執政宣告中斷。

第一節　龐畢度時期

戴高樂的辭職

雖為一九六八年五月危機的勝利者，戴高樂仍然氣勢不足。有好幾個星期，國家的權威曾被嘲弄，總統府本身有一陣子出現危機，而貨幣的可靠性發生了問題。依照慣例，國家元首願意直接徵詢民意，以及確立其權威。一九六九年二月，在視察不列塔尼途中，他宣布要為參議院的轉變和地區的改革，舉辦一次全民複決。事實上，全民複決再度成為一次信任投票。戴高樂在四月十日宣稱：「從我要求全國所做的回應，顯然地將決定我的職務的繼續，或我立即離開。」❶

---

❶　Charles de Gaulle, *Discours et Messages, 1966-1969*, p. 435. Entretien radiodiffusé et télévisé avec M. Michel Droit, 10 avril 1969.

一九六九年四月二十七日，選民的答案是否定的。戴高樂所得的票數，較一九六五年的總統選舉少了二百萬票，反對黨則增加一百五十萬票。投否決票者，除了傳統的反對人士外，還加上贊成參議院維持現狀的地方仕紳，以及那些對政權仍然忠誠，但希望更換領導者的人。四月二十八日中午，戴高樂放棄其職權，而由參議院議長波葉（Alain Poher）暫代總統職務。史無前例，戴高樂遵從全民投票之結果，自願且永久地離開其政治生涯。

總統大選

一九六九年四、五月，執政黨在戴高樂失敗之後，面臨著危機，但卻能很技巧地以結合開放和持續而渡過難關。一九六八年失敗後尚未復原的左派，比以往更分裂。中間派曾相信能夠利用左右兩派之弱點而獲益，但六月的總統選舉使其幻想成泡影。

四月二十九日，距離正式競選活動的日子尚遠，龐畢度就已宣布將成為六月一日選舉的候選人。他的參選已經是一項持續的保證，以及一項改變的宣布。龐畢度曾擔任戴高樂的總理達六年之久，也立即受到保衛共和聯盟之支持，這自然是持續；然而，他又是在一九六八年被戴高樂炒魷魚，也很少介入一九六九年的複決案，這似乎就是改變。對於管理階層選民或執政黨和中間偏右的保守選民，一九六八年六月的勝利者之東山再起，無疑地被視為恢復正常的承諾。

龐畢度的支持者除了保衛共和聯盟之外，還有遲疑不決者或昔日的對手，如季斯卡和其獨立共和黨、或布呂溫等中間派人士。

在六月一日第一回合的投票中，龐畢度獲得九百八十萬票，得票率百分之四十三點九，遙遙領先；波葉，五百二十萬票，得票率百分之二十二點四，共產黨候選人杜克羅（Jacques Duclos），四百八十萬票，得票率百分之二十一點五；社會黨的德菲爾，只獲得一百一十萬票，得票

率僅百分之五點一，可謂慘敗。

　　由於沒有候選人獲得過半數的選票，兩週後的第二回合投票中，龐畢度得到一千零七十萬票，波葉得到七百九十萬票，廢票和空白票約一百三十萬張，整個投票率百分之六十九點一❷。

夏本‧德瑪（Jacques Chaban-Delmas）內閣

　　龐畢度在競選總統時承諾將採取偏向中間派之政策，而選擇夏本‧德瑪為總理，似為其承諾之初步實現。夏本‧德瑪為一戴高樂派分子，一位抗德的年輕將領，且是一九五八年戴高樂東山再起的策劃者之一，他同時也是一位傳統的國會議員，國民議會議長。

　　在第四共和時期，夏本‧德瑪燦爛的政治生涯，顯示出其對左翼中間派之同情。在一九五六年，他曾與曼德斯‧法蘭西、密特朗和莫萊等人，同為共和陣線（Le Front républicain）的領導人，他還參與莫萊內閣。

　　夏本‧德瑪內閣的組成，與總理之選擇，有相同的考量。持續，由三十九位閣員中，來自前一內閣者占半數一事可以看出；改變，則可由閣員中網羅一些以前的競爭對手，以及職位的更動，顯現出來。在新內閣中，德布雷擔任國防部長；摩里斯‧修曼（Maurice Schumann），外交部長；吉夏（Olivier Guichard），教育部長；季斯卡，重任財政部長；布呂溫，司法部長；杜亞美（Jacques Duhamel），農業部長；馮達內（Joseph Fontanet），工作、就業和人口部長。

　　總統與總理的權力關係，與戴高樂時期並無差別。總統府仍是統治權之來源。然而，總理對於國會和反對黨則較為尊重。

---

❷　Jacques Chapsal, *La vie politique en France depuis 1940*,（Paris: PUF, 1972）, pp. 613-615.

在經濟政策方面，總統所下的猛藥產生很大的影響。爲重振經濟，龐畢度直接介入法郎貶值的秘密作業，並於一九六九年八月八日宣布貶值百分之十二點五。此舉的確令法國人出乎意料之外，因爲戴高樂一直不願法郎貶值以挽救經濟危機。

「新社會」(La Novelle Société)

龐畢度瞭解其政府必須更深入的回應一九六八年五月的挑戰，也不將其行動限制於一個保守的政策。因此，一九六九年九月十六日，夏本·德瑪在國民議會提出「新社會」的大計劃。在其演說中，受到米歇爾·克羅齊業（Michel Crozier）和史丹利·霍夫曼（Stanley Hoffmann）之理論影響的夏本·德瑪描述法國社會爲一封閉的社會。此一封閉，來自經濟的脆弱，無效的國家控制，社會結構的保守主義，以及「對談文化」的缺乏，因而使國家駐足，不是長期各階層固定在不動的對立，就是短暫且激烈的變革危機。

爲打破此一現象，夏本·德瑪決心催促一個新社會的誕生，並確定協助其實現的四項方針：提升國民的教育程度和資訊知識；賦予國家較機能性的角色；發展工業的競爭力；促使社會結構的年輕化。

此一改革性計劃與戴高樂時代的作風全然不同，亦即經歷十年的仲裁後，要轉向協調。許多戴高樂派分子頗不以爲然。一般人認爲，夏本·德瑪的計劃也是龐畢度的計劃。政府的施政計劃在國民議會獲得絕對多數的支持❸。左派的反對聲音大減，如同密特朗對夏本·德瑪所說的，他不懷疑夏本·德瑪的誠意，但懷疑執政黨是否會讓他有成功的機會。

密特朗的悲觀看法，並非全是空穴來風。然而，政府還是積極執行該計劃的四項實施方針。在資訊方面，法國廣播電視公司（ORTF）獲

---

❸ 夏本·德瑪總理以三百六十九票對八十五票，通過信任案。

得較大的自主權，取消新聞部並以「政府發言人」取代。

關於國家干預方式之改革，在一九七〇～一九七一年間緩慢的規劃，並嚴格限制在經濟部門。在政府和國營的企業關係方面，改革的動作最為明確。利用國營企業與國家簽訂的經營契約，以恢復國營企業之自主❹。

關於工業的競爭力，則強調工業化。為達到此一目的，國家獎勵國際規模的法國工業集團的創立和加強，並設法刺激創新和輸出。

最後關於社會結構的年輕化，其實現針對下列三個基本目標之滿足：

(1)職業關係之轉變——如一九七一年七月十三日的法律所規範的集體工約之新制度，國營企業中的發展契約；

(2)工人條件的提高——如雷諾汽車公司和航空工業之工資月薪化和工人股東制；

(3)照顧社會最弱勢的一群——一九七〇年一月，創立各行業間之最低工資制度。

儘管他似乎逐漸失去當初曾刺激他提出新社會草案的衝勁，夏本‧德瑪內閣還是逐步實現其計劃。然而，此時法國也開始注重環境保護。一九七一年一月，法國成立「自然和環境保護部」，由蒲加德（Robert Poujade）擔任部長。

總理的改革意願，還是無法達成社會秩序的維持。「人民利益」（La cause du peuple）的毛派領導人之訴訟，引起一九七〇年五月的騷動，導致「無產階級左派」（La Gauche prolétarienne）的解散，以及此一組織的主要領袖蓋世馬（Alain Geismar）之被捕。

六月，國會通過一項被稱為「反破壞者」法案，它視參與一項被禁

---

❹　到一九七一年底，法國電力公司和鐵路局已採取此一制度，巴黎捷運公司等企業也正在策劃。

止的示威爲有罪，還採用一種集體責任。一年之後，政府提出一個修改
結社制度的法案，建立一種先期的司法控制。然而，一九七一年七月十
六日，憲政會議，在該法案經參議院否決後，宣布其違憲。政府隨之撤
回該法案。除了加強立法以對抗社會失序，政府還在巴黎維持相當多的
警力。

外交政策

外交政策的指導給予龐畢度個人和其總統職位權威之提升。戴高樂
政策的大路線仍然維持，只在風格和細節有重大改變。龐畢度對其支配
國際舞臺的能力或許較少信心，他在外交政策方面較注重歐洲。戴高樂
兩度親自否決英國進入共同市場之申請，但龐畢度則個人同意歐洲經濟
共同體之擴大。他後來在一九七二年四月二十三日舉辦一次全民複決，
以瞭解民意之動向。然而，龐畢度不支持政治統合，一九七二年十月在
巴黎召開的共同市場九個會員國之會議中，無法對政治統合問題達成協
議。如同戴高樂，龐畢度也認爲法國的國家主權是神聖不可侵犯。

法國在外交政策的獨立，同樣顯示於龐畢度反對由美蘇兩強支配的
兩大集團的兩極世界，以及他對法國核子嚇阻武力之支持。如同戴高樂
曾堅持，由法國獨自決定如何反應對其利益之威脅，以及使用核子武力
之主導權，繼續被視爲一個獨立政策維持的基本要素。因此，龐畢度繼
續實施核子試爆，並尋求改良法國核子武器的威力。爲強調法國的「獨
立」面，他經常旅行以會晤其他國家領袖，如訪問美國、蘇聯、中國大
陸以及其他歐洲國家。爲抗拒美國在西方的領導權，他拒絕參與限武會
議，而且拒絕經談判使美蘇兩國減少駐歐軍隊之提議。同樣地，他不參
與戰略武器限制談判，而且以法國未被徵詢爲藉口，抗議一九七三年夏
美蘇兩國爲阻止核戰爆發而達成的協議。在龐畢度和其外長優貝爾
（Michel Jobert）的主導下，法國的反美主義比在戴高樂時期更爲激

烈。

同樣的，龐畢度追隨戴高樂，尋求增進法蘇關係，尤其是透過經濟的聯繫。一九六八年蘇聯突然入侵捷克之後，很難見到法國如何能透過與蘇聯之友誼而獲益。當時，蘇聯對「低盪」有興趣，西德總理布蘭德（Willy Brandt）的「東進政策」（Ostpolitik）較法國的善意，對蘇聯更有誘惑力。法國沒有籌碼可與蘇聯在平等的立足點上與美國討價還價。龐畢度的親俄姿態，未能贏得對克里姆林宮的新影響力，反而有損法美關係。龐畢度的外交政策，逐漸增加法國的外交孤立❺。

梅斯美（Pierre Messmer）內閣

一九七一年夏天以前，執政黨不論在國會議員補選或地方選舉，皆能占優勢❻。然而，自一九七一年七月起，各種醜聞案不斷激起政爭。許多國會議員被譴責公私利益不分。內閣閣員本身也難逃被攻擊的命運。夏本・德瑪就被譴責逃稅。

在此種氣氛下，執政黨的形象迅速惡化。龐畢度被迫宣布將舉辦一次「共同市場擴大」的複決，希望藉此轉移法國人對國內問題的注意力，且能分化左派的勢力。

四月二十三日的複決，缺席率將近四成，廢票也占百分之七點一，一千零五十萬的同意票，大約等於一九六九年六月十五日總統選舉時龐畢度所得的票數。反對票有五百萬張。此一結果，龐畢度當然不滿意，但也未對執政黨有任何嚴重打擊。

一九七二年七月五日，夏本・德瑪的總理職位被撤換。許多跡象顯

---

❺ James F. McMillan, *Twentieth-Century France, Politics and Society, 1898-1991*,（London: Edward Arnold, 1992）, pp. 187-188.

❻ 在一九六九年六月和一九七一年十二月之間，舉行過十三次補選，執政黨有九次贏得席次。

示，龐畢度有意喚醒戴高樂派之熱誠。首先，新總理梅斯美，一位自由法國的英雄，曾擔任戴高樂的國防部長達十年之久；其次，新內閣尚有一些強硬戴高樂分子，其中之一擔任新聞部長，而葉德加‧佛爾則擔任社會部長，負責在一九七三年國會改選時擔任散財童子；最後一個戴高樂主義恢復的跡象就是，內閣的改組根本不理會國會。夏本‧德瑪內閣的更換，出現在國會休會期間，亦即國民議會剛給予信任投票數週之後❼。龐畢度要強調，梅斯美的權威只來自總統府。國會未召開臨時會，而在十月的新會期，梅斯美未向國民議會提出施政報告，以取得議員的同意。反對黨只能於十月六日提出不信任案，但只得到九十四張支持票。

為應付一九七三年的大選，不但內閣改組，執政的共和保衛聯盟也於一九七二年九月，以貝爾斐特（Alain Peyrefitte）取代多瑪西尼（René Tomasini）為黨的秘書長。政府於七月任命孔特（Arthur Conte）為法國廣播電視公司總裁，以掌握此一重要新聞媒體，並以之來恢復正統戴高樂分子的信心。

一九七三年三月之選舉

在此次國民議會改選，右派試圖以左派的勝利不可避免地將會產生財產充公和憲政混亂等兩項惡果，來恫嚇選民❽。右派的宣傳並非全無效果，因投票的結果，儘管稍有斬獲，左派還是無法奪得權力。在第一回合投票，投票率高達百分之八十一，左派各政黨表現不錯，共產黨得票率為百分之二十一點四，社會黨百分之十七點七，而右派的戴高樂派得票率為百分之二十三點九，改革運動黨（Mouvement Réformateur）

---

❼　一九七二年五月二十四日，國民議會的信任投票，夏本‧德瑪獲得三百六十八張同意票，反對票只有九十六張。

❽　請參閱 Eric Roussel, *Georges Pompidou, Le Président d'avant la crise*, (Paris: Editions Jean-Claude Lattès, 1984), p. 484.

百分之十二點五，季斯卡的獨立共和黨百分之十點三。然而，在第二回合，中間派支持戴高樂派，使之能以百分之三十七的得票率贏得一百七十五席。社會黨以百分之十八點八的得票率贏得八十九席，共產黨七十三席（百分之十五點七），激進黨左翼十一席。

保衛共和聯盟不再享有絕對多數，但它可依賴五十四位季斯卡派議員和三十位改革運動黨議員之支持。龐畢度對於此一結果很滿意，並再任命梅斯美爲總理。

第二節　季斯卡時期

一九七四年之總統選舉

一九七四年二月，龐畢度因罹患癌症去世。他的突然病逝，令法國人民，尤其是戴高樂派及其盟友，非常震驚。一九六九年的情況再重演。左派很快共同推出密特朗爲其總統候選人，而右派政黨則彼此競爭。前總理夏本・德瑪第一個宣布參選。然而他卻無法贏得所有戴高樂派之支持。其他戴高樂派分子，最有名者爲內政部長席拉克（Jacques Chirac），他們寧願選擇仍然年輕但很有經驗的財政部長和獨立共和黨人季斯卡。季斯卡也能得到中間派領袖如樂加努葉，以及其他極右派之支持。

左派的勝選機會頗被看好。在第一回合投票，密特朗以百分之四十三點二的得票率拔得頭籌。季斯卡以百分之三十二點六，居第二；夏本・德瑪，百分之十五點一。在第二回合投票，右派一致支持季斯卡，在一番激烈的競爭下，勉強能夠繼續掌權。在非常高的投票率下❾，季斯卡獲

---

❾　第二回合的投票，投票率高達百分之八十七。選舉詳情請參閱 Roy C. Macridis, *French Politics in Transition, The Years after De Gaulle,* (Cambridge, Mass.: Winthrop, 1975), pp. 96-128.

得一千三百四十萬票，得票率百分之五十點八；密特朗獲得一千三百萬票，得票率百分之四十九點二。右派執政黨繼續執政，但卻首次由非戴高樂派出任總統。

一個進步的自由社會

季斯卡提倡的「一個進步的自由社會」，是一個透過貧窮、歧視和特權之消除，以協調個人自由和社會正義的社會。如同龐畢度，他認為國家的主要功能在於促進經濟的發展和繁榮的普遍化，但他也強調需要某種程度的社會策劃，以允許個人充分發展其潛力。他在一九七六年出版《法國的民主》(*La Démocratic Française*) ❿，書中之理念使他成為法國民眾心目中的改革者。

然而，季斯卡主義(Giscardisme)是一種政治理念，也是一種風格。在就任總統初期，他給人一種年輕、甘迺迪式的形象，盡力顯現精力充沛但很輕鬆，很高貴但卻親民。剛進總統府的那段時光，他很會作秀，例如在總統府內招待馬路清潔工，以及親自拜訪卑微的農工家庭。他也巡視兩個巴黎貧民區，在里昂監獄與囚犯握手，甚至只穿泳褲讓人拍照。然而，這種假平等並未維持很久，隨之他更為人知的是其高傲和君王作風⓫，以及奢侈行為，例如到非洲狩獵。從許多方面看來，季斯卡是一位奧爾良派。

政治和社會改革

季斯卡對於改革的承諾相當真誠。雖然任命野心勃勃的戴高樂派分

---

❿ 季斯卡的這本小書，賣出將近二百萬冊，所得捐給一個慈善基金會。此書的重點請參閱 J. R. Frears, *France in the Giscard Presidency*, (London: George Allen & Unwin, 1981), pp. 20-23.

⓫ 例如在餐會上，他堅持要第一位接受服務。

子席拉克爲總理，其十六位閣員的內閣中，只有五位屬於保衛共和聯盟，且大多非該黨重量級人物。季斯卡的獨立共和黨有三位閣員，改革運動黨有四位閣員。另一創新，即是延攬兩位女性入閣：維爾（Simone Veil）擔任健康部長，吉魯（Françoise Giroud），婦女條件部長。

隨之而來的是一連串改革措施。投票年齡降至十八歲。一九七四年八月七日的一條法律，針對廣播的自由化，打破法國廣播電視公司的獨占，以七個分開的機構來取代，每一機構的主管仍由政府任命。爲迎接「縱容社會」之來臨，一九七四年十二月的一條法律，便於避孕物品的販賣，且使青少年不必經家長同意就可使用。兩項保護女權的法律獲得通過：一九七五年一月十七日的維爾法，允許懷孕十週以內，得以流產；一九七五年七月十一日的法律使經雙方同意的離婚視爲合法。雖然在許多女性眼中，流產法還是不夠激進，卻遭到許多戴高樂派和天主教右派人士之強烈反對，而必須在社會黨議員的支援下方得以通過。一九七五年的另一條法律，賦予女性同等的待遇和同等的就業機會。

教育爲季斯卡另一施政重點。教育部長哈比（René Haby）策劃並經國會通過的一九七五年法律，爲法國教育制度演進的一個里程碑。法國在中等教育方面引進包括職業教育的綜合中學。然而，它也無法改善工人子弟接受職業教育，而資產階級者子弟接受普通中學教育以準備進入大學之不平等。季斯卡宣稱要提升工人的社會地位，並發動一項媒體運動，以改變工人階級在大眾眼中之形象。他推動立法以協助工人儲蓄，以及擁有更多的休閒時間。一九七五年十二月二十九日的法律，將退休年紀逐漸降低到六十歲。這些措施事實上並未能達到讓工人樂天知命和更具生產力。

至於巴黎，季斯卡結束了自一九〇〇年以來該市的不正常市政地位。一九七五年年底的一條法律，給予法國首都與法國其他城市同樣的權利，尤其是選舉其市長的所有權利。

內閣改組

一九七六年三月的地方選舉，執政黨失利。八月，席拉克總理主動向季斯卡總統提出辭呈。巴爾（Raymond Barre）繼任總理之職。巴爾為一經濟學者，曾擔任過五年的歐洲經濟共同體執行委員會副主席。他還擔任戴高樂的財政顧問和席拉克內閣的外貿部長。

八月二十七日成立的新內閣，由巴爾身兼總理和經濟財政部長，親自指導重振經濟和財政政策。執政的三個政黨各有一位領袖出任國務部長（ministre d'Etat）❷：保衛共和聯盟的吉夏，兼司法部長；獨立共和黨的波尼亞多斯基（Michel Poniatowski），仍兼內政部長；中間派的樂加努葉，兼國土計劃和調整部長。三位國務部長，再加上代表激進黨的杜拉福（M. Durafour），組成一個政治協調小組，由吉夏擔任召集人。

此次總理的更換，再一次顯示國家元首親自選擇其總理。總統告訴國人他如此選擇的理由，但絲毫未徵詢在休會期間的國會。十月五日，國會新會期開始，新總理做一般施政報告，但還是援例不要求國會信任投票。

巴爾的第二個內閣

一九七七年三月的市長選舉，席拉克當選巴黎市長，但左派則頗有斬獲。一九七七年以前，在二百二十一個人口三萬以上城市，左派控制九十四個；在此次選舉，左派控制的城市增至一百五十六個，亦即占百分之七十一。此次選舉之結果，對執政右派打擊很大，它對一九七八年的國民議會改選將有很大的影響。

---

❷ 在席拉克內閣時期，只有季斯卡的親信 Michel Poniatowski 擁有國務部長的頭銜。

在地方選舉之後，巴爾改組內閣。三位在市長選舉落敗的閣員：杜拉福、布魯斯（M. Brousse）和吉魯，離開內閣。新閣員有二位：戴高樂派的貝爾斐特，負責司法部；自一九七五年以來擔任參議院財政委員會召集人的莫諾里（Monory）負責工業、商業和手工業部。

新內閣於四月一日開始運作，但到月底方提出施政報告。他繼續其控制通貨膨脹、貨幣穩定和貿易平衡的經濟政策。他的「第二巴爾計劃」於四月二十六日提出，並獲國民議會以二百七十一票對一百八十六票通過。

外交政策

外交是季斯卡總統較能發揮的空間，其外交政策的重點有四：與美、蘇維持良好關係；與第三世界確立建設性對話；對非洲特別關心；法國軍事政策，尤其是核武政策之維持[13]。

在外交政策方面，季斯卡比戴高樂或龐畢度更具「大西洋主義」色彩。他要讓法國參與一個「擴大戰略空間」（亦即西歐）之防衛，而且願意邁向核武的戰術部署，亦即採用北約組織的「彈性反應」理論，而非戴高樂的「大量報復」[14]。季斯卡還將較大部分的國防預算用於傳統武器，且下令暫停在龐畢度時期已開始的第六艘核子潛艇之建造。

在另一方面，外交和國防政策的延續性仍很明顯。國家與軍火工業維持密切合作，因為政府視之為一種威望象徵，以及一種財富來源。一九七八年，武器銷售總值達二百五十億法郎，為一九七〇年的五倍。儘管季斯卡較注意法國的傳統防衛，他還是不計可觀的財政負擔，繼續發

---

[13]　Jacques Chapsal, *La vie politique sous la Ve République (2) 1974-1987*, (Paris: PUF, 1981), p. 88.

[14]　有關戴高樂之核武理論，請參閱拙著，《戴高樂與現代法國》，（臺北：臺灣商務，民國七十八年），頁一五二～一八七。

展和部署核子武器。在季斯卡時期，法國仍然在北約組織的指揮結構之外。然而，他改善不少彼此的關係。在蘇聯的傳統武器和核武的壓倒性優勢的威脅下，他相信與其歐洲盟邦較密切合作的必需性。

在外交政策，戴高樂主張「偉大」（grandeur），季斯卡則強調「世界主義」（mondialisme），以顯示法國的某種世界角色。爲掌控外交政策，他任命職業外交官，而非資深政治人物爲外交部長。與戴高樂的反兩極主義一樣，季斯卡於一九八〇年訪問印度，以拉攏「不結盟」國家之關係，並與南斯拉夫和阿爾及利亞，致力於「第三世界」的創立。如同龐畢度，他對中共寄以厚望，在一九八一年親自訪問中國大陸之前，還在巴黎接待中共領袖。

在中東，季斯卡的外交重點在於透過武器和高科技之輸出，加強與伊朗、伊拉克、沙烏地阿拉伯等產油國之友好關係，以及尋求調解以色列與阿拉伯國家之衝突。他解除戴高樂在六日戰爭後對以色列的武器禁運，但基本上卻維持親巴勒斯坦路線，准許巴解組織於一九七五年在巴黎成立辦事處。一九七七年，法國拒絕西德和以色列引渡恐怖分子阿布達烏（Abu Daoud）之要求。一九八〇年，季斯卡巡迴訪問波斯灣國家，建議以保證以色列的生存爲前提，使之放棄占領區和建立一個巴勒斯坦國家，來解決以阿衝突。

前法屬非洲爲季斯卡另一個外交重點。它不僅是重要原料供應地區，還是法語和法國文化的重要中心。他遵循戴高樂建立的傳統，與非洲領袖維持密切關係，以及提供財政、技術和軍事的援助。除阿爾及利亞外，法國與其他非洲國家之合作，進行相當順利。法國曾協助查德、薩依敉平國內叛亂，並且以軍事介入促使中非共和國的波卡薩（Bokassa）垮臺。

世界主義並不意味著對歐洲事務關注之減少。法國政策之核心，爲與西德密切合作，透過與西德總理史密特（Helmut Schmidt）之私人

友誼❶，季斯卡鞏固了兩國之關係。他要法國被視為歐洲經濟共同體之領袖，且為一九七九年歐洲貨幣制度（The European Monetary System）成立之主要推動者。如同戴高樂，季斯卡仍然視「歐洲」為推展法國利益的舞臺。在建立歐洲貨幣制度之過程中，季斯卡獲得西德很重要的讓步，而在與其他會員國之個別衝突中，他的國家主義色彩更為濃厚。一九七五年，在強大法國酒商遊說團體的要求下，季斯卡政府非法停止自意大利進口葡萄酒。一九七九年，法國採取類似的步驟，對付英國的羊肉。

季斯卡也追求戴高樂的「低盪」目標。龐畢度時代的反美主義或已消失，但是季斯卡仍然忠於戴高樂的觀念，認為蘇聯的友誼可以追求和贏得。甚至一九七九年蘇聯入侵阿富汗也不准成為與莫斯科改善關係的障礙。法國一直不理會美國的呼籲，對蘇聯實施經濟制裁，或杯葛一九八〇年在莫斯科舉行的奧運。

第三節　擴張與衰退

經濟的成長

自一九四〇年代中期開始，法國享有一段驚人的經濟成長時期，且一直延續至龐畢度的總統任內。其他歐洲經濟共同體會員國也有類似，甚或較佳的成長。到一九六七年，在工業生產和生活水準方面，法國已超越英國。一九六八年五月風潮對於此一發展趨勢只帶來暫時性的中斷。

擴張事實上並非毫無間斷，階段性或循環性的不景氣偶而也會發生。

---

❶　有關季斯卡與史密特之私人友誼，請參閱 Valéry Giscard d'Estaing, *Le Pouvoir et la Vie*, (Paris: Compagnie 12, 1988), pp.124-136.

在整個六〇年代，通貨膨脹一直令人憂心，一九六三～一九六四年季斯卡擔任財政部長時就曾採取節約措施。問題因戴高樂堅持拒絕法郎貶值而複雜化，但龐畢度卻不再犯同樣錯誤。一九六九年八月八日，他讓季斯卡突然將法郎貶值百分之十二點五。此舉有助於增加法國的出口和減少財政赤字。工業成長率每年繼續維持百分之五點五。季斯卡在預算的平衡方面也有成就。到一九七三年，通貨膨脹一直維持每年百分之七左右，而在一九七三～一九七四年卻暴增至百分之十四以上，但工人的實際工資甚至增加更快❶。有資格拿最低工資的工人不到一百萬人。法國一直維持充分就業，一部分工人甚至還能享受其工業分紅計劃之好處。在龐畢度時期，法國享有空前未有之繁榮。

高速公路的建造

在總統府，龐畢度盡其全力鼓勵經濟發展。如同晚年的拿破崙三世，他在經濟方面採用傳統的國家干預，大量投資於公共部門——高速公路、巴黎運輸系統、電話設施。一九六七年法國的高速公路不超過五百英里，甚至比英國少。龐畢度與其設備部長夏朗東（Albin Chalandon）鼓勵私人企業家參與公路網的擴充。一九七〇年，巴黎—馬賽的南部高速公路和巴黎環城道路皆已完成。到一九七〇年代中期，法國每年完成三百五十英里的高速公路，為歐洲擴充速度最快的國家。一九八一年，自巴黎環城道路延伸至法國其他地區的高速公路有六條。過路費相當高，但對貿易和私家車駕駛卻造福不淺。

巴黎的建設

龐畢度協助提供給巴黎世界上最好的公共運輸系統之一。除了地下

❶　一九六九～一九七三年間，工人的實際工資至少增加百分之三十五。

車站和車輛的更新，既有的地下鐵路網也加以延伸，一種新的區域捷運系統（RER）連接郊區市鎮和巴黎地下鐵車站。耗資五十億法郎建造的第一條線於一九七七年通車，連接西郊的聖日耳曼昂萊、巴黎市中心和東南郊的布瓦希‧聖雷傑（Boissy-Saint Léger）。一九八二年，戴高樂機場也有捷運線直接通往巴黎西南郊。

電話設施的改良同樣令人覺得驚奇。一九七○年，法國的電話仍很原始。地方性通話需要利用特別的硬幣（jetons），又因電話亭的不足，通常必須在擁擠且吵雜的咖啡店打電話。打長途電話更不方便，必須到郵局❼排隊等候很久。一條電話線路之安裝，往往要花費好幾年。龐畢度與其繼承者季斯卡瞭解，良好的通訊設備為驅動經濟現代化所不可或缺。因此，自一九七○年起，鉅額經費投資於電訊事業。一九六九和一九七九年間，郵電部的預算增加十倍，電話線路增加四倍以上，而達一千七百萬條。

巴黎市容的更新

龐畢度相信，身為一個先進技術文明的主要城市，巴黎須要具體的象徵來顯示其地位。因此，他對摩天大樓的建造非常熱心。除了戴高樂時代就已策劃建造的一座巨大玻璃和鋼筋混凝土建築物——緬勒‧蒙帕那斯塔（Tour Maine-Montparnasse），以及第四共和時代已經計劃好，且現已開始進行的邁優門（Porte Maillot）和得防斯（La Défense）兩地區商業辦公大樓群的興建，龐畢度核准更多其他建築計劃，導致一九七○年早期美麗的巴黎天空被破壞。如非龐畢度的突然去世，對巴黎環境的危害或許會更大。

季斯卡繼任總統後，更改龐畢度的計劃。首先撤銷要與凱旋門「互

---

❼ 法國郵局兼掌電話和電報業務。

補」的兩座得防斯巨型建築之計劃，然而得防斯仍繼續成長，到一九八一年其居民有二萬人，公司員工人數有四萬人。季斯卡也否決在塞納河左岸建造一條與在右岸所建類似的快速道路。如果該計劃未中途喊停，巴黎聖母院大教堂之地基可能會受到威脅。

龐畢度中心（Centre Georges Pompidou），一棟以玻璃和鋼管組合的現代建築，或許可視爲龐畢度自己的紀念性建築。一九六九年，他就計劃以之爲現代藝術中心，並於一九七七年正式啓用。該中心耗資十億法郎，包括現代藝術博物館、典藏豐富的開放式圖書館、前衛音樂研究中心，以及各種禮堂和臨時展覽場所。該中心一開放，立即成爲巴黎最大的觀光點之一，其前面廣場成爲街頭雜耍和走江湖人士之聚集場所。

距離龐畢度中心不遠的中央市場（Les Halles），其改建工程更爲浩大。因中央市場造成交通混亂，戴高樂主動關閉酒類市場，隨之經過一番奮鬥，又關閉肉類市場和果菜市場，使之分別遷至拉維葉特（La Vil-lette）和郎吉（Rungis）。

龐畢度的問題是如何處理中央市場的原址。他贊成商店和辦公室的綜合性建築，另外還留下建造一個豪華旅館和一個新地下鐵車站的空間。漂亮的巴爾達（Victor Baltard）鐵製亭被摧毀，然而到龐畢度去世時，此處仍只是一個大洞。季斯卡再一次叫停龐畢度的庸俗改建計劃。但他要改建成一個正式花園的計劃，卻被席拉克所領導的巴黎市議會所阻。最後，這個大洞之地下爲商店和遊樂場的綜合性建築，地面爲一玻璃和鋁結構環繞的大庭院。

繁榮的結束

龐畢度時期結束前，繁榮本身已受到威脅。戰後的長期繁榮，亦即法國分析家所謂「三十個光榮年」（Les trente glorieuses），將告一段落。世界經濟體制的改變，正使有利於已開發國家成長的環境如廉價的能源、

原料和運輸，以及缺乏來自未開發國家的競爭，也隨之發生轉變。如同所有其他先進國家，法國經濟自一九七四年起，已邁入一個漫長困難的階段，其主要徵象有經濟成長的大幅滑落，無法控制的通貨膨脹，以及嚴重的失業。一九七三年，阿拉伯石油生產國將原油價格調漲四倍，為危機的原因和表示。它對法國之衝擊是立即的，因為自一九七三年起，法國所需之能源有四分之三以上依賴進口，而其競爭對手英國只有百分之四十七，西德也只有百分之五十。

　　甚至沒有世界性衰退的來臨，法國偉大的擴展時代之結束，也是有跡可尋。在龐畢度主政時期，成長達到巔峯，但在繁榮中仍然問題叢生。一九六九年以後，通貨膨脹出現。一九七三年，失業人數達三十萬。法國工業產品輸出的成績，仍遠落後於其主要競爭者。法國的對外投資，遠遜於外國人，尤其是美國人對法國的投資。為了在一個競爭愈來愈激烈的國際社會中生存，在紡織工業和鋼鐵工業等部門做更進一步痛苦的調整，勢在必行。若非在任內去世，龐畢度，而非其繼位者，將必須面對所有這些問題。事實上，此一艱苦的任務就落在季斯卡的肩上。

　　最初，季斯卡或其總理席拉克，似乎認為法國或世界危機，只不過是在一般有利成長的趨勢中的一個特別煩人的週期性挫折。法國政府採用傳統方法來解決問題。財政部長傅加德（Fourcade）於一九七四年六月採取緊縮信用措施，同時調高營業所得稅率。結果是出現一九四五年來法國首次工業衰退，較高的失業率，但通貨膨脹率卻未因而下降❸。因此，席拉克堅持恢復擴張主義，在一九七五年採用貨幣寬鬆政策，包括對民營工業的稅捐鼓勵，較低的利率，公共支出的增加，以及較高的福

---

❸　詳情請參閱 René Mouriaux, "Trade Unions, Unemployment, and Regulation: 1962-1989", from James F. Hollifield and George Ross, *Searching for the New France*, (New York: Routledge, 1991), pp. 181-183.

利待遇。工業生產的確因而恢復，但是也帶來鉅額預算赤字、法郎的疲軟和甚至更高的通貨膨脹。

巴爾內閣的經濟措施

一九七六年八月，經濟學家巴爾的取代席拉克，可以看出，季斯卡終於覺得經濟情況的嚴重性。巴爾提出一個結合經濟的穩定和免於通貨膨脹的成長之計劃。一九七六年九月，他開始增稅，並凍結工資和物價，同時提供一些鼓勵創造就業機會的誘因。物價不易下跌，這些控制措施反而引起來自四面八方的反對，其中包括麵包業者。經過一九七七～一九七八年的「牛角麵包戰爭」之後，麵包業者成功地獲得自法國大革命時期以來首次麵包價格的自由化。

另一方面，巴爾鼓勵高科技工業，尤其是電子、交通和核能等之發展。核能計劃特別有效率，它降低法國對外國能源供應的需求，到一九八一年已降至百分之五十。

經濟的惡化

季斯卡執政期間，法國經濟日益惡化，一直是反對黨攻擊的目標[19]。密特朗在一九七七年提到，法國自進入工業時代以來，失業人數首次破百萬大關。季斯卡過了七年總統任期的一半，巴爾的計劃也實行一年，但他給予法國人的是一個在其日常生活基本部門的惡化情況，如通貨膨脹加速，購買力降低，以及日趨嚴重的失業[20]。

---

[19] Albert Lebacqz, 1981, *L'année de François Mitterrand*, (Paris: Editions France-Empire, 1982), p. 176; James F. MacMillan, op. cit., p. 197.

[20] François Mitterrand, *l'abeille et l'architecte* (Paris: Flammarion, 1978), p. 249 ; François Mitterrand, *Politique*, (Paris: Fayard, 1977), p. 105.

　　社會黨還在一九七八年九月列舉一九七七～一九七八年間法國經濟情況惡化的數據。在經濟成長方面，一九七六年爲百分之四點七，一九七七年爲百分之二點九。在物價上漲方面，一九七六年爲百分之九點九，一九七七年爲百分之九點二，一九七八年爲百分之十二。在每小時工資的調升方面，一九七六年爲百分之十五點一，一九七七年爲百分之十二點一。在就業機會方面，工業工人在一九七七年比一九七六年減少十三萬個工作機會。

　　一九七八年，工資的上漲不易追上物價的波動。根據一九七八年六月二十九日內閣會議的正式公報，法國政府將每小時最低工資自十法郎四十五分，調至十法郎八十五分，亦即調高百分之三點八。最低工資的調升始自一九七八年五月十一日，一個半月來，物價上漲百分之二點一。因此，購買力只提高百分之一點七。然而，事實上，自五月十一日至六月二十九日，薪水階級必須忍受下列的調幅：水電費調高百分之十，火車票價調高百分之十五，地下火車票調高百分之十五，郵費調高百分之二十，香烟調高百分之十五。

　　一九七八年法國政府所面臨的經濟情況如下：一九七七年物價年增率爲百分之九點二，一九七八年增加速度更快，這與英德兩國正好相反；失業人數將近一百五十萬；工業生產停留在一九七四年的水平；預算赤字超過二百億法郎；外貿入超持續；破產企業在一九七八年二月有一千四百家，四月就增至一千七百家；所有經濟部門發生危機[21]。

　　對於一般法國人來說，經濟惡化以失業和通貨膨脹兩項對自己本身影響最大。在季斯卡時期之失業率，在席拉克擔任總理期間停止倍數增加，但在巴爾擔任總理時又再度倍增。事實上，在季斯卡執政初期，失

---

[21]　Parti Socialiste, *Le Libéralisme sauvage*, (Paris: Secrétariat à la Formation, 1978), pp. 7-11.

業者不到四十萬人，一九七六年八月當總理換人時爲九十五萬人，到了
七年執政結束時，則超過一百六十萬人。物價上漲，在一九七八年約百
分之十，一九八〇年則爲百分之十三點六。

第十八章　密特朗時代

一九八一年五月，密特朗當選法國「第五共和」第五任總統。他是
「第五共和」首位左派總統，也是自一九三六年布魯姆以來，第一位社
會黨人士主導整個法國政局。隨之，法國選民響應密特朗之呼籲，讓社
會黨在國會改選中，再度贏得壓倒性的勝利。至此，法國社會黨已經掌
握足夠的政治資源，以實現其社會主義的理想。然而，五年的社會主義
經驗並未令法國人民滿意，導致一九八六年國會大選社會黨失利，出現
所謂「左右共治」❶之奇特現象。一九八八年的總統選舉，密特朗獲得連
任。在其另一七年任期中，再度出現「五年社會主義經驗」和「左右共
治」之情況。

第一節　密特朗的政治理念

意識形態的轉變

密特朗並非天生是左派人士。從他的家庭背景，以及他在巴黎學生
時代的個人經驗，很少跡象可以看出他是一位未來的社會黨領袖。一九

---

❶ 「左右共治」，亦即總統由左派的密特朗擔任，總理則由右派的席拉克擔任。
立法權在右派手中，行政權由左右兩派共享。

一六年，他出生於一個法國西南部人口只有四千人的小鎮——雅那克
（Jarnac）。該地區的富有白蘭地酒商，信奉新教，政治立場偏左，屬於
溫和的左派；他的家族屬於政治立場較中間和較保守的天主教區，父親
爲一鐵路局的站長。

密特朗的青少年經驗完全受其家庭和社會背景之影響。如同其弟兄
他的八年中等教育在盎古蘭的一所中產階級的天主教學校——「聖保羅
學院」（Le Collège Saint-Paul）渡過。嚴格的道德規範和日常起居並未
爲密特朗帶來問題。一九三四年十月起，他開始住進巴黎的一間神父辦
的學生宿舍，並且順利獲得法律學和政治學的學位。

第二次世界大戰期間，密特朗在俘虜營的所見所聞，對他以後的政
治理念產生很大的影響。一種個人的、道德的社會主義思想已在其心中
萌芽。

然而在整個「第四共和」期間，不論是出任內閣閣員，或只是擔任
國會議員，他的政治立場變幻無常❷。一九四六年，他的政治立場中間偏
右，十二年後則屬於中間偏左，但避免對於社會黨和共產黨，這兩個左
派主要政黨其中之一表示忠誠。他擔任內閣閣員的作風，從開明的、改
革的自由主義，到率直的，甚至是權威式的保守主義。

一九六五年，密特朗競選總統。他的「總統競選的二十八項政見」
（28 propositions de la campagne présidentielle）❸，以及他在競選
期間的言論，顯示出他受到天主教之影響仍然多於馬克斯主義。但在大
選過後，他無可避免地成爲法國左派的全國領袖。爲了政治策略的運用
密特朗的立場可以非常偏左。

---

❷ Catherine Nay, *Le Noir et le Rouge, ou l'histoire d'une ambition*,
   （Paris: Grasset, 1984）, p. 196.

❸ François Mitterrand, *Politique*, （Paris: Fayard, 1977）, pp. 426-427.

對自由的看法

在《手握玫瑰》（*La Rose au poing*）一書中，密特朗提到，左派知道，人並非生而自由，甚至處處有奴役存在。對於一位社會主義者來說，自由並非以自然狀態存在。在一七八九年，人們稱「革命」為政治民主的事件。事實上，這是一次對言論、寫作、遷徙等個人權利的承認。但是這些權利，領導階級每一次當它有辦法時，就會加以沒收。社會主義則要將之拯救出來，因此成為資本主義的唯一敵人❹。

在《蜜蜂與建築師》（*L'abeille et l'architecte*）一書中，密特朗提及，一七八九年之後，新的領導階級經過數世紀之緩慢發展，終於取得政權。此時正逢工業社會起飛，而且賦予其主人無限增加其利潤之良機。該階級以經濟自由主義為對付剛獲得的自由之有利武器。因此，具有自由精神的人們會高喊「自由主義就是敵人」❺。

對第五共和憲法之批判

密特朗認為第五共和憲法所賦予總統的個人權力為「永久的政變」（coup d'état permanent）。他在二十三年期間，成為「第五共和」有系統且絕對的反對者，他反對所有政府提出的預算，激烈攻擊法國國防政策和核子打擊武力，甚至也反對一九六二年總統公民直選的修憲案。

對經濟和教育國有化之看法

第二次世界大戰結束後，戴高樂將許多重要經濟部門收歸國有，其

---

❹ Alain Clark, *Anthologie Mitterrand*, （London: Methuen, 1986）, p. 81 & p. 86.

❺ François Mitterrand, *L'abeille et l'architecte*, （Paris: Flammarion, 1978）, p. 165.

目的在於促進國家的重建。一九四五年的國有化，觸及重建所必需的基礎部門，因此，密特朗認為國有化並非社會主義。然而，國有化將成為權力更動的決定性工具，設法尋求者不僅是社會主義者，還有有意打破一個互相剝削制度之枷鎖的所有自由人。

密特朗表示，他並非一個國有化狂，銀行和保險業未能完全國有化，實在令人覺得遺憾。但是，每當私人利益自行結合以在國家經濟的一個重要部門進行一項真正的壟斷，以及當一個財力達到頂點的個人或集團，有支配國家的姿態時，密特朗認為必須設法解決。進行國有化時，財產的轉移會得到應有的補償。

談到教育的國有化，密特朗認為公立和私立教育機構的同時存在，長久以來即成為問題。整體來說，左派只同意「公共基金給公立學校；私人基金給私立學校」。相反地，幾乎一直掌握政權的右派政黨，經常有意提高國家對於私人教育的補助款。儘管如此，密特朗並未採納激進組織對於教育國家化之要求。

積極支持歐洲統合

在「第四共和」時期，密特朗不但支持歐洲組織，甚至還希望該組織能將法國的海外殖民地也包括在內。對他來說，為結束美蘇兩個超強的支配世界，一個獨立歐洲的建造是必然的。然而，他所要的歐洲，寧願是一個堅固組織的小歐洲，而非一個軟弱無力的大歐洲。

密特朗表示，左派的共同政綱特別提到，左派的政府將參與歐洲經濟共同體、其組織、其共同政策之建造，而且將引用「羅馬條約」（The Treaty of Rome）事先考慮到保障條款。但是，他極力主張歐洲議會應經公民普選產生❻。

---

❻ 歐洲議會議員於一九七九年首次經普選產生。

第二節　社會主義經驗

密特朗當選總統

一九六五年和一九七四年，密特朗曾在總統的選舉中落敗。一九八○年十一月八日，他宣布參選總統，以回應社會黨基層組織之要求。翌年一月二十四日，社會黨臨時黨代表大會以百分之八十三點五的同意票推薦密特朗出任該黨的總統候選人。

四月二十六日第一回合投票，登記合格選民三千五百五十一萬七千八百一十六人，投票者二千八百九十九萬八千四百九十七人，缺席者占百分之十八點三五。在有效票中，季斯卡占百分之二十七點八二，密特朗百分之二十六點零八，戴高樂派的席拉克百分之十八點零二，共產黨的馬榭（Georges Marchais）百分之十五點四八，其他六位候選人所得票數之總和低於百分之十三。第一回合投票，季斯卡和密特朗的差距約七十萬票❼。

第二回合投票於五月十日舉行，其結果，密特朗獲得一千五百七十萬八千二百六十二票，得票率百分之五十一點七五；季斯卡獲得一千四百六十四萬二千三百零六票，得票率為百分之四十八點二四。在九十六省中，密特朗在六十五省領先。

密特朗之能贏得總統大選的最後勝利，有其主客觀的有利因素。在客觀條件方面，季斯卡在七年的總統任內，較高傲的姿態，逐漸使之與群眾疏遠。他與其最後一任總理巴爾的治績差，國內經濟日趨惡化，失

---

❼　有關此次選舉之詳情，請參閱拙著，〈密特朗初任法國總統〉，《政治大學歷史學報》第十期，民國八十二年一月。

業情況和通貨膨脹也日趨嚴重，法國人民對他們的信心大減。

在「第五共和」時期，右派已執政了二十三年。這不算短的歲月裏，法國人民似已覺得厭倦，加上季斯卡無法解決嚴重的經濟難題，人民求變之心甚切，這也提供密特朗的勝利另一項有利的客觀條件。

社會環境的改變，左派在各種選舉的得票率越來越高，在一九七○年代與右派一較長短的條件已成熟。此時，共產黨在法國的政治影響力已衰微，社會黨一躍而成為左派陣營的龍頭。

此次總統大選，執政的右派除了季斯卡尋求連任外，戴高樂派一下子推出三位候選人❽。戴高樂派與季斯卡已有心結，因此在第二回合投票中，不但未給季斯卡肯定的支持，有些戴高樂派要員甚至轉而公開支持密特朗。右派的分裂，給予密特朗崛起的良機。

一般說來，年輕人較激進，較傾向左派。季斯卡政府將選民的年齡限制，自二十一歲降至十八歲，無形中增加左派候選人為數相當多的選票。

此外，在主觀條件外，密特朗善於選擇投入選戰的時機，善於訴諸感情，善於組織，這些特長使他能有效控制整個情勢，進而為自己贏得一場選戰。

社會黨控制國會

密特朗於五月二十一日就職後，任命一個以社會黨元老政治家穆魯阿（Pierre Mauroy）為首的臨時社會黨政府，並且解散國會，訂於六月重新選舉。

六月十四日的第一回合投票，缺席率將近百分之三十。在有效票中，

---

❽ 戴高樂派的總統候選人，除了席拉克外，尚有德布雷和原為席拉克顧問的加羅（M.F.Garaud）。席拉克等屬於新戴高樂派（les néogaullistes），德布雷則屬於歷史的戴高樂派（les gaullistes historiques）。

左派的得票率接近百分之五十六，前執政右派百分之四十三，環保聯盟百分之一。第一回合當選的議員一百五十六位，其中一百位屬於前執政右派。

在第二回合投票中，社會黨贏得百分之五十五的選票。新國民議會中，社會黨擁有二百七十席，共產黨四十四席，而戴高樂派只有八十四席，季斯卡派六十二席。社會黨本身就足以控制國會。

穆魯阿內閣

六月二十二日，臨時總理穆魯阿提出內閣總辭，並隨之立即受命重組新內閣。翌日，新內閣組成，其中有四位共產黨籍閣員。德菲爾擔任內政部長，許維勒蒙（Jean-Pierre Chevènement）研究和工業部長，巴丹德（Robert Badinter）司法部長，謝松（Claude Cheysson）外交部長，戴洛（Jacques Delors）財政部長。

國有化

國有化為密特朗在一九八一年競選總統的主要政見之一，也是那年夏季重要改變的象徵。國有化的技術性討論自六月中旬起，日趨熱烈。

戴洛考慮到事緩則圓，他認為在許多情況，對某些重要工業取得百分之五十一的股權已經足夠，確保百分之百的控制權則無必要。然而，內閣中主張取得全部控制權者占多數。事實上，那是在密特朗的工業顧問布利爾（Alain Boulil）的主導下，由總統府決定百分之百控制的原則。

初步估計國有化之費用為四百億法郎，分五年支付，以紙幣為補償金。一九八一年九月二十三日，內閣會議通過五家工業公司，三十六家銀行和兩家金融公司之國有化法案。十月二十六日，經過三十六次會議的熱烈討論，在國民議會一讀通過。十二月十八日，獲得最後通過。

整體言之，九個工業集團交由國家控制：七個❾股權全歸國家；馬特拉（Matra）和達梭（Dassault）兩家則由國家控制百分之五十一。這九個工業集團的營業額共計二千五百億法郎，約占法國工業總銷售量的百分之二十，以及百分之二十五的出口額。它們雇用七十六萬員工。在此一波國有化之後，全部國營事業占法國工業總銷售量的百分之三十❿。此外，收歸國有的企業尚有兩家財務公司⓫和三十六家銀行。

新社會政策

一九八一年社會黨執政後，在六月六日的首次內閣會議及其後的幾次會議，就陸續將密特朗在競選總統時有關社會方面的政見，變成為政策。對於社會上弱勢的一群，採取一連串有利的措施：最低工資提高百分之十、家庭津貼和住屋津貼的增加、老人津貼的提高，創造五萬四千二百九十個公家職位之計劃，協助年輕工作者尋找出路的各種措施。

在對付失業方面，社會黨政府還採取下列主要措施：第五週帶薪休假的普遍化，六十歲退休，以及每週工作三十九小時。

各種社會福利措施的陸續實施，必然增加政府的財政負擔。預算部長費比亞斯（Laurent Fabius）於一九八二年三月十日談到一九八三年的預算時，提醒政府注意一項赤字過度龐大之危險，而密特朗總統指示重新檢討就業問題優先的政策，甚至對某些支出要詳加考量。

---

❾　亦即 CGE, Thomson-Brandt, PUK, Rhone-Poulenc, Saint-Gobain, Usinor et Sacilor.

❿　*L'Histoire au jour le jour, 1974-1985, Une aussi longue crise, Le Monde* dossiers et documents, p. 200.

⓫　兩家財務公司為 Suez 和 Paribas。

緊縮政策

九月一日，內閣會議通過一九八三年預算案，國家支出增加百分之十一點八，較一九八二年預算百分之二十七點七的增加幅度，減少甚多。財政短缺額度也限制在一千一百八十億法郎之內。

財政的困難，以及通貨膨脹物價上揚情況嚴重❶，政府被迫採取緊縮政策，並且凍結物價和工資之上漲。在四月份的物價指數宣布後，穆魯阿總理認為，必須進一步抑制所得和薪資的變化。

在通貨膨脹率年達百分之十四點三時，法國政府為能抑制其上升速度，在年底前將之控制在百分之十以內，除讓法郎貶值外，還在六月十三日宣布採取下列配合措施：

(1)除最低工資外，將凍結物價和工資，直到十月底為止；

(2)如同一九八二年，一九八三年的預算赤字將限制在百分之三以內，社會福利之預算將再使之趨於平衡。

在一九八一和一九八二年，密特朗總統盡力實現其對法國工人的競選承諾，但其結果卻是造成鉅額的預算赤字、可怕的通貨膨脹和日趨嚴重的國際貿易失衡。一九八二年七月正式實施的緊縮政策，經歷一年半，已略顯其效果。一九八二年的百分之十一點八的通貨膨脹率，已減緩至百分之九左右。法國法郎之幣值已緩緩回升。剛收歸國有的公司，如湯姆遜（Thomson-CSF）、隆·普連克（Rhône-Poulenc），以及貝欽內（Pechiney）等已大幅縮減一九八二年那破紀錄的虧損❶。

❶　一九八二年四月，法國的物價上漲百分之一點二。

❸　Shawn Tully, "Mitterrand's Risky New Right Turn," *Fortune*, April 30, 1984.

工業現代化

緊縮政策顯現一些成果時，死硬派共產黨人和社會黨人，開始要求恢復擴張政策。甚至在密特朗身側，有些人也認爲是該走回頭路的時候。然而，年輕的工業部長費比亞斯❹持相反意見。他表示，資助新一波經濟刺激，社會黨面臨兩種選擇：鉅額預算赤字，或者大幅度增稅。兩者皆將留給法國很壞的後遺症。在幾年之內，一個更貪婪的國家將吞下法國生產總額的半數，留給民營企業的只是微不足道的一部分。

費比亞斯的意見獲得密特朗的支持。他這位獲得「特別權力」的超級部長，依據密特朗「唯有能獲利的公司才能得到政府的投資」之指示，開始重整法國工業，促進工業現代化。

一九八四年一月底，法國政府已在凡爾賽舉行的一次研討會中，討論到工業的改革。二月八日宣布的工業重整計劃於三月二十九日經內閣會議通過後，開始實施。

虧損最大，需要政府補助款最多的煤、造船和鋼鐵三種工業，爲此一工業重整的重點。在鋼鐵業方面，由於影響到所有歐洲國家鋼鐵業之危機，于希諾（Usinor）和撒希洛（Sacilor）兩家鋼鐵公司於一九八三年虧損一百億法郎。這些企業必須迅速採取調整措施，以改進其競爭力，重新奪回部分市場，且在一九八七年得到積極成效。

工業的現代化將造成大量失業，受害最嚴重的洛林地區的鋼鐵工人，進行一連串的罷工、示威遊行和各種破壞❺。

---

❹ 費比亞斯與密特朗的關係密切，曾任密特朗的政治顧問長達八年之久，經常陪密特朗吃飯，且被視爲義子，後來曾擔任總理。

❺ 詳情請參閱拙著，〈法國社會黨政府的自由主義化──論一九八四年法國鋼鐵政策之轉變〉，《政治大學歷史學報》第十一期，民國八十三年一月。

教育改革

教育部長沙瓦里（Alain Savary）受命進行兩項教育改革：鼓勵高等教育制度的進一步民主化；尋找學生高退學率的解決方案。一九八一年十二月，他以承認一般學科，而非僅是數學的高中會考及格，做為高等專門學校❶入學考試資格，來放寬其入學門檻。至於大學，他任命一個顧問委員會，在十八個月內進行改革方案之研究，以做為他在一九八三年四月向國會提出法案之基礎。一九八四年一月二十七日的新大學法，取消國家博士學位（doctorat d'Etat），也使高等教育更具職業教育性質。

私立（主要是天主教）中等教育改革計劃，引起的反對聲浪非常可觀。密特朗在競選時曾隱約提到，取消國家對天主教學校的補助款。然而，執政後，不論是總統或是其部長皆未全力對付天主教會。只有沙瓦里負責重新改組私立學校，使其行事曆與公立學校一致。經與主教們接觸後，除了給予天主教學校教員可成為國家公務員一項外，天主教會並無其他異議。

一九八二年年底公開後，沙瓦里的提議造成激烈的辯論。一方面，天主教學校的支持者懷疑任何國家的干預，因而於一九八四年三月四日在凡爾賽發動一次七十五萬人的示威遊行，以表達他們的感受。另一方面，包括總理穆魯阿在內的「世俗理念」（ideé laïque）支持者認為一九八四年三月的沙瓦里法案對於天主教意見讓步太多，堅持提出修正案，使一九八四年六月二十四日國民議會通過的法案較原案更為世俗化。

然而，「世俗理念」支持者過分低估私立學校保衛者的反彈力量。許

---

❶ 法國高等專門學校，通稱 grandes écoles 為培養法國政府高級專門人才之場所，其入學試競爭非常激烈，其畢業文憑較大學之博士學位更為吃香。

多天主教學校學生的家長，爲子女選擇教會學校就讀，其學術和社會原因較宗教因素爲多。如同在英國，私立學校教育或許較能滿足個別學生的特別需求，以及讓家長覺得自己在社會上似乎高人一等。此外，在席拉克領導下的右派發現，以支持天主教教育自由的名義攻擊沙瓦里的法案，確可獲得政治利益。他們發動一連串反對法案的示威遊行，並於六月二十四日國會辯論時，動員一百萬抗議者在巴黎街頭遊行示威。曾經批准沙瓦里法案的密特朗，在此一情況下只好屈服。七月十二日，未跟其部長商量，密特朗撤回該法案。沙瓦里被迫辭職，穆魯阿內閣也隨之垮臺。

費比亞斯內閣

一九八二和一九八三年的地方選舉，一九八四年的歐洲議會議員選舉，社會黨連續失利，顯示出選民對穆魯阿內閣不滿。沙瓦里法案的失敗就成爲密特朗要更換內閣總理的藉口。

費比亞斯接任總理一職時，年方三十七，父親爲一富有古董商。他的當務之急就是加強一九八二～一九八三年的緊縮措施，希望能在一九八六年三月國民議會改選前，及時抑住通貨膨脹。爲緊縮政策背書已相當難堪的共產黨，又警覺到在各項選舉中得票率日降，因此返回反對陣營。「左派的結合」宣告中止。密特朗、費比亞斯和財政部長貝雷哥瓦（Pierre Bérégovoy），現在背離舊式社會主義，並準備依照新自由主義的正統重振經濟。

不再強調透過對公共部門和國有化工業之投資來刺激經濟成長，費比亞斯內閣設法利用稅賦減讓和公共支出削減，來恢復民營企業的活力。一九八五和一九八六年的預算顯示出，公共部門的裁員相當可觀。在工業方面，費比亞斯極力追求利潤，而不惜工作機會的喪失。重工業受到的打擊最大，到處大量裁員，甚至有整個鍊鋼廠關閉。甚至一直被視爲

國有化工業成功典範的雷諾汽車公司，也被迫裁員，董事長因公司效率不彰而遭解職。

整體說來，費比亞斯的政策有意要特別號召專門職業和經理階層，希望傳統社會主義選民的損失，能吸引某些中間選民來彌補。他甚至在選前，利用計算利息的退款方式，與被迫對國家支付義務性貸款的富人達成妥協。費比亞斯內閣已無法聞出社會主義的氣息。

然而，費比亞斯內閣也有一些成就。一九八六年，從經濟的觀點來看，法國在許多方面皆有進展。通貨膨脹，從一九八二年百分之十五的最高峯，降至百分之五以下。經濟成長，在一九八五年已達百分之一點三。出口的增加，使國際貿易轉爲出超。在國有化工業方面，給予各企業主持人較大自主權，帶來較高的利潤。以創造新工作機會和實施提早退休計劃，阻止失業情況的惡化。儘管失業率較歐洲經濟共同體大多數會員國爲低，但仍維持在百分之十以上。

外交政策

在野時，社會黨人曾提到法國外交政策激烈轉向的必需性。在歐洲，季斯卡被批評不夠重視法國利益，或是態度上太配合德國，或屈服於英國自歐洲經濟共同體預算退錢之要求，或準備讓共同體增加希臘、葡萄牙和西班牙等新會員國。另一方面，在中東，季斯卡被批評爲過分玩弄權術，且只關心透過武器的出售以保證原油的供應。一九七九年年底，蘇聯入侵阿富汗後，他欲與蘇聯維持良好關係的企圖，受到嚴厲的批評；對於非洲國家和第三世界的新殖民政策，亦受到非議。

社會黨承諾要重新開始，並將外交部易名爲對外關係部（Ministère des Relations extérieures）。密特朗自視爲第三世界之友，且制定一項新政策，以顯示對人權問題的關心。著名的左派知識分子德布瑞（Régis Debray），被任命爲拉丁美洲事務特別顧問。合作發展部長柯特（Jean-

Pierre Cot）必須增加對第三世界之援助。密特朗表示，他急於與墨西哥、阿爾及利亞和印度等國家，建立新關係。一九八一年十月，密特朗訪問墨西哥，並表示支持薩爾瓦多游擊隊。他還派遣飛機到尼加拉瓜，協助左翼桑定政權，對抗美國支持的右派叛軍。為改善與阿爾及利亞的關係，法國同意以高出市價購買阿爾及利亞的天然氣。至於在印度，季斯卡已培養雙方友好關係，密特朗繼續談判商業協定，以便法國能出售幻象戰機、電話和用於核電廠的濃縮鈾。

然而，第三世界主義（Third World-ism）立刻暴露其局限性。一九八○年，法國的援外款項占其生產總額的百分之零點三六，一九八五年則增至百分之零點五，但法國對阿爾及利亞天然氣的慷慨，將導致對其他國家援助之削減。在拉丁美洲，「革命性」政策在未過分刺激美國之前就放棄。一九八二年十二月，柯特為尼奇（Christian Nucci）所取代，確定新殖民方式的恢復。一九八六年爆發的一項醜聞顯示，尼奇運用一筆行賄基金，大力支持搖搖欲墜的非洲政權，以及變成自己的競選經費。一九八三年在尼奇的堅持下，法國再度以軍事介入查德內戰，顯然是要對抗利比亞的干預。一九八四年十一月十日的協議，法國和利比亞軍隊必須撤出。此一協議被利比亞破壞。經過密特朗和格達費（Ghadaffi）在克里特會面，利比亞事實上獲得法國對其蠻橫背書。法國在軍事勝利之後，隨之而來的是外交的失敗❶。

在中東，密特朗首先以培養與以色列較佳的關係來緩和季斯卡的親阿拉伯政策，希望在以阿衝突中，法國能被視為一個可能的誠實調停人。因此，中止對巴勒斯坦解放組織（PLO）的正式承認，密特朗也於一九八二年訪問以色列。視黎巴嫩為法國影響力的特別地區，法國政府有意

---

❶ 密特朗與格達費的會晤，受到他從政以來最嚴厲的批評，保守派指責他為格達費所騙，利比亞沒有遵守法利兩國有關自查德撤軍的協議。一九八六年初，利比亞再度揚言向中非推進，法國趕緊派遣部隊前往查德。

扮演一個決定性角色。一九八二年法國派遣一支和平維持部隊，然而在一九八三年十月一次恐怖分子炸彈攻擊殺死二百四十一位美軍和五十八位法軍之後，法國只能忙於如何使被回教激進分子扣爲人質的法國人獲得釋放。在整個中東地區，法國繼續成爲軍火供應商，尤其在兩伊戰爭中提供大批軍火給伊拉克。

　　至於與美蘇的關係，密特朗原先在東西方關係日趨緊張時刻，希望與美國更密切合作。此時，蘇聯入侵阿富汗，威脅要介入一九八一年波蘭危機，尤其是決定部署對付西歐的 SS20 中程飛彈。季斯卡在美蘇兩國在歐洲的核武競賽中，立場曖昧，但密特朗則堅決支持美國和北約組織的政策，亦即在西歐部署巡戈和潘興二號飛彈❸。

　　然而，新大西洋主義如同新第三世界主義，壽命不長。美國持續忽視法國提出降低美國利率和匯率之提議，導致一九八二年在凡爾賽召開的經濟高峯會議雙方之公開爭議。法國不支持美國對於介入建造西伯利亞瓦斯管線廠商之禁運。最嚴重的是，一九八三年美國「星戰」計畫宣布後，雙方意見分歧。此一軍備競賽的大幅升級，破壞法國身爲一個核子國家的可信度，因爲法國的財力不足以支持法國與美國的技術競爭。一九八五年，密特朗以「歐洲研究協調局」（Eureka）回應。該局之目標，在於以更先進的歐洲技術來促進「星際和平」。他對莫斯科和東歐共產集團之態度也較不冷淡。一九八二年七月，他訪問匈牙利，一九八四年六月訪問莫斯科。一九八五年三月戈巴契夫（Mikhail Gorbachev）接任蘇聯最高領導人職位之後，法國成爲其出國訪問的第一站。一九八五年年底，出乎費比亞斯總理和許多忠誠社會黨人意料之外，密特朗也歡迎自一九八一年在波蘭實行戒嚴的波共領袖賈魯齊斯基將軍（General

---

❸　「西歐決定今年開始部署五百餘美飛彈，法國總統支持北約行動」，《聯合報》，
　　民國七十二年一月三日。

Jeruzelski) 訪問法國。到一九八六年，法國外交政策之轉變，如同經濟政策轉變那麼澈底。

戴高樂政策之恢復，以「彩虹戰士號」(The Rainbow Warrior) 事件最爲明顯。隸屬國際綠色和平組織的「彩虹戰士號」於一九八五年七月十日在奧克蘭港口被法國情報人員炸沈，船上人員一人被炸死。事件的背景是社會黨政府決定維持在南太平洋的核試計劃，以符合法國必須在國際舞臺扮演領導角色的戴高樂理念。

自穆羅拉 (Muroroa) 試爆場溢出輻射性物質之報導，引起澳洲和紐西蘭極度不滿，且在新喀里多尼亞反法獨立運動上火上加油。紐西蘭警局提出的證據顯示，「彩虹戰士號」案之罪嫌爲法國「境外安全總局」(DGSE) 之幹員。法國政府的反應，最初是洋洋自得，隨之又加以掩飾。《世界報》(Le Monde) 的揭發，迫使國防部長赫努 (Charles Hernu)，密特朗最親密的盟友之一，於九月二十日辭職。「境外安全總局」局長也隨之下臺。費比亞斯承認法國情治人員犯下該案，但否認政府曾經授權。費比亞斯的否認，無人當眞。許多人認爲，赫努的辭職只爲維護其在總統府的老友和老闆之聲譽。此一事件並未就此結束。十一月二十二日，破壞「彩虹戰士號」的兩位法國情治人員被紐西蘭判處十年徒刑。法國民族情緒爆發，法國政府對紐西蘭的產品，尤其是奶油，實施禁止進口，經過一年之折衝，雙方達成協議，法國道歉並同意給予賠償，以換得被判刑的法國情治人員轉移到一個太平洋的法國軍事基地。此一不光彩小插曲證明，在國防事務方面，社會黨的政策與右派政策根本無法區分。值得注意的是，一九八五年十月在土魯斯召開的社會黨代表大會中，給予赫努最熱烈的掌聲[19]。

---

[19]　整個事件之詳情，請參閱 Serge July, *Les années Mitterrand, Histoire baroque d'une normalisation, inachevée*, (Paris: Grasset, 1986), pp. 231-249.

第三節 第一次左右共治

一九八六年國會改選

在國內外，社會主義的放棄使右派宣稱，右派的政策最好由右派政府來執行。隨著一九八六年國會議員選舉日期的逼近，社會黨的失敗似乎已無法避免。不喜歡有朝一日與一位右派總理「共治」的密特朗，盡力挽救社會黨的惡劣處境。希望有部分媒體支持他，一九八五年十一月，他以廉價將新的電視第五臺轉移給包括貝魯斯柯尼（Berlusconi）的一批密友。貝魯斯柯尼為意大利大企業家，其私人電視帝國建立於普及美國商業電視。較早，一九八四年的一條法律，企圖打擊報業大王赫桑（Robert Hersant）的勢力，該法律後來被憲政會議宣布為非法。

為減少民意測驗所預測之不利，密特朗採取較有效的補救措施，就是改變選舉的遊戲規則。一九八五年四月的新選舉制度[20]，為有利較大政黨而設計，規定每一省的得票數在百分之五以上的政黨，方能分配到國民議會的席次。此一改變的一項明顯的影響，即是不須組成選舉聯盟。對於左派來說，在一九八一～一九八四年的經驗之後，要組成選舉聯盟已特別困難。然而，一九八一年自相殘害造成損失的記憶猶新，新戴高樂派和季斯卡派團結在一起，發布聯合宣言，在約三分之二的省分共同提出一份候選人名單。

競選活動本身與一九八一年相較，顯得沈靜無聲，因為政黨領導人放眼於一九八八年的總統選舉，希望表現出一位政治家的模樣。大多數

---

[20] 新選舉制度將一九五八年以來單一選區多數票當選制，修改為比例代表制。投票將只有一次，而非原來的兩次。新國民議會的席次將增加八十六個，使總席次達五百七十七個，其中海外屬地有二十二席。

的評論集中於，假如所料不差，右派贏得選舉，事情將如何發展。假如
總統與總理發生歧見，憲法是否能夠運作？在此一情況下，密特朗應辭
職嗎？巴爾對第一個問題的答案是否定的，對第二個問題則相當肯定。
席拉克和季斯卡則表示，他們將組「左右共治」的政府。缺乏其他重要
問題，選民態度的表現較一九八一年冷漠，也較少兩極化。

　　選舉結果，新戴高樂派和季斯卡派共同獲得百分之四十三點一的選
票，社會黨百分之三十二點一，共產黨百分之九點七。共產黨爲最大輸
家，其選民在一九七八和一九八六年間減少一半以上。這是一九三二年
以來最差的戰果，只分配到三十五個席次。社會黨的得票率差強人意，
獲得二百一十個席次，爲國民議會最大黨團。

　　另一方面，席拉克和季斯卡所領導的右派聯盟贏得二百八十一席。
勒班（Jean-Marie Le Pen）領導的極右派——民族陣線（Le Front
national)以百分之九點八的得票率，分配到三十五席。民族陣線具有強
烈種族主義和排外的色彩。

　　新的選舉制度使民族陣線能獲得更多的國會席次，密特朗也因而受
到責難。然而他卻樂意見到一種種族主義的極右派出現於國會，或許將
帶給中間右派難堪。與民族陣線打交道，將不爲較偏向自由主義的席拉
克派和季斯卡派人士所接受；與民族陣線保持距離，無可避免地又將使
之接近社會主義立場。因此，密特朗對於一九八六年的選舉結果，應還
滿意。他的政黨被擊敗，但比預期的好些。在競選期間，他很謹愼地避
免介入競爭，適當地扮演總統的角色。現在他必須與一個新右派執政多
數共事，但其個人威望和其職位所賦予的權力，將確保他的影響力。

席拉克內閣

　　尊重選民的抉擇，密特朗邀請席拉克組閣。席拉克的親密伙伴巴拉

杜（Edouard Balladur）擔任經濟、財政和民營化部長❹；巴斯嘉（Charles Pasqua），內政部長；夏朗東（Albin Challandon），司法部長；龐斯（Bernard Pons），海外屬地部長；謝庚（Philippe Séguin），社會部長；歐里雅克（Michel Aurillac），合作部長。友黨的雷歐塔（François Léotard）擔任文化部長；莫羅里，教育部長；馬德林（Alain Madelin），工業部長。在密特朗的堅持下，外交部長和國防部長分別由專業人才雷蒙（Jean- Bernard Raimond）和昂德雷‧季羅（André Giraud）擔任。

經濟和財政政策

如同社會黨主導國有化，右派則將促進民營化。依據一九八六年七月二日通過的法律，巴拉杜擬定一套計劃，將六十五個公司民營化。法國仿傚英國柴契爾模式，引進「民衆資本主義」（popular capitalism）。在兩年內，六百五十萬左右的法國人成爲民營化企業的股東。一九八六年七月十四日，密特朗公開表示個人不贊成民營化，但是無法實現其拒絕簽署有關一九八一年收歸國有之企業民營化的法律之威脅。深謀遠慮的總統無意挑起一次憲政危機，且知道何時讓席拉克爲所欲爲。此時，他寧願靜處一旁，擺出「法國大家長」的姿態，而讓其總理享有在第五共和時期前所未有的較大主動權。

爲一九八八年的總統選舉，席拉克經常注意要令人留下良好印象。首先，他迅速酬謝其支持者。因此，他立即宣布其廢止反赫桑新聞法之意圖，而且爲結交大衆媒體的新朋友，將公共電視部分頻道民營化。保障房客的一九八二年「吉伊歐住屋法」（Quilliot housing law）被廢止。

---

❹ 巴拉杜爲席拉克內閣中唯一擁有「國務部長」（ministre d'Etat）之頭銜，扮演副總理之角色。

財富稅也被廢，而且赦免那些違反社會黨政府有關資本外流規定的投資者。巴拉杜的秋季預算也減稅，並進一步削減公共支出。同時爲私利，席拉克將選舉制度改變爲多數票當選制。密特朗再一次表示不同意，拒絕此一改變以內閣命令行之。因此，國民議會於一九八六年十月正式立法。

治安和移民管制

　　爲在總統選舉時能擴大自己選民的基礎，席拉克試圖在法律和秩序問題上採取強硬態度，以吸引民族陣線支持者之選票。內政部長巴斯嘉和司法部長夏朗東承諾要重懲重罰，而不管既存的監獄人犯過多之現象。一九八七年，夏朗東檢討那些被右派視爲過分同情罪犯的法官之權力。新一波的恐怖攻擊，也給予政府顯示其決心的機會。一九八六年九月，以巴黎爲基地的黎巴嫩基督教集團，在巴黎製造一連串炸彈攻擊事件。九月十七日，在雷內街（rue de Rennes）的爆炸案，造成六死六十傷。已回應民族陣線壓力加強身分檢查的政府，除了來自歐洲共同體和瑞士的國民之外，所有外籍觀光客皆須申請簽證。在同一時期，警察擁有較大權力：拘留恐怖分子嫌犯最長達四天。阿達拉（Georges Ibrahim Abdallah）因參與一九八七年三月的謀殺案而被判無期徒刑。席拉克政府成功地壓制國內的恐怖主義，於一九八七年二月逮捕新無政府主義集團——「直接行動黨」（Action directe）之領導分子。此一集團曾於一九八六年十一月暗殺雷諾汽車公司的董事長貝斯（Georges Besse）。

　　在極右派眼中，恐怖主義和犯罪率增加，與移民的出現密切關聯。更嚴格的身分盤查和更嚴密的移民管制，爲政府強硬政策的另一面。一九八六年九月九日的一條法律，對希望進入或在法國定居的外國人訂定更嚴格條件，以減少非法移民。席拉克也考慮修訂國籍法，以取消非法國籍父母在法國所生之子女自動取得法國籍之權利。採取民族陣線之姿

態，卻引起政府中間偏右支持者之不安，以及整個左派的仇視。

教育改革

在教育改革方面，席拉克政府的表現對他的聲望之提升也無幫助。主管研究和高等教育的教育部次長德瓦給（Alain Devaquet）於一九八六年夏，向國民議會提出一項高等教育改革法案，有意重新改造法國七十八所大學，使之更具競爭力。每一所大學將嚴訂入學資格，略爲調高其學費㉒，而且能夠自行頒發文憑。目前，通過嚴格的高中畢業會考（baccalauréat exam）的學生，皆得進入大學就讀。大學畢業時，由國家統一頒發文憑，無法分出何所大學畢業。

事實上，大學的改革有其必需性。國家用在大學舊建築的維持和新建築的增加之經費年年減少；而大學學生人數不斷增加。設備和經費不足，教室擁擠；百分之六十以上的大一學生，在一年後就輟學。甚至巴黎大學，法國最著名的大學，已失去不少學術的光彩。

席拉克政府有意設法解決上述問題，但卻錯估學生的反應。在瞭解大學改革法案之內容後，許多人立即譴責這些改革爲「菁英主義式」，限制教育機會。法國學生有抗議和「革命」的傳統。一九六八年五月的學生風潮，嚴重震撼戴高樂政府。然而，一九六八年的暴動者是爲對抗「資產階級社會」而進行一場意識型態的戰鬥。一九八六年的抗議者卻有一種強烈的經濟動機。十八～二十五歲的年輕人，幾乎有百分之三十失業，他們愈來愈看重大學文憑，視之爲得到好的職位和確定的未來之最可靠，或許是唯一的保證。許多人覺得，席拉克的提議將破壞平等的教育制度，使某些人更難進入大學，因此也更難得到薪水較多的工作機會。

爲獲得德瓦給的大學改革法案之撤回，自十一月十七日起，法國學

㉒　一九八六年的大學學費每年不到一百美元。

生進行罷課和示威遊行，而且參與的學生人數與日俱增。十二月四日，得知教育部長莫諾里拒絕撤回法案後，參與遊行的四、五十萬年輕人，轉為進行血腥暴動。三星期的血腥街頭抗議，造成二百位左右的學生和警察受傷以及一位學生死亡。最後，席拉克在十二月八日宣布大學改革法案的撤回，以及接受德瓦給之辭職。

席拉克政府的教育改革法案引起的風波，影響政府內部的團結❷，而且延遲了其他方面的改革❷。

外交政策

「左右共治」在外交政策方面進行得較為順利。密特朗和席拉克皆不願為爭外交發言權而讓外國人看笑話，也不希望削弱總統的權力和威望，因為兩人皆有意在一九八八年爭取該職位。此外，席拉克無可避免的須借重密特朗在外交方面較豐富的經驗，但還是堅持其共同指導的權利。他不僅與密特朗同時出席高峯會，且在外交和國防兩部中盡可能安排自己的人，成立自己的專家顧問群，其中包括非洲先生佛卡（Jacques Foccart）。

總統與其總理對外交政策的大原則，大體上似乎看法一致。在季斯卡的走向大西洋主義之後，密特朗的「戴高樂主義」形象，甚至是共和聯盟（RPR，亦即席拉克所領導的政黨）的核心分子也覺得很放心。如同戴高樂將軍，密特朗知道法國「獨立」象徵之價值，堅持以整個戰略性報復，對付任何戰術性核子攻擊之理論。因此，一九八六年四月，法國拒絕美國利用其領空攻擊利比亞之立場，總統與總理意見一致。針對

---

❷ 席拉克內閣中屬於季斯卡派的文化部長和工業部長曾催促席拉克撤回大學改革法案。

❷ 請參閱 Frank Comes, "The Students' Victory may Mean More Defeats for Chirac," *Business Week*, December 22, 1986.

防衛問題之可能的歧見仍然存在，但很諷刺的是，密特朗變成比戴高樂派更戴高樂派。席拉克和右派逐漸考慮將法國核子保護網延伸至西德（和其他歐洲國家），密特朗卻阻撓給予任何此類承諾。密特朗爲法國和歐洲安全之利益，很注意發展法德關係，但不願保證西德遭到攻擊時，任何自動的法國核子報復。他同意一九八七年的法德聯合軍事演習，以及合作發展一種新的戰鬥直昇機，且宣稱將於一九八八年成立一個法德陸軍混成旅㉕。事實上，右派開始擁有大西洋主義之想法，而密特朗仍然維持戴高樂的傳統，認爲獨立的核子政策爲國防的最重要保障，但法國可以參與改進涉及歐洲的傳統式的防衛。

在歐洲統合問題上，密特朗和共和聯盟就遠離戴高樂主義。密特朗和席拉克全力推動歐洲統一，因此密特朗支持在歐洲共同體部長的理事會中採用多數決，而非戴高樂在一九六六年非常堅持的一致決（亦即各會員國皆有否決權）。除了擴大委員會和歐洲議會之角色外，密特朗積極主導於一九九二年成立歐洲單一市場（European Single Market）。席拉克和巴拉杜也極力肯定其對單一歐洲法（The Single European Act）之承諾。

第四節　左派重新掌握政權

一九八八年總統選舉

在「左右共治」時期，密特朗仍然能掌控外交和國防，但在內政方

㉕ 法德陸軍混成旅有官兵四千二百人，於一九九〇年十月前在鄰近 Sturtgart 的 Boeblingen 執行任務。該旅將包括步兵、坦克和砲兵。請參閱 Kevin Costelloe, "New French-W. German tie may spur European unity," *China Post*, December 27, 1988.

面的權力受限使之覺得厭惡，甚至受辱。密特朗曾暗示，他可能退出政壇，不再競選連任。另一方面，野心勃勃的席拉克，一直放眼於一九八八年的選舉。教育改革的挫折和一連串工潮，使席拉克在一九八七年上半年的民意測驗中，在右派陣營中之聲望不如巴爾。

最早宣布競選總統的是民族陣線領袖勒班，他公開其種族主義和反猶主義。一九八七年五月，共產黨宣布該黨候選人並非黨魁馬樹，而是拉朱安尼（André Lajoinie）。共產黨的非主流派，對於使黨現代化的企圖失敗後，覺得很失望，因而支持決定競選總統而於十月被開除共產黨籍的革新分子朱根（Pierre Juquin）。六月，巴爾加入競爭者行列。兩位托洛斯基派候選人和一位生態保護聯盟候選人也相繼浮出檯面。密特朗一直不願表示是否競選連任。在年底，民意測驗顯示，社會黨的羅加（Michel Rocard）以及巴爾的支持率降低，而席拉克則反而上升。一九八八年三月二十二日，密特朗最後才宣布他將競選連任。正如原先所預測，真正的競賽者將是「左右共治」的兩個伙伴。

密特朗在最後關頭才公開其參加總統之決定，其實這正是他的一項特質：謀定而後動，決不輕易出手，然而一旦出手之後，必須要有所斬獲才行。如果就大選而言，密特朗這種「猶抱琵琶半遮面」的態度，可以說也是在競選策略上的運用，非但無傷於其聲勢，反而使他處於一種更為有利的地位。因為他是現任總統，立場自然較為超然，而且聲望也正處於高峯時期，延遲宣布成為候選人的作法，正可以避免被迫採取明顯的黨派立場，而減少對手的一些攻擊口實。

競選活動與一九八一年相比，較少引起意識型態的衝突。密特朗刻意與社會黨保持距離，以一位元老政治家的姿態向國人提出一些承諾，其中最重要的是，財富稅的恢復課徵和最低收入之保證。相反地，席拉克和巴爾則強調市場和競爭之優點。四月二十四日的第一回合投票，密特朗以百分之三十四點十一的得票率，遙遙領先；席拉克，百分之十九

點九六，居次；巴爾，百分之十六點五四；勒班，百分之十四點三八；拉朱安尼，只有百分之六點七六，而共產黨非主流的朱根，百分之二點一。五月八日的決戰只剩下密特朗和席拉克。

理論上，席拉克的勝算較大。第一回合投票結果，右派各政黨的得票率總和爲百分之五十點八八，而左派各政黨只有百分之四十五點三四。然而，密特朗能確保整個左派的選票，而且與一九八一年的季斯卡不同的是，他的得票率與前次選舉相較，大幅提升。另一方面，席拉克則無法結合整個右派。他非常需要民族陣線選民的支持，但巴爾警告他，刻意討好勒班將失去保衛共和聯盟之支持㉖。

第二回合投票，密特朗獲得百分之五十四的選票，並在九十六省中領先七十七省。至少有五分之一的巴爾支持者和三分之一的勒班支持者，拒絕投給席拉克，其中大多數選擇寧可直接投給密特朗，而非缺席。

取得選民之信任後，密特朗立即決定，結束「左右共治」的時刻已經來到。如同在一九八一年，他宣稱總統必須有一個能配合他的國會來執行其競選政見。因此，他的第一個行動就是解散國民議會，並確定新國會選舉日期爲六月五日和十二日。他任命其老政敵羅加爲臨時總理，實現其「開放」的諾言。兩位季斯卡的前部長被延攬到過渡內閣，但所有重要職位還是交給社會黨的要角：貝雷哥瓦回到財政部，杜馬（Roland Dumas）到外交部，黨第一書記卓斯班（Lionel Jospin）到教育部，許維勒蒙到國防部。五月十一日，社會黨選出穆魯阿，而非密特朗的親信費比亞斯，接任卓斯班遺留下來的第一書記之職位。

㉖　有關席拉克失敗的原因，《經濟學人》曾有詳細分析。"Losers to Left of him, losers to right of him," *The Economist*, April 30, 1988.

國民議會改選

此次選舉仍然是傳統的左派和右派聯盟之對抗。爲防止右派和中間派的災難性競爭，季斯卡準備成立「聯盟和中間派之聯合」(Union du Rassemblement et du Centre)。在第一回合投票後，社會黨發現它缺乏總統個人所受到的支持。百分之六十五點七的低投票率，顯示選民有相當的倦怠感。社會黨的得票率爲百分之三十四點七七；共產黨，百分之十一點三二。右派陣營中，共和聯盟獲得百分之十九點一九的選票；季斯卡領導的「法國民主聯盟」，百分之十八點五；民族陣線，百分之九點六六。席次的分配如下：社會黨及其盟黨，二百七十七席；共產黨二十七席；法國民主聯盟，一百三十席；共和聯盟，一百二十九席；民族陣線只得到一席；其他右派，十三席。左派重掌政權，但已非一九八一年的壓倒性勝利。

羅加內閣

國會改選後，密特朗再任命羅加爲總理。他長久以來已放棄意識型態對抗的政策，改走實用主義和現實主義路線。如同總統本人，他不再支持整體和立即改變的左派迷思。任何「大計劃」同樣隨之消失。在對抗持續存在的經濟問題方面，羅加承諾要謹愼和採取有效措施。他所採取的方式，並未爲社會黨全體同志所接受，但卻獲得整個國家的贊同。以其妥協和開放，羅加的確是一九八〇年代晚期法國總理的適當人選。

然而，「開放」仍然有其局限性。中間派，雖有羅許 (Jean-Marie Rausch) 和史瓦松 (Jean-Pierre Soisson) 等入閣㉗，但整體來說，並未袒護政府。內閣也網羅一些非職業性政治人物，其中之一爲史瓦仁伯

㉗ 羅許擔任外貿部長，史瓦松擔任勞工部長。

格（Léon Schwartzenberg）㉘。內閣閣員的半數爲非社會黨人，但所有社會黨重量級人物，仍在羅加內閣擔任重要職位。

羅加總理明白表示，他的任務就是將密特朗在競選總統期間公開的「給全體法國人的一封信」（*Lettre à tous les Français*）㉙的理念付諸實現。密特朗再度掌控主控權。

新喀里多尼亞問題

新喀里多尼亞緊張情勢的解決，爲新政府最迫切的問題之一。多年來，在當地稱爲卡那克人（Les Canaques）的密蘭尼西亞人（Les Melanesiens）和稱爲卡多希人（Les Caldoches）的歐洲移民之間，衝突漸增。一九八四年，社會黨政府對卡那克人之要求頗表同情，而且同意在島上成立地區議會，然後再舉行公民自決投票。

席拉克政府對於土著的要求採取較強硬立場，並且取消原有的公民複決案。此舉引起「卡那克社會主義民族解放陣線」（Front de Libération Nationale Kanak et Socialiste）的激烈反應。席拉克在總統選舉投票前夕，命令軍隊以武力，拯救在新喀里多尼亞被分離主義游擊隊拘禁在一個山洞內的人質。人質獲救，但也犧牲兩名士兵和十九位分離主義分子。

羅加放棄武力，改採妥協政策。一九八八年六月，達成一項權力分享的協議，並於一九八八年十一月舉行公民複決。儘管有共和聯盟支持者的杯葛，此一新協議終獲國會表決通過，其有效期限十年，期限屆滿時再舉行另一次公民複決。

㉘　史瓦仁伯格因主張愛滋病強制檢驗，帶給政府許多困擾，不久就被迫下臺。
㉙　此一公開信承諾恢復財富稅，保證最低所得之立法，給予房客較佳的租屋條件，以及給予擴展高等教育的額外資源。

經濟政策

在經濟方面，羅加繼續緊縮政策。一九八八年十二月的預算，針對赤字的減少，以及營業稅和加值稅稅率之降低。一九八九年三月，爲準備未來的單一金融市場，取消許多對外匯之管制。一九八九年一月提出的第十期經濟計劃也強調歐洲統合之重要。在一九八九年，通貨膨脹維持在百分之三點四，但失業率只由百分之十點一降至百分之九點五。

如果情勢所需，羅加也採取強力措施以維持其緊縮政策。一九八八年十月，在總工會的支持下，發生一次包括運輸工人、監獄官員和護士的總罷工。羅加拒絕來自穆魯阿對工人，亦即社會黨重要支持者特別考慮的呼籲。他和交通部長德勒巴（Michel Delebarre）動員軍隊，駕駛巴黎公車。在此一情況下，他在國會中能獲中間派之支持。在其他情況下，他也能得到共產黨的支持，例如一九九〇年四月針對雷諾汽車公司之改革所舉行的信任投票❸⓿。

緊縮政策能夠使國營企業起死回生。法國國營鋼鐵公司于希諾·撒希洛（Usinor-Sacilor），在一九八九年創下鋼鐵業生產力最高的世界紀錄，不僅賺了十五億美元，同時成爲世界鋼鐵工業排名第二大的企業，僅次於日本鋼鐵公司。于希諾·撒希洛能在短短數年間，扭轉劣勢，反敗爲勝的關鍵，是由於總裁梅爾（François Mer）進行一連串改革措施。他堅持緊縮支出，首先在五年內裁員百分之四十，強制高階主管薪水支出下降五分之一。同時，他投下大筆資金於生產技術和新產品的研發❸①。

---

❸⓿ 羅加內閣計劃由國家取得雷諾汽車公司四分之三股權。
❸① 詳情請參閱蕭曼譯，〈國營也能發大財〉，《遠見》，一九九一年五月。

外交政策

在波斯灣地區，先後發生兩伊戰爭和伊拉克入侵科威特兩大事件，而法國對伊拉克的態度也有一百八十度的轉變。在兩伊戰爭期間，法國提供給伊拉克的武器裝備將近百億美元，是僅次於蘇聯的伊拉克的第二大軍火供應國。一九八八年，持續八年之久的兩伊戰爭結束，伊朗和法國皆有意修好。一九八九年二月，法國外長杜馬訪問伊朗。一九九一年十二月二十九日，法伊兩國就償還核能貸款問題正式簽署協議，結束長達十二年的財政糾紛。

一九九〇年八月二日，伊拉克入侵科威特。法國強烈譴責伊拉克的侵略行為，要求伊拉克無條件撤軍，宣布凍結伊、科在法國的財產，對伊拉克實行武器禁運。隨之，法國派遣大批兵力到波斯灣，積極參與以美國為首的多國部隊，打擊伊拉克。波斯灣戰爭之後，法國在中東地盤縮小，影響下降，被排除於中東和談之外，甚至丟掉了傳統的軍火市場。

在德國問題方面，一九八九年十一月九日，東德當局宣布開放柏林圍牆和東西德邊界，大批東德人湧入西柏林和西德。柏林圍牆倒塌後，法國政府雖然認為德國統一已是大勢所趨，不可阻擋，但估計實現統一還得有好幾年的時間。隨著德國統一進程以出乎意料之外的速度向前推進，法國口頭上依然支持德國統一，實際上卻力求延緩統一進程。

法國企圖借助各種國際力量，首先是利用蘇聯進行牽制。一九八九年十二月六日，密特朗與戈巴契夫在基輔會晤，協調兩國對德國統一的立場。雙方一致認為，現在談論德國統一，尚為時過早。十二月十六日，密特朗與布希（Georges Bush）總統在加勒比海的聖馬丁島會談，雙方強調德國統一進程必須是「和平、民主和漸進的」，主張讓柯爾總理放慢統一的步伐。

法國一再表示無意對德國統一提出先決條件，只強調德國應尊重她

所承擔的國際義務，德國統一應在鄰國信任的情況下實現，不應影響歐洲的安全和戰略平衡。但法國還是在國際上大造聲勢，對西德施壓。

在蘇聯的讓步下，德國於一九九〇年十月三日完成統一工作。統一後，德國在國際法上變成一個享有完整主權的國家，美、英、法、蘇四大國對德國和柏林享有的權利和負有的責任澈底結束。德國在政治上不再低法國一等，法國地位則相對下降。法國以其政治優勢，平衡德國的經濟優勢，並在歐洲共同體內發揮主導作用將愈來愈困難㉜。

在蘇聯問題方面，東歐劇變，反過來加劇蘇聯國內政治危機和民族危機。法國擔心蘇聯局勢可能失控，因此主張在經濟和政治方面協助戈巴契夫，解除蘇聯的困境。一九九〇年七月，在休士頓七國高峯會議上，密特朗主張立即提供財政援助給蘇聯，以幫助戈巴契夫進行改革。十月二十八日，戈巴契夫訪問法國，法國答應提供蘇聯五十億法郎的財政援助。

法國在政治上支持戈巴契夫，在經濟上援助蘇聯的同時，還積極發展法蘇特殊關係，以便在歐洲局勢的劇變中拉住蘇聯，抑制德國，制約美國。一九九〇年十月二十九日，法蘇兩國簽訂了爲期十年的「諒解與合作條約」。一九九一年，蘇聯發生「八月政變」，俄羅斯總統葉爾欽成爲蘇聯的實權人物。蘇聯解體後，葉爾欽於一九九二年二月上旬正式訪問法國，兩國簽署「法國與俄羅斯之間的條約」，取代尚未經法國國會批准的法蘇「諒解與合作條約」。爲防止獨立國協核武失控和核子技術擴散，法俄兩國外長於一九九二年十一月十二日在巴黎簽訂有關在俄羅斯安全銷毀核子武器與和平利用拆卸下來的核子材料之合作協定。

㉜ 張錫昌、周釗卿，《戰後法國外交史（一九四四～一九九二）》，（北京：世界知識出版社，一九九三），頁五五四。

「行賄基金」醜聞與羅加之辭職

一九九〇年的波斯灣戰爭,使羅加內閣暫時避開國內的政治風暴,從反對黨和右派報紙愈來愈嚴厲的批評中,獲得喘息的機會。特別是,右派不斷譴責在一九七〇年和八〇年代,社會黨運作的「行賄基金」,其中據說大部分用來支援一九八八年密特朗的競選活動。為保護社會黨的政治人物和積極支持者免於被起訴,政府在一九八八年和一九九〇年兩次在國民議會強力通過特赦案,使為資助政黨而觸犯法律的個人逃過法律的制裁。然而,自一位負責調查貪污案的馬賽警察,於一九九一年四月,亦即密特朗競選連任的總部負責人那雷(Henri Nallet)被任命為司法部長時,出版一本公開相關故事的書之後,醜聞就流傳不斷。隨著波斯灣戰爭的結束,羅加發現他自己遭受到來自反對陣營漸增的攻擊,也覺得其國會運作的天賦已不足於促成所提法案在國民議會順利過關。因此,他必須告訴密特朗,他不能為一九九二年三月舉行的區域性選舉的選舉制度改革問題,冒險舉行一次信任投票❸。在這種情況下,羅加只好於一九九一年五月下臺。羅加能如此卸下重責,或許並非不快樂。他離開擔任過三年的總理職位,仍然剩下四年時間準備參與一九九五年的總統選舉。假如社會黨在一九九二年的區域選舉和一九九三年的國會選舉中表現不佳,那也非其責任。

另一方面,密特朗相信他必須重新取得政治主控權。他任命克雷松夫人(Edith Cresson)為法國第一位女總理。這似乎是一項明智的抉擇。身為女性,她替政府添加一份新鮮和激進主義的氣氛,對於社會黨在選民中的形象之提升,將有所幫助。克雷松夫人仍然是道地密特朗派,意

---

❸ 將多數票當選制改為比例代表制,如此將有利於如民族陣線等小黨,而民族陣線在議會的席次增加,將造成右派的困擾。

味著總統將親自主導政策。克雷松是一位訓練有素的經濟學者，擔任過農業部長與貿易和歐洲事務部長，具有高度的貿易經驗，她宣稱其優先要做的事，就是協助法國工業準備應付一九九二年的挑戰，以及單一歐洲市場。她的成敗，於一九九三年國會選舉後將決定第五共和是否再經驗「左右共治」。「左右共治」是密特朗極力避免再見到。克雷松的口沒遮攔，作風潑辣，使她和密特朗的聲望大跌。在社會黨內鬥逐漸浮上臺面時，穆魯阿於一九九二年一月上旬辭去該黨第一書記之職。

密特朗任命克雷松夫人爲總理，原本希望她爲社會黨注入新血，並寄望她積極進取與勇於任事的作風，可以重振社會黨的形象。但克雷松夫人上臺以來與人頻頻發生摩擦，以及作風過於急躁，反而造成國內外批評聲浪四起。她上任後首度的公開談話中，就將日本工人比喻爲螞蟻，並說他們有意以其經濟力量主宰全世界。此外，她還說英國男人都是同性戀者。這兩次談話都引起軒然大波。

批評者認爲，就處於一個困難時期而言，克雷松夫人缺乏領袖魅力，領導政府的分量也不夠。她上臺後立即宣布提高薪水階級的社會福利自付數額和減少公共支出，引起社會黨員的猛烈批評。許多社會黨員對該黨逐漸走向資本主義早已表示相當不滿。

在內政方面，克雷松夫人對抑制失業率毫無對策可言，使失業成爲法國最嚴重的問題。失業人數將近三百萬人，約爲全國勞動人口的十分之一[34]。在棘手的移民問題方面，她的政策也招致左右兩派的抨擊。當然，在挽救社會黨形象方面毫無貢獻，更是她的弱點。

---

[34] "France had enough of feisty Cresson," *The China Post*, April 3, 1992.

區域選舉社會黨慘敗和克雷松的下臺

一九九二年三月二十二日，法國的二十二個區域舉行區域議員選舉。執政的社會黨得票率僅有百分之十八點三，創下該黨二十四年來的最低得票記錄。社會黨最近因一直無法有效降低失業率，再加上涉及競選醜聞案，而頻頻成爲各界抨擊的目標。

以席拉克所領導的共和聯盟和季斯卡所領導的法國民主同盟結合而成的保守陣營，得票率高達百分之三十三，高居各黨得票率之冠。然而，此次得票率仍比在一九八六年地方選舉的得票率減少百分之五。

以勒班爲首的極右派民族陣線的得票率達百分之十三點九，證明該黨在法國政壇上的實力仍然不容忽視。有些人認爲，克雷松總理在競選期間過分強調民族陣線的危險性，給予勒班的反移民集團義務宣傳。此外，環保運動的兩個政黨之得票率，亦多達百分之十三點九。

另以法國共產黨而言，它的得票率仍維持在百分之八的水準，顯然並未因爲全球共黨勢力全面退守，而影響它在法國選民心目中的魅力和地位。

社會黨在選舉中的挫敗迫使密特朗痛下決心於四月二日撤換現任總理克雷松夫人，而以財政部長貝雷哥瓦取代之。

貝雷哥瓦總理

六十六歲的法國新總理在財政部長任內曾協助促使法國經濟現代化，政績卓著，贏得海內外一致讚譽。他曾降低通貨膨脹率，維持強勢法郎，並使巴黎從企業界的窮鄉僻壤，搖身一變成爲世界重要金融中心。就經濟的角度而言，他最大的遺憾就是自己的政策未能抑制百分之九點九的失業率。

雖然他是一位標準的社會主義者，但是法國股市最輝煌的多頭黃金

歲月卻在他擔任財政部長時出現。他同時也是第一位公然主張民營化的社會主義者。在傳聞貝雷哥瓦即將出任總理時，法國法郎即告上揚，可見他的保守經濟政策深受企業界和投資者歡迎。在政治上，他毫不武斷的作風，對中間派深具吸引力。這種作風對目前見棄於選民，極需與其他黨派結盟的執政黨社會黨而言，極為重要。

貝雷哥瓦首要施政目標是對抗高失業率，並確保法國在歐洲統合的過程中不會受到損失。他領導的新政府將面臨若干艱苦任務，包括整合幾近分崩離析的社會黨，讓馬斯垂克條約（The Treaty of Maastricht）順利通過，以及貫徹法國憲政改革等。一九九二年九月，在法國舉行馬斯垂克條約複決案，僅以些微差距通過。

第五節　第二次左右共治

一九九三年三月國會選舉

一九九三年三月下旬，國民議會改選，右派聯盟大獲全勝，其中共和聯盟獲得二百四十七席，法國民主同盟二百一十三席，其他右翼政黨二十四席；社會黨五十四席，共產黨二十三席，其他左翼政黨十席。社會黨最有希望角逐下屆總統的羅加，也告落選。

大選失敗後，三月二十九日貝雷哥瓦宣布辭職。密特朗隨之任命席拉克的副手，曾為其財政部長的巴拉杜為總理。新的右派內閣，在內政方面將以解決失業問題、尊重司法獨立、審慎處理移民問題、以及加強治安為施政重點。在外交方面，由於右派聯盟在國會大選中，已表明反對美歐達成的農業協定，反對歐洲共同體的農業改革法案，因此法國與美國等西方盟國，在貿易衝突上，仍會持續緊張下去。在經濟方面，巴

拉杜曾表示，新政府將盡力維護法郎匯率。為削減政府的預算赤字❸，將採取較不受歡迎的加稅政策，例如增加對烟、酒、汽油等間接稅的課徵。

巴拉杜內閣有二十九位閣員，其中曾任歐洲議會議長的維爾擔任社會部長，巴斯嘉擔任內政部長，雷歐塔擔任國防部長，梅葉內里（Pierre Méhaignerie）擔任司法部長，外交部則交給朱貝（Alain Juppé）。這個平均年齡五十二歲的年輕內閣，卻是第五共和歷史上人數最少的內閣。

外交政策

在外交政策方面，變化不大。巴拉杜和密特朗在歐洲統一、法德合作、支持大西洋聯盟等基本問題，雙方意見一致。然而在貨幣和貿易政策問題方面，或許有摩擦，因為某些戴高樂派領導分子要求在關稅及貿易總協定（GATT）的談判和歐洲農業改革等，採取較強硬態度❸。

儘管法國農民的抗議不斷❸，以及政界人士動輒出言警告法國政府勿有所讓步，巴拉杜還是承認在對關貿總協烏拉圭回合全球貿易談判敷衍推拖七年之後，不應再持續下去。他表示，法國不希望歐洲，也不希望國際貿易出現危機。外長朱貝也向共和聯盟的國會議員表示，法國在對抗歷來僅見的高失業率之際，不能掉進保護主義的陷阱。在巴拉杜與相關部長一方面對反對美國與歐洲共同體於一九九二年十一月簽署的削減農業補助的布萊爾宮（Blair House）協定之共和聯盟同僚進行溝通工作，一方面又向美國和歐洲共同體爭取對法國農民的較有利條件，最後終於能在一九九三年年底圓滿完成任務，化解一場可能的國際貿易糾紛。

❸ 巴拉杜上任後，立即要求其預算部長在修正後的預算案中至少要削減二百億法郎的國家支出。

❸ Thomas Sanction, "The Right Steps Up," *Time*, April 12, 1993.

❸ Juliette Rouillon, "French Farmers Could Block GATT," *The China Post*, September 16, 1993; "Farmers Claim Win in GATT Blockade," *The China Post*, September 17, 1993.

在核子試爆方面，一九九二年四月，法國最先片面提出暫停核試。一九九三年九月，密特朗總統訪問南韓，他又重申全世界應全面禁止核子試爆。

然而，巴拉杜上臺後，他在國防部長和右派掌握的國會支持下，主張法國應加強並更新其嚇阻武力，亦即核子武力。在中共於一九九三年十月五日進行核子試爆後，法國國內反對「暫停核試」的聲浪日愈昇高。

在與北約組織的關係方面，法國自一九六六年撤出北約組織軍事指揮部以來，一直在該組織常務軍事委員會維持觀察員地位。然而，巴拉杜政府卻有意加強與北約組織之聯繫。法國駐北約組織代表，空軍少將貝利松於一九九四年五月北約組織軍事委員會，亦即該組織最高決策機構討論和平維持行動時，也參與表決，但在其他問題則恢復不投票的觀察員地位。法國外交部表示，法國未重返北約組織統一軍事指揮部，但法國與大西洋聯盟有更多鬆弛的關係。國防部長雷歐塔也說，法國很關心大西洋聯盟，尤其是美軍在歐洲的出現。

社會黨的內鬥與醜聞

一九九三年國會大選慘敗後，社會黨內部產生嚴重分裂。黨魁費比亞斯被鬥下臺，繼任的羅加無法結合大多數社會黨的大老，尤其是與密特朗關係最爲密切者。前社會黨黨魁卓斯班（Lionel Jospin）退出政壇。左翼的謝維勒蒙率領其支持者離開黨中央，並表示將在社會黨之外重新組織左派。前總理和黨魁穆魯阿也與黨中央保持距離。費比亞斯領導的社會黨最大派系，包括密特朗的死黨如前總理貝雷哥瓦等，拒絕與羅加領導的臨時黨中央來往。前社會黨內閣中一群出色的年輕閣員譴責此次的奪權，並催促歐洲共同體執行委員會主席戴洛要拯救左派。

一九九三年十二月，法國司法單位經過兩年來的調查，完成一篇報

告指出，法國總統密特朗及其子吉貝爾 (Gilbert Mitterrand) [38]曾長期接受某位涉及政治財務醜聞的企業家之贈款。一九七二年至一九八〇年，密特朗接受的贈款每年爲二十九萬三千法郎。自一九八一年密特朗當選總統後，至一九八九年該企業家死前，吉貝爾·密特朗每年也接受高達八萬四千六百七十九法郎之贈款。該企業家於一九八六年曾無息貸款百萬法郎給前總理貝雷哥瓦，結果貝雷哥瓦因此事曝光而於一九九三年五月一日自盡。

儘管涉及醜聞案，而且還罹患癌症，密特朗仍然任完到一九九五年才屆滿的任期。他自認爲是一位「防止濫權的正直領袖」[39]。

財政與經濟

根據一九九三年五月六日公布的資料顯示，預算赤字失去控制，國家進入萎縮時期。巴拉杜體認到事態嚴重，因此於五月十日揭露他所謂「一個頗具野心的復原計劃」。首先，必須縮減將達四千一百億法郎的政府公共部門之赤字。此項占全國生產總值百分之五點八的虧損，約爲一九九二年社會黨政府預估之兩倍。

利用所得稅的增加以及汽油和酒稅的提高，政府年收入將增加六百八十億法郎。健保系統每年節省二百五十億法郎[40]。工人得到全部國家年金的年資將由三十七年半提高到四十年。公共部門的薪資將被凍結到十二月底。政府各部長的薪水將減少百分之十。

政府還要利用各種方式刺激經濟之成長。一百億法郎的資金將投入建築業；農民將獲得十五億法郎的額外津貼；小企業將獲得各種協助。

---

[38]　吉貝爾·密特朗爲國民議會議員，但在一九九三年競選連任時落選。
[39]　「密特朗希望青史留芳」，《聯合報》，民國八十三年九月九日。"The Mitterrand Malady," *The Economist*, Sept. 24, 1994.
[40]　這意味著患者將必須多分攤醫療費用。

復原計劃獲得出乎意料的良好反應。來自社會黨和共產黨的反對聲音很弱小。只有共產黨領導的總工會在五月二十七日發動一日的罷工和示威遊行。民意測驗顯示，三分之二的法國人同意這些措施是必須的。擔任總理六週後，巴拉杜獲得百分之七十以上選民的信任，這是第五共和任何總理所未曾有過❹。五月二十六日，政府宣布要將雷諾汽車公司、法國航空公司、里昂信貸銀行等二十一家國營企業民營化，希望籌得四百億法郎的資金。

面對著第二次世界大戰以來，法國所遭遇的最嚴重的經濟衰退，一九九三年六月下旬，失業人數高達三百一十萬人，並預測到年底將增加到三百四十萬人。二十五歲以下的法國人，每五人就有一人失業。根據最近民意測驗顯示，三分之二的法國人贊成限制外國產品輸入歐洲。

一九九三年八月二十六日，政府為解決失業日趨嚴重和經濟日趨萎縮，以及法國法郎幣值的日貶等問題，宣布重振計劃之細節，其中最主要的是減稅、提高就業率和重建歐洲統一。減稅可以讓法國中產階級的支出較少，一方面實現競選時的承諾，另一方面又可協助復甦。為鼓勵公司雇用較多的工人，政府採用一項五年計劃，以減少雇主的社會安全（社會保險）之負擔。

到了一九九四年九月，法國經濟持續成長。一九九四年七月，失業人數已連續兩個月呈現減少的現象❷。在出口方面，一九九四年前半年，法國已有三百七十五萬法郎之貿易盈餘。

移民政策

一九九三年五月，巴拉杜政府宣布要嚴格規定獲得法國公民權的條

---

❹ "Painfully Prudent," *The Economist*, May 15, 1993.
❷ 但失業率仍然高達百分之十二點六。

件，並且取締非法移民。

內政部長巴斯嘉提出「零移民」的口號。在兩個月之內，他的聲望跳升二十五個百分點。新保守政府，雖聲稱試圖維持較佳的種族關係，但事實上卻以嚴辦移民爲優先工作。它提出三項法案：限制外國移民入境，嚴格限制取得法國國籍的條件，以及使合法和非法移民的生活更爲困難。

政府還提出下列六項建議：

⑴警察可以做身分臨檢，甚至毫無嫌疑行爲時也不例外；

⑵威脅公共秩序的合法移民，可以驅逐出境；

⑶證件未齊全之合法移民，無法享受公家健康保險之照顧；

⑷移民工人在兩年內，無法申請家屬進入法國；而且必須提供居住和財力證明。外籍學生完全不能攜家帶眷；

⑸多妻制不再被允許；

⑹外國人在法國所生之子女，須在十六歲和二十一歲間，表示其對法國公民權之願望。

有兩件事讓法國人相信他們的移民人口正在增加中。1970 年，居住在法國的外國人有四分之三爲歐洲人；1994 年，歐洲人僅占總數的百分之四十，而阿拉伯人和非洲人則幾占一半。第二件事是，每年有好幾萬外國人，尤其是出生在法國的外國人子女，獲得公民權。四分之一的法國人口，其本身，其父母或其祖父母爲移民。

一九九四年，法國禁止大多數新外勞入境，但每年還是約有十萬合法移民進入法國。非法移民潛入法國者，每年約有三萬五千至十萬人。

一九九五年總統大選

一九九五年總統大選與第二次「左右共治」之結束

癌症和醜聞纏身的密特朗，終於能在一九九五年五月做完兩任共十

四年的總統。角逐「第五共和」第七任總統寶座的有前總理席拉克、席拉克親密政治伙伴的現任總理巴拉杜、社會黨的卓斯班和民族陣線領袖勒班等，共有九位候選人。

四月二十三日的第一回合投票，社會黨的卓斯班以百分之二十三點二的得票率，領先群倫；原本被看好可篤定領先的席拉克，僅獲得百分之二十點五的選票，屈居第二；巴拉杜則以百分之十八點五的得票率出局❹。

五月七日的第二回合投票，席拉克獲得一五、七七〇、二四九票，得票率為百分之五十二點六四；卓斯班獲得一四、一八七、九六三票，得票率為百分之四十七點三六。投票率為百分之七十九點六五❹。

席拉克當選總統後，即將面臨一項艱鉅挑戰，以抑制高居主要工業國之冠達百分之十二點二的失業率，及彌補拉大貧富差距和助長種族主義與正義淪喪感的社會裂痕。

新任右翼內閣總理朱貝,於五月二十三日對國民議會報告施政計畫。他將減少全國三百二十萬失業人口列為最迫切的問題，並表示將自七月一日起大幅提高最低工資，使勞工能分享經濟成果。朱貝另外提出兩項社會福利計畫，一是對家庭或退休之家扶養年老者的稅負寬減措施；另一是對家庭養育的第一個孩子給予補助，或讓父母得以留在家中照顧自己的孩子❹。

---

❹ "Chriac won't bargain with the far right", *The China Post*, April 26, 1995
❹ 《聯合報》，民國八十四年五月九日。
❹ 《中國時報》，民國八十四年五月二十四日。

譯名原文對照表

方濟會	Ordre franciscain
巴拉丁選侯	Electeur Palatin
巴拉丁那	Palatinate
巴頓	G. Patton
巴區	A. Patch
巴斯嘉	Charles Pasqua
巴士底獄	Bastille
巴那夫	Pierre Barnave
巴達維亞共和國	République Batave
巴黎大理院	Parlement de Paris
巴黎市長	Prévot des Marchands de Paris
巴黎公社	Commune de Paris
巴黎伯爵	comte de Paris
巴貝斯	Barbès
巴爾	Raymond Barre
巴丹德	Robert Badinter
巴拉杜	Edourd Balladur
巴黎盆地	Bassin parisien

五劃

史達爾夫人	Madame de Staël
史坦因	Karl von Stein
史列芬	A. Schlieffen
史特拉斯曼	Gustav Stresemann
史塔維斯基	Serge Stavisky
史密特	Helmut Schmidt

布朗吉	Georges Boulange
布里安	Aristide Briand
布羅	prince von Bülow
布魯姆	Léon Blum
布倫瓦	Bruneval
布奇巴	Habib Bourguiba
布蘭德	Willy Brandt
布魯斯	Brousse
布瓦西・聖雷傑	Boissy-Saint Léger
布里索	Jean-Pierre Brissot
布里索派	Brissotins
布倫斯威克公爵	duc de Brunswick
布倫斯威克宣言	manifeste de Brunswick
民法	Code Civil
甘彭	Joseph Cambon
甘比大	Léon Gambetta
甘末林	Maurice Gamelin
甘德伯爵	comte de Gand
甘布雷	Cambrai
立法議會	Assemblée Législative
立法院	Corps Législatif
古斯塔夫・阿朵夫	Gustave-Adolphe
古德連	Heinz Guderian
古伯蘭	François Couperin
古東	Georges Couthon
古特拉	Coutras

瓦鐸	Antoine Watteau
左拉	Emile Zola

六劃

艾秀斯	Aetius
艾德諾	K. Adenauer
伏爾泰	Jean de Voltaire
米修法典	Code Michau
米拉波	Honoré Riquetti, comte de Mirabeau
自由言論報	Le Libre Parole
朱貝	Alain Juppé
朱根	Pierre Juquin
朱歐	Edmond Jouhaud
朱安元帥	Maréchal Juin
朱貝爾	Barthélemy Joubert
朱利厄二世	Julius II
共和聯盟	Rassemblement pour la République
共和陣線	Front Républicaine
共和聯盟	Alliance République
共和國會議	Conseil de la République
行政法院	Conseil d'Etat
全國工會	Confédération Nationale du Travail
西耶葉	J. Sieyès
西即斯夢	Sigismond
西即爾貝一世	Sigibert I
西賽祿	Cicero

西發利亞條約	traité de Westphalie
吉魯	Françoise Giroud
吉夏	Olivier Guichard
吉佐	François Guizot
吉隆特派	Girondins
吉勇夫人	Madame Guyon
吉斯家的亨利	Henri de Guise
多明尼各	Dominic
多瑪西尼	René Tomasini
多佛條約	traité de Dover
多里歐	Jacques Doriot
托克維爾	Alexis de Tocqueville
百科全書	L'Encyclopédie
百日	Cent Jours
安古蘭公爵	duc d'Angoulême
伊曼紐爾・腓力倍爾	Emmanuel-Philibert
伊拉斯慕斯	Erasme
安妮公主	Anne de France
休京拉派	Huguenots

七劃

利希留	cardinal Richelieu
呂律	Jean-Bapliste Lully
呂葉夫	J. Rueff
庇里牛斯和約	paix des Pyrénées
庇護六世	Pius VI

庇護七世	Pius VII
李西浦	F. de Lessips
李海	William D. Leahy
克羅馬儂人	Cro-magnon
克勞迪	Claude
克羅維	Clovis
克羅提爾德	Clotilde
克羅德	Clotaire
克羅德二世	Clotaire II
克萊孟五世	Clement V
克萊孟七世	Clement VII
克雷松	Edith Cresson
克里孟梭	G. Clemenceau
克尼格	Marie-Pierre Koenig
克羅茲	Klotz
克雷伯	Jean-Baptiste Kléber
克羅齊業	Michel Crozier
里昂條約	traité de Lyon
里波	A. Ribot
里昂信貸銀行	Crédit Lyonnais
貝德	Bède
貝利公爵	duc de Berry
貝茲	Théodore de Bèze
貝松	Jacques Besson
貝敦	Maximilien Béthune
貝爾	Pierre Bayle

杜普拉	Antoine Duprat
杜庇	P. Dupuy
杜格斯克蘭	Bertrand Duguesclin
狄奧德貝	Théodebert
狄克西頁	Tixier
狄德羅	Denis Didérot
佛爾	Maurice Faure
佛爾	Edgar Faure
佛卡	Jacques Foccart
佛朗丹	Pierre-Etienne Flandin
佛伊	Max Foy
利古里亞共和國	République Ligurienne
利奧波德	Hohenzollern-Sigmarin Leopold
李奧波二世	Leopold II
李奧十世	Leo X
李奧三世	Leo III
亨利五世（皇帝）	HenryV
亨利一世（法王）	Henri I
亨利二世（法王）	Henri II
亨利三世（法王）	Henri III
亨利四世（法王）	Henri IV
亨利二世（英王）	Henry II
亨利五世（英王）	Henry V
亨利六世（英王）	Henry VI
亨利八世（英王）	Henry VIII
亨利少校	le Commandant Henri

秀東	Camille Chautemps
秀提茲	Dietrich von Choltitz

八劃

沙瓦里	Alain Savary
沙特	Jean-Paul Sartre
沙龍	Raoul Salan
帕麥爾斯頓	Henry Palmerston
帕爾馬公國	Duché de Parme
孟呂克	Blaise de Monluc
孟莫讓希	Montmorency
孟莫讓希・拉瓦爾公爵	duc de Montmorency-Laval
孟德斯鳩	Montesquieu
孟榭	Bon de Moncey
孟奈計劃	Plan Monnet
孟吉	Gaspard Monge
雨果	Victor Hugo
卓克斯	Joxe
卓斯班	Lionel Jospin
東印度公司	Campagnie des Indes Orientales
狄佛	Jules Dufaure
居維葉	Georges Cuvier
阿爾畢納斯	Clodius Albinus
阿拉利克	Alaric
阿拉利克二世	Alaric II
阿多爾夫	Athaulf

阿納斯塔斯一世	Anastase I
阿拉斯的聖瓦士	St. Vaast d'Arras
阿爾昆	Alcuin
阿雷和約	paix d'Alès
阿馬那克伯爵	comte d'Armagnac
阿奎那	St. Thomas Aquinas
阿爾比派	Albigeois
阿杜亞伯爵	comte d'Artois
阿拉果	D. Arago
阿拉法	Bou Arafa
阿巴斯	Ferhat Abbas
阿達拉	Georges Ibrahim Abdallah
阿爾畢那斯	Clodius Albinus
阿布達烏	Abu Daoud
阿爾及利亞共和國臨時政府	G.P.R.A.
阿爾吉西拉條約	traité d'Algésira
阿格里巴・多比涅	Agrippa d'Aubigne
亞眠和約	paix d'Amiens
亞里斯多德	Aristotle
制憲會議	Assemblée Constituante
直接行動黨	Action Directe
季羅	André Giraud
季羅	Henri Giraud
季斯卡	Valéry Giscard d'Estaing
周浮亞	René Joffroy
拉德功	Radegonde

拉美依	Ramelli
拉斯達條約	traité de Rastatt
拉斯白	F. Raspail
拉馬第	Paul Ramadier
亞歷山大一世（俄皇）	Alexander I

九劃

南特詔書	Edit de Nantes
革命法庭	Tribunal Révolutionnaire
革命宗教	Religion Révolutionnaire
革命紙幣	Assignat
波葉	Guillaume Poyet
波雷（稅法）	Paulette
波旁家的安端	Antoine de Bourbon
波旁公爵	duc de Bourbon
波旁樞機主教	Cardinal de Bourbon
波葉	Alain Poher
波尼亞多斯基	Michel Poniatowski
波須葉	J-B. Bossuet
波卡薩	Bokassa
波涅	Marc Boegner
波那巴特（約瑟夫）	Joseph Bonaparte
波那巴特（路易）	Louis Bonaparte
波那巴特（傑洛姆）	Jérome Bonaparte
波那巴特（拿破崙）	Napoléon Bonaparte
法國人民聯盟	Rassemblement du Peuple Français

法蘭西銀行	Banque de France
法蘭西研究院	Institut de France
法國行政首長	Chef du pouvoir exécutif de la République française
法蘭西斯一世	François I
法蘭西斯二世	François II
法蘭西斯二世（皇帝）	Françis II
法蘭西聯邦	Union Française
法蘭西斯二世（奧皇）	Françis II
法貝爾	Abraham de Fabert
法蘭克福條約	Treaty of Frankfurt
法魯法	loi Falloux
法國信使報	Le Courrier Français
保衛共和聯盟	Union pour la Défense de la République
拜桑	François Bazaine
拜優憲法	Constitution de Bayeux
柯特	Jean-Pierre Cot
柯爾白	Jean-Baptiste Colbert
科爾得利俱樂部	Club des Cordeliers
叛亂公社	Commune Insurrectionnelle
香波伯爵	comte de Chambord
查士丁尼	Justinien
查理二世（英王）	Charles II
查理曼	Charlemagne
查理（禿頭）	Charles le Chauve

查理四世	Charles IV
查理五世（皇帝）	Charles Quint
查理五世	Charles V
查理六世	Charles VI
查理七世	Charles VII
查理八世	Charles VIII
查理九世	Charles IX
查理十世	Charles X
查理（壞）	Charles le Mauvais
泰勒	Frederic Taylor
泰利朗	Talleyrand
約翰（好人）	Jean le Bon
約翰（無畏者）	Jean Sans Peur
約翰一世	John I
約瑟夫二世	Joseph II
約瑟芬	Josephine
貞德	Jeanne d'Arc
拉普拉斯	Marquis Laplace
拉格朗幾	Joseph Lagrange
拉馬克	Jean-Baptiste Lamarck
拉布魯斯	E. Labrousse
拉馬丁	Alphonse Lamartine
拉瓦爾	Pierre Laval
拉米納	Edgar de Larminat
拉朱安尼	André Lajoinie
拉杜希	Robert Latouche

拉法耶特	Marquis de La Fayette
拉美特里	Julien de La Metrie
拉豐田	La Fontaine
拉佛瑪	Barthélemy de Laffemas
哈登堡	Karl von Hardinberg
哈杜安・曼沙特	Jules Hardouin-Manssart
哈比	René Haby
保羅三世（教宗）	Paul III
保羅四世（教宗）	Paul IV
威靈頓公爵	Duke of Willington
威廉一世	William I
威廉二世	William II
威爾遜	Thomas Woodrow Wilson
威爾遜	Harold Wilson
威洛拿會議	Congrès de Vérone

十劃

席拉克	Jacques Chirac
高盧會議	Concile des Gaules
烏爾班六世	Urban VI
烏特列支條約	traités d'Utrecht
烏托邦式社會主義	Utopian Socialism
神學大全	Summa Theologica
神聖同盟	Sainte-Ligue
神聖聯盟	Sainte-Alliance
納爾遜	Horatio Nelson

夏朗東	Albin Chalandon
夏本・德瑪	Jacques Chaban-Delmas
夏普塔	Jean Chaptal
夏恩霍斯	Jerhard von Scharnhorst
夏爾	Maurice Challe
夏波	Philippe Chabot
夏多布里揚	Vicomte de Chateaubriand
夏雷	Marquis de Chalais
拿破崙法典	Code Napoléan
康地親王	Prince Condé
康西尼	Concini
修曼	Robert Schuman
修孟條約	traité de Chaumont
剛波・佛米歐條約	traité de Campo-Formio
剛巴榭雷	Jean de Cambacérès
高德馬	Godomar
格列哥里一世	Grégoire le Grand
格列哥里十一	Grégoire XI
格羅特夫里公爵	Duc de Grottfried
格伊	H. Queuille
格雷維	Jules Grévy
洪諾留斯	Honorius
特洛伊條約	traité de Troyes

十一劃

寇蒂	René Coty

許維勒蒙	Jean-Pierre Chévènement
國家安全法庭	Cour de Sûreté de l'Etat
國家商工銀行	BNCI
國家貼現銀行	Comptoir National d'Escompte
國家抗敵委員會	Conseil National de la Résistance
國防政府	Gouvernment de la Défense Nationale
國民議會	Chambre des Députés
國民聯盟	Union Nationale
國民公會	Convention
國民會議	Assemblée Nationale
畢多	G. Bidault
畢楓	Comte de Buffon
畢連	Henri Pirenne
畢內	Antoine Pinay
動產信貸銀行	Crédit Mobilier
陳情書	Cahiers de doléances
執政府	Consulat
副祭的保羅	Paul Diacre
都德	Alphonse Daudet
笛卡爾	René Descartes
英諾森三世	Innocent III
基督教原則	Institution Chrétienne
勒費伯	Georges Lefebvre
勒內王	Roi René
勒泰利耶	Michel Le Telliers

勒窩	Louis Le Vau
勒諾特	Andre Le Nôtre
勒布朗	Charles F. Lebrun
勒布朗	Albert Lebrun
勒魯	P. Leroux
勒德呂・羅蘭	A. Ledru-Rollin
勒班	Jean-Marie Le Pen
勒慕爾	Duc de Nemours
麥迪西家族的凱薩琳	Cathérine de Médicis
麥迪西家族的瑪麗	Marie de Médicis
麥克米倫	Harold MacMillan
麥斯基	Maisky
麥克馬洪	Maréchal MacMahon
梅特涅	Klemens, prince de Metternich
梅戈爾公爵	Duc de Mercoeur
梅葉內里	Pierre Méhaignerie
梅斯美	Pierre Messmer
梅爾	François Mer
密特朗	François Mitterrand
密葉朗	Alexandre Millerand
參議院	Sénat
曼德斯・法蘭西	P. Mandès-France
華德・盧梭	Pierre Waldeck-Rousseau

十二劃

費比亞斯	Laurent Fabius

費佛	Jules Favre
費勒隆	Fénelon
費理	Jules Ferry
傅亞沙	Jean Froissart
傅榭	Christian Fouchet
傅給	Jean Fouquet
傅立葉	F. Fourier
斐迪南七世（西班牙王）	Ferdinand VII
普蘭克	Plancus L. Munatius
普雷斯堡條約	traité de Presbourg
雅各賓俱樂部	Club de Jacobins
喬丹	Jean-baptiste Jourdan
給・呂塞克	Joseph Gay-Lussac
衆議院	Assemblée des Deputés
貴族會議	Conseil des Grands
葛爾	Jacques Coeur
貴族院	Chambre des Pairs
博德利古	Robert de Baudricourt
凱撒	Julius Caesar
凱依拉	Madame de Cayla
凱因斯	John Keynes
凱洛格	Frank Kellogg
督政	Directeur
督政府	Directoire
勞合喬治	David Lloyd George
勞埃	Selwyn Lloyd

雅爾達會議	Conférence de Yalta
塔西尼	De Lattre de Tassigny
斯亞格留	Syagrius

十三劃

楊格	Owen Young
塞爾斯	Olivier de Serres
普林姆蘭	Pierre Pflimlin
普里烏雷	Roger Priouret
新社會	Nouvelle Société
新共和聯盟	Union pour la Nouvelle République
新山岳黨	Nouvelle Montagne
蓋世馬	Alain Geismard
蓋亞	Gaillard
傑里寇	André Géricault
傑內維耶夫	Geneviève
奧古斯丁	Augustine
奧地利的安妮	Anne d'Autriche
奧格斯堡和約	paix d'Augsbourg
奧倫治親王	Prince Orange
奧拉特利會士	Oratoriens
愛德華一世	Edward I
愛德華二世	Edward II
愛德華三世	Edward III
愛德華四世	Edward IV
愛克斯・拉・夏倍爾條約	traité d'Aix-la-Chapelle

愛克斯・拉・夏倍爾會議	Aix-la-Chapelle Conférence
賈尼葉・巴傑	Louis Garnier-Pagès
賈魯齊斯基	Jeruzelski
詹森	Cornelis Jansen
詹森教派	Jansenistes
雷諾汽車公司	Renault
雷蒙	Jean-Bernard Raimond
雷歐塔	François Léotard
雷維格	André Lévêque
雷諾	Paul Reynaud
路易（日耳曼）	Louis le Germanique
路易二世	Louis II
路易六世	Louis VI
路易七世	Louis VII
路易八世	Louis VIII
路易九世	Louis IX
路易十世	Louis X
路易十一	Louis XI
路易十二	Louis XII
路易十三	Louis XIII
路易十四	Louis XIV
路易十五	Louis XV
路易十六	Louis XVI
路易十八	Louis XVIII
路易・腓力	Louis-Philippe I
路易・拿破崙	Louis Napoléon

莫利諾　　　　　　　Michel Molinos

莫萊　　　　　　　　Guy Mollet

莫洛托夫　　　　　　Molotov

莫希　　　　　　　　J. Moch

莫諾里　　　　　　　René Monory

莫貝烏　　　　　　　René Maupéou

提葉　　　　　　　　Louis Adolphe Thiers

提爾西特和約　　　　paix de Tilsitt

提葉利　　　　　　　Thierry

提葉利四世　　　　　Thierry IV

十四劃

監視委員會　　　　　Comité de Surveillance

德魯索　　　　　　　Claudius Nero Drusus

德勒・布雷傑　　　　Marquis de Dreux-Brézé

德勒巴　　　　　　　Michel Delebarre

德瓦給　　　　　　　Alain Devaquet

德布瑞　　　　　　　Regis Debray

德菲爾　　　　　　　Gaston Defferre

德布雷　　　　　　　Michel Debré

德雷夫斯　　　　　　Alfred Dreyfus

董巴斯樂　　　　　　G. Dombasle

維辛潔多利克思　　　Vercingétorix

維士帕西安　　　　　Vespasien

維吉諾　　　　　　　Pierre Verginaud

維利爾　　　　　　　Comte de Villele

聖日耳曼	St. Germain
聖・局斯	Louis Saint-Just
聖希爾軍校	Ecole Saint-Cyr
聖西門	Comte de Saint-Simon
聖彼得	St. Pierre
聖拉斐爾	St. Raplaël
聖日耳曼昂萊	St. Germain-en-Laye
網球場宣言	Sermont du Jeu de Paume
腓力二世（西王）	Philip II
腓力三世（西王）	Philip III
腓力四世（西王）	Philip IV
腓力一世（法王）	Philippe I
腓力二世（法王）	Philippe II
腓力三世（法王）	Philippe III
腓力四世（法王）	Philippe IV
腓力五世（法王）	Philippe V
腓力六世（法王）	Philippe VI
腓力（大膽的）	Philippe le Hardi
腓力（好人）	Philippe le Bon
腓特烈三世	Frederich III
腓特烈威廉二世（普王）	Frederich-William II
腓特烈威廉三世（普王）	Frederich-William III
福榭	Joseph Fouché
赫里歐	Edouard Herriot
赫努	Charles Hernu
赫桑	Robert Hersant

十五劃

達文西	Leonard de Vinci
黎時樂	Rouget de Lisle
瑪格麗特	Marguérite de Navarre
瑪麗‧斯圖亞	Marie Stuart
瑪麗亞‧德雷莎	Marie-Thérèse
墨索里尼	Benito Mussolini
諾給	Charles Noguès
廟堂武士團	Templiers
駐歐盟軍最高指揮部	SHAPE

十六劃

潘加萊	Raymond Poincaré
盧梭	J. J. Rousseau
興業銀行	Société Générale
蒲呂東	Pierre Prud'hon
達隆	Omer Talon
達迪歐	André Tardieu
達朗貝爾	Jean Le Rond d'Alembert
達哥貝	Dagobert
達梭	Dassault
達爾朗	François Darlan
達拉第	Edouard Daladier
達強留	Th. d'Argenlieu
道維斯計畫	Plan Dawes
龍格維公爵	le duc de Longueville
穆蘭	Jean Moulin

戴克里先	Dioclétien
戴杜爾	Grégoire de Tours
戴姆蘭	Camille Desmoulins
戴卡茲	Décazes
戴高樂	Charles de Gaulle
戴爾加榭	Théophile Delcassé
戴亞	Macel Déat
戴洛	Jacques Delors
轟	Michel Ney
轟給	Jacques Necker
豐德內	Bernard de Fontenelle

十九劃

龐尼法斯八世	Boniface VIII
龐斯	Bernard Pons
龐畢度	Georges Pompidou
龐古	Paul Boncour
贊諾芬	Xenophon
羅卡諾公約	Pacte de Locarno
羅必達	Michel de l'Hôpital
羅特雷	Vicomte de Lautrec
羅勃	Robert
羅勃二世	Robert II
羅素	J. C. Russell
羅昂公爵	Duc de Rohan
羅伯斯比爾	Maximilien de Robespierre

附　　錄

史前時代的分期

冰河時期	甘茲冰期		民德冰期		利斯冰期	
		間冰期		間冰期		間冰期
大約年代	2,000,000　500,000				200,000 90,000	
	舊石器時代早期			舊石器時代中期		
人類文明	石器文化		亞伯維爾文化	亞秀爾文化		

冰河時期	玉木冰期					
大約年代		40,000	32,000　25,000	22,000	20,000	19,000
	舊石器時代晚期					
人類文明	莫斯特文化 (尼安德塔人)		歐里納文化 (克羅馬儂人)			

冰河時期	冰河期後				
大約年代	10,000	5,500	2,200	1,700	700
	中石器時期	新石器時期	銅器時期	青銅器時期	鐵器時期
人類文明	阿濟爾文化				拉田文化 霍斯泰德文化

卡洛林王朝

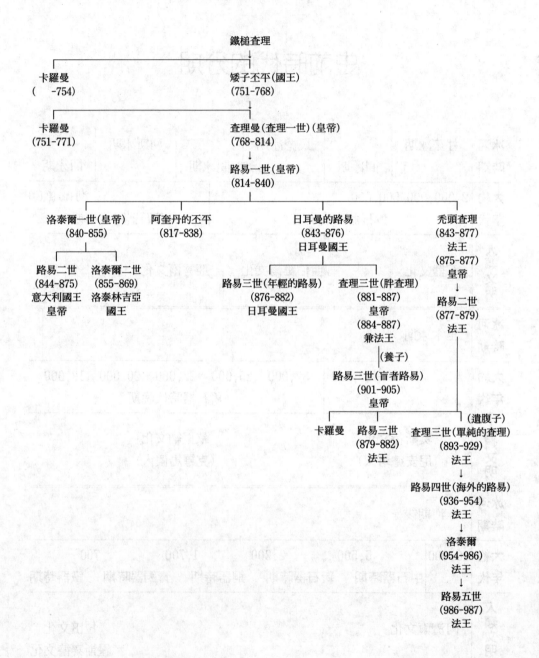

卡貝王朝

羅勃(Robert le Fort)
(-866)

厄德(Eudes)，亦稱歐多(Odo)
(888-898)
被選爲法王

羅勃一世
(922-923)
被選爲法王
↓
于格(Hughes)
(923-956)
法蘭克公爵
↓
于格卡貝……王朝建立者
(987-996)
被選爲法王
↓
羅勃二世
(996-1031)
↓
亨利一世
(1031-1060)
↓
腓力一世
(1060-1108)
↓
路易六世
(1108-1137)
↓
路易七世
(1137-1180)
↓
腓力二世
(1180-1223)
↓
路易八世
(1223-1226)
↓
路易九世(聖路易)
(1226-1270)
↓
腓力三世
(1270-1285)
↓
腓力四世
(1285-1314)
↓
路易十世
(1314-1316)
↓
約翰一世
(1316-1316)
↓
腓力五世
(1316-1322)
↓
查理四世
(1322-1328)

瓦盧亞王朝

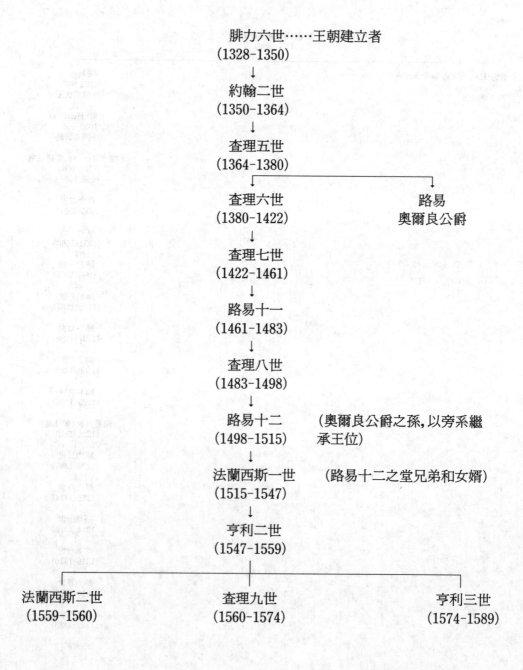

腓力六世……王朝建立者
(1328-1350)
↓
約翰二世
(1350-1364)
↓
查理五世
(1364-1380)

查理六世　　　　　　　　　　　　路易
(1380-1422)　　　　　　　　　奧爾良公爵
↓
查理七世
(1422-1461)
↓
路易十一
(1461-1483)
↓
查理八世
(1483-1498)
↓
路易十二　　　　（奧爾良公爵之孫,以旁系繼
(1498-1515)　　　承王位）
↓
法蘭西斯一世　　（路易十二之堂兄弟和女婿）
(1515-1547)
↓
亨利二世
(1547-1559)

法蘭西斯二世　　　　　查理九世　　　　　亨利三世
(1559-1560)　　　　　(1560-1574)　　　　(1574-1589)

波旁王朝

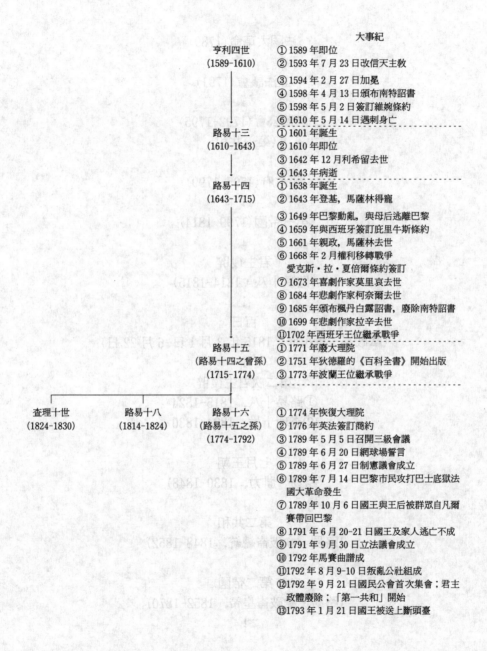

大事紀

亨利四世
(1589-1610)
① 1589 年即位
② 1593 年 7 月 23 日改信天主教

③ 1594 年 2 月 27 日加冕
④ 1598 年 4 月 13 日頒布南特詔書
⑤ 1598 年 5 月 2 日簽訂維婉條約
⑥ 1610 年 5 月 14 日遇刺身亡

路易十三
(1610-1643)
① 1601 年誕生
② 1610 年即位
③ 1642 年 12 月利希留去世
④ 1643 年病逝

路易十四
(1643-1715)
① 1638 年誕生
② 1643 年登基，馬薩林得寵

③ 1649 年巴黎動亂，與母后逃離巴黎
④ 1659 年與西班牙簽訂庇里牛斯條約
⑤ 1661 年親政，馬薩林去世
⑥ 1668 年 2 月權利移轉戰爭
　愛克斯‧拉‧夏倍爾條約簽訂
⑦ 1673 年喜劇作家莫里哀去世
⑧ 1684 年悲劇作家柯奈爾去世
⑨ 1685 年頒布楓丹白露詔書，廢除南特詔書
⑩ 1699 年悲劇作家拉辛去世
⑪ 1702 年西班牙王位繼承戰爭

路易十五
(路易十四之曾孫)
(1715-1774)
① 1771 年廢大理院
② 1751 年狄德羅的《百科全書》開始出版
③ 1773 年波蘭王位繼承戰爭

查理十世
(1824-1830)

路易十八
(1814-1824)

路易十六
(路易十五之孫)
(1774-1792)
① 1774 年恢復大理院
② 1776 年英法簽訂商約
③ 1789 年 5 月 5 日召開三級會議
④ 1789 年 6 月 20 日網球場誓言
⑤ 1789 年 6 月 27 日制憲議會成立
⑥ 1789 年 7 月 14 日巴黎市民攻打巴士底獄法
　國大革命發生
⑦ 1789 年 10 月 6 日國王與王后被群眾自凡爾
　賽帶回巴黎
⑧ 1791 年 6 月 20-21 日國王及家人逃亡不成
⑨ 1791 年 9 月 30 日立法議會成立
⑩ 1792 年馬賽曲譜成
⑪ 1792 年 8 月 9-10 日叛亂公社組成
⑫ 1792 年 9 月 21 日國民公會首次集會；君主
　政體廢除；「第一共和」開始
⑬ 1793 年 1 月 21 日國王被送上斷頭臺

法國大革命後政局的演變㈠

法國大革命(1789)
↓
立法議會(1791)
↓
國民公會(1792-1795)
(第一共和)
↓
督政府(1795-1799)
↓
第一帝國(1799-1814)
↓
君主復辟
(路易十八，1814-1815)
↓
百日
(拿破崙一世復辟，1815 年 3 月 1 日-6 月 22 日)
↓
第二次君主復辟
①路易十八，1815-1824
②查理十世，1824-1830
↓
七月王朝
(路易‧腓力，1830-1848)
↓
第二共和
(路易‧拿破崙總統，1848-1852)
↓
第二帝國
(路易‧拿破崙皇帝，1852-1870)
↓

法國大革命後政局的演變㈡

第三共和　　　① 1875 年第三共和憲
(1870-1940)　　　法通過
　　│　　　　② 1940-1944 貝當的維
　　│　　　　　琪政權和戴高樂的流
　　│　　　　　亡政府
　　│　　　　③ 1944-1946 戴高樂組
　　↓　　　　　臨時政府
第四共和
(1946-1958)
　　↓
第五共和
(1958-　　)

梅洛芬王朝

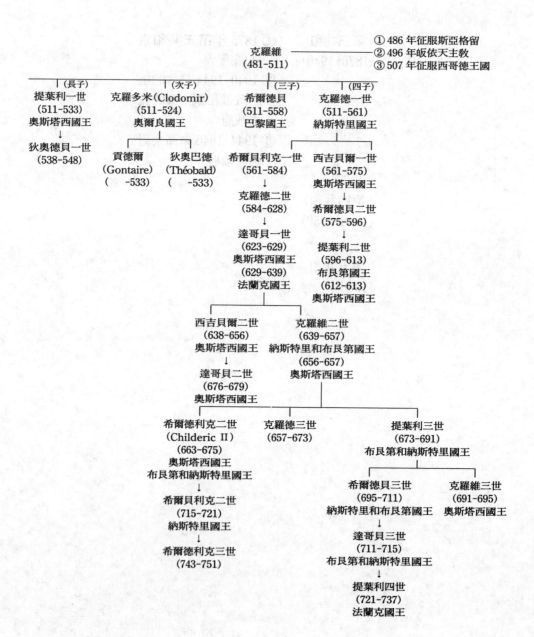

克羅維
(481-511)

① 486 年征服斯亞格留
② 496 年皈依天主教
③ 507 年征服西哥德王國

(長子)	(次子)	(三子)	(四子)
提葉利一世 (511-533) 奧斯塔西國王 ↓ 狄奧德貝一世 (538-548)	克羅多米(Clodomir) (511-524) 奧爾良國王	希爾德貝 (511-558) 巴黎國王	克羅德一世 (511-561) 納斯特里國王

貢德爾
(Gontaire)
(-533)　狄奧巴德
(Théobald)
(-533)

希爾貝利克一世
(561-584)
↓
克羅德二世
(584-628)
↓
達哥貝一世
(623-629)
奧斯塔西國王
(629-639)
法蘭克國王

西吉貝爾一世
(561-575)
奧斯塔西國王
↓
希爾德貝二世
(575-596)
↓
提葉利二世
(596-613)
布艮第國王
(612-613)
奧斯塔西國王

西吉貝爾二世
(638-656)
奧斯塔西國王
↓
達哥貝二世
(676-679)
奧斯塔西國王

克羅維二世
(639-657)
納斯特里和布艮第國王
(656-657)
奧斯塔西國王

希爾德利克二世
(Childeric II)
(663-675)
奧斯塔西國王
布艮第和納斯特里國王
↓
希爾貝利克二世
(715-721)
納斯特里國王
希爾德利克三世
(743-751)

克羅德三世
(657-673)

提葉利三世
(673-691)
布艮第和納斯特里國王

希爾德貝三世
(695-711)
納斯特里和布艮第國王
↓
達哥貝三世
(711-715)
布艮第和納斯特里國王
↓
提葉利四世
(721-737)
法蘭克國王

克羅維三世
(691-695)
奧斯塔西國王

三民大專用書書目──國父遺教

三民大專用書書目——歷史·地理

書名	著者	學校
中國歷史	李國祁著	臺灣師大
中國歷史系統圖	顏仰雲編繪	
中國通史（上）（下）	林瑞翰著	臺灣大學
中國通史（上）（下）	李方晨著	
中國近代史四講	左舜生著	
中國現代史	李守孔著	臺灣大學
中國近代史概要	蕭一山著	
中國近代史（近代及現代史）	李守孔著	臺灣大學
中國近代史	李守孔著	臺灣大學
中國近代史	李方晨著	
中國近代史	李雲漢著	政治大學
中國近代史（簡史）	李雲漢著	政治大學
中國近代史	古鴻廷著	東海大學
中國史	林瑞翰著	臺灣大學
隋唐史	王壽南著	政治大學
明清史	陳捷先著	臺灣大學
黃河文明之光（中國史卷一）	姚大中著	東吳大學
古代北西中國（中國史卷二）	姚大中著	東吳大學
南方的奮起（中國史卷三）	姚大中著	東吳大學
中國世界的全盛（中國史卷四）	姚大中著	東吳大學
近代中國的成立（中國史卷五）	姚大中著	東吳大
秦漢史話	陳致平著	
三國史話	陳致平著	
通鑑紀事本末 1/6	袁樞著	
宋史紀事本末 1/2	陳邦瞻著	
元史紀事本末	陳邦瞻著	
明史紀事本末 1/2	谷應泰著	
清史紀事本末 1/2	黃鴻壽著	
戰國風雲人物	惜秋撰	
漢初風雲人物	惜秋撰	
東漢風雲人物	惜秋撰	
日本通史	林明德著	臺灣師大
蜀漢風雲人物	惜秋撰	
隋唐風雲人物	惜秋撰	
宋初風雲人物	惜秋撰	

三民大專用書書目——政治・外交

三民大專用書書目──法律

三民大專用書書目——行政·管理

書名	著者		學校
行政學	張潤書	著	政治大學
行政學	左潞生	著	中興大學
行政學新論	張金鑑	著	政治大學
行政學概要	左潞生	著	中興大學
行政管理學	傅肅良	著	中興大學
行政生態學	彭文賢	著	中興大學
人事行政學	張金鑑	著	政治大學
人事行政學	傅肅良	著	中興大學
各國人事制度	傅肅良	著	中興大學
人事行政的守與變	傅肅良	著	中興大學
各國人事制度概要	張金鑑	著	政治大學
現行考銓制度	陳鑑波	著	
考銓制度	傅肅良	著	中興大學
員工考選學	傅肅良	著	中興大學
員工訓練學	傅肅良	著	中興大學
員工激勵學	傅肅良	著	中興大學
交通行政	劉承漢	著	成功大學
陸空運輸法概要	劉承漢	著	成功大學
運輸學概要（增訂版）	程振粵	著	臺灣大學
兵役理論與實務	顧傳型	著	
行為管理論	林安弘	著	德明商專
組織行為管理	龔平邦	著	逢甲大學
行為科學概論	龔平邦	著	逢甲大學
行為科學概論	徐道鄰	著	
行為科學與管理	徐木蘭	著	臺灣大學
組織行為學	高尚仁、伍錫康	著	香港大學
組織行為學	藍采風、廖榮利	著	美國波里斯大學、臺灣大學
組織原理	彭文賢	著	中興大學
實用企業管理學（增訂版）	解宏賓	著	中興大學
企業管理	蔣靜一	著	逢甲大學
企業管理	陳定國	著	臺灣大學
國際企業論	李蘭甫	著	東吳大學
企業政策	陳光華	著	交通大學
企業概論	陳定國	著	臺灣大學

三民大專用書書目——教育

張
永
毅

2000.1.19.